演讲与口才教程

穆秀英 主编

清华大学出版社
北京

内 容 简 介

本书是反映高校教育教学改革最新理念的应用型特色教材,是项目课程开发的有益尝试。其内容包括认识演讲、命题演讲、即兴演讲、演讲技巧、社交口才、面试口才、行业口才7项任务。每一项任务由导学案例、学前问题、知识储备、能力训练、拓展阅读、课后练习构成,便于学生在练中学、在学中练,学训有机结合,帮助大学生演讲与口才水平得到不断提升。

本书可作为应用型本科、职业教育本科、高职高专院校以及各类成人院校各专业学生"演讲与口才训练"课程的教材,也可作为提高大学生基本素质的参考读物,同时也是各界人士进行演讲与口才训练的实用手册。

本书封面贴有清华大学出版社防伪标签,无标签者不得销售。
版权所有,侵权必究。举报:010-62782989,beiqinquan@tup.tsinghua.edu.cn。

图书在版编目(CIP)数据

演讲与口才教程/穆秀英主编. --北京:清华大学出版社,2016(2021.9 重印)
ISBN 978-7-302-43806-9

Ⅰ. ①演… Ⅱ. ①穆… Ⅲ. ①演讲-高等学校-教材 ②口才学-高等学校-教材
Ⅳ. ①H019

中国版本图书馆 CIP 数据核字(2016)第 100178 号

责任编辑:张龙卿
封面设计:徐日强
责任校对:李 梅
责任印制:宋 林

出版发行:清华大学出版社
    网 址:http://www.tup.com.cn,http://www.wqbook.com
    地 址:北京清华大学学研大厦 A 座   邮 编:100084
    社 总 机:010-62770175   邮 购:010-62786544
    投稿与读者服务:010-62776969,c-service@tup.tsinghua.edu.cn
    质量反馈:010-62772015,zhiliang@tup.tsinghua.edu.cn
    课件下载:http://www.tup.com.cn,010-62770175-4278
印 装 者:三河市龙大印装有限公司
经 销:全国新华书店
开 本:185mm×260mm   印 张:19.5   字 数:448 千字
版 次:2016 年 8 月第 1 版   印 次:2021 年 9 月第 6 次印刷
定 价:59.00 元

产品编号:060537-03

前言
FOREWORD

人的一生大部分时间都在社交中度过,话语交流时刻伴随着大家。会说话是现代人生活的调味剂、事业的推进器、家庭的和谐曲,也是实现自我的凯旋曲。只要掌握最有魅力的说话艺术,拥有高超的演讲与口才能力,一个平凡普通的人也能为自己打开一片广阔的天地,最终走向辉煌,走向成功。

对于当代大学生来说,演讲与口才能力更是其处世立职的基石。为了帮助大学生们掌握说话艺术,提高口语表达能力,增强就业竞争力和可持续发展能力,我们不揣浅薄,编写了这本《演讲与口才教程》。

本书是反映高校教育教学改革最新理念的应用型特色教材,是项目课程开发的有益尝试。该书融时代性、实用性、趣味性和操作性于一体,深入浅出,翔实具体,其内容包括认识演讲、命题演讲、即兴演讲、演讲技巧、社交口才、面试口才、行业口才7项任务。每一项任务由导学案例、学前问题、知识储备、能力训练、拓展阅读和课后练习构成,便于学生在练中学、在学中练,学训有机结合,帮助大学生演讲与口才水平得到不断提升。

本书由穆秀英担任主编,李文强、张岩松、刘世鹏担任副主编。具体分工如下:穆秀英编写任务1、任务2和任务4;李文强编写任务3和任务5;张岩松编写任务6;刘世鹏编写任务7。孟顺英、刘志敏、王芳、刘桂华、何子谦、郑瑞新、李新宇、樊桂林、高琳、王新、蔡颖颖、孙新雨、李健、王允、潘丽、张铭、刘世鹏、刘思坚、陈百君、唐成人、杨帆、白冰、刘嫣如参与了部分"拓展阅读"内容的编写。全书由穆秀英统稿。

本书在编写过程中参考了大量文献和演讲词,有些材料是参考互联网发布或转发的信息,在此向各位作者表示衷心的感谢。

因编者水平有限,不足之处在所难免,敬请读者批评、指正。

编　者

2016年5月

目 录
CONTENTS

任务 1　认识演讲 ·· 1
　导学案例 ·· 1
　学前问题 ·· 2
　1.1　知识储备 ·· 3
　　　1.1.1　演讲的含义 ··· 3
　　　1.1.2　演讲的特征 ··· 4
　　　1.1.3　演讲的作用 ··· 6
　　　1.1.4　演讲者的形象设计 ·· 8
　1.2　能力训练 ·· 12
　　　1.2.1　案例思考 ··· 12
　　　1.2.2　实训项目 ··· 16
　拓展阅读：演讲怯场心理的克服 ·· 21
　课后练习 ·· 23

任务 2　命题演讲 ·· 24
　导学案例 ·· 24
　学前问题 ·· 25
　2.1　知识储备 ·· 25
　　　2.1.1　命题演讲的准备 ·· 25
　　　2.1.2　演讲稿的设计 ··· 28
　　　2.1.3　命题演讲的演练 ·· 50
　　　2.1.4　直观教具的使用 ·· 53
　2.2　能力训练 ·· 56
　　　2.2.1　案例思考 ··· 56
　　　2.2.2　实训项目 ··· 61
　拓展阅读：著名演讲词欣赏 ·· 65
　课后练习 ·· 78

任务 3　即兴演讲 ·· 84

导学案例 ·· 84
学前问题 ·· 85
3.1　知识储备 ··· 85
　　3.1.1　即兴演讲概述 ··· 85
　　3.1.2　即兴演讲的开场艺术 ··· 90
　　3.1.3　即兴演讲的出错补救 ··· 92
3.2　能力训练 ··· 94
　　3.2.1　案例思考 ··· 94
　　3.2.2　实训项目 ··· 98
拓展阅读：即兴演讲赏析 ·· 102
课后练习 ·· 110

任务 4　演讲技巧 ·· 113

导学案例 ·· 113
学前问题 ·· 114
4.1　知识储备 ··· 114
　　4.1.1　精妙表达　赢得听众 ··· 114
　　4.1.2　消除隔阂　亲近听众 ··· 126
　　4.1.3　以情感人　打动听众 ··· 129
　　4.1.4　现场调控　征服听众 ··· 132
4.2　能力训练 ··· 142
　　4.2.1　案例思考 ··· 142
　　4.2.2　实训项目 ··· 144
拓展阅读：演讲语言艺术修养 ·· 147
课后练习 ·· 153

任务 5　社交口才 ·· 155

导学案例 ·· 155
学前问题 ·· 155
5.1　知识储备 ··· 156
　　5.1.1　语言交际的基本原则 ··· 156
　　5.1.2　寒暄的语言艺术 ·· 161
　　5.1.3　介绍的语言艺术 ·· 165
　　5.1.4　交谈的语言艺术 ·· 166
　　5.1.5　问答的语言艺术 ·· 174
　　5.1.6　赞美的语言艺术 ·· 180

  5.1.7　说服的语言艺术 ································ 183
  5.1.8　拒绝的语言艺术 ································ 187
 5.2　能力训练 ·· 190
  5.2.1　案例思考 ······································ 190
  5.2.2　实训项目 ······································ 197
 拓展阅读：补救失言的意义与方法 ···························· 200
 课后练习 ·· 204

任务 6　面试口才 ·· 209

 导学案例 ·· 209
 学前问题 ·· 210
 6.1　知识储备 ·· 210
  6.1.1　面试的准备 ···································· 210
  6.1.2　面试口才的原则与技巧 ·························· 212
  6.1.3　面试中的自我介绍 ······························ 215
  6.1.4　面试中的问与答 ································ 218
 6.2　能力训练 ·· 221
  6.2.1　案例思考 ······································ 221
  6.2.2　实训项目 ······································ 226
 拓展阅读：面试官的 13 条忠告 ······························ 235
 课后练习 ·· 236

任务 7　行业口才 ·· 240

 导学案例 ·· 240
 学前问题 ·· 241
 7.1　知识储备 ·· 241
  7.1.1　导游口才 ······································ 241
  7.1.2　推销口才 ······································ 255
  7.1.3　主持口才 ······································ 264
  7.1.4　护理口才 ······································ 270
  7.1.5　秘书口才 ······································ 278
 7.2　能力训练 ·· 281
  7.2.1　案例思考 ······································ 281
  7.2.2　实训项目 ······································ 292
 拓展阅读：声音的训练 ···································· 296
 课后练习 ·· 299

参考文献 ·· 303

任务 1

认识演讲

一言之辩,重于九鼎之宝;三寸之舌,强于百万之师。

——刘勰

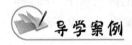导学案例

林肯在葛底斯堡国家烈士公墓落成典礼上的演说

87年前,我们的先辈们在这个大陆上创立了一个新的国家,它孕育于自由之中,奉行一切人生来平等的原则。现在我们正从事一场伟大的内战,以考验这个国家,或者任何一个孕育于自由和奉行上述原则的国家是否能够长久存在下去。我们在这场战争中的一个伟大战场上集会。烈士们为使这个国家能够生存下去而献出了自己的生命,我们来到这里,是要把这个战场的一部分奉献给他们做最后安息之所。我们这样做是完全应该而且是非常恰当的。

但是从广泛的意义上来说,这块土地我们不能够奉献、不能够圣化、不能够神化。那些曾在这里战斗过的勇士们,活着的和去世的,已经把这块土地神圣化了,这远不是我们微薄的力量所能增减的。我们今天在这里所说的话,全世界不大会注意,也不会长久地记住,但勇士们所做的事,全世界却永远不会忘记,毋宁说,倒是我们这些还活着的人,应该在这里把自己奉献于勇士们已经如此崇高地向前推进但尚未完成的事业;倒是我们应该在这里把自己奉献于仍然留在我们面前的伟大任务——我们要从这些光荣的死者身上汲取更多的献身精神,来完成他们已经完全彻底为之献身的事业;我们要在这里下定最后的决心,不让这些死者白白牺牲;我们要使国家在上帝福佑下得到自由的新生,要使这个民有、民治、民享的政府永世长存。

美国华盛顿林肯纪念堂的林肯像以及镌刻在墙壁上的这篇演讲词如图1-1所示。

图 1-1　美国华盛顿林肯纪念堂的林肯像以及镌刻在墙壁上的这篇演讲词

（张岩松 2011 年 10 月 18 日摄）

思考题：

（1）葛底斯堡战役是南北战争的转折点，为了纪念这次战役中的阵亡将士，1863 年 11 月 19 日，举行了葛底斯堡国家烈士公墓落成典礼，美国总统林肯发表了这段不到 3 分钟的著名演讲，这篇演讲体现了怎样的演讲风格？

（2）林肯的这篇演讲完美无疵，誉满全球，被铸成金文保存在英国牛津大学，被誉为演讲中的最高典范。请谈谈这篇演讲好在何处。

 学前问题

- 什么是演讲？演讲的传达手段有哪些？
- 演讲有哪些特征？
- 演讲有什么作用？
- 演讲者应怎样设计自身形象？

演讲又称演说、讲演，是人类社会一项非常重要的活动。演讲一词源于英文 Oration，日本学者福泽谕吉后来把它译成"演讲"，逐渐沿用至今。在现代，随着人们交往范围的扩大、娱乐生活的丰富，人们把当众演讲看成是一种扩大的交流沟通形式。本任务中着重探讨一下有关演讲的基本问题。

正确认识演讲，必须首先确立正确的演讲观，唯有正确的演讲观，才能透过演讲现象，认清演讲区别于其他口语形式的本质属性，才能恰当而准确地掌握其内部的规律和特点，以便驾驭它，发挥其最大的社会效益和作用。

1.1 知识储备

1.1.1 演讲的含义

演讲是人类的一种社会实践活动,具有综合性、直观性、现实性和艺术性,这是它的主要特征。作为整个的演讲活动,它必须具备以下四个条件:演讲者(主体)、听众(客体)、沟通主、客体的信息,以及主、客体同处一起的时境(时间环境),这四者缺一不可,也就是说,离开任何一个条件,都不足以揭示出演讲的本质属性。因为任何一种带有艺术性的活动,都有自己独特的物质传达手段和自身特殊的规律,并揭示着自身活动的本质特点。演讲活动自然也不例外,演讲者要想发表自己的意见,陈述自己的观点和主张,从而达到影响、说服、感染他人的目的,就必须运用与其内容相一致的传达手段。演讲的传达手段主要有:有声语言、态势语言和主体形象几个方面。

1. 有声语言

有声语言即演讲之"讲",是演讲活动最主要的一种表达手段,是信息传递的主要载体,它是由语言和声音两种要素构成的。它以流动的声音运载思想情感,直接诉诸听众的听觉器官而产生效应。

我们对有声语言的要求则是:吐字清楚、准确;声音清亮、圆润、甜美;语气、语调、声音、节奏富有变化;要注意形式美和内容美。演讲的有声语言还具有时间艺术的某些特点,是听众听觉的接受对象和欣赏对象。

2. 态势语言

态势语言即演讲之"演",就是演讲者的姿态动作、手势、表情等。由于态势语言是流动的,因此,它存在于一瞬间,转眼即逝,这就要求它准确、鲜明、自然、协调和优美,要有表现力和说服力,这样,才能使听众感受形式美的"演",从而在心里引起美感,并得到启示。它具有空间艺术的某些特点,是听众理想的接受对象和欣赏对象。然而,态势语言虽然加强着有声语言的感染力和表现力,弥补着有声语言的不足,但如果离开了有声语言,也就没有了直接地、独立地表达思想情感的意义了。

这里值得我们注意的是,有声语言也好,态势语言也好,它们既不同于其他现实中的有声语言和态势语言,因为它们都带有一定的艺术性;也不同于舞台艺术中的有声语言和态势语言,因为它们不是纯艺术。

3. 主体形象

演讲者是以其自身出现在听众面前进行演讲的,这样,他就必须以整体形象,包括体形、容貌、衣冠、发型、举止神态等直接诉诸听众的视觉器官。整个主体形象的美与丑、好与差,在一般情况下,不仅直接影响着演讲者思想感情的传达,而且也直接影响着听众的心理情绪和美感享受,这就要求演讲者在自然美的基础上要有一定的装饰美,而这种装饰美是以演讲者本人为依托的现实的装饰美,它绝不同于舞台艺术的性格化和艺术化的装饰美。这就要求在符合演讲思想情感的前提下,注意装饰的朴素、自然、轻便、得体,注意举止、神态、风度的潇洒、大方、优雅,只有这样,才有利于思想感情的传达,有利于取得演讲的良好效果。

演讲就是靠着这些手段组成了一个综合、统一而完整的传达系统,达到演讲的目的。在这综合的传达系统中,缺少任何一个因素也不能构成演讲活动。如果只有"讲"而没有"演"(包括主体形象),只作用于听众的听觉器官而不作用于听众的视觉器官,就会缺少动人的主体形象及表演活动——缺少实体感;而如果只有"演"而没有"讲",则犹如在聋哑学校看聋哑手势一样,对大多数人而言,总是令人难以理解。所以,"讲"与"演"这两个演讲的要素是缺一不可的。只有和谐地、有机地统一在一起,才能构成完整的演讲传达手段,并圆满地完成演讲的任务。

然而,"演"与"讲"在演讲实践活动中传递信息的时候,并不是平分秋色。二者要和谐统一,但不是一加一等于二的统一,而是以"讲"为主,以"演"为辅,既是听觉的,又是视觉的,兼有时间性和空间性艺术特点的综合的现实活动,才是演讲的本质属性,这是演讲区别于其他现实口语表达形式和艺术口语表达形式的关键所在。

可是,在我们现实的演讲活动中,由于有人忽视了演讲的本质属性,经常出现两种错误的倾向。

一是不讲艺术倾向。长期以来,由于不注重演讲艺术的研究,见到的多是严肃的、呆板的、没有说服力的报告。一些演讲者只重视其实用性,而忽视了它的艺术性,由于缺乏艺术性,实用性效果被减弱了。

二是追求表演化的倾向。有的演讲者在讲台上往往追求相声、评书以及朗诵等演员的表演艺术,认识不到演讲是一种现实活动,忘记了它的实用性,没有区别演讲艺术与表演艺术的本质不同,结果破坏了演讲应有的真实效果及其严肃性。

综上所述,演讲的定义可以做如下表述:演讲是在特定的时境中,借助有声语言(为主)和态势语言(为辅)的艺术手段,针对社会的现实和未来,面对广大听众发表意见,抒发情感,从而达到感召听众并促使其行动的一种现实信息交流活动。

1.1.2 演讲的特征

作为应用性很强的演讲活动,它到底有哪些特征呢?这是每一位从事演讲的人都必须了解和掌握的,只有了解和掌握了演讲的特征,才能有效地提高演讲水平,达到演讲的真正目的,具体说来,演讲的特征有如下几点。

1. 现实性

演讲活动属于现实活动的范畴,而不属于艺术活动范畴。它是演讲者通过对社会现实的判断和评价,直接向广大听众公开陈述自己的主张和看法的一种现实活动。

首先,从反映的对象看,一个人当众演讲,关键就在于其内容的思想性、原则性、准确性、鲜明性,帮助听众弄清复杂的社会现象,解决某一问题,或者提出一个问题,分析问题,然后解决这个问题。就其反映的对象来看,是现实的真实而不是艺术的真实;就其表现的手段来说,是通过判断、论证、推理和一些逻辑手段,而不是通过形象来表现的。

其次,从演讲者的活动来看,演讲者是现实中的自己,走到讲台上仍然是他本人面向广大听众公开发表自己的主张和观点。另外演讲者总是身兼数职,既是演讲词的作者,又是演讲的指导者(导演),还要自己完成演讲,自始至终要表现出演讲者的独创精神和演讲风格。

最后,从表现形式看,演讲是以讲为主、以演为辅的形式,直接抒发情感,公开陈述演讲者的主张。

2. 艺术性

演讲是现实活动,但它优于一般的现实口语表达形式,是应用性很强的现实活动,但应该指出,演讲也是一门艺术,是通过有声语言和态势语言的手段所显示出来的艺术,或者称之为言(有声语言)态(态势语言)表达艺术。

另外,演讲之所以优于其他一切现实口语的表达形式,并且有较大魅力,还因为它不仅是由多系统(如声音系统、表演系统、主体形象系统、时境系统等)要素构成的综合实践活动,而且还在于它使这些系统的要素有机结合起来并形成了自己的特点。

首先,演讲具有统一的整体感。在演讲中,不仅缺少任何一个系统都无法构成演讲,而且任何一个系统如果脱离了演讲的整体,就失去了它作为演讲一部分的意义和作用,在整个演讲活动中,由于各系统互相联系、互相配合、互相渗透,才给人一种统一的整体感。

其次,演讲具有协调感。演讲活动中的各个系统的每一个要素不仅为了演讲的总目标积极地发挥着应有的功能和作用,而且这种功能和作用总是靠着它们之间的默契配合、协调一致来实现总的目标。

最后,演讲的各个系统要素富于变化。演讲的各个要素应能根据主题和情感的需要而变化,始终给听众一种新颖感,并扣人心弦。比如声音的抑扬顿挫、速度的快慢变化、态势语言的多种变化等。当然,这种变化是在一定的目的支配下有组织、有设计的变化,否则就容易混乱。

3. 鼓动性

鼓动性是演讲的又一个特征。成功的演讲是离不开鼓动性的,或者说,没有鼓动性,也就不称其为演讲了。

古希腊的德摩斯梯尼作为一位民主政治家和爱国主义者,当他认识到雅典公民们对敌人入侵的麻木时,发表了一连串的《斥腓力演说》。他以满腔的爱国热情和对敌人的无比愤怒,奔走呼号,唤醒同胞,抗击侵略者,拯救祖国。这不仅使所有听众为之惊醒、为之激愤,而且大家也团结起来,投身到反侵略的斗争中,这就是他演讲的威力,这是演讲的鼓动性所致。政治演讲也好,学术演讲也罢,不管什么样的演讲,都具有一种鼓动性。演讲之所以具有鼓动性,其原因有以下几个方面。

首先,一切正直的人,都有追求真、善、美的强烈愿望,都有渴求知识的愿望。而演讲的目的就是要传播真、善、美,就是要传播知识,开启人们的智慧、陶冶人们的情操,在这一点上,演讲者与听众之间很容易沟通,并能建立起共识,听众自然愿意听,并愿意为追求真理而献身。

其次,演讲在传播真、善、美和知识的时候,总是包含着炽烈的情感。"感人心者莫先乎情",演讲者总是以自己的情感之火去点燃听众的情感之火,以自己炽烈的情感之手去拨动听众的心弦,从而使其动情,引起共鸣,达到影响、征服听众的目的。

再次,演讲有较强的艺术性。诸如动听的声音、语调,丰富的表情和多变的手势,都容易感染听众,增强演讲的说服力;另外,严谨的结构、严密的逻辑,都能像触电一样打动每一位听众,都能像钳子一样钳住每一个听众。

最后,就是演讲的直观性加强了它的鼓动性。任何一次演讲都是在特定的时空下进行的,演讲者不仅能看到所有的听众,而且听众也能看到演讲者。在演讲的过程中,自始至终双方总是在进行着直接的思想感情的交流,演讲者不仅随时观察着听众的情绪、反应,而且演讲者也必须及时地根据听众的反应,随时调节自己的演讲,使其更能说服听众,以期达到演讲的最理想效果。

就是基于上述四点,才使演讲更具有强烈的鼓动性。德摩斯梯尼曾经对他的朋友说过:"你所讲的,只令人说个'好'字,但我却能使听的人一起跳起来,异口同声地说:让我们去抵抗腓力。"著名的军事统帅拿破仑也是鼓动的能手,有一次他在对一支需要整顿的部队演讲时说:"士兵们,你们没有衣服穿,吃得也不好,我想带你们到世界最富庶的国家去。"几句话说得士兵们顿时振奋起来,战斗力大增,后来一举征服了意大利。由此可见鼓动性也是演讲取得成功的力量所在。

4. 工具性

演讲是一门科学,是一门艺术,也是一种工具。语言是人们交流思想的工具,演讲从某种意义上说是语言的艺术,自然它也是工具,是人们交流思想的工具。也可以这样说,任何思想、任何学识、任何发明和创造,都是借助于演讲这个工具在各种各样的讲台上得以传播之后,才使得听众了解的。因此,演讲是最普遍、最基本的传播手段和工具之一。人们知道,黑格尔的《美学演讲录》是由他为大学开课的讲稿发展而成的。马克思的《资本论》中的某些基本思想和观点,是他先在工人中演讲过的。物理学家杨振宁、李政道的学术思想也是经常借助演讲进行传播的。总之,各行各业、各种身份的人,都可以利用演讲这个工具来进行信息的交流,而且这个工具是最经济、最实用、最方便的。每一位渴望成功的人士,都应拿起这一工具。

1.1.3 演讲的作用

演讲之所以备受人们重视,是由于它有着强烈而广泛的社会作用,无论演讲者还是听众,在演讲活动中都能得到教益、受到启发。演讲的作用归纳起来主要体现在两大方面。

1. 对演讲者的作用

(1) 全面提高。演讲家都不是天生的,而是后天实践造就的,是经过多方面艰苦努力才成功的。只有通过不断地学习和艰苦地磨炼，才能具备站在时代前沿的精深思想、渊博学识和丰富阅历，才能拥有敏锐的观察力、敏捷的思维能力、准确的判断力、迅速的应变力和较强的记忆力。在长期不懈的学习与磨炼中，一个人即使没有成为演讲家，他的思想、学识和智能也会得到极大的锻炼和提高。

（2）融洽关系。演讲家经过长期训练和实践所得的本领，不仅在演讲台上可以表现为有文雅的举止和出众的口才，而且在日常交际生活中，其丰富的学识、敏捷的应对、良好的修养都很容易冲破人际关系的种种障碍，比一般人更能迅速有效地与人交往和沟通。而演讲本身也是一种比较高级的社交形式。通过演讲，演讲家可以广泛地接触社会各阶层、各地区人士，扩大自己的交际面。

（3）展示自我。现代人为了更好地生存与发展，需要适时地展示和推销自我。对于演讲者而言，演讲活动正是这样一个舞台，它可以让演讲者充分展示自己的语言、思想、情感、愿望、意志、能力、人品以及仪表、服饰、风度、气质等，使自身的才华得到他人的认可和赞赏，为自己的全面发展奠定良好的社会基础。

2. 对听众和社会的作用

（1）教育激励。一次成功的演讲可以传递大量的知识文化信息，听众在接受这些知识信息的同时，思想受到熏陶，情感受到激发，对工作、学习和事业的责任感被唤起，内在的主动性、积极性和创造性迅速得到提升，因此，演讲是一种很好的教育手段。如人们所熟知的李燕杰的"塑造美的心灵"的演讲，曲啸的"心底无私天地宽"的演讲，对于陶冶广大青年的思想情操，树立远大理想，激励他们刻苦学习和努力工作，都起到了积极的教育作用。而1775年美国独立战争时期，演讲家伯特里克·亨利在弗吉尼亚州议会上发表的激励人心的抗英演讲，就如同雷鸣闪电般震撼人心，唤起千百万人民勇敢坚定地投身于伟大的为独立、自由而战的斗争中去，最终赢得了胜利。他的"不自由，毋宁死"的名言，至今还在鼓舞着千千万万的人民为自由而战。可见，正确的演讲可以启迪人心、传播文化、宣传真理、祛邪扶正，把人类社会推向理想境界。

（2）合理调适。演讲的调适作用表现在两个方面，即心理调适和社会调适。心理调适就是通过演讲解答人们的思想问题，消除心理障碍，克服心理疾病，达到心理平衡，保持良好心态。社会调适就是通过演讲分析社会问题，克服社会弊端，确立社会价值取向，实现社会协调发展。调适功能主要通过演讲的信息反馈来实现。通过反馈，我们就能把握发展趋势和潜在问题，从而采取有效措施，保障社会机制正常运行和个人心理健康。

（3）传播信息。随着知识经济时代的到来，人们对知识的渴望越来越迫切。演讲作为一种比较高级的语言表达形式，能最大限度地发挥语言在传播知识、探讨学问、宣传成果、交流经验等方面的作用。在特定时境作用下，演讲能对人体感官做多重的综合刺激，充分调动人们的注意力，促进人们的思维活动，并且使听众在情绪、情感、意志等方面同时受到影响，从而加深对演讲所传播的科学知识的理解，增强学习效果。因而，演讲始终是传播科学文化知识、提高人们文化素养的重要形式。

1.1.4 演讲者的形象设计

演讲者的形象是由演讲者的形体动作和思想意志等构成的总体。它是演讲者通过演讲活动所表现出来的形体动作和思想意志的综合特征并给听众留下的突出、集中、深刻的总体印象。因此,演讲者的形象一方面是他的身材、容貌、表情、姿态、手势和动作等给听众的直观印象;另一方面是他的思想、意志、观念、智慧、精神和气质等给听众的思辨感觉。这两个方面的有机结合构成了演讲者的形象。

演讲者的形象虽然是由这两方面有机结合而构成的,但是后者比前者更为重要,它是演讲者形象构成的主要方面。比如,我们今天已经无法获得闻一多和林肯演讲的直观形象,但是却可以通过表现他们思想、意志、观念、智慧、精神和气质的演讲词体会到关于他们的思辨感觉,并在脑海里构筑起演讲者的形象。有人研究《林肯的第二次就职演说》后,发现那是一个"倡导和平与正义的善良形象"。由此可见,后者是构成演讲者形象的主要方面。不但给听众以第一印象,而且是演讲者总体形象的组成部分。为此,优秀的演讲者对它都十分重视。

1. 演讲者的仪表

仪表,通常是指人的外表。而演讲者的仪表应指经过点缀、修饰和打扮的外表。为此演讲者的仪表是需要特定设计的。演讲者的仪表是演讲者形象给听众直观印象的重要因素之一,讲究仪表,寻求外在的美,是理所当然的。

讲究仪表,首先是为演讲的目的所决定的。仪表,作为演讲者形象给听众以直观印象的重要因素,是给听众的"第一印象"的主要部分,对于获得听众的好感、尊重和爱戴是至关重要的,所以演讲者对仪表不能不讲究。

其次,人都是按照美的规律打扮自己、建造世界。"爱美之心人皆有之",每个人都希望在社会活动中展现自己的美,在演讲中这种欲望将更加强烈。演讲者绝对不能给听众留下一个蓬头垢面、不修边幅的印象;同样,听众也绝不愿意在眼前晃动着一个邋邋遢遢、衣衫不整的演讲者,只有堂堂仪表才能满足演讲者和听众对美好形象的追求。

最后,演讲者讲究仪表是对听众的尊敬,体现一个人仪表的主要方面是容颜和服装。讲究仪表是提高自信心、增强自尊心的重要途径和手段。女性可以通过化妆突出面部优点,掩饰其瑕疵,美化肌肤和五官,使演讲者更加朝气蓬勃、容光焕发、充满成功的信心。值得注意的是无论服装、饰品还是化妆,最要紧的是和谐、自然、文雅、大方,过分地追求可能弄巧成拙,事与愿违。演讲者的着装打扮要注意做到四个一致:一是要和演讲者的思想感情及演讲内容的基调一致。表示喜悦、欢庆内容的演讲最好穿令人心情愉快的浅色服装;而在发表严肃、庄重、哀痛等内容的演讲时应穿深色或黑色的衣服,这样能更好地表达演讲者的情感,烘托气氛;以青春、理想为主题的演讲,则可穿着较简洁、时尚些的服装,以传递青春气息和奔放的热情。二是要和肤色、体形、年龄相一致。一般来说,服装不能和自己的肤色反差太大(不过肤色较黑的最好不穿黑色的服装)。稍胖者宜穿深色和竖条的服装,较瘦者宜穿暖色和明度较高的服装。青年宜穿款式活泼(不是奇装异服)和色彩鲜艳些的服装,中老年人可穿淡雅些的服装等。三是要和自己的气质、性格及职业相一致。好动的人可借助蓝色增加文静的感觉,沉稳的人可借助浅色增加活力,在特定的情况下,有时可以穿职业装(如民警、税务人员、军人、护士等),以显示自己的身份和对自己工作的热爱。四是要和演讲环境相一致。在建筑工地或抗洪第一线进行即兴演讲,大可不必换装,带着泥水的工作服要比笔挺的西装更有感染力。最后,要穿出"和谐统一"的美感来,所谓和谐统一,一是注意服装和鞋子要配套(如不要西服配旅游鞋之类);二是上装和下装从款式到颜色要和谐;三是装饰物要和服饰及人物身份统一等。

此外,演讲者还要注意恰当选择装饰物。常见的装饰物有围巾、帽子、头饰、耳环、首饰、胸针等,不同体形和肤色、不同的年龄和性别对装饰物要求不一样。各种装饰的佩戴必须符合一定的礼仪规范与佩戴原则,才能达到合理渲染的效果。戴眼镜也是一门艺术。从女性看,方圆形脸应选择窄型眼镜;椭圆形脸,一般眼镜均可。从男性看,圆脸形宜选用长方形镜架,尖形脸最宜戴有锐角的镜架;方形脸选用大方型镜架,这样会产生坚定、沉稳的效果。只要人们切实根据自身特点与实际做出恰当、正确的选择,定会使服饰表现出不同风格的艺术魅力。20世纪60年代初美国总统竞选时,尼克松本来处于优势,但由于他没有注意修饰自己,以憔悴不堪的形象出现在电视屏幕上,结果失去了许多拥护者。而他的竞争对手肯尼迪却服饰整洁、气宇轩昂,以微弱的优势战胜了尼克松,这个结果与肯尼迪的仪表不无关系。

2. 演讲者举止礼仪

演讲者的举止,即为演讲者整个身体的姿势,而礼仪是指演讲者在演讲前后和演讲过程中对听众的礼节。

举止与礼仪是演讲者的思想、品格、修养的外在表现,是演讲者风度和形象构成的重要因素。这是演讲前听众就能见到和感到并给听众留有的"第一印象",所以历来为演讲者所重视。

演讲者在演讲过程中(包括演讲前后),其举止与礼仪应做到潇洒自如、落落大方、彬彬有礼、温文尔雅,因此要注意以下几个方面。

演讲者的举止,泛指演讲者的整个身体姿势。它要求演讲者在演讲过程中的举手投足及细枝末节都要落落大方、得体自然。有人在台上常常不自觉地做出些"小动作"来,背手低头不敢正视听众;用手不住地押衣角或扭动衣扣;男士用手挠脖子,女士则不住地用手往耳后拨弄本来没有掉下的头发。尤其是忘词时,一些人的举止更是不雅,向旁边的"词托儿"或主持人翻眼求援;耸肩缩脖不知所措;摆着手连连说Sorry(对不起)等。因此,作为一名演讲者不论遇到什么情况,都要保持自己高雅、得体的形象。具体策略是:以"静"制"动",即不管情况多糟糕,也要沉着冷静。比如,紧张时做深呼吸,调整心态之后再演讲,中间忘词时可以大大方方地拿起稿子念上一段。当会场纷乱时可以调整自己的语气、语调,或微笑行注目礼,等稍安静后再接着讲。

(1)进入会场。有人陪同时,听众可能已经坐好,若几个人同时进入会场,不可在门口推托谦让,而应以原有的顺序进入会场。听众如果起立、鼓掌欢迎,演讲者应边走边表示谢意,不可东张西望,更不要止步与熟人打招呼、握手;没有人陪同时,听众可能没有完全入场，要寻找靠近讲台的边坐好，不要在门口观望或等听众坐好后进场。

（2）入座前后。有人陪同，要等陪同人指示座位，并应等待与其他演讲者同时落座，先人而坐有失礼节。如果先进入会场，被主持人发现时给调换座位，应马上服从，按指定座位坐好，并表示谢意。坐好后不要回头或左顾右盼找熟人，更不要主动与别人打招呼，那样显得轻浮。

（3）主持人介绍。演讲前主持人常常要向听众介绍演讲者，主持人提到名字，演讲者应主动站起来，立直身体，面向听众，并微笑致意，估计听众可以认清后再转身坐下，如果主持人介绍词中介绍了演讲者的成绩或事迹，听众反应强烈，演讲者应再次起身，向听众致谢，并向主持人表示"不敢当""谢谢"之意。如果反应一般就不必再次致意，否则，多此一举，反而不美。要不要再次表示谢意，应审时度势、当机立断，过频或过分都有失礼节。

（4）走上讲台。当主持人提到名字，演讲者应站起身来，首先向主持人点头致意，然后走向讲台。走路时上身要平稳直立，不弓腰、不腆肚，步伐不疾不徐。目视前方，虚光转弯，面向听众站好，正面扫视全场，仿佛与听众进行一次目光交流，然后以诚恳、恭敬的态度向听众敬礼，稍稍稳定一下后，再开始演讲。注意，有经验的演讲者一定不会一上讲台便马上开讲。

（5）站位和目光。站位不但考虑演讲时活动的方便，更要考虑听众观察演讲者的方便，听众不论在什么地方都能看清演讲者的演示，方便情感的双向交流。要讲究站立的姿势，站姿得当，会显得英姿干练、生气勃勃，给人美感。站姿不当，不但形象不美，而且不利于做动作，如果失去平衡造成失态，这是对听众的不敬。著名演讲家曲啸曾在介绍演讲经验时说："演讲者的体态、风貌、举止、表情都应给听众以协调的、平衡的、至美的感受，要想从语言、气质、神态、感情、意志、气魄等方面充分地表现出演讲者的特点，也只有在站立的情况下才有可能。"

演讲者站姿规范包括：①脊椎、后背挺直，胸略向前上方挺起；②两肩放松，重心主要支撑脚掌脚弓上；③挺胸，收腹，精神饱满，气息下沉；④脚应绷直，稳定重心位置。

演讲者的目光要散到全场，落到每位听众的脸上，听众仿佛觉得光顾到他，仿佛与每位听众都进行过目光的交流，但是目光又不要总与一个听众的目光相撞、交流，演讲者的目光集中一隅、盯住不放就是对听众的失礼。

（6）微笑。在演讲中，微笑与平和是脸部表情的核心。微笑是自信的标志、礼貌的象征、情感的体现。面带笑容，会使听众感到你与他的交往十分高兴，有亲切感，也增强了融洽的气氛。但由于场合不同，微笑也需要掌握分寸，演讲中的微笑要随演讲的内容及情感的变化而变化，或兴奋喜悦，或冷嘲热讽，或充满期盼。微笑有自身的价值，该笑则笑，不该笑则止。在演讲中，如何运用微笑表达美好的情感呢？

① 自然。微笑发自内心，是心灵美好的外现。演讲者上台与下台时面带微笑，可拉近与听众的距离，在听众的心中留下美好的印象。

② 真诚。微笑是内心情感的自然流露，切不可为笑而笑，假笑、皮笑肉不笑，给人以虚假滑稽之感。有时演讲者从头到尾一味微笑，没有感情，也就缺少一份真诚，使听众觉得是戴了一个假面具上台演讲。只有真诚地投入演讲，才会笑得真诚。

③ 得体。微笑要受到具体环境和条件的制约。表达赞美、歌颂等情感色彩时应微

笑;面对听众提问时,送上一份鼓励的微笑;面对喧闹的听众,视线对视的同时面带微笑是一种含蓄的批评与指责;肯定或否定听众的一些言行时,可配以点头或摇头。另外,演讲中值得注意的是有些情况下不能使用微笑语,如表达愤怒、失望等负面情绪时不能微笑;不紧张、没有必要运用微笑来控制情绪时可不用微笑;演讲的话题较严肃或通告不幸的消息时,及时收起笑容是明智的。

（7）手势。"手是人的第二张脸。"手的动作是态势语言的核心。在整个态势语言中,手势使用频率最高,作用也最明显,可以传情达意。一些人上台讲话时,不会用或乱用手势,是因为缺乏手势语运用的严格训练。

手势语活动范围分为上、中、下三个区域。上区（肩部以上）：手势在这一区域活动,多表达积极、宏大、激昂的内容和感情。如表示坚定的信念、殷切的希望、胜利的欢呼、幸福的祝愿、愤怒的抗议等。"让我们扬起风帆,向着光明的未来奋勇前进!"右臂向斜上方打出,表示奋斗的决心。中区（肩部至腹部）：手势在这一区域活动,多表达叙述事物和说明事理,一般表示比较平静的心情。"请相信我,我一定会做好这项工作的。我虽没有名牌大学的文凭,但我有勇于进取、敢于负责的品质。"右臂抬起,手抚心区,表示忠诚。下区（腹部以下）：手势在这一区域活动,多表示否定、不悦、鄙视、憎恶和厌弃的内容和情感。"吸毒、嫖娼,这些害民害国的肮脏的东西,必须彻底清除!"右臂向胸前,然后迅速向斜下方打出,表示厌恶、憎恨。

手势语具体分为情意手势、指示手势、象征手势和象形手势四种。情意手势是随着语言内容的起伏发展而用来表达自身思想感情的手势动作。如指心表示忠诚,抚胸表示悲哀等。指示手势是在交流过程中显示听众视觉范围内的事物的动作。如在说到你、我、他和这边、那边时,轻轻用手指示一下,使听众产生一种形象化的感觉。象征手势是伴随内容高潮的到来,用来引发听众心理上的联想的一种行为动作。如讲到"同学们,前程似锦,努力奋斗吧"时,可以把手果断地向前方伸出,以示未来,体现着一往无前的精神。象形手势可以模拟事物形状引起听众联想,给听众一个具体明确的印象。如："什么是爱？爱不是索取,而是奉献!"双臂在胸前平伸,臂微弯,手心朝上,模拟心状物。

另外,手势中手指的作用也是不可以忽视的,它可以表示数目,可以指点他人和自己。当对某人表示崇敬、赞扬之意时可伸出大拇指。拳头的动作相对来说少一些,它一般用来表示愤怒、决心、力量或警告等意思,但不到感情激烈时不要用,而且不可多用。

在演讲中,手势运用需注意以下问题[1]。

① 手势运用要得当。演讲前,要反复熟悉演讲主题,根据演讲的感情基调,来确定在某个地方该不该做手势。手势是用来表达心理活动、思想感情和传递信息的,如果演讲的内容和所做的手势不匹配,不但不能加强演讲的色彩和力量,还会使听众不知所云。

② 手势的运用要自然。只有演讲者的举手投足、神情容貌自然、适度、和谐地伴随有声语言,共同作用于人们的视觉、听觉,才能取得完美的演讲效果。因此,演讲的手势贵在自然,手势是感情的真实流露,给人以美感。当我们平静地说明问题时,应运用安稳自然的手势;感情升华时,应运用急剧而有力的手势;心理活动时,应运用含蓄象征的手势。

---

[1] 卢海燕.演讲与口才实训[M].大连：大连理工大学出版社,2009.

③ 手势运用要简练。手势不是某种频繁的习惯性动作,在演讲中,手势的运用不要太多。在能准确地表达演讲的思想内容及思想感情高涨时一定要用手势,而不需要用的地方尽量不用。每做一个手势都力求简洁、清楚,给人以强有力的表现力和美感。

④ 手势运用要协调。手势是口语表达的辅助手段,它应在说话人说出的话需要增强表现力的一瞬间做出来。手势要做到话到手势到,与声音、姿态、表情等密切配合。切不可在一句话讲完后再加一个手势,给人以夸张、造作之感。

总之,演讲手势贵在自然,切忌造作;贵在精简,切忌泛滥;贵在协调,切忌脱节;贵在变化,切忌死板。

（8）走下讲台。演讲完毕,要面向听众敬礼,向主持人致意。如果听到掌声,应再次向听众表示谢意,然后下台回到原座位。走路要和上台一样,不要因为"这下可讲完了"或者为了抓紧时间就匆匆忙忙、慌慌张张,这会给听众留下不好的印象,甚至影响下面演讲者的演讲,这就会有失礼节,对人不敬。

（9）走出会场。演讲全部结束,演讲者可能由主持人陪同先行退场,听众出于礼貌,或站起身来,或热情鼓掌,这时演讲者要同样热情回报,或鼓掌或招手以致意,直至走出会场。如果听众先退出会场,演讲者应起立,面向听众,目送听众。

1.2 能力训练

1.2.1 案例思考

1. 韩复榘的一次演讲

韩复榘,民国时期的一名大军阀,他给后人留下了许多笑料。此人是个大老粗,大字不识一箩筐,却偏偏喜欢冒充斯文,到处演讲。他留下的经典笑料,是他在担任山东省主席时在齐鲁大学的一篇演讲。原文照抄如下。

"诸位、各位、在齐位：今天是什么天气,今天是演讲的天气。来宾十分茂盛,敝人也十分感冒。今天来的人也不少咧,看样子有五分之八吧。来的不说,没来的请举手吧！

今天兄弟召集大家来训一训。兄弟有说得不对的,请大家互相原谅。你们都是文化人,都是大学生、中学生、留洋生,你们这些乌合之众是科学科的、化学科的,都懂得七八国英文,兄弟我是大老粗,连中国的英文也不懂。你们大家都是笔杆子里爬出来的,我是炮筒子里钻出来的。今到此讲话,真使我蓬荜生辉、感恩戴德。其实,我没有资格给你们讲话,讲出来也是对牛弹琴,也可以说是鹤立鸡群了。

今天也不准备多讲,先讲三个题目。

蒋委员长的新生活运动,兄弟我举双手赞成。就一条,行人靠右走着实不妥,实在太糊涂了。大家想一想,行人都靠右走,那左边留给谁呢？

还有一件事,兄弟我也想不通。外国人在北京东交民巷都建了大使馆,我们中国为什么不在那儿也建一个呢？说来说去都是我们中国太软弱了。

另外,学生篮球赛,肯定是总务长贪污了。我们学校就这么穷酸？让学生穿着裤衩,十来个人抢一个篮球,像什么样子?多不雅观。明天到我公馆里去,领一笔钱,多买几个球,一人发一个,省得再你争我抢的。"

……

思考题:

(1) 韩复榘演讲失败的原因是什么?请分析说明。

(2) 这个反面案例给我们什么启示?

2. 比尔·盖茨遭遇演讲滑铁卢

2009年2月20日,在美国加利福尼亚举行的全球科技、娱乐、设计大会上,退居二线的微软前总裁比尔·盖茨先生发表了主题为"重启"的演讲。盖茨在台上大声疾呼,号召人们要重视人类的生存环境,特别关注贫穷的非洲人民糟糕的生存状况。台下聚集的全球科技、艺术方面的精英们个个聚精会神仔细聆听,神情十分严肃。

说到起劲之处,一贯以口才见长的盖茨,忽然来了个新花样,"疟疾是由蚊子传播的,"他边说边打开一个瓶子,"我带来了一些蚊子,我将让它们四处飞行,没有理由只让穷人感染疟疾。"这番话将在场的不少听众吓得不轻,会场顿时一阵混乱,有人起身准备离席,有人抡起拳头向空中乱飞的蚊子拼命地挥打……看着这乱糟糟的场面,盖茨或许觉得自己此举不太妥当,赶紧来灭火,他大声向会场人员保证:他放飞的那些蚊子不携带疟疾病毒,他只是想引起大家关注和帮助贫穷的非洲。可是任凭他怎么解释,大家已无心恋"听",演讲只得草草收场。

会后,该大会管理者克里斯讽刺说:"盖茨此举应该成为各大媒体新闻的头条,标题可以用'盖茨向全世界释放更多的致命昆虫'。"商界巨头奥米迪亚表示:"这简直太过分了,我们离开这间房子的时候要得病了,我再也不坐前排了。"人们猛烈地批评比尔·盖茨放蚊子的行为,似乎没人关心他苦心设计这个环节所想要表达的主题。比尔·盖茨"收获"了自己辉煌演讲史上少有的失败。

(资料来源:http://www.koucai.com.cn/(S(fso0a2mjrrd5h345si2psg55))/item.aspx?id=564)

思考题:

(1) 比尔·盖茨为何遭遇演讲滑铁卢?

(2) 比尔·盖茨用蚊子作为演讲道具,其做法有何不妥?如果是你将发表主旨演讲,你如何使大家关注和帮助贫穷的非洲?

3. 于丹演讲的语言艺术

北京师范大学于丹教授以大众媒体为平台,以国学经典为载体,淋漓尽致地展现了她的个人魅力,而这种魅力主要是通过演讲。于丹的演讲魅力主要表现在审美层面,自于丹走入大众视野之后,就一度被冠以"美女教授"的称谓,直至最近入选"最美女人"的行列。于丹的确体现了当下女性知识分子的某些审美趣味与美的气质。她抓住当今中国百姓心灵深处对于通俗易懂的人文理论的强烈渴求,以白话诠释经典,以经典诠释智慧,以智慧诠释人生,以人生诠释人性,以人性安顿人心。她清楚明白地向我们传授《论语》知识,流畅准确，生动形象，风趣机智，启智导学，具有美的素质和美的魅力。她讲述的语言如行云流水，娓娓道来，一词一句充满情感，一言一语恰如春雨润物，渗透听众的心。

（资料来源：王晶.口才训练实用教程[M].北京：清华大学出版社，2014.）

思考题：
（1）于丹演讲的成功之处何在？
（2）试着在网上收看《百家讲坛》的于丹《论语》感悟，体会于丹演讲的语言艺术。

4. 一位转业军人的竞选演说

各位评委：

我叫马××，19岁参军，历任坦克车长、排长、连长、参谋、团副参谋长、参谋长。在部队曾多次立功受奖。今年上级决定让我转业，听说开发区公开招聘干部，我决心参与竞争，一展自己的抱负。

我认为自己很适合开发区办公室主任这个职位。也许大家会问，你一个军人，懂得地方工作吗？懂得办公室的工作吗？我可以毫不犹豫地告诉大家，竞争这个位置我起码有9大优势。

一、严格的军旅生活，培养了我勇于进取的意识。我当兵20年，前10年从士兵到连队的指挥员，后10年从参谋到参谋长，既靠组织的关怀培养，也靠自己的不懈奋斗。我在军校接受过系统培训，完成了大专文化课程的学习。多次参加大军区专业技术和参谋业务比赛，获得过特等坦克射手、优秀"四会"教练员称号，参加原武汉军区参谋业务考核夺得总分第1名。我所带的团司令部前年参加集团军组织的团以上司令部业务考核获总分第3名。在400名参赛人员中，我个人成绩名列前茅。在边境自卫还击作战中，我带领尖刀排第一个驾车闯入敌阵，冲破敌人的层层封锁，提前到达指定位置，荣立战功，我们连被中央军委命名为"英雄坦克连"，由此培养了我不甘人后的精神。

二、受过多方面的摔打与锻炼，比较熟悉办公室的工作。我是参谋长，其实就是部队首长的军事办公室主任。除作战、训练等军事专业外，大量的是做行政管理、文秘、机要、车管、接待和后勤保障等日常工作，所以，我感到从参谋长到办公室主任的转折过渡比较容易。

三、抓工作讲章法，善于总结经验。我有一定的文字功底，养成了总结工作积累经验的习惯。尤其在任参谋长期间，重要的文电都亲自拟定，撰写的经验材料曾多次被上级转发。其中《勇插东溪的钢尖刀》一文被收编在即将出版的《当代中国·军事分册》第34卷上。

四、严格、缜密的部队工作，培养了较强的办事能力和组织协调能力。

五、军人的职业磨炼了我的性格，部队打硬仗的传统锻造了我的毅力，使我养成了良好的工作作风。比如，周密的组织计划、埋头苦干的求实精神和主动配合的协作观念等，我想这些作风在地方尤其是在经济开发区工作中，同样是非常需要的。

六、团结观念强。能做到对上服务和对下服务一样热情、一样周到。

七、肯干勤学，适应性强。部队人员更替勤，谁不肯干谁掉队。虽然现在还不能说自己是经济内行，但我自信凭着个人现有素质加肯干勤学精神，一定能克服困难，成为一个称职的办公室主任。

八、没有"左邻右舍"干扰，便于尽快展开工作。我是一名军人，初来乍到，一条汉子闯世界，没有困扰和掣肘我工作的"关系网"。我认为这恰恰是一个于己十分有利的因素，这便于我按照领导的意图和组织的决定，集中精力迅速展开工作。

九、没有家庭困难。在部队接受20年的献身精神教育，对于个人家庭有些什么困难和问题，自我克制和自行克服的能力比较强，所以，不会在家庭、孩子问题上给组织添更多的麻烦。

由于这些优势，如果组织信赖，这次竞选成功后，我即可迅速上岗。立即进入角色，具体打算……

以上是个人的情况和打算，供各位评委参考。大家知道，我就是不参加竞选，组织上也会给我安排相应的工作。但我感到，人总是要干点自己追求的事业。我的前20年已奉献给了国防事业，这后半生应该献给国家的经济建设。我感谢组织上给我提供这个机会，也希望组织给我提供一个实践的场所。

谢谢各位评委。

（资料来源：http://www.cdfds.com/Article/yjzc/jpjz/201002/16915.html）

思考题：
（1）这位转业军人谋职的竞选演说成功之处何在？
（2）你发表过竞选演说吗？你是怎样在演讲中表现自身的优势和才能的？

5. 林肯的第二次就职演讲

同胞们：

在第二次宣誓就职总统的时候，我不必像第一次那样发表长篇的演讲了。第一次就职典礼上，我较为详尽地叙述了我们事业要采取的方针和道路，现在看来似乎是正确的。现在，在我的4年任期结束之时，有关这场至今仍为举国瞩目与致力的大斗争的每个方面，时时有公开的宣告，因此没有新的内容向各位奉告了。我们的一切都靠武装力量，这方面的进展，大家知道的和我一样清楚。我相信，大家对此颇感满意和鼓舞。4年前我初次就职之际，全国的思虑都集中在即将爆发的内战之上。大家对内战都怀有恐惧心理，都设法避免这场内战的发生。当时我在这个讲坛上发表的就职演说，全部内容就是为了不战而拯救联邦。当时城里的叛逆分子却企图不用战争来摧毁联邦，他们企图通过谈判来瓦解联邦，瓜分国家所有。双方都反对战争，但其中一方却宁愿战争也不愿联邦毁灭，于是内战爆发。我国黑奴占人口的1/8，他们不是普通分布于全国各地，而是集中在南部。这些黑奴，构成一种特殊而重要的利益。人尽皆知，这种利益迟早会成为战争的起因。为了加强、保持及扩大这种利益，叛逆分子不惜发动战争分裂联邦，以达到增大、扩展这种利益，使之永存的目的，政府却除去要求将奴隶制限于原来区域，不使其扩大之外，不要求其他任何权利，双方都不曾预料到战争会有这样大的规模，持续时间这样久，不曾预料到引起冲突的原因在冲突停止时会消失。双方都寻求轻而易举的胜利，不求彻底或惊人的结果。双方信奉同一宗教……

我们对任何人都不怀恶意，对所有人都抱有善心，对上帝使我们认识到的正义无限坚定。让我们努力完成我们正在进行的工作,愈合国家战争的伤痕,关怀战死的烈士及其家属,尽一切力量争得并维护我国及全世界的正义的、持久的和平。

(资料来源：http://www.langfly.com/a/20100714/084203.shtml)

思考题：

(1) 总统的第二次演讲很难再打动民众,在众多第二次宣誓就职的美国总统中,林肯是个令人惊喜的例外,请分析这篇演讲好在何处。

(2) 林肯的这篇演讲的艺术性表现在哪些方面？

1.2.2 实训项目

1. 演讲测试

(1) 你的演讲能力如何？请回答下列问题测试一下自己的演讲能力。

① 你喜欢当众发表自己的见解吗？

　　A. 喜欢(2分)　　　B. 不太喜欢(1分)　　　C. 不喜欢(0分)

② 你习惯于当众讲话或演讲之前做充分准备吗？

　　A. 是(2分)　　　　B. 有时是(1分)　　　　C. 从不(0分)

③ 你能在演讲之前精心设计仪表仪容、手势动作、表情眼神等态势语吗？

　　A. 能(2分)　　　　B. 有时能(1分)　　　　C. 不能(0分)

④ 你能在演讲一开始就迅速抓住听众的注意力吗？

　　A. 能(2分)　　　　B. 有时能(1分)　　　　C. 不能(0分)

⑤ 你能紧紧围绕演讲主题,寓理于事、情理交融地表达自己的观点,使听众一目了然并心悦诚服吗？

　　A. 能(2分)　　　　B. 有时能(1分)　　　　C. 不能(0分)

⑥ 你能在演讲过程中密切注意听众的反应并及时调整自己演讲的内容与方式吗？

　　A. 能(2分)　　　　B. 有时能(1分)　　　　C. 不能(0分)

⑦ 你能在演讲出现忘词、停电等意外情形时从容应对吗？

　　A. 能(2分)　　　　B. 有时能(1分)　　　　C. 不能(0分)

⑧ 你能否在必要时与听众进行有效互动？

　　A. 能(2分)　　　　B. 有时能(1分)　　　　C. 不能(0分)

⑨ 你的普通话标准、声音清晰悦耳吗？

　　A. 是(2分)　　　　B. 一般(1分)　　　　　C. 不(0分)

⑩ 当众讲话或演讲时,你有紧张得语无伦次的现象吗？

　　A. 从无(2分)　　　B. 有时(1分)　　　　　C. 经常(0分)

测试结果分析：

以上10题满分为20分。如果你的得分在17分以上,说明你的演讲能力很好；12~16分为一般,11分以下则说明你演讲能力较差,必须加强学习和训练。

（2）你的演讲智力素质如何？

演讲者必须具备一定的智力素质，这种素质有先天的因素，但主要还在于后天的锻炼与培养，主要包括记忆力、想象力、分析力、概括力和应变力等。下面六组题中每组第1题，根据自己的感觉，填"上""中"或"下"；每组第2、3题，肯定的打"√"，否定的打"×"；每组第4、5题，请回答"能"或"否"。

第一组：
1. 良好的记忆力与理解力是演讲者的必备素质，你的记忆力怎么样？（　　）
2. 你能否记起小学五年级的同桌？（　　）
3. 你记得你成为少先队员或团员的确切时间和介绍人吗？（　　）
4. CGQJNM 这几个字母，你能否看一遍后默写出来？（　　）
5. 你能否在两分钟之内背诵下面这首诗？（　　）
城上斜阳画角哀，沈园非复旧池台；伤心桥下春波绿，曾是惊鸿照影来。

第二组：
1. 分析是思维的重要组成部分，你的分析能力如何？（　　）
2. 你觉得你很有主见吗？（　　）
3. 你喜欢自己思考问题吗？（　　）
4. 遇见一件你从未经历过的怪事，你能迅速做出自己的判断吗？（　　）
5. 一杯牛奶酸了，你能想一想是什么原因吗？（　　）

第三组：
1. 概括力是提纲挈领表达问题的关键，你的概括力如何？（　　）
2. 你常会有一些深刻的话引起别人注意吗？（　　）
3. 别人说过你言语表达不清吗？（　　）
4. 你能用几句话就把刚看完的一部电影的大意讲出来吗？（　　）
5. 你能使自己喜欢数学甚于喜欢语文吗？（　　）

第四组：
1. 演讲中需要推理和演绎能力，你以为自己的演绎能力如何？（　　）
2. 你说话常给对方留下把柄吗？（　　）
3. 你阅读推理小说，能在中间部分就猜出故事的真相吗？（　　）
4. 你能在五秒之内回答下面的问题吗？姑姑哥哥的儿子的妈妈是自己的什么人？（　　）
5. 你认为喝冷水可能会导致腹泻吗？（　　）

第五组：
1. 丰富的想象是保证你演讲更精彩的重要条件，你的想象力如何？（　　）
2. 你平时爱做梦吗？（　　）
3. 你喜欢耍贫嘴吗？（　　）
4. 你阅读小说时，能找出作者构思失败的地方吗？（　　）
5. 你能编故事并讲给别人听吗？（　　）

第六组：
1. 演讲者必须具备良好的应付突发事件的能力，你的应变能力如何？（   ）
2. 别人用言语讥笑你，你能在瞬间找到言辞反击吗？（   ）
3. 一个球向你飞来，你会抱脑袋吗？（   ）
4. 朋友来了，你正生气，你能笑着去开门吗？（   ）
5. 在混乱的场合，你能让大家安静下来吗？（   ）

测试结果分析：

如果累计有一个"中"，五个"上"，十个以上的"√"，十个以上的"能"，那就说明你演讲智力比较出色。

如果累计有两个"上"，四个"中"或更少，六至九个"√"，六至九个"能"，说明你演讲智力一般。

如果累计有一个"中"，五个以上"下"，五个以下的"√"，五个以下的"能"，说明你演讲智力较差。

(3) 你的演讲修养怎样？

演讲修养是演讲素质最重要的组成部分，主要包括以下几方面的内容：演讲者的仪表气质是否大方得体，演讲者的知识结构是否全面，表情是否自然亲切等。下面是六组测试题，分别有上、中、下三种情况，得分分别为2分、1分和0分。请根据自我感觉回答问题，计算得分，最后累计为总分。

第一组：
1. 你平时看书的时间多吗？（   ）
2. 你关心自己专业以外的问题吗？（   ）
3. 同事们常向你请教问题吗？（   ）
4. 你常与同事讨论新闻吗？（   ）
5. 你认为学习是一种乐趣吗？（   ）

第二组：
1. 你说话有幽默感吗？（   ）
2. 你讲话时同事们爱听吗？（   ）
3. 你对理论问题感兴趣吗？（   ）
4. 你能在别人找不到确切的语言表达时代替他说吗？（   ）
5. 你善于讲故事吗？（   ）

第三组：
1. 你漂亮且有气质吗？（   ）
2. 你认为世上好人多吗？（   ）
3. 别人说你比较和气吗？（   ）
4. 你经常一个人生闷气吗？（   ）
5. 你经常会原谅别人吗？（   ）

第四组:
1. 你爱观察演讲主持人的形象吗? （ ）
2. 你喜欢模仿别人说话的语气吗? （ ）
3. 你对你自己的音质欣赏吗? （ ）
4. 你总是爱照镜子吗? （ ）
5. 别人很少发现你的不良习惯吗? （ ）

第五组:
1. 你会老觉得别人不如你吗? （ ）
2. 家里来了客人,你会主动跟他攀谈吗? （ ）
3. 有人说你爱出风头吗? （ ）
4. 你经常发现别人与你说话时紧张吗? （ ）
5. 你不在乎别人的评价吗? （ ）

第六组:
1. 不高兴的时候,你能不让别人发现吗? （ ）
2. 看电影时,你比别人更投入吗? （ ）
3. 你是一个讨人喜欢的人吗? （ ）
4. 你认为当今人情味太淡吗? （ ）
5. 你有心事,愿意向别人倾诉吗? （ ）

测试结果分析:

满分为60分。如果你积分在45分以上,说明你的演讲修养很好;30～45分为一般;而30分以下则较差,尚需努力提高。

(资料来源:屈海英.新编演讲与口才[M].杭州:浙江大学出版社,2011.)

2. 演讲认知训练

【任务名称】

演讲认知。

【任务目标】

(1) 正确理解演讲内涵。

(2) 深入体会演讲的特征。

(3) 把握演讲要素在演讲活动中的重要作用。

【建议学时】

2学时。

【涉及知识点】

演讲认知。

【任务实施过程】

(1) 任务导入

举办演讲接力活动,活动要求如下:

① 演讲话题分为英雄、网络、沟通、诚信。

② 本次活动以小组为单位，各组以抽签形式决定自己的演讲话题。话题确定后，各组在同一话题下准备3个演讲，要求选择陈述型、论辩型、主情型、鼓动型四类演讲中的三类表达方式，自拟题目，完成演讲稿，最终进行脱稿演讲。

③ 每组选派代表4名。第一名同学汇报本次活动的经过、组内成员的具体安排以及在此活动中的独特感受和体验。然后，演讲代表登台。每个同学台上时间控制在3~5分钟。

④ 各组同学依次交替演讲。每组演讲代表间隔不超过30秒，如果超时，即算作自动放弃一次演讲机会，转由下组继续演讲。

⑤ 评判人员对演讲做出评判。

(2) 演讲认知训练

① 热身准备。集体讨论：结合自身的理解谈谈什么是演讲。演讲有何作用？

② 实地大演练。教师播放演讲视频2~3个，各组结合演讲的特征进行分析。要求：第一，请学生以组为单位进行讨论、学习，限时10分钟。第二，每组派出3名代表到台上进行表述，每组台上时间限定在8~10分钟。

(资料来源：赵京立.演讲与沟通实训[M].北京：高等教育出版社，2010.)

3. 演讲模拟训练

【训练要领】

细心揣摩演讲者处理有声语言（如语调、语气、停连、重音等）和态势语（如身姿、手势、目光、表情等）的技巧。

【训练方法】

(1) 录像模仿。先观看一小段精彩的演讲录像，要求当场默记，然后进行模仿。注意模仿的目的不是为了背出这段内容，而是为了学习口语与态势语处理的技巧。模仿前要注意演讲的类型、基调等。

(2) 利用下面的材料，做仿说练习。

① 19世纪法国杰出的浪漫主义作家维克多·雨果在伏尔泰百年祭日上发表著名演说《微笑本身就含有曙光》。结尾用诗一般的语言，连用十几个"让我们……"的句式，充分表达了对伏尔泰的憧憬和颂扬之情，以及对战争、专制、独裁的诅咒，呼唤人们为争取生命权、自由权而奋斗，推翻王权，让光明从那些死者的坟墓中放射出来。

让我们转向伏尔泰吧！让我们在他的墓前鞠躬吧！让我们记取他的忠告吧！虽然他在100年前已死，但他的成就是不朽的，也让我们记取其他伟大的思想家的忠告吧，让我们停止流血事件吧！够了！够了！专制政治！野蛮主义早该消灭，让文明兴起吧！让18世纪来拯救19世纪！那些哲学家们都是真理的门徒，在独裁者欲发动战争之前，让他们宣布人类生命权及良知的自由权，还有理性的崇高、劳力的神圣、和平的祝福。既然王权表示黑暗，就让光明从那些死者的坟墓中射出来吧！

② 1904年秋瑾紧扣当时的现实，有理有据、言简意赅地宣传了演讲的好处。

演说有种种好处。第一样好处：随便什么地方，都可随时演说。第二样好处：不要钱,听的人必多。第三样好处:人人都能听得懂,虽是不识字的妇女、小孩子,都可听懂。第四样好处:只需三寸不烂之舌,又不要兴师动众,捐什么钱。第五样好处:天下的事情,都可以晓得。

(资料来源:朱彩虹.大学生实用口才训练教程[M].北京:清华大学出版社,2010.)

拓展阅读:演讲怯场心理的克服

在演讲方面,人们遇到的最大问题莫过于怯场心理。很少有人能心情平静、信心十足地登上演讲台。随着演讲日期的临近,绝大部分演讲者心中都会忐忑不安:我是否已准备充分?听众会喜欢听吗?我会不会一上台就把演讲的内容忘得一干二净?

1. 怯场心理的成因

造成怯场的心理原因多种多样,往往也因人而异。但以下几点原因却带有极大的普遍性。

(1)评价忧虑。这是怯场心理的最主要的因素。现代心理学认为,在任何存在评价的场合,人们一般很难发挥自己原有的水平。大多数人对自己在初次约会中的表现不十分满意。在演讲中,由于评价是单向的,也就是说听众在"裁判"演讲人,所以演讲者的忧虑更多,心理负担更重。

(2)听众地位。如果演讲者面对的听众比自己的地位高,或者演讲者认为听众比自己重要,那么演讲者在讲话时便感到特别紧张。求职者在评估小组面前的表现往往很不自然,这一方面是因为对评价的忧虑;另一方面也无疑是因为评估小组"大权在握"。

(3)听众人数。一般人都愿意在"小范围"内讲话。如果听众人数很多,演讲者便会倍加谨慎。因为他们觉得一旦出错或表现不佳,"那么多人"一下子都知道了。过分地小心谨慎加大了怯场的可能性和程度。

(4)对听众熟悉程度。大多数人在"熟人"面前讲话比较自然。而对陌生的听众之所以紧张是因为演讲者对他们的听众几乎一无所知,而听众在几十分钟甚至十几分钟内便会对演讲者做出评价。

(5)听众的观点。如果演讲者知道听众或大多数听众所持观点和演讲者的观点一致,那他便会信心十足。反之,演讲者便会有很多担心。

(6)准备是否充分。若演讲者觉得自己对演讲准备得不充分,觉得有"出丑"的可能,那他的自我保护意识很可能会使他更加紧张。

2. 消除怯场的方法

受怯场心理之害的不单单是普通人,连那些经常抛头露面的著名人士也在劫难逃。记载表明,古希腊政治家与雄辩家德摩斯梯尼和古罗马政治家与雄辩家西塞罗有时也有严重的怯场表现。这些都表明怯场心理是一种广泛存在的因素,从以下方面做起,可以帮助消除怯场心理。

（1）端正认识。首先，必须清楚，演讲的时候并不需要装腔作势，只需要一个原原本本的自我。许多人在上台之前总觉得演讲人应该有什么样的形象，为此费尽心思，等上台之后，他们也不自觉地做作起来。其实，这些根本不必要，把自己表达出来就很好了。一个有特色的人才有魅力，而每一位演讲者的特色只有他自己才能表现得至善至美。其次，必须清楚，演讲不是演戏，而只是任务的一种。演讲的时候，别总想着自己，别想"天哪，该我上场了"。要把注意力集中在听众身上、集中在演讲目的上。如果演讲者有许多事情，争着讲给别人听，那么，就是想紧张、想怯场也没有时间。再次，必须清楚，轻微的紧张是很自然的事情，是件好事，大多数演讲家都遇到过。我们已经注意到，许多人只在面对众人说话时才紧张，而轻微的怯场其实也是一种兴奋，它起到的效果是很有趣的。演讲人常常会由于稍稍紧张而变得更加精神，思路更加敏捷。那些长年累月做报告的人，因为缺乏这种表现，所以报告往往很乏味。最后，必须清楚，有时演讲者自认为很紧张，别人却看不出来。许多研究结果表明，人们往往夸大自己的紧张情绪。如果问人们在演讲时怯不怯场，那么百分之八十的人会举手，其中不乏台上镇定自若的人。

（2）积累经验。消除怯场心理的另一个方法是积累经验。冰冻三尺，非一日之寒。一般人都对自己不熟悉的事情感到胆怯。害怕演讲的人可能是因为演讲的练习机会太少，那么抓住机会，多与人交谈，多在公共场合露面，广泛积累经验，是消除怯场心理的一个好办法。

（3）练习放松。演讲前，如果演讲者仍感到紧张，下面几种方法有助于放松。

第一，深呼吸。做深呼吸的目的是供给演讲者充足的氧气，帮助演讲者在演讲中更好地控制自己的声音。第二，肌力均衡运动。肌力均衡运动是指有意识地让身体某一部分肌肉有规律地紧张和放松。比如演讲者可以先握紧拳头，然后松开；演讲者也可以固定脚掌，做压腿，然后放松。做肌力均衡运动的目的在于让演讲者某部分肌肉紧张一段时间，然后演讲者便不仅能更好地放松那部分肌肉，而且能更好地放松整个身心。第三，语言暗示。语言暗示是在充分准备的情况下，增强自信，并给自己宽心。这种自我暗示实质是调节自我感觉，"无视"对手与听众。可以对自己说："我就是最好的演讲者"；可以回想过去演讲成功的实践，暗示自己这次演讲也会有出色的表现。第四，集中注意力。集中注意力就是有意识地把注意力集中在某一个具体的事物上，从而分散上场前的紧张感。通过强化一种信息的刺激，使自己的注意力专注于此，而不分心去想紧张的事情，达到控制自己的目的。如有的演讲者上场前聚精会神地练习书法，在一张白纸上龙飞凤舞，很快就消除了紧张心理。第五，调节心境。紧张情绪可以用调节心境的方法去处理。一段轻音乐、一本幽默画册、一集卡通片、一个小玩笑，很有助于冲淡紧张情绪，使演讲者无比舒畅，好像血液在舒缓地流动，呼吸有序地进行，能够心境明快地上场。

（4）学会幽默。幽默是演讲中的食盐。优秀的演讲人和有吸引力的演讲内容只有加上恰到好处的幽默，才能创造出成功的演讲。所以当演讲者遇到怯场心理的袭击时，不妨巧用幽默，在听众轻松的笑声中解脱自己。

演讲是冒险，冒险家的事业中总是存在着恐惧，但成功的冒险家都有对付恐惧的办法，演讲时应时刻铭记这一点。

总之，怯场是一种自然的现象，也是一种能够改变的现象，只要努力，相信每一位演讲者都会克服这个困难的。

（资料来源：http://www.xuexila.com/speech/nervous/7835.html）

课后练习

1. 就大学生普遍关心的社会热点问题，自选题目，写一篇 1000 字左右的演讲稿，经过演练后在班上正式演讲。

2. 请分别以环境保护、就业创业、勤工俭学等为题进行即兴演讲练习。

3. 分别将下面的话扩句成篇。

（1）我的大学我做主。

（2）现代社会男女竞争是平等的。

4. 假定你在学校组织的一次演讲比赛中荣获了一等奖，在颁奖仪式上，主持人请你代表全体获奖同学发言，你该讲些什么？

5. 你和几位同学一起到一家公司实习，在公司的一次全体职工大会上，该公司经理把你们这些实习生介绍给大家，致了欢迎词后，同学们推你代表实习生发言，你该怎么办？

6. 根据下面的话题，进行口头评说，每题讲 3 分钟左右[①]。

（1）苏格拉底的学生对他说："老师，您的知识这么多，您一定没有烦恼……"苏格拉底说："不，错了，知识是一个圆，烦恼是它的半径，知识越多，圆越大，半径也越长……"你是否有同感？你现在有烦恼吗？常烦恼些什么呢？如何摆脱烦恼？谈谈你的体会。

（2）作家刘心武说过："亲情如溪流，友情如江河，爱情如大海。人活一世，亲情、友情、爱情，三者缺一，已为遗憾，三者缺二，实为可怜，三者皆缺，活而如亡！"请你谈谈感想。

（3）"在才能和智慧不相上下的人群中，你拥有更高的热情，成功便在更大程度上属于你。"你认为这句话对吗？谈谈个人在品德修养和人际关系方面的重要性。

（4）有人说："逆境容易出人才"；有人说："顺境容易出人才"；也有人说："不管是逆境还是顺境，成才关键靠人本身"。你是如何看待的？

（5）请围绕"付出与收获"联系现实，谈谈你的看法。

（6）你热爱自己所学的专业吗？如果不喜欢，你现在该怎么办？并谈谈你对未来工作的设想。

（7）现在有一些大学生边读书边找一些工作做，有人持反对意见，有人赞同。请你对大学生兼职问题发表意见。是利大于弊还是弊大于利？怎么对待这个问题才好？

7. 根据下面的"变"，设计"应变"演说。

（1）上台演讲，由于太紧张，头脑里一片空白。

（2）在一次推广普通话的演讲会上，上台一开口，就没能讲好普通话。

（3）听众向你提问：你说"大学生求学期间谈恋爱，结果往往是苦涩的"，但你为什么也正在谈恋爱？

8. 第一次参加演讲时你感到紧张吗？你是怎样克服紧张情绪的？

---

① 傅春丹. 演讲与口才案例教程[M]. 北京：中国水利水电出版社，2011.

任务2

命题演讲

只要遵循正确的方法,做周全的准备,任何人都能成为出色的演说家。反之,不论年纪及经验多么老到,若没有适当的准备,仍会在演讲中出窘。

——【美国】戴尔·卡耐基

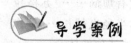导学案例

用发展的眼光看中国
——温家宝在剑桥大学的演讲(节选)

尊敬的校长,老师们、同学们:

今天外面下着大雪,天气严寒,但是我的心是热的。我早已盼望在剑桥同老师、同学们见面,互相交流。现在正是金融危机的严冬季节,但是我看到年轻人,仿佛看到了春天,看到了光明和未来。因为我坚信,知识的力量、年轻人的勇气,是可以改变人的命运、国家的命运、整个世界的命运的。一篇好的演讲应该是不加修饰的。用心说话、讲真话,这就是演讲的实质。我希望我的演讲能够给老师、同学们思想以启迪。你们能够记住其中一两句话,那我也就满足了。

到高等学府,我的心里总是充满敬意。这种心情是由于我对知识、对老师、对学校的尊敬。所以,我方才深深地给校长、给老师们鞠个躬,那不是礼节,而是一个学生对待校长和老师应有的礼貌。

来到向往已久的剑桥大学,非常高兴。剑桥举世闻名,培养出牛顿、达尔文、培根等许多杰出的科学家、思想家,为人类文明进步做出了重要贡献。今年是剑桥建校800周年,我谨致以热烈祝贺!首先,我向剑桥大学赠送"中华数字书苑",其中收录了中国出版的20万种电子图书,涉及中国政治、经济、历史、文化等各个领域,大家可以从中更多地了解中国。

这是我第四次访问英国。中英相距遥远,但两国人民的友好交往不断增多。香港问

题的圆满解决,经贸、文教、科技等领域的有效合作,为发展中英全面战略伙伴关系奠定了坚实基础。在此,我向长期致力于中英友好的朋友们表示崇高的敬意!

今天,我演讲的题目是:用发展的眼光看中国。

思考题:

(1) 请在网上阅读温家宝这篇演讲的全文,谈谈其好在何处。
(2) 成功地进行命题演讲应注意哪些问题?

学前问题

- 进行命题演讲应做哪些准备?
- 演讲稿有何特点?应该如何设计一篇演讲稿?
- 应如何进行演讲演练?
- 演讲中直观教具应如何使用?

命题演讲是根据指定题目或限定的主题,事先做了充分准备的演讲。一般都写好了讲稿并经过精心设计和反复演练,也有不写讲稿,只拟提纲或只准备腹稿的。

命题演讲大致分为两类:一类是定题演讲,即根据邀请单位或主办单位事先确定的题目进行演讲。这种演讲对主题和内容都做了较严格的限制,例如《我心目中的秘书职业》,就必须谈秘书职业,必须谈个人经历和体会。另一类是自拟题目的演讲,即主办单位只提出演讲的主题要求和范围,题目由演讲者自定。这种演讲的限制虽不及前一种,具有一定的自主性,但演讲的内容同样必须符合主办单位的有关要求。

命题演讲一般具有严谨、稳定、针对性强的特点。

2.1 知识储备

2.1.1 命题演讲的准备

众所周知,1863 年 11 月 19 日林肯在葛底斯堡国家烈士公墓落成典礼上的演讲被尊为英语演讲史上的最高典范。那么,林肯是怎样成功的呢?他是在举行典礼前两周才接到通知的。主办者请他在埃弗雷特先生演讲之后"说几句话"。埃弗雷特先生是当时美国最负盛名的演讲家,又是主讲人,而林肯不过是国家纪念委员会出于政治上的考虑才邀请他"说几句话"的。林肯深谙其中的缘由。所以在演讲前做了充分准备。他先要来了埃弗雷特的演讲稿,该演讲长达两个小时。富有经验的林肯从被邀请"说几句话"的背景及演讲心理学出发,准备做两分钟的演讲。在这两周内,不论是在路上,还是在办公室,一有时间他就思考着他的演讲,在内容上、艺术上都做了整体的考虑。写出演讲稿之后,他随身携带,有空就思索、推敲。演讲的前一天晚上,他还在葛底斯堡旅馆的小房间里润色讲稿并高声试讲,请秘书提意见;第二天,骑马去公墓的路上,面对夹道欢呼的人群,他旁若无人,嘴里仍念念有词,练习他的演讲。可见,巨大的成功与演讲前的精心准备是分不开的。

演讲前的准备工作是多方面的。苏联著名演讲家阿普列相在《演讲艺术》一书中指出:"真正的演讲家总是一身而三任:既是作者('剧作家'),又是导演,还是完成自己的演讲、谈话的表演者。"这段话形象地说明了演讲者肩负的职责,也道出了命题演讲的主要准备工作。命题演讲的准备一般包括研究听众、酝酿构思和试讲演练三个阶段。

1. 研究听众

听众是演讲活动的客体,不了解听众的演讲是无的放矢乱讲一气,是无希望获得成功的。研究听众,就是通过不同渠道设法了解听众的职业、身份、性别、年龄、文化程度、生活阅历、兴趣爱好及现时的心理活动。其目的在于因人制宜,采取令听众喜闻乐见的形式传达自己的思想和主张,有效影响听众的思想和行动。某市公共关系培训班的学员们以演讲方式竞选班长。前面发表竞选演讲的十几位学员都是以冷静的风格说明"我当班长要做好哪几项工作"或"我具备了哪些当班长的条件"。台下学员对千篇一律的演讲开始厌烦,有的开始起哄,会场秩序呈现混乱状态。这时,一位男学员大步走上讲台,说:"我——竞选班长!如果我当班长,我将是各位忠实的代表!(掌声)请记住——选我,就是选你们自己!"(热烈掌声)这位学员针对听众心理,及时调整演讲角度和风格,运用极富号召力的语句和语调,再辅之以大幅度的态势语言,造成了强烈的现场情绪,取得了较好的效果。

在研究听众时还应特别注意了解听众的意愿要求,有针对性地做好确定主题、选择材料等准备工作。听众参加演讲会的意愿要求大致有:①慕名而来。当著名政治家、科学家、演讲家、学者、明星等发表演讲时,往往有大批听众慕名前往。此时听众的主要目的大多是为了一睹名人的风采,一般不太计较演讲水平的高低。同时,由于潜在的崇拜心理,名人的演讲往往能激起异乎寻常的热烈反响。②求知而来。为了获取新的知识和能力,听众会自觉地选择那些满足自己求知欲的演讲,如学术讲座、技术辅导、国外见闻等。如果演讲内容充实、条理清晰,听众一般不会过于挑剔演讲技巧。③解惑而来。听众对自己渴望的演讲话题总是抱着极大的兴趣。如果关系自己的切身利益,听众会十分主动地参与演讲的沟通过程。此时,所要做的是分析听众希望了解的话题和存疑之处。此类听众只要求把演讲内容交代清楚,对演讲者的身份、地位和演讲水平不会有太苛刻的要求。④欣赏而来。此类听众的目的在于欣赏演讲者的表达技巧,在其潜意识中隐藏着对高水平演讲者的崇拜和学习演讲的强烈愿望。面对这样的听众,演讲者要充分展示自己的口才魅力和表达技巧。⑤被动而来。工作报告、经验交流、各类庆典的会场上,有些听众是由于纪律约束或出于礼貌而不得不来的。这类听众对演讲内容不甚关心,演讲过程心不在焉、反应冷漠。演讲者想征服这类听众,必须掌握高超的演讲技巧。

2. 酝酿构思

不管是自愿还是受命,一旦准备登台演讲,就必然有一个由酝酿到构思的过程,而这一过程的结果就是演讲稿。这一过程包括审定题目、确立题目、收集和选择资料,再进入构思,最后完成演讲稿。这是一个十分艰难的创作过程,这既是一系列的封闭式的个人劳动,同时又是以社会、听众为背景的艺术创作活动。

(1) 审定题目。分两种情形:对规定了题目的演讲,要研究审定题目中的关键词,譬如《党在我心中》,关键词就有"党"和"我",既要歌颂中国共产党,又要与我的经历和见闻联系起来;对只限定了大致范围或主题的演讲,要研究审定其切入点,譬如《传承文明,弘扬美德》,要求演讲者只作关于道德文明方面的演讲,演讲者可以自拟题目,也可从多个角度切入和演讲。

审题要把握两个关键点:一是选择角度。角度要新、要适度。新,是相对于同台演讲者而言,尽可能避免与别人的演讲相同或相近,尽可能给人耳目一新的感觉。适度,是相对于自己而言的,太大,驾驭不了,讲不透;太小,容量不够,发挥不好。二是选择自身的优势。1994年,在新加坡举行的第二届全国华语演讲大赛中,印度姑娘鲁巴·沙尔玛一举夺魁。她在复赛和决赛中的演讲分别是《汉学在印度》《我与汉学》。因为她出生在印度,父母都是高级知识分子,从小又跟父母到了中国,从小学到大学都是在中国上学,她既熟悉印度,又了解中国的文化。因此做这方面的演讲,就特别得心应"口",也特别能迎合新加坡听众的需求。

(2) 确立主题。主题是命题演讲的核心。确立主题应特别注重把握两方面:一是主题要适时,即适合社会的需求,具有时代感;适合听众的需求,考虑听众年龄、职业、文化程度的共享性。二是主题要单一。演讲稍纵即逝,讲得太多、太杂,反而适得其反。正如德国著名演讲家海因兹·雷曼说的:"在一次演讲中,宁可牢牢地敲进一颗钉子,也不要松松地按上几十颗一拔即出的图钉。"

(3) 选择材料。演讲是信息的传播,信息的载体是材料。信息有疏有密、有强有弱。前者表现为量,即材料的多寡;后者表现为质,即材料的优劣。选择材料,就是在具有一定数量的基础上,对材料进行优化组合。组合的依据是:一是能恰当地表现主题;二是能满足听众的预期需要;三是真实典型;四是具体新颖。

(4) 构思框架。命题演讲的构思包括两个方面:一是构思演讲稿;二是精心设计演讲的现场实施。演讲稿的构思,包括开场白、主体、高潮、结尾,这实际上就是材料的安排与处理,同时也包括思维框架与基本语言形态的选定。精心设计现场实施,实际上在构思演讲稿的过程,就基本上包含了现场实施的设计。但两者一比较,后者更具体、更细化、更具有可操作性。这种设计是在演讲稿构思的基础上,进一步琢磨实施过程中的处理与表现,其中包括各种演讲技巧的运用,譬如手势、眼神、声音、应变等。构思在命题演讲过程中是较为重要的一个环节。

(5) 撰写讲稿。执笔成文,是上述各个环节总的归宿。命题演讲的成败,取决于演讲稿的优劣。演讲稿必须精心写作,最好是自己动手写稿,保持个人的风格。怎样写稿,隶属于应用写作课程教学,不在此赘述。

3. 试讲演练

试讲演练是命题演讲必经的一个阶段,主要目的是背诵和处理演讲稿、斟酌演讲的技巧应用。有的演讲者以为只要把讲稿记牢背熟就万事大吉了,其实不然,演讲稿中记载的只是演讲的内容和架构,至于演讲的技巧与方法,包括语调、节奏、停顿、体姿、手势、表情、眼神等的设计与应用,演讲稿中却无法体现,这些都需要在试讲演练中细心揣摩、精心处理。

2.1.2 演讲稿的设计

有人做过这样的实验:把用于阅读的一篇优秀文章不加改写地讲给一部分人听,另把一篇引起过轰动效应的演讲,根据录音一字不差地记录下来,把文稿交给另一组人去读,然后收集两组人的评论意见。实验结果是:对优秀的阅读文章,听者觉得修饰词汇太多,很有矫揉造作、卖弄文采之感,有些字眼听起来还不顺耳,易引起误解;而那篇让人阅读的演讲稿,读者反映他们体会不到精妙动人之处,甚至有许多用语是废话。这个实验表明:长期以来,适用于听的语言和适用于阅读的语言,在习惯上已出现明显的差异,人们对听的语言和读的语言早就默认了两种不同的要求,由此可见,书面演讲词和书面文章有着区别。同样都是文字表达,二者有什么区别呢?演讲家李燕杰对此有独到见解,他说:"文章是让文字躺在纸上,让读者体会文章作者的思想、感情及其所讲述的道理。若把文章比作无声的影片,那么演讲则可以比作立体声的电影。因此,在'制片'时,就应充分考虑视听综合效果,让文字鲜活地'站'在听众面前。"

1. 演讲稿的特点

演讲稿是为适应演讲活动的需要而写作的一种实用文体,与其他文体相比,有以下几个特点。

(1) 以情感人。演讲必须以情感人,情感是演讲的生命线。没有人愿意坐上几个小时,就为听演讲者这些空而又空、玄而又玄的大话。这样的大话连演讲者自己都不能感动,又怎么能感动别人呢?所以,精彩讲稿的第一个特点是以情感人,说出自己的心里话,而不是"为赋新词强说愁"。那些虚假的事、夸大的情,只会让人感到做作、别扭。社会交往中待人真诚是第一,说话也是真诚第一。

现在最受欢迎的演讲,就是那种情真意切、以情取胜的演讲。

白居易说:"动人心者莫先乎情",唯有炽热真实的感情,才能使"快者掀髯,愤者扼腕,悲者掩泣,羡者色飞"。美国第一任总统华盛顿的就职演讲是这样开篇的。

参议院和众议院的同胞们:

本月4日收到根据两院指示送达给我的通知。阅悉之余,深感惶恐,我一生饱经忧虑,但过去所经历的任何焦虑均不如今日之甚。一方面,因祖国的召唤,要我再度出山,对祖国的号令,我不能不欣然谨从。然而,退居林下,是我一生向往并已选定的归宿。我曾满怀奢望,也曾下定决心,要在退隐之余度过晚年。对此退隐的居所,除喜爱之外,已经习惯;看到自己的健康,因长期操劳,随着时光流逝而日益衰退,这时,对此更感需要和亲切。另一方面,祖国委我以重托,其艰巨与繁难,即使国内最有才智和最有阅历的人士,亦将自感难以胜任,何况我资质鲁钝,又从未担任过政府行政职务,更感德薄能鲜,难当重任。处于此种思想矛盾中,使我一直认真致力于正确估量可能影响我执行任务的每一种情况,以确定我的职责,这是我所断言的……

在场面热烈盛大的就职典礼上,华盛顿说了这样一番并不激昂,甚至有些低调的话,似乎与当时的盛况有些不和谐,但是看得出来,这确实是他的心里话。据当时一家报纸报道,华盛顿在宣誓和演讲时非常"虔诚热情",很多听众都流下了眼泪,其动人之处正是在于他的虔诚。他讲的确实是一个年近六十的老人受命承担国家命运时自然的思想斗争。恰恰是因为这斗争的激烈,更让人们看到这位总统的爱国热情,这篇讲稿的名字叫《我的热情驱使我这样做》。这个低调的开篇比那些慷慨激昂的宣告感人得多,正是源于他讲的是自己的真心话。

(2) 切合场景。演讲者要注意自己的演讲切合具体的场景,并能因势利导,使自己的演讲有力度,这正是创造环境,借东风烧曹船。它往往能取得意想不到的效果。丘吉尔在第二次世界大战阴影笼罩全球时,在一个圣诞节上,是这样演讲的:

战争的狂潮居然在各地奔腾,使我们心惊肉跳。但在今天,每一个家庭都在宁静的、肃穆的气氛里过节。今天晚上,我们可以暂时把恐惧和忧虑抛开、忘记,而为那些可爱的孩子布置一个快乐的晚会。全世界说英语的家庭,今晚都应该变成光明的、和平的使者,使孩子们尽量享受这个良宵,使他们因为得到父母的恩赐而高兴,同时使我们自己也能享受这种无牵无挂的乐趣。然后我们担起明年艰苦的任务,以各种代价,使我们的孩子所应继承的产业,不致被敌人破坏。因此,在上帝庇佑之下,我谨祝各位圣诞快乐。

丘吉尔说得多好啊! "使我们的孩子所应继承的产业,不致被敌人破坏。"在一个本是处处洒满圣洁月光的盛大节日,一个本该是和平宁静的节日里,让孩子们快乐,在战争席卷全世界的背景映衬下,这样一种安静、肃穆来得何等艰难! 不忘圣诞节的宁静安详,不忘在这样的日子致以希望与祝福,不忘让疲于战争的人们暂时放松,不忘让这么一个盛大的节日不失节日的气氛。但丘吉尔同时也不讳言战争的可怕,让恐怖与安详形成鲜明的对比,让人们更憎恨战争的残酷。多么入情入理! 多么扣人心弦! 在战争的阴影下,在欢乐的圣诞节日中仍忐忑不安的人们,听了这话能不振奋激动吗? 如果在这样的情境中,丘吉尔大呼战争,大呼反抗,大呼"我所能奉献的没有其他,只有热血、辛劳、汗水与眼泪",这将多么败人兴致、大煞风景呀! 但一味地平安祝福,忘了眼前的黑暗,又不像一个首相的演讲。他如此巧妙地发表圣诞祝词,尽显一个演讲大师的风度,的确是非常切合时间与场合的,这才是精彩的讲稿。

(3) 使用短句。演讲归根结底就是一种说话,而声音转瞬即逝的特点就决定了演讲的语言不能太烦琐、太复杂,因为在演讲当中,听众根本没有时间反复推敲和仔细琢磨。因此,对听众而言,多用长句,很容易让听众顾此失彼,即使能勉强理解,也不可避免会给他们造成一种疲于追赶的紧张感,时间久了,自然会产生厌倦和疲惫心理,演讲效果必然大大降低。如果多采用短句,则有这几样好处:一是可以让表达更明确,听众不需要努力辨听就能轻而易举地理解演讲内容,感觉轻松;二是短句句式多变,还能采用排比、对偶、顶真、回环等修辞手段化散为整,将短句整合成整句,这样便会让表达更紧凑有力、严密集中。著名的演讲,如林肯的《我们在此立下誓言》(《葛底斯堡的演讲》)、尼克松的《人类历史上最珍贵的一刻》、闻一多的《最后一次演讲》等,都是简洁有力的典型。

我们来看看1941年12月8日罗斯福在《一个遗臭万年的日子》中是如何运用短句,达到自己的演讲目的的。

(日本军队)昨天对夏威夷群岛的进攻,给美国海陆军部队造成了严重的损害。我遗憾地告诉各位,很多美国人丧失了生命。此外,据报,美国船只在旧金山和火奴鲁鲁岛之间的公海上也遭到了鱼雷的袭击。

昨天,日本政府已发动了对马来西亚的进攻。

昨天,日本政府进攻了香港。

昨天,日本政府进攻了菲律宾群岛。

昨天,日本政府进攻了威克岛。

今晨,日本人进攻了中途岛。

这篇著名的演讲中,罗斯福列举了大量的事实,充分说明日本的侵略是蓄谋已久的。用的是短句,但其说服力度绝非长句能比。这一小段演讲词尤其铿锵有力,语感和听觉效果都很不错,排比造成的气势也非同一般,用这样的句式表达愤懑,其愤懑之情溢于言表,很能调动听众情绪。这就是短句得天独厚的优势。

(4)通俗易懂。演讲语言不同于书面语言,演讲是讲给别人听的,讲稿也只是口语的书面文字形式。在写讲稿的时候,必须考虑到听众在现场中不可能有余暇去理解某些生僻的词语和隐晦的意思,更不可能像阅读文章那样进行多次的反复领会。因此必须尽量避免"文绉绉""掉书袋",少用复杂的结构句式,少用生僻字,要让人一听就懂。

比如:"体面"与"堂皇"、"驼背"与"佝偻"、"寒冷"与"凛冽"等几组近义词或同义词,每组的后一个词语更书面化,更能体现使用者的文化素养。但在演讲中,用后者不如用前者,否则让听众想上一阵恍然明白"佝偻"是哪两个字,是什么意思,后面的演讲就更听不过来了,这样的演讲是在给自己帮倒忙、找麻烦。

(5)文体交融。演讲稿是一种特殊的文体,写作时要交融使用各种语体。文章中的记叙文、议论文、说明文,就其主要表达方式来看,有着单一的对应关系。而演讲稿的写作需要运用各种文体的写作规律,综合各种文体的特点于一体。准确地说,具有论文的结构、新闻的真实、散文的选材、小说的语言、诗歌的激情、戏剧的安排、相声的幽默。所谓论文的结构,是指观点与材料的统一,条理清晰井然;所谓新闻的真实,是指所用事实材料必须取于生活中的真情实况,不许虚构;所谓散文的选材,是指发散式选材在演讲中体现得最充分,不受时空局限,皆可为我所用;所谓小说的语言,是指经过加工处理的文学化口语,大量使用修辞手法;所谓诗歌的激情,就是演讲稿或热情奔放、或感情充沛、或深沉悲壮、或严肃冷峻;所谓相声的幽默,就是要活泼有趣、雅俗共赏;所谓戏剧的安排,指内容、结构的编排上有张有弛,跌宕起伏,切忌平铺直叙,体现出起承转合的悬念贯一。

演讲不是纯粹的艺术,而是一种讲究艺术性的现实活动。演讲稿的写作则要让各种可用的艺术都为我所用,各种文体的写作技巧在这里都有用武之地,体现出演讲在艺术上的追求。

(6)选例典型。这个要求可归纳为一种模式:"画面+我"。所谓画面,就是通过选讲真实感人的事例,在听众心中所构筑的那一幕幕动人场景和形象。选例具有典型性,一方面是指选何种事例、选多少事例,这要针对演讲主题和现场需求而定,既不能多选,多选有堆砌、讲故事之嫌;也不能少选或不选,否则难以充分说明事理。另一方面选例还必须具有代表性、时代性。一般来讲,历史的不如现实的,陈旧的不如新近的,陌生的不如熟悉的,书上的不如生活的,而群体的、个体的、伟大的、平凡的、他人的、自己的,凡此种种,则可兼而备之。

2. 演讲稿题目的设计

演讲稿由题目、主题、开篇、主体和结尾几个部分构成,把握好演讲稿的题目设计是演讲先声夺人的基础。

演讲的题目是一篇演讲稿有机的组成部分,它与演讲的内容、风格、语调有直接关系。内容决定题目,题目则又鲜明地体现了内容的特点。

(1) 演讲题目的作用。一个新颖、生动、恰当而富有吸引力的题目有以下三个作用:一是具有概括性。它能将演讲的主题、内容、目的全面地反映出来。如毛泽东的《反对党八股》《为人民服务》等演讲题目,一讲出来就让人明白内容和主题。二是具有指向性。题目一讲出来,听众就知道你要讲的是哪方面的问题,是政治性的、学术性的、党政军的或是伦理道德的。三是具有选择性。题目能在开讲之前就告诉听众演讲者要讲什么,听众可以据此进行选择听或不听。

(2) 确定演讲题目有如下原则。

① 积极性。题目要给听众一种希望。一方面,要选择那些光明的、美好的、富有建设性的题目,如《自学可以成才》,听到这个题目,就会给人一种鼓励,去掉失望心理,充满信心走自学之路;另一方面,要选择乐观的题目,如《癌症终可治》,听了这个题目,就使听众感到有希望。

② 针对性。这可从三个方面考虑:其一,要针对听众的实际。即选题要考虑听众的思想修养、文化水平、职业特点、阅历等,这样才能有的放矢。其二,要注意自己的身份。即选择与自己所从事的工作性质、专业、知识面接近的题目。因为自己熟悉的东西容易讲深讲透,容易收到预期的效果。其三,要估算好演讲的时间,即按规定的时间选择题目,如果规定的时间长,题目就可大些;时间短,题目就可小些。

③ 新奇性。只有"新"和"奇",才能吸引听众,干瘪瘪的题目是不受听众关注的。比如《我的祖国》《青春在岗位上闪光》等,听众听完了,恐怕也睡着了。在此,我们不妨看看鲁迅的演讲题目:《老而不死论》《伟大的化石》《老调子已经唱完》《象牙塔与蜗牛庐》,这样新奇的题目怎能不吸引人呢?

④ 情感性。把强烈的爱憎情感注入题目里,从而打动听众并引起共鸣,使题目对听众有一种情感的导向作用和激发作用。如鲁迅的《流氓与文学》、马克·吐温的《我也是义和团》等,其爱憎情感都是很鲜明的。

⑤ 生动性。演讲题目生动活泼,就能给人一种亲切感和愉悦感,像前面举例的《老而不死论》《象牙塔与蜗牛庐》等。

当然,题目是否生动活泼要视主题和内容而定。严肃的主题和内容就不宜用活泼的题目,否则会冲淡和破坏演讲的质量和严肃性。为了确保题目臻于完美,还要注意以下三点:一是不要太冗长,冗长的题目不仅不醒目,而且也不易记,应该尽可能简洁明快。二是不要太深奥,题目太深令人费解,就引不起听众的兴趣。三是不要太空泛,空泛就使人抓不住中心,找不到纲目。如《我自信》《理想篇》等,这样的题目听众根本捕捉不到演讲的范围和内容,也不会愿意听讲。

3. 演讲稿主题的设计

掌握好演讲的主题,犹如掌握好军队的统率权,有了它,就可以将原来散乱的素材组织成井然有序的演讲稿。

(1) 演讲主题的选择。演讲主题要从以下方面进行选择。

① 选择现实中亟须回答的问题。马克思认为:一篇生动的演讲词,究竟能在多大程度上帮助听众弄清社会现实中的复杂现象,并在多大程度上有助于迫在眉睫的社会问题的解决,这是演讲艺术的本质特征。目前在招聘中普遍使用的竞职演讲,就是选择现实中亟须回答的问题,其核心的内容就是现在的事、身边的事。

② 选择自己有真知灼见的主题。纵观古今中外诸多优秀的演讲词,都是演讲者以熟悉而有见地的题材为线索构筑起来的。如古希腊苏格拉底的《泛希腊集会辞》、德摩斯梯尼的《反对腓力》的八篇演讲词、李燕杰的《国家、民族与正气》等。演讲者在确定演讲主题时,要把握的一个重要原则就是"讲自己能讲的,讲自己能讲透的"。

③ 选择"旗帜鲜明"的主题。在这里,"旗帜鲜明"四字有两层意思:一是听众听后就知道你谈的主题是什么,而不是让听众感到虚无缥缈。二是演讲的主题要鲜明地表现出演讲者的爱憎情感。只要有益于进步的事物,就宣扬、就支持;只要有碍于进步的事物,就抵制、就批评。切不可似是而非、模棱两可、欲言又止、吞吞吐吐。

(2) 演讲主题的提炼。如何提炼一个格调高、内涵深、角度新,并且有一定美学价值的演讲主题呢?这需要把握以下原则。

① 突出重点原则。一篇演讲稿主题太分散,就没有重点,听众自然也就不知道你到底在讲什么。主题太多,企图面面俱到,结果蜻蜓点水,不深不透,达不到演讲的目的。所以演讲者选择主题,一定要集中。调动演讲的一切手段,紧紧地围绕一个主题,把问题讲清楚、讲透彻,从而使演讲重点突出,才能使听众留下深刻的印象,收到良好的效益。

② 抓住动机原则。什么是演讲的"动机"呢?即演讲者在接触生活、素材、题材时,接收到它们许许多多信息(即意蕴)。通过演讲者形象的、逻辑的、灵感的三大思维组成的网络,敏锐地发现和捕捉到一个或几个与主题有联系,或者可以发展、提炼和形成主题的"主题意蕴",这就是演讲的"动机"。

③ 提炼意境原则。演讲的意境,是指演讲者主观的"意"与现实生活中的"境"的辩证统一。有了深邃优美的意境,才会使演讲的主题诗意化,产生巨大的艺术魅力。因此,演讲者应善于在现实生活中"捕捉"那些具有诗情画意的情节、细节、场景,通过自己的感受和理解,达到客观与主观的统一,熔铸成深而美的意境,使整个演讲的主题得到升华。

④ 揭示哲理原则。演讲主题要具有一种深刻的内涵,就必须揭示和凝练生活的哲理,使之贯穿于整个演讲之中,使演讲的主题闪烁着理性的光芒,从而给人以深刻的启迪。

⑤ 贵在创新原则。演讲艺术的优劣在于一个"新"字。我们提炼演讲主题要独辟蹊

径、别具匠心，把对生活的独特感受、独立思考、独到评价贯穿在整个演讲中，给人以耳目一新之感。

⑥画龙点睛。画龙点睛是演讲艺术的表现手法，更是一种提炼演讲主题的方法。它是在演讲的关键之处采用片言只语，揭示和突出演讲的主题，使演讲具有一种警策作用，更加耐人寻味。

总之，主题提炼是演讲者形象思维、逻辑思维、灵感思维的结晶，是使演讲形成一个活生生的、统一而完整的整体的好方法。

(3) 演讲主题的引出。开门见山地抛出演讲主题自然是痛快，但很多时候，因为主题深奥，并不能马上让听众轻松理解，这样就容易导致听众坠入云里雾中的结果，致使演讲效果大打折扣。如果能通过一定的技巧，把主题缓缓引出来，不但能让听众看到演讲主题，而且还能够深刻理解演讲主题，一定能够让听众更好地融入演讲中。采桑人在其《如何巧妙引出演讲主题》（演讲与口才，2012第14期）中对此进行了阐述，现录于此，供参考。

①用数学题引出主题。著名天使投资基金创始人徐小平的演讲《3个桃与4个桃》。

用1元钱能买两个桃子，用两个桃核能换1个桃子。假如你有1元钱，能吃到几个桃子呢？当然是3个，这连一年级小学生都弄得出来。其实不是这样的，你完全可以吃到4个桃子。怎么可能吃到4个桃子呢？你想啊，当吃完第三个桃子后还剩下1个桃核，这时可以先向卖主借1个桃子，吃完后就有两个桃核了，然后把两个桃核还给卖桃子的人，这样既多吃了一个桃子，又遵守了规则，何乐而不为呢？其实，手上剩下的1个桃核，是一个不成熟的条件，因为它仅能换到半个桃子不能换来1个完整的桃子。这个条件看似没用，其实转变一下思路就大有可用。如果我们手上拥有的只是这样不成熟的、看似没用的条件，千万别把它们放弃了。我们可以先采取"借"的方式，借助自己的智慧，借助别人的力量，借助一切有利于不成熟条件成熟起来的因素，让一个不可食用的桃核变成一个美味可口的桃子。我今天要讲的就是创业过程中，如何利用好手中的不成熟条件。

徐小平这次演讲的主题是：如何利用不成熟条件取得创业的成功。但是他并没有平铺直叙地进入主题，而是给听众们出了一道看似很简单的数学题，并通过由3个桃到4个桃的转化过程，突出了手中不成熟条件的"价值"。这种引出主题的方式新颖别致，给听众眼前一亮的感觉，并使听众对于"不成熟条件"这一抽象的概念有了一个形象的认识。接下来，再从专业角度演讲的时候，就容易为听众所理解了。用一些能够启迪人心的算术题或者小公式引出演讲主题能够调动听众思维，使演讲主题形象直观。

②用哲理故事引出主题。著名学者易中天的演讲《这是你的理想吗》。

一个从小练习芭蕾舞的女孩决定将跳舞作为终身职业。但她很想搞清楚自己是否有这个天分。于是，当一个芭蕾舞团来到女孩居住的城市时，她跑去求见该团团长。女孩说："我想成为最出色的芭蕾舞演员，但我不知道自己是否有这个天分。""你跳一段舞给我看。"团长说。5分钟后，团长打断了女孩，摇了摇头说："不，你没有这个条件！"女孩伤心地回家，把舞鞋扔到箱底后再也没有穿过。后来，她结婚生子，当了超市的服务员。多年后她去看芭蕾舞演出，在剧院出口又碰到了当年的团长。她想起当时的对话，于是给团长看了自己家人的照片,并聊起现在的生活。她说:"有一点我始终不明白,你怎么那么快就知道我没有当舞蹈家的天分呢?""哦,你跳舞的时候我几乎没怎么看,我只是对你说了对其他所有人都会说的话。""这真不可饶恕!"她愤怒地叫道,"你这句话毁掉了我的生活,我原本可以成为最出色的芭蕾舞演员的!""我不这么认为。"老团长反驳说,"如果你真的渴望成为一名舞蹈家,你是不会在意我对你所说的话的。"如果是理想就不会轻易放弃,如果轻易放弃了,那就不是你的理想。

如果这个故事只听前半段,那么错的一定是这个不太负责任的团长,因为他很随意地就毁掉了一个女孩的理想。但是当把整个故事听完的时候,却突然发现,原来,那都是团长的考验。考验女孩是真的把芭蕾舞当成自己的理想,还是只是想碰碰运气。而一个碰运气的人是不会有毅力取得真正的成功的。这样的"奇峰突起"正是哲理故事的魅力所在。这个精彩的哲理故事引导人们思考自己的理想到底是什么,同时也融入了易中天的演讲主题"什么是理想"。用哲理故事引出的演讲主题,能够引发听众的深深的思索,从而以最快的速度融入演讲中。

③用精当妙喻引出主题。著名经济学家茅于轼的演讲《谁来拯救小企业》。

如果一个穷人向你借钱,一个富人向你借钱,你会把钱借给谁?当然是富人了。这就是现在小微企业生存难的原因之一。用行政命令让大银行贷款给小微企业,就像赶出老虎去抓老鼠。大银行就是老虎,小微企业就是老鼠,老虎怎么可能去抓老鼠呢?老鼠这么丁点儿肉,花了大气力去抓住,还不够老虎塞牙缝,老虎想抓的是像梅花鹿一样的大动物,抓住一只,就可以美美饱餐一顿了。对于老虎而言,即使一大群老鼠在它面前,它也懒得去抓,因为这太费时费力了。而现在的情况是,要求老虎们去抓老鼠,这显然是违背了老虎的天性,老虎的身体里根本就没有抓老鼠的基因,抓一只两只固然可以,但要让老虎一直抓下去,那它就不是老虎了,而是猫。银行说到底是一个企业,"经济法则"就是它的天性,违反"经济法则天性"的事,怎么可能解决根本问题。抓老鼠的行家里手应该是猫,老虎的缩小版,也就是那些小额贷款公司,只有它们才会对老鼠感兴趣,抓到一只,心里就美一次。现在你们大体知道能够拯救小企业的是什么了吧。

茅于轼是一位知名的经济学家,他对经济问题的认识是深刻的,能透过纷繁复杂的表象看实质。但是普通的听众是不可能达到茅于轼的水平的,如果单刀直入地讲,难免会让听众产生很多困惑。在这里,茅于轼化繁为简,用一个精当的比喻,让听众认识到,银行是一个企业,肯定不愿意做违反"经济法则天性"的事情,老虎怎么会屑于天天抓老鼠玩呢?真正能给小企业带来资金的,是那些小额贷款公司。用精当的妙喻引出演讲主题,可以把深奥的问题简单化,使听众的认识达到与专家演讲者接近的水平线,从而深入演讲,享受演讲。

能够站在演讲台上,讲给千万个听众听,自然是有一定的独到见解的,可能是大部分听众想都没有想过的问题。在这种情况下,在抛出自己的演讲主题的时候,一定要有一个引出的过程,做好铺垫,使听众能够与演讲者达到相近的高度,从而轻松理解演讲者的主题,并且受益匪浅。

(4)演讲主题的深化。演讲的主题是通过演讲材料的有机整合,采取相应的方式方法而渐进深化的。它们或以情节发展为线索,通过对事件结果的理性提升得以深化;或以分析说理为线索,在分析对比中演绎归纳,从而凸显主题;或以情感推进为线索,在感情的积聚过程中得以强化。演讲中,若可以对材料的本质内涵加以分析、概括、提炼、延伸,并通过富于理性色彩的语言点拨、渲染,便可将听众的思维引向一个更深邃、更崇高的境界,使演讲主题得以深化和升华,达到一个演讲的高潮。演讲无论怎样深化,都有一个渐进的过程,主题逐步深化,直抵听众心底,从而达到预期的演讲效果。

① 由典型事件扩展开来,引领听众思考深化主题。罗宽海在其题为《"人"的教育》的演讲中就是采用这种方法深化演讲主题的。

首先说一件令人痛心的事件。前不久,一个高一的学生跳楼自杀了。他在初中时是学校里的佼佼者,到了高中,佼佼者多了,他考了一次班级倒数第二,无法接受现实而选择了自杀。一朵绚丽的生命之花瞬间凋谢,实在可悲可叹。可更令人难过的是,学校紧急召开家长会,让家长告诉孩子成绩并不那么重要。不料,一个孩子竟然反问道:"妈妈,成绩不重要,那我还去学校干什么?"成绩,真的成了学生的命根,这实在是教育的悲哀!事后,我就在想,一所学校到底要教给学生什么?最近,读过洛克的《教育漫话》之后,我才明白真正有价值的是对一个人的精神品质的培养、礼仪教育、求生的能力、思考习惯等一辈子终身受益的东西。我渴望每一所学校,把读一些有用的书,把培养良好的读书习惯当作大事情来做,让阅读促进精神的成长;我渴望每一所学校,把培养学生的求生技能作为一件大事来抓,一旦灾难来临,能熟练地运用生存技能,保存鲜活的生命;我渴望每一所学校,把学生的修养放在教育的最高位置,让优雅的言谈举止、流利而有感染力的演说能力、关心民间疾苦的胸怀、积极参与社会活动的热情、懂得与人相处的基本法则,来成就人生长久的快乐。一言以蔽之,学校的教育,应该是人的教育,人的发展永远是第一位的。

演讲者选取令人痛心的"高一学生自杀事件"作为一个点,通过另一学生"成绩不重要……干什么"这句话,道出了学校教育唯"分数"的触目惊心的事实。通过这个点,演讲者又引领听众思考:我们到底需要什么样的教育?由点向面扩展,喊出学校要把"培养良好的读书习惯当作大事情来做",要把"培养学生的求生技能作为一件大事来抓",要把"学生的修养放在教育的最高位置",得出"学校的教育,应该是人的教育"的结论,最终使演讲主题得到了深化和升华。

② 从感性到理性,在情节发展中深化主题。俞敏洪在其题为《越过心中的铁丝网》的演讲中就是用此法深化主题的。

我们来到科尔沁草原,草原风景美不胜收。从山脚下爬到山坡上,会看到更加辽阔的草原。但我们被路边的一道铁丝网拦住了去路。铁丝网不是很结实,也不高。稍微使点劲,就能从上面跨过去;把中间的两根铁丝往上下一拉,也能从拉开的洞里钻过去。有人说:"呀,有一张铁丝网,过不去了。"我犹豫了一下说:"没事,我们可以跨过去。"但马上有人说:"跨过去是不守规矩的行为,而且,还会被铁丝钩住衣服。"我从小在农村长大,知道这样的铁丝网一般不是用来挡人的,突破了不会产生什么严重后果。我走向铁丝网,向下一压就跨过去了。其他人犹犹豫豫,发现我跨过去之后什么也没有发生,才一个个跨过来。其实,我们生命的成长也是如此。因为习俗、传统、习惯等的限制,我们在潜意识中逐渐养成了"不突破界限"的习惯,而这种习惯慢慢就成为制约我们发展的重大障碍,使我们陷入不敢突破、无能为力的境况中。实际上,不是我们无法突破,而是被心中的铁丝网挡住了。所以,面对障碍,我们应该善于思考、勇于跨越,越过心里的铁丝网,才能看到更美的风景,创造自己更精彩的世界!

最初,演讲者先交代大家想看"更加辽阔的草原"而攀爬山坡,却被并不结实也不很高的铁丝网挡住的事实。接着讲述在铁丝网面前,习惯性思维停滞了大家的脚步。最后在"我"的带领下,才一个个地跨过铁丝网。铁丝网本身挡不住人,为何大家被挡住呢?并不是客观的障碍难以跨越,而是来自于心灵的顽固性习惯的束缚。至此,演讲者按照事情情节的发展,透过事物本身的表象,从个别到一般,从感性到理性,水到渠成地深化了"善于思考、勇于跨越"这个主题。

③ 由"个别"引申到普通,以理服人深化主题。俞敏洪在其题为《成功是"逼"出来的》演讲中,就是用这种方法深化演讲主题的。

每个月为公司的杂志写一篇卷首语,本来不难。但每次编辑部向我索稿时,我都惊慌失措,因为我无比繁忙,从来都没能把稿件预先准备好。所以,暗暗"仇恨"编辑部的人总是在最后几天这样"逼"我交稿,让我本来可以轻松的几天变得心情沉重、食不甘味。然而,就是在这样一次次被"逼"之下,一篇篇卷首语被"逼"了出来,几年后居然结集出版了几本书,心中免不了产生一点成就感。中国正在日益变得强大,这强大也是被"逼"出来的。想一想清朝前期,我们眼中除了中国没有世界。结果,鸦片战争惨败,国人这才发现自己成了挨打的对象。100多年,在羞辱和悲愤中,国人开始奋发图强。到今天,我们终于看到了一点曙光,赢得了一点民族的尊严和别国的尊敬。也许,我们应该"感谢"那些曾经欺负过我们的国家和强盗,是它们让我们清醒地意识到了"落后就要挨打"的真理。成功从来都不是唾手可得的。如果我们觉得在被"逼"着做某些事情时,不必为此感到无奈或懊恼,因为这些事情从长远来看也许不是坏事。适当的逼迫能够把我们的惰性"逼"走,把我们的平庸"逼"走,把我们的勇气"逼"出来,把我们的前途"逼"出来,也把我们的成就感和幸福感"逼"出来。

在演讲中,有时也可用某一典型事件或现象作为媒介来加以引申,联系到另一类相关事件或事理,以此来升华演讲的主题。这里,演讲者首先讲述自己遭遇编辑的"逼",结果是被逼出了几本书。由此,联系到中国被列强"逼"得越来越强大的事实,进一步说出了"逼"的作用。最后,演讲者将前面这些"个别"引申到普遍,由此及彼,得出了"成功是逼出来的"这一观点,主题自然也得到了深化。

4. 演讲稿开篇的设计

开场道白,如同乐器定调,这个调定得如何,将决定全部演奏的成败。演讲的开场白是演讲者与听众之间的第一座桥梁,是演讲者给听众留下的第一印象。演讲成功与否,开场白往往起关键作用。如果演讲者的开场白能像凤凰之冠那样引人入胜、扣人心弦,就会取得旗开得胜的效果。所以,开头要精心设计,造成一种气氛,务求三言两语即能抓住听众,先声夺人。

(1) 开篇的作用。俗话说:"万事开头难。"演讲稿也是如此,而且不论任何形式的演讲,开头总是关键的。在演讲开始后的几分钟或者几秒钟内,听众通常会决定是否接受演讲,是否听下去。有趣的是,准备演讲从来不是从开头入手,而是应当先确立演讲的目的,然后围绕题目收集材料,并将材料加以组织整理,最后要做的才是着手准备开头,只有这样才能更好地选择正确而恰当的开头方式。那么,应当怎样做好演讲的开头呢?在写演讲稿的开头时,需注意以下要点。

① 吸引听众注意力。演讲开头成败的关键,在于能否吸引并集中听众的注意力。演讲时获取听众注意力的方式随题材、听众和场景的不同而改变。一般可以运用事例、逸闻、经历、反诘、引言、幽默等手段达到目的。

麦克米兰石油公司副总裁迈克斯·艾萨克松在一次演讲的开头中,便运用了引言和反诘的方法来吸引听众。

我们都知道,演讲是件很难的事,但是请听听丹尼乐·韦伯期是怎么说的吧:"如果有人要拿走我所有的财富而只剩下一样,那么我会选择口才,因为有了它,我不久便可以拥有其他一切财富。"

② 解释关键术语。如果演讲的成功与否取决于听众能否理解演讲中的某些术语或概念,那么在演讲开头时,对关键术语加以解释,就显得格外重要了。

一位公司副总裁在就记者执行会的用途发表演讲时,就很好地运用了这一技巧。

公共关系,简单地说,就是指"与公众的关系",即任何涉及公司或个人的关系。它的主要目的就是有效利用媒体——最常见的是书面形式——为公司谋取最佳印象或形象。

③ 提供背景知识。演讲时,演讲者应当使自己被认为是专家或权威。因此,如果听众对演讲的主题不熟悉或是知之甚少,那么很有必要在开头部分对听众讲述与主题有关的背景知识,它们不仅是听众理解演讲所必要的,而且也可以体现出主题的重要性。

美国空军少将鲁弗斯·L.比拉普斯在夏努特空军基地的一次宴会上演讲时,就对"黑人遗产周"的有关背景知识及其对美国空军的重要性作了介绍。

我很高兴来到此地,同时我也很感谢应邀和在座各位讨论有关美国黑人问题。为保持和增进民族间的理解,美国各州又开始纪念"黑人遗产周"。在夏努特空军基地,我们庆祝它,则可以对美国空军进行完整无缺的教育。我们民族的主旋律是:"黑人历史,未来的火炬。"这个已成为美国人民生活一部分的纪念活动,是弗吉尼亚州纽坎顿市卡特·G.伍德森最先提出并计划的,他现在被誉为美国"黑人历史之父"。伍德森先生于1915年成立了"美国黑人生活和历史协会"。后来,他又于1926年发起了"黑人遗产周"纪念活动……

④ 阐述演讲结构。演讲时,应当利用开头部分对演讲内容加以概述,让听众了解演讲的中心思想和结构。特别是当演讲的主题很复杂,或是专业性较强,或是需要论证几个观点时,这样做就能使演讲显得清楚而易于理解。

汉诺威信托制造公司的主席及总裁约翰·F.麦克基里卡迪在一次演讲的开头中,就很明了地陈述了他演讲的结构及范围。

女士们、先生们，晚上好！

我很荣幸应科里主任的邀请，来参加这个在我国很有权威的商业论坛，在见解上，它可以与底特律和纽约的经济俱乐部相提并论。

首先，我们对最近的国内经济形势加以展望。我认为，它并非人们有时所想象的那样严峻。

其次，谈谈近期欧佩克的经济增长对国际的经济增长的影响——对包括我们自己在内的许多国家来说是件痛苦的事，但又是完全有办法应付的。

再次，对总统的能源建议作几点评论，我认为它既令人鼓舞，又令人失望。

最后，我将就演讲逐渐成为一种时尚和必要的现象，以及美国的现状谈一点个人看法。

⑤ 说明演讲目的。在大多数情况下，演讲的开头应揭示出演讲的目的。如果做不到这一点，那么听众要么会对演讲失去兴趣，要么会误解演讲的目的，或者甚至于会怀疑演讲者的动机。

美国快递公司主席詹姆斯·鲁宾逊三世，在短短的15秒钟内，便把他的演讲目的陈述给了听众。

女士们、先生们，早上好！

谢谢大家给予我这个露面的机会。美国广告联盟是美国传播工业的一个重要组成部分。当前，美国传播工业还面临许多问题，而重担则落在大家的肩上。我今天演讲的目的，便是就这些问题及它们呈现出的挑战，谈谈我的看法。

⑥ 激发听众的兴趣。从本质上说，听众是很自私的，他们只是在感到能从演讲中有所收获时，才专心去听演讲。演讲的开头，应当回答听众心中的"我为什么要听？"这一问题。

在对美国会计协会罗切斯特分会的一次演讲中，演讲顾问唐纳德·罗杰斯，通过表达他对听众需要的关心，而激发起他们的兴趣。

我今晚要演讲的题目是"信息的透露"。确定这个题目之前，我先是查阅了本地的会计年鉴分册和全国会计协会的学术专刊，然后又询问了我的同事亚历克斯·莱文斯顿和戴夫·汉森："今晚来听演讲的人都有哪些？他们希望我讲什么？"

他们告诉我，在座的各位都是些很热心的人，希望我的演讲有趣而富有启发性。因此，我将告诉大家一些有用的知识，我也同时希望，我的演讲简明扼要，并留给大家一定的提问时间。

⑦ 获得听众的信任。有时候，听众可能会对演讲者的动机发出疑问，或是与演讲者持相反的观点。在诸如此类的场合——特别是想改变听众的观点或行为时，要使演讲成功，就需要建立或是提高听众对演讲者的信任感。对于这个问题，应注意下面几条建议：一是承认分歧的存在，但是着重强调共同的观点和目标。二是对那些连演讲还没有听，就对演讲者的名声和所作所为进行攻击的行为给以驳斥。三是否认演讲的动机是自私和个人的。四是唤起听众的公道意识，让他们仔细地去听演讲。

(2) 开篇的方式。演讲的开头是不拘一格、活灵活现的,因时、因地、因人而异。正如一个乐队的演奏,既可以用嘹亮激昂的号角作为开端,又可以用轻柔舒缓的提琴作为开端。只要能打动听众的心,使他们产生"继续听下去"的强烈愿望,使其感到不是"要我听"而是"我要听",那么这个开头就应该认为是成功的。这里介绍几种演讲常见的较受欢迎的开头方式。

① 开门见山式。这是一种最常见的成功的方式。演讲一开始就直截了当地进入演讲本题,简明爽快地讲清所要演讲的论题是什么。这个问题在当前情况下有什么重要性和迫切性,使听众直接明了演讲的重要内容。例如,李斯的《谏逐客书》一开场就直截了当地指出:"臣闻吏议逐客,窃以为过矣。"然后用事实作论据,进行分析、推理。这无疑是一个成功的开场白。它可以使听众一目了然地掌握演讲的要领,从而把握住听众的注意力,使其聚精会神地围绕演讲者的思路展开联想。

② 故事导入式。用形象性的语言讲述一个故事作为开场白会引起公众的莫大兴趣,把大家的注意力给"抓"来。选择故事应遵循这样几个原则:要短小,不然成了故事会;要有意味,促人深思;要与演讲内容有关。1962年,82岁高龄的麦克阿瑟回到母校——西点军校。一草一木,令他眷恋不已,浮想联翩,仿佛又回到了青春时光。在授勋仪式上,他有感而发,他的演讲是这样开的头:"今天早上,我走出旅馆的时候,看门人问道:'将军你上哪儿去?'一听说我到西点时,他说:'那可是个好地方,您从前去过吗?'"这个故事情节极为简单,叙述也朴实无华,但包含的感情却是深沉的、丰富的。既说明了西点军校在人们心中非同寻常的地位,从而唤起听众强烈的自豪感,也表达了麦克阿瑟深深的眷恋之情。接着,麦克阿瑟不着痕迹地过渡到"责任—荣誉—国家"这个主题上来,水到渠成、自然贴切。

又如下面的演讲更为典型。演讲者一上讲台就说道:"有一段相声说,在李莲英大总管大红大紫的年月,中国曾派过体育代表团参加奥运会。这位只喊'喳'的小李子不懂什么是国歌,于是以《贵妃醉酒》来代替。而且选了飞檐走壁的大侠去跳高,选了皇宫里传旨的小太监参加短跑,找了北京天桥几个变戏法的每人怀里揣一个篮球去和洋人比赛,结果把篮球变来变去,不见传球,只见入网。从那以后,打篮球都只穿背心和裤衩,就是因为吃了李莲英的苦才做出这一国际性规定。这段相声曾使我捧腹不已,然而也让人有些解嘲的味儿,跟阿Q说的'先前阔'有点相似。实际上,中国人首次参加奥运会是多年前,运动员仅仅一名,'硕果'是一个'鸭蛋'。然而,50多年后,地点还是在被称为天使之城的洛杉矶,中国运动健儿却夺得了15枚金牌、8枚银牌、9枚铜牌,名列金牌总数第四位,这可不是相声,是事实……"奥运取得佳绩家喻户晓,泛泛而谈,势必不能"抓"人。在《看了金牌之后》这篇演讲中,演讲者借这么一段富有情趣的相声小故事为"引子",立刻"抓"住了听众的兴趣,取得了很好的效果。

③ 设问祈使式。演讲时以设问或祈使方式开端,提出几个问题或者一个问题,引起听众思考,不仅能吸引听众的注意力,将其置于沉思的境界中,而且能激起听众参与对演讲内容的讨论。被人称为第一演讲家的马相伯,在《第一次国难》演讲中,一开头就是:"请看,今日之中国,是谁家的天下?"这一问,一下使听众的精神为之一振。

④ 即景生情式。一上台就开始正正经经地演讲,会给人生硬突兀的感觉,让听众难

以接受。不妨以眼前人、事、景为话题,引申开去,把听众不知不觉地引入演讲之中。可以谈会场的布置,谈当时的天气,谈此时的心情,谈某个与会者的形象……例如,你可以说:"我刚才发现在座的一位同志非常面熟,好像我的一位朋友。走近一看,又不是。但是我想这没关系,我们在此已经相识,今后不就可以成为朋友了吗?我今天要讲的,就是作为大家的一个朋友的一点儿个人的想法。"在教师节庆祝大会上,如果天气阴沉沉的,你可以这样开头:"今天天气不太好,阴沉昏暗,但是我却在这里看到了一片光明。"接着转入正题,讴歌教师的伟大灵魂和奉献精神,他们燃烧了自己,照亮了别人甚至是人类的未来。

1863年,美国葛底斯堡国家烈士公墓竣工。落成典礼那天,国务卿埃弗雷特站在主席台上,只见人群、麦田、牧场、果园、连绵的丘陵和高原的山峰历历在目,他心潮起伏、感慨万千,立即改变了原先想好的开头,从此情此景谈起:"站在明净的长天之下,从这片经过人们常年耕耘而今已安静憩息的辽阔田野放眼望去,那雄伟的阿勒格尼山隐隐约约地耸立在我们的前方,兄弟们的坟墓就在我们的脚下,我真不敢用我这微不足道的声音打破上帝和大自然所安排的这意味着无穷的平静。但是我必须完成你们交给我的责任,我乞求你们,乞求你们的宽容和同情……"这段开场白语言优美、节奏舒缓、感情深沉,人、景、物、情是那么完美、那么自然地融合在一起。据记载,当埃弗雷特刚刚讲完这句话时,不少听众已泪水盈眶。

即景生情不是故意绕圈子,不能离题万里、漫无边际地东拉西扯。否则会冲淡主题,也使听众感到倦怠和不耐烦。演讲者必须心中有数,还应注意渲染的内容必须与主题交相辉映、浑然一体。

⑤反弹琵琶。听众对于平庸普通的论调都不屑一顾、置若罔闻。倘若用别人意想不到的方法间接引出话题,造成"此言一出,举座皆惊"的艺术效果,会立即震撼听众,使他们急不可耐地听下去,这样就能达到吸引听众的目的。

例如,在一次毕业欢送会上,班主任给毕业生致辞。他一开口就让学生们疑窦丛生——"我原来想祝福大家一帆风顺,但仔细想一想,这样说不恰当。"这句话把学生们弄得丈二和尚摸不着头脑,大家屏声静气地听下去——"说人生一帆风顺就如同祝福某人万寿无疆一样,是一个美丽而又空洞的谎言。人生漫漫,必然会遇到许多艰难困苦,比如……"最后得出结论:"一帆不顺的人生才是真实的人生,在逆风险浪中拼搏的人生才是最辉煌的人生。祝大家奋力拼搏,在坎坷的征程中,用坚实有力的步伐走向美好的未来!"十多年过去了,班主任的话语犹在耳边,给学生们留下了永难磨灭的印象。"一帆风顺"是常见的吉祥用语,而老师偏偏反弹琵琶,从另一个角度悟出了人生哲理。第一句话无异于平地惊雷,又宛若异峰突起,怎么能不震撼人心?

需要注意的是,运用这种方式应掌握分寸,弄不好会变为哗众取宠,故作惊人之语。应该结合听众的心理和理解层次,出奇制胜。再有,不能为了追求怪异而大发谬论、怪论,也不能生拉硬扯、胡乱升华。否则,极易引起听众的反感和厌倦。须知,无论多么新鲜的认识,始终都是建立在正确的主旨之上的。

⑥诙谐幽默式。演讲时用幽默法导入,不仅能够较好地表现演讲者的智慧和才华,而且使听众能在轻松愉快的气氛中自觉不自觉地进入角色,接受演讲的内容。同时,在幽默风趣的开场中,不时发出一种与导入语的语感、语义十分和谐的笑声,这轻松的一笑,不

仅给人以美的感受,而且能沟通双方的感情。约翰·罗克作为一个黑人先生,面对白人听众,其开场白是:"女士们、先生们:我来到这里,与其说是发表讲话,还不如说是给这一场合增添了一点'颜色'。"这诙谐幽默的开场白令听众大笑,牢牢地吸引了听众的注意力,一下子使听众兴趣盎然。

⑦ 制造悬念式。人们都有好奇的天性,一旦有了疑虑,非得探明究竟不可。为了激发起听众的强烈兴趣,可以使用悬念手法。在开场白中制造悬念,往往会收到奇效。

制造悬念不是故弄玄虚,既不能频频使用,也不能悬而不解。在适当的时候应解开悬念,使听众的好奇心得到满足,而且也使前后内容互相照应,结构浑然一体。比如,有位教师举办讲座,这时会场秩序比较混乱,学生对讲座不感兴趣,老师转身在黑板上写了一首诗:"月黑雁飞高,单于夜遁逃。欲将轻骑逐,大雪满弓刀。"写完后他说:"这是一首有名的唐诗,广为流传,又选进了中学课本。大家都说写得好,我却认为它有点问题。问题在哪里呢?等会儿我们再谈。今天,我要讲的题目是《读书与质疑》……"这时全场鸦雀无声,学生的胃口被吊了起来。演讲即将结束,老师说:"这首诗的问题出在哪里呢?不合常理。既是月黑之夜,怎么看得见雁飞?既是严寒季节,北方哪有大雁……"这样首尾呼应,能加深听众印象,强化演讲内容,令人回味无穷。

人们都有好奇心理,对于未知的东西有一个探索未知的冲动,这是人的一种本性。在演讲中利用悬念吸引听众一般有语言悬念和实物悬念两种类型。

一是语言悬念。就是一开口出语奇拔,引人入胜,激起听众的好奇心。例如,有一个年轻美貌的女士在一次演讲中第一句就说道:"昨天我险些脱掉裙子。"此言一出,在场的听众人人大吃一惊,急欲知道这是怎么一回事。她接着说道:"当我昨天在厨房做事时,我那念小学三年级和一年级的两个儿子在隔壁房间吵了起来,他们两兄弟似乎吵得很凶,口出恶言。首先小弟说:'你这个大笨蛋,妈妈的肚脐是凹进去的。'接着老大也不甘示弱地反驳说:'妈妈才不是凹肚脐呢,她的肚脐像一小截肠子似的凸出来。'小弟说:'你胡说,才不是呢!'大儿子说:'你才胡说!'我看情形不对了,赶快跑出来解释说:'你们两个给我下来,我让你们看看妈妈的肚脐是凹的还是凸的。'于是我做出要脱下裙子的样子。'啊,妈妈羞羞羞。'他们两个小鬼看后马上拿小食指划着小脸蛋羞我,我们三个人都笑了起来。"这是一个关于"亲子关系"的演讲。

二是实物悬念。就是在演讲的开头,用一件或几件实物的展示来"抓"住听众的兴趣,而这些实物既与演讲的主题相关又不同寻常,又能勾起听众的好奇心理。例如,有一位日本教授给大学生演讲,一开始场面乱哄哄的。老教授并没生气,他从衣袋里摸出了一块黑乎乎的石头扬了扬,然后说道:"请同学注意看看,这是一块非常珍贵的石头,在整个日本,只有我才有这么一块。"同学们顿时静了下来,被这块并不起眼的石头吸引了,人人都在暗自发问:这是一块什么石头呢?如此珍贵?全日本才一块?老教授的悬念收到了效果。他面对静下来的同学和那一双双充满好奇的眼睛,才开始了他关于南极探险的演讲。最后大家都知道了那块黑乎乎的石头是从南极探险时带回来的。

⑧ 插叙解释式。演讲开头,恰当地运用插叙的方法,不仅可以补充人物和事件,使演讲内容丰富和充实,引人入胜,还能使演讲波澜起伏,神采飞扬。冯小刚在题为《温故而知幸福》的演讲开头讲道:

"为什么要讲'温故而知幸福'这个话题呢？在回答大家这个问题前，我想先讲讲《温故1942》的拍摄初衷。"接着，他插叙道："那是1993年一个阳光明媚的下午，王朔从他的客房走到我这个客房来，扔给我一本小说，是刘震云写的《温故1942》。我就一口气看完了，非常受触动。小说里写了1942年发生在河南的一场灾荒，三千多万人向陕西逃荒，途中有三百万人饿死。刘震云去采访那些幸存的当事人时，大家也都说记不清了。是不是我们是善于忘记的一个民族，还是说我们这个民族遭遇的苦难实在太多了？所以我下定决心要拍这个电影。"然后，冯小刚接着讲道："如果你生在1942年的河南，你真的是叫生不逢时。你会觉得在今天，你怎么想你遇到的所有的挫折，你都不会想我被饿死了。跟饿死了相比，咱们目前的这些挫折、这些不幸，其实都不在话下。所以，温故之后，才知道幸福。"

冯小刚运用的就是插叙解释式开头，即在叙述的过程中，对事件发展的原因，做一些解释和说明。温故知幸福，是从哪想到的，插叙的"那个下午的故事"，就解释说明了这个问题。这种插叙，能够让听众了解事情的前因后果、来龙去脉，从而接受你的观点。演讲中，当我们需要解释说明时，可以运用这种开头方式来深化演讲主旨。

⑨ 材料吸引式。俗话说万事开头难，演讲也是如此。一场演讲的开头十分重要，开头要像磁石一样，深深地吸引住听众，才能为接下来的演讲打开局面。因为讲理论或者作论述相对比较枯燥，所以很多演讲者会选择用一个精彩的材料作为开头，那么用什么样的材料作开头，才能达到磁石般的效果，成功地吸引听众的注意力呢？

要材料吸引人，首先要选用能激发听众兴趣的材料作为开头。如编剧郑晓龙的演讲《审美的变迁》是这样开头的：

从中世纪开始，欧洲人都认为洗澡是不健康的行为，会带来疾病，有人甚至认为，洗澡是一种罪。当时的肥皂非常昂贵，即使要用，也只能在面部、颈部和双手涂抹，偶尔也在脚上涂一点。因此，那个年代的人自然是体味浓郁，嘴里也是一股子臭气。为了掩盖体臭，女士们会在腰上别一个绣着精美花纹的袋子，里面装着香料。实际上，香水的问世，就是为了掩盖令人不快的体味。当时，英王伊丽莎白一世一个月洗一回澡，结果，同时代的人都嘲笑她有洁癖。当时，人们以不洗澡为荣，不洗澡甚至可以成为个人成就，发现新大陆的哥伦布很骄傲，因为他说自己一生只洗过两次澡，一次是出生的时候，一次是结婚之前。昨天的美有可能变成今天的丑，潮流总是随着时代的发展在不停变换。

在古代的欧洲，竟然以洗澡为耻，以不洗澡为荣，这也太不可思议了吧。演讲者开头的这段材料可谓妙趣横生，一下子就激发了听众浓厚的兴趣，吸引住了听众，使听众对接下来的演讲充满了期待。听众们会想，那么，接下来人们的审美是如何发生变化的呢？这就为整场演讲定了成功的基调。

要材料吸引人，二是要选用能给予新知的材料作为开头。如一位演讲比赛选手在进行《合适的距离产生美》演讲的时候，是如此开头的：

据专家介绍，如果地球和太阳的距离再近1%，地球就是一个永恒的"火焰山"；如果再远3%，地球就是一个永恒的"广寒宫"。而现在的距离不偏不倚，恰到好处。仰望那些孤寂荒芜的星球，需要庆幸我们拥有多姿多彩的天气、舒适宜人的温度，庆幸我们与太阳之间合适的距离。所以不是距离产生美,而是合适的距离产生美。我们与人交往也是如此,就算关系再好,也不要不分你我,肆意去窥探别人的隐私,每个人的心里都有一个不愿被别人触及的角落;即使你与一个人合不来,也不要水火不容,正常的交往还得保持,不要"欲除之而后快",给自己树立敌人。

演讲者这段作为引子的开头材料,一般的听众是不可能了解到的,听众一开场便获得了新知,顿时产生了一种"没有白来"的感觉。而这个引子还打破了人们一贯的认识:距离产生美,更具体、更到位地阐释了距离与美的关系:合适的距离产生美。开头新意盎然,听众自然愿闻其详。

⑩ 实物开讲式。演讲者在开讲前,先展示某种实物,能给听众一个新鲜、感性的直观印象。实物展示式开头可以引起听众的注意,充分地调动起听众的兴趣和期待心理,一下子抓住听众。在某单位举办的以"珍惜时间"为主题的演讲会上,一名选手首先将一片黄叶展示给在场的听众:"亲爱的朋友们,你们看,我手中拿的是什么?是一片落叶吗?不错。然而这仅仅是一片落叶吗?不,它是穿越时空隧道的过客,是一首哀叹时间一去不回头的诗。我们读它,仿佛是在与那来去无踪的时间对话。从这里,我们不只看到了时间的伟大力量,同时也看到了时间的无情和冷峻。绿叶婆娑,那是时间的恩典;黄叶飘零,那是时间的摧残。面对它,我们还有什么理由不珍惜时间呢……"演讲者灵活自然地选取"道具"——黄叶作为"切入点",并将其与演讲的主题巧妙地结合起来,用富有朝气与活力的语言,深入浅出、形象鲜活地唤起了听众对时间的哲理性思考,激起了听众心中的波澜,给他们带来耳目一新的感受。

⑪ 主动示弱式。在演讲的开头根据自身和现场的实际情况,主动示弱,就能一下子增强演讲的亲和力和感染力,收到活跃气氛、融洽关系的良好效果。例如,著名外交家吴建民先生刚到法国当大使时,在一次演讲中是这样开头的:"我在大学里学的是法文,但我从来没有在法国工作过。比起我的前任蔡方柏大使,我有很大的劣势。蔡大使前后在法国度过了23个年头,当了8年大使。而我在此之前,到法国的各种出差加起来不到23天,我不了解法国,非常需要大家的帮助……"话音一落,台下就响起了热烈的掌声。吴建民先生的演讲之所以能赢得听众的掌声,一个重要的原因是他在演讲的开头主动示弱:学的是法文,但没在法国工作过,显得谦逊;拿前任蔡方柏大使"在法国度过了23个年头,当了8年大使"与自己"到法国的各种出差加起来不到23天"相比较,言下之意是"请各位多多关照",显得不张扬。这样,他就在第一时间拉近了与听众之间的距离,赢得了听众的好评。

5. 演讲稿的主体设计

主体是演讲的主干部分,演讲者在撰写演讲稿时必须予以高度重视。
(1)写作注意事项。无论是哪一种结构模式,在演讲稿主体的写作中都要特别注意以下几点。

第一是中心:要有一个演讲的中心论点贯穿全篇。结构紧扣主题是成功演讲的共同规律,任何一篇成功的演讲都不例外。

第二是条理:前后材料的编排要有条理,满足表述中心论点的需要。

第三是统一：观点和材料要统一,论点和论据要统一。

第四是严谨：各点之间有内在的联系,点点相连,整齐有序。

第五是变化：奇正相生。把趣味性材料和论证性材料予以巧妙地安排,要注意使其高潮与低谷相同,说理、叙事与升华议论相结合。

另外,演讲稿结构有其动态性。因为演讲稿的结构,是客观事物固有的逻辑、条理秩序与作者观察、认识和表现客观事物的独特思路,以及听众接受有声语言信息的不同思路,三者辩证统一、密切配合。所以,在演讲稿结构的安排上,既要坚持有序性、整体性、相关性、多样性,也要注重有声性,使听众能够明确感到演讲层次的存在和脉络的清晰。

(2) 常见结构安排。演讲稿的结构同其他形式的文体结构是有区别的,结构好的演讲稿必须遵循某个易于辨明的组织模式。常用的演讲稿的结构有如下4个基本顺序：话题顺序、时间顺序、空间顺序和逻辑推理顺序。这4个顺序之所以常用,是因为它们最易被大多数听众理解。

① 话题顺序。话题顺序是依据学科的分类或科目来组织演讲的主要观点。这是一种极为常用的给要点排序的方法,因为几乎任何学科都可以用许多不同方法来分组或分类。话题的顺序可以从一般到特殊,从最不重要到最重要或者其他一些逻辑顺序排列。演讲者所选的话题的顺序常常对演讲的成功有很大影响。

如果话题对听众或演讲目标的分量或重要性不同,那么安排的顺序可能影响听众对它们的理解或接受,例如听众经常会把最后一条观点视为最重要的。在相同的例子里,各话题的分量皆不相同,它们的顺序是最重要的要点放在最后,一般认为这样的排序最适合听众及演讲目标。

例如：假如一位演讲者的具体目标是想要听众了解去除身体中毒素的3个被证实为有效的方法。

主题句：被证实有利于去除身体中毒素的3个方法是减少动物食品、保持水分以及纯天然食品。

- 第1个被证实有利于去除身体中毒素的方法是减少对动物食品的摄入。
- 第2个被证实有利于去除身体中毒素的方法是吃更多的纯天然食品。
- 第3个被证实有利于去除身体中毒素的方法是保持充足水分。

② 时间顺序。时间顺序或年代顺序尊重事件的先后顺序,它强调首先是什么,接着是什么,随后是什么等。当选择对要点按年代顺序进行排列时,听众将明白这些要点的顺序和内容都十分重要。当解释怎么做一件事、怎样制造一样东西、某个东西怎么运作或某件事怎么发生时,时间顺序是最合适的。例如关于"将棉花纺成线的步骤"的演讲就是一个时间顺序的例子。

③ 空间顺序。空间顺序遵循要点的空间顺序或地理走向。当演讲者希望听众能认识到某物所处的位置非常重要时,空间顺序是最有帮助的。虽然空间顺序远远比不上话题或时间顺序使用普遍,但它有可能用于描述性、知识性演讲中。在对情景、场所、人或物体解释中,空间顺序有助于为听众创造有序的视觉画面。为了形成连续、有逻辑的描述,可以按从上到下、从左到右、从内到外或从任何听众能够想象出的方向进行演讲。

在下面的例子中,运用空间顺序将有助于听众想象大气层的3个气层。

具体目标：想要听众想象出组成地球大气层的3个气层。

主题句：地球大气层由对流层、平流层和电离层组成。

- 对流层是大气层的内层。
- 平流层是大气层的中层。
- 电离层是构成大气层外部区域的系列气层。

④ 逻辑推理顺序。逻辑推理顺序强调听众为什么应该相信某事或为什么应该以此种方式行事。逻辑顺序不像其他3种对要点的安排顺序，它是最适合说服性演讲的，如下例所示。

具体目标：我想要听众捐助海啸受灾国的难民。

主题句：应该积极捐助海啸受灾国的难民。

- 海啸受灾国受灾情况极为严重。
- 海啸受灾国的难民急需世界各国的捐助。
- 海啸受灾国有许多华人，他们急需我们的帮助。
- 对海啸受灾国的捐助还有其他意义。

6. 演讲稿的结尾设计

演讲的结束语，是演讲走向成功的最后一步，也是极为重要的一步，是演讲中给听众留下的一个"最后印象"。各种研究表明，演讲的结束比起其正文来说，更能被听众注意。好的结尾应该既是收尾，又是高峰；既水到渠成，又戛然而止；既铿锵有力，又余音袅袅、耐人寻味；既别开生面、不落俗套，又显得自然精妙。因此，讲究演讲结束语艺术，是保证演讲获得成功的重要环节。演讲结尾的语言艺术大致有如下几种。

（1）总结全篇式。这是演讲结束语最常见的方式，就是用极其精练的语言，总结收拢全篇的主要内容，概括和强化主题思想。这样通过"近因效应"，使演讲的要点更深刻地留在听众的记忆之中。毛泽东的《实践论》这篇演讲就是这样结尾的。

通过实践而发现真理，又通过实践证实真理和发展真理。从感性认识而能动地发展到理性认识，又从理性认识而能动地指导革命实践，改造主观世界和客观世界。实践、认识、再实践、再认识，这种形式循环往复以至无穷，而实践和认识之间每一循环的内容，都逐渐地进到了高一级的程度。这就是辩证唯物论的全部认识论，这就是辩证唯物论的知行统一观。

（2）号召呼吁式。这种结尾方式就是运用一些情感激昂，富有鼓动性、号召性的语言，激起听众的情绪、信念，鼓动干劲，促进行动。在美国独立战争前夕，国务卿裴特瑞克·亨利在弗吉尼亚州会议上的演讲便是采用这种方法结束的："我们的同胞已经身在疆场了，我们为什么还要站在这里袖手旁观呢？先生们希望的是什么？想达到什么目的？生命就那么可贵？和平就那么甜美？甚至不惜以戴锁链、受奴役的代价来换取吗？全能的上帝啊，结束这一切吧！在这场战斗中，我不知道别人会如何行事，至于我，不自由，毋宁死！"亨利以"至于我，不自由，毋宁死"九个字的结束语来激励听众行动起来，争取他们站到自己的立场上来。当他话音刚落，先是全场愕然，随后就响起"拿起武器"的呼声。

(3) 引用名言式。心理学家研究表明：在演讲的结束语中引用权威人物的名言警句激励后人，比一般性的结尾对人心理控制度可提高21％～37％。恰当地结合演讲内容及要求，运用名人名言警句结尾，借助名人效应，使通篇演讲得以升华，给听众以深刻的启迪和印象。胡适的《毕业赠言》结尾，运用名言颇耐人寻味："诸位，11万页书可以使你成为一个学者了。可是，每天看三种小报，也得浪费你一点钟的工夫，四圈麻将也得费你一点半钟打发光阴。看小报呢？还是努力做一个学者呢？全靠你自己的选择！易卜生说：'你的最大责任，是把你这块材料铸成器。'学问便是铸器的工具，抛弃了学问便是毁了你自己。再会了！你们母校眼睁睁地要看你们10年之后成什么器。"

这样的结尾，情真意切，令人心悦诚服地接受他的见解。

(4) 重申重点式。成功的演讲者往往在演讲结尾重申此次演讲的重点，以加强听众的记忆。日本松下电器产业公司创始人松下幸之助在公司培训演讲的结束语中应用了这种方法："我已讲过的六条，其重要性是不一样的。唯有第一条和第三条是公司生存发展中最致命的，即松下永远以质量战胜一切竞争者，松下的凝聚力高于一切。这两条将成为我们的法宝和座右铭，也是我要求全体员工切记的。"

(5) 引入高潮式。1941年12月8日美国罗斯福总统发表了《一个遗臭万年的日子》的演讲，结尾这段话即是铿锵入耳、引入高潮式的名篇，整个演讲给人以庄重、严肃、紧急的感觉。"我现在断言，我们不仅要做最大的努力来保卫我们自己，我们还将确保这种形式的背信弃义永远不会再危及我们。我这样说，相信是表达了国会和人民的意志。敌对行动已经存在，毋庸讳言，我国人民、我国领土和我国利益处于严重危险之中，信赖我们的武装军队，依靠我国人民的坚定决心，我们将取得必然的胜利。上帝助我！我向国会宣布，自1941年12月7日——星期日，日本进行无缘无故和卑鄙怯懦的进攻时起，合众国和日本帝国之间已经处于战争状态。"

运用高潮式结尾应注意，演讲者不要告诉听众要结束演讲，最好不用"我现在做个小结和归纳"之类的话，也不要用某种表情或动作来显示演讲即将结束。否则听众就会开始计算时间，分散注意力，很难继续专心听演讲。应当让听众有一种余音绕梁、意犹未尽的感觉。

高潮式结尾如果运用恰当，会收到很好的效果。

(6) 诗词收束式。诗词结尾，指演讲者恰当地引用适当的诗词作结束语，使听众得到更深的启发，给听众留下一种余韵。在演讲的结尾，如果能引用适当的诗词作收尾，那是最理想的，它将显出高尚、优美。

美国黑人民权运动著名领袖马丁·路德·金的著名演讲《我有一个梦》的结尾，也是诗词结尾的典范。

到了这一天，上帝的所有孩子都能以新的含义高唱这首歌：
"我的祖国，
可爱的自由之邦，
我为您歌唱。
这是我祖先终老的地方，
这是早期移民自豪的地方，

让自由之声,

响彻每一座山岗。

如果美国要成为伟大的国家,这一点必须实现。

因此,让自由之声响彻新罕布什尔州的巍峨高峰!

让自由之声响彻纽约州的崇山峻岭!

让自由之声响彻宾夕法尼亚州的阿勒格尼高峰!

让自由之声响彻科罗拉多州冰雪皑皑的落基崇山!

让自由之声响彻加利福尼亚州的婀娜群峰!

不,不仅如此,让自由之声响彻佐治亚州的石山!

让自由之声响彻田纳西州的望山!

让自由之声响彻密西西比州的一座座山峰、一个个土丘!

让自由之声响彻每一个山冈!"

当我们让自由之声轰响,当我们让自由之声响彻每一个大村小庄、每一个州府城镇,我们就能加速这一天的到来。那时,上帝的所有孩子,黑人和白人,犹太教徒和非犹太教徒,耶稣教徒和天主教徒,将能携手同唱那首古老的黑人灵歌:

"终于自由了!

终于自由了!

感谢全能的上帝

我们终于自由了!"

结尾运用诗歌,情绪激昂、文字优美,极富感召力。"让自由之声响彻山冈",这脍炙人口的佳句,成为激励黑人进行斗争的座右铭。

运用诗词结束演讲,可以收到余音绕梁不绝于耳、言有尽而意无穷的演讲效果。

7. 演讲稿写作与修改

演讲稿的写作是指在演讲前把所思所想写出来,用文字符号将演讲内容、范围固定下来。写演讲稿可分三个阶段,即编列提纲、起草初稿和加工修改。

(1) 编列提纲。编列演讲提纲,是演讲前的重要准备工作,它常常是临场发挥的重要依据。提纲编列的好坏,直接影响到演讲成功与否。所谓编列提纲,就是确定框架,以提要或图表方式列出观点、材料以及观点和材料的组合方式。

① 演讲提纲的作用。演讲提纲在演讲中有着重要作用,这集中表现在以下几个方面。

第一,确定框架。编列提纲能把演讲的整体轮廓用文字固定、明确下来。事实上,编列提纲的过程,正是认识不断明朗化、条理化的过程。通过编列提纲,可以对论题的设想不断加以修改和补充,使构思更为周密、完善。确定了整体框架,演讲者便能心中有数,逐层展开,不会东一句西一句,词不达意。

第二,选材组材。编列提纲的过程,也是进一步选材和组材的过程,是演讲内容逐步具体化的过程。演讲题目、结构层次、典型事例、引文材料以及其他有关资料,都要具体地在提纲中体现出来。在这个过程中,必须要对材料做进一步筛选和补充。

第三，训练思维。编写提纲的过程，正是演讲者积极思维的紧张过程。在这个过程中，演讲者必然要认真思考，分析演讲的主题、材料、层次、结构和其内在的逻辑联系，促使思维的条理化和科学化。因此，这个过程事实上正是培养和锻炼思维的过程。

第四，避免遗忘。编写提纲也是不断熟悉材料的过程，特别是在不用讲稿仅用提纲进行演讲时，提纲更是起着提示启发、避免遗忘的作用，成为临时发挥的重要依据。

根据演讲的具体目的和要求，以及演讲者对材料的掌握情况等，编列提纲的方法有概要提纲法和详细提纲法。内容简单、材料易掌握，可编粗略些；内容复杂、材料丰富，就宜编得详细些。粗略的概要提纲，要以极其简练的语言，扼要地列举出演讲的主旨、材料、层次和大意等；详细提纲则要求比较具体，基本上是讲稿的缩影。

② 演讲提纲的内容。演讲的论点、演讲的中心论点必须清晰地列出中心论点所包含的分论点以及分论点下属的小论点，应用简洁的语言逐层列出，应根据整理的内在逻辑关系依次排列。

演讲的材料依据。阐明主旨材料的事实材料和整理材料，也应用简明的语言或恰当的符号在相应部位列出。事实材料主要指例证、数据等；整理材料包括科学原理、科学定律、文化精神、法律条文、名言警句等。这些事实依据和理论依据能使演讲持之有据、言之成理，具有说服力和感染力。因此，必须逐一列出，以免遗漏。

演讲的整体结构。演讲提纲的编列要依据演讲的内在逻辑体现出演讲内容的先后次序。例如，如何开头、如何结尾、重点内容如何突出、如何过渡、结构层次如何安排等。事实上，演讲提纲就像事先构筑的语流渠道，决定着演讲语流的走向。

下面是《在马克思墓前的讲话》的两种类型的提纲，供读者参考。

A. 概要提纲
1. 开场白
2. 主体部分
(1) 马克思在理论上的重大贡献。
(2) 马克思伟大的革命实践。
(3) 马克思对无产阶级革命事业的卓越贡献。
3. 结束语

B. 详细提纲
1. 开场白提出中心论点
(1) 马克思逝世的时间和经过。
(2) 马克思逝世是无产阶级不可估量的损失。
2. 主体部分
(1) 马克思作为"科学巨匠"在理论上的伟大贡献。
① 马克思发现了人类历史发展的规律。
② 马克思还发现了现代资本主义生产方式和它产生的资产阶级社会特殊的运动规律。
③ 马克思在他所研究的每一个领域（甚至在数学领域）都有独到的发现。

(2) 马克思作为革命家在革命实践方面的贡献。
① 参加打碎旧的国家机器的斗争,参加无产阶级解放事业的斗争。
② 编辑报刊、拟定书籍和参加工人运动。
(3) 马克思对无产阶级革命事业的卓越贡献。
① 敌人对马克思的嫉恨和诬蔑。
② 马克思对敌人的蔑视和斗争。
③ 无产阶级和劳动人民对马克思的尊敬、爱戴和悼念。
3. 结束语
"马克思的英名和事业永垂不朽!"

(2) 起草初稿。起草初稿没有什么诀窍,结合一般写作规律,演讲初稿的起草有自己的原则和方法。第一,要构思好再动笔,最好一气呵成。动笔前要盘算好所有的写作步骤、条理,想清楚再动笔,写时不要考虑修改的问题。第二,要抱着正确的态度,饱含真挚的感情去写。第三,要注意不同类型演讲的特点,采取相应的写作方法。如,写政治性演讲稿时要强调逻辑的严密、材料的可靠;写学术性演讲稿时要力求资料翔实、论据确凿等。

(3) 加工修改。演讲稿的加工修改是一项复杂的工作,每个人有每个人的修改法,但主要从以下几方面入手。

① 深化主题。演讲者首先要看看确定的主题是否健康、正确,再看看文字是否把演讲的主题表达出来了,是不是很充分,有无片面性,是否新颖。从这方面找出来问题,就找出了修改的对象。更为重要的是,在起草时就让主题健康正确,并且充分表现出来了。如果认真修改,就会发现,在写作过程中由于全神贯注、精力集中,会在笔下出现一些作者预想之外的闪耀的思想和语言,比原来预想的还深刻,还有分量,是一种新的发现和发展。但是由于原来预想的不充分,就没有得到扩展和发挥,而修改正是弥补的机会,修改的笔墨很多都用于这个方面。

② 调整结构。修改时主要审视的是正文。主题有了发展、变化,结构必然需要随之改动。即使主题没有什么变化,由于起草时只按提纲或者只是一种构想写出来的,一旦落实在纸面上,就会发现一些毛病,如逻辑性不强、前后位置不当、层次不清、上下文意思重复,材料和引文用得不是地方,段落衔接不紧密、不自然等情况,这就需要重新调整和修改。总之,对于草稿的结构进行认真的审视和推敲就会发现问题,并作为修改的对象,有时"大动手术"也是经常出现的。

③ 润色语言。修改演讲草稿语言的目的,一是减少语言方面的毛病;二是保持演讲语言的特点。写出的草稿,在语言上会有一些毛病。起草的当时意念完全集中在主题的表现、事件的陈述上,对语言的运用是无暇顾及的,全凭定型的习惯信笔所致。这样就不可避免地在草稿上出现句子残缺,用词不准,丢、错、别字等,都需要修改,这是其一。其二,按平时定型的习惯写,在语言的运用上就难免出现书面语言的倾向,如句子太长、诗歌化、散文化等,这也需要修改,只有经过修改才能保持演讲语言的特点。

总之,对演讲稿语言进行润色,关键就是要做到把话说得明白,把话说得有力,把话说得动听。修改演讲稿,说起来容易,做起来是颇费功力的,尤其需要演讲者在自身的思想、政治、文化、语言等方面有更深层次的修养,才能游刃有余。

2.1.3　命题演讲的演练

演练就是演讲者按照已设计好的程序进行预演的操练过程。它是演讲者完全按照正式登台演讲的形式在上场之前所进行的最初尝试。演练的好坏直接影响演讲的水平和效果。

1. 演练的重要性

演讲前的演练,就好像文艺演出之前所进行的"彩排",是演讲准备的重要工序。优秀的演讲家都很重视演练。林肯学习演讲时,常对着树桩或成行的玉米秸反复演练。仅就他的《葛底斯堡演讲》而言,虽已经过十五天认真准备,但在演讲前夕,他还在国务卿面前演练了一次,直到安葬仪式开始时,他仍在默默地背诵演讲词。正由于充分的准备和认真的练习,他才以真挚浑厚的情感、精美感人的技巧、端庄朴素的语言而博得崇高赞誉。

演练具有全面检验的作用,即使十分精巧的演讲设计,也不过是纸上谈兵。要衡量其是否合理、科学、实用,只有用演练来做具体的验证,才能从中发现缺点和不足之处,便于及时纠正,使其设计更加缜密。

另外,演练具有调节情绪的作用。怯场心理常会导致自控能力的丧失,使演讲者尤其是初上讲台的人不能正常地发挥出应有的水平。演练就能使演讲者提前适应"角色",调节好情绪和心境,增强胸有成竹的稳定感,有助于消除怯场心理。甚至会使演讲者出于一种急于登台的急切感,产生最佳的演讲心理状态。

2. 演练的原则

(1) 精益求精。俗语说"拳不离手,曲不离口"。演讲的才能是靠勤学苦练、反复实践而获得的。闻一多在清华大学读书时,不畏天寒地冻,夜出练习演讲十二遍,在演说有进步时,还精益求精,夜至凉亭练演说三遍,回宿舍又温演说五遍,第二天又是练习演说。正是这种精益求精、刻苦训练的精神,使他成为独具魅力的演说家。罗斯福每次演讲前都要大声地朗诵演讲稿,体会语调是否合适,琢磨如何运用丰富多彩的语调来抓住听众。他自如得体地运用语调的本领,连一些戏剧表演大师都不得不为之惊叹拜服。因此,演练切忌应付,走过场。精益求精地勤讲多练,能使演讲的准备更成熟,产生熟能生巧的效果。

(2) 循序渐进。演练不仅要按照诵读、背诵、演示这几个步骤逐渐进行,而且在演讲的类型、内容等方面也要从易到难,切忌一口吃个胖子。孙中山所总结的"一练姿势""二练语气"的演说经验,实质上就是遵循了单项练习、重点突破这一循序渐进的原则。

(3) 综合协调。演讲是由复杂的多元化体系和系统组成的一个完善的整体,而每个分支系统又是由不同的要素构成的。因此,演练时,不仅要强调各支系统、各要素的职能,更要注意它们之间的相互配合,巧妙地融为一体,使声、情、体、意自然协调,创造出理想的演讲意境。

3. 演练的方法

(1) 独自演练。这是演讲者独自一人进行练习的方法，比较简便、灵活、有效，也就是最基本的练习活动。它有两种具体形式。

① 虚练。虚练即虚拟的演练，就是把整个演讲过程在头脑里默想一遍。因为是默默无声地设想演讲经过，像在头脑里"过电影"似的，所以又叫"默练"，可不择时空地实施。

② 实练。实练即实在的练习、演练，就是有声有形地进行如实的演练。此法实感性较强，便于纠错补漏，可就口、音、讲或手势等做单项练习，如丘吉尔常"对着镜子练习手势动作"。也可将各项技能综合起来操练。

(2) 集体演练。演讲者面对特定的听众，按照正式演讲的要求进行试讲的练习活动，叫集体演练法。演讲者可选择一些同事、亲朋等作为特定的听众，组织一个小范围的演练场面，造成一种"实践"的逼真效果。演讲者可直接观察他们的反应，并征询意见，作进一步的完善加工，而且更有利于提高演讲水平。

(3) 设备演练。现代科技的发展，为演练提供了许多有利的技术设备，如录音、录像等。有条件的演讲者，可充分利用这些设备。这种方法，演讲者不但能直接看到或听到演练的全部过程，更直接地找出问题的所在，有针对性地做出客观而仔细的分析，而且还有利于老师和演讲专家的指导。

总之，演练的方法很多，可以根据实际需要进行选择，或单用一种，或综合几种，甚至使用创新的方法。

4. 演练的基本环节

演练是实现从书面到口头演讲的转化，为了追求最佳的演讲效果，必须注意把握以下演讲演练的基本环节。

(1) 设计语调节奏。为了实现从书面到口头演讲的转化，在试讲阶段必须对演讲稿进行一些符合演讲要求、旨在追求最佳效果的必要的非语言内容的设计，其中之一是对语调节奏的设计。

根据表达思想感情的需要，运用语音、语调技巧，对演讲内容进行语音、语调节奏的具体设计。设计的重点主要是对需要强调的内容加以重音处理；对需要表达的感情起伏变化进行语气语调的标示；对特殊的表达内容的停顿、语速予以确定。

设计的目的是把文字的优势转化为语音（声音）的优势，创造出声音的抑扬顿挫及节奏感，使演讲稿更加符合语音传播的特点和规律，使内容得到进一步强化，以产生更好的听觉效果。

语音语调设计有三个依据：一是根据思想内容和情感表达的需要，在吃透演讲稿内容的基础上进行。二是要考虑个人声音上的特点，要扬长避短，也就是说确定语调因素的变化范围，要与演讲者自己的嗓音相协调。任何脱离自己情况的设计都不会出现好的效果。三是要符合听众的心理和对声音的审美要求。

对于演讲词语音调的设计，一般需要在演讲稿上做少量的符号标记。可根据自己的习惯设计符号。只要自己能看得懂就行。做这样的标示，有助于在试讲时更好地把握声音的变化和思想感情的表达。

（2）设计态势语言。在人们的各类表达中，态势语言较为丰富和夸张的当属演讲。演讲之"演"，很重要的是表现在演讲者的动作上。所以，演讲动作的设计在试讲阶段就应完成。通过设计，使体态语言能成为整个演讲的有机组成部分，把下意识的动作变成有意识的动作，以增强动作变化的目的性和心理依据，大大强化内容的感染力和征服力。

态势语言的设计也应遵循三条原则：一是态势语言要与思想内容相一致，要有助于强化思想内容；二是动作不宜太多太滥，要恰到好处；三是动作要有美感。在动作设计中，主要是眼神和手势的设计，比如手势的形式、动作的方向、部位、幅度和力度。要进行反复揣摩，从多种设计中找出最佳方案。

从内容上看，态势语言设计要特别注意两头：一是开头处。包括上台时的走路、体态、开讲时的姿态、动作，要自然、大方、潇洒，给人留下美好的第一印象。眼神要正视听众，给人可信赖、正直、诚实之感。开头的手势不能太多，动作的幅度也不要太大，否则会给人一种不稳重的感觉。二是结尾处。手势的幅度、力度通常要大，要有号召力，能给人留下深刻的印象。正文部分的态势语言应更多地包含情感和艺术的表现力，把面容、手势和艺术发音等手段调动起来，在多变的富有一定内涵的态势语言的配合下，使声、情、言、体协调一致，创造出理想的演讲意境。

（3）熟悉演讲稿。在精心设计的基础上，认真地熟悉演讲稿的内容，并根据声音动作的设计进行试讲。试讲大体按这样的过程进行：朗读—背诵—讲述。

① 朗读。主要是体会声音与内容相结合的节奏、语调变化，是最初的书面语言向口语的转化。

② 背诵。即把演讲内容熟练地背诵下来。当然，并不是一字不落地背诵，而是要有重点和一般之分。从演讲稿到现场演讲表达的情况看，内容有不变和变化两种情况。因此，在试讲时，对于"不变"的内容就要下功夫死记硬背，达到滚瓜烂熟的程度；而对"变化"的内容可作一般性背诵，要以理解为主。这样才能保证演讲的严肃性和创造性的统一。需要背诵的内容是：演讲的主要观点、总体的脉络、重点理论表述、层次转接的关键词句、基本数字、人名地名等。这些要记牢记死，不能含糊。而对于具体事例、情景的描述等，可作一般性的记忆。

③ 讲述。完全脱稿，模拟正式演讲，把言、声、情、态等有机地结合起来，把内容准确生动地表达出来，应进入较为自如的状态。

必须指出，演讲不能照本宣科，也不能背稿，背稿就会大大地减弱演讲的魅力。试讲阶段的目标应是摆脱背诵的痕迹，进入自如讲述的层次。

法国总统戴高乐善于演讲，不管多么长的演讲都不用讲稿。当有人称赞他时，他说："写下了讲稿，把它记在脑子里，然后把纸扔了。"这位世界名人的演讲经验"写—记—扔"是值得我们借鉴的。

（4）演练效果评估。除了要学会准备和表述演讲以外，还要学会批判地分析演讲，对自己的演练进行初步评估，不仅可以为演讲者提供演讲哪里正确哪里错误的分析，而且能让演讲者充分认识到在自己的演讲中应采用或者避免使用的一些方法。

评估任何演讲的方法，都由与内容、组织结构和表述等相关的问题组成。对于初学演讲者,不妨使用下面的"演讲评估清单",它包括了一系列问题,覆盖了演讲准备工作和表达的各个方面。但是对于首次演讲,主要重点还是应放在目标的明确、要点的清楚与恰当及表达上。

演讲评估清单

1. 内容
(1) 清楚演讲目标吗?
(2) 演讲者提供高质量的信息了吗?
(3) 演讲者使用了多种多样的发展材料吗?
(4) 直观教具使用得恰当合适吗?
(5) 演讲者建立了共同基础,将内容调整得适合听众的兴趣、知识和态度了吗?
2. 组织结构
(1) 引言为演讲者赢得注意力、赢得良好关系、引出演讲了吗?
(2) 主要观点是清楚、结构平行、有意义的完整句子吗?
(3) 过渡段落引导一个要点自然地过渡到了另一个要点吗?
(4) 结论把演讲联系到一起了吗?
(5) 语言清楚吗?
(6) 语言生动吗?
(7) 语言重点突出吗?
(8) 演讲者听起来充满热情吗?
(9) 演讲者显示出了足够声音表现力吗?
(10) 演讲自然吗?
(11) 演讲流利吗?
(12) 演讲者看着听众吗?
(13) 发音与吐字可以接受吗?
(14) 演讲者姿势好吗?
(15) 演讲者的移动恰当吗?
(16) 演讲者泰然自若吗?
基于这些衡量标准,评价这篇演讲为(选择其一):
□优秀　　□良好　　□满意　　□尚可　　□差

2.1.4　直观教具的使用

　　直观教具是一种充实演讲的形式,允许听众不光听信息,而且还看信息。因为直观教具使语言信息清楚、引起注意。使用好的直观教具是值得的。除此之外,使用直观教具,一定程度上能减轻演讲者的焦虑,从而给他们更多信心。
　　即使对于非常短的演说,也可能选择直观教具。通过创造性地运用物体、模型、图表、图形演示、投影和计算机图片,成功的演讲者能够使他们的高质量信息取得最佳效果。

1. 直观教具的类型

直观教具的种类很多,其中包括自己、物体、模型、表、活动挂图、图形图表、投影、黑板或白板、散发的印刷品和计算机制图等在内的直观教具。选择何种直观教具辅助演讲,主要取决于演讲内容。

(1) 演讲者自身。有时,演讲者可以成为自己最好的直观教具。演讲者怎么做、怎么看可能会很好地加强或补充所说的内容。通过描述性的手势,演讲者能显示出足球大小或球网的高度;通过演讲者的姿态和动作,能显示出蝶泳或施行人工呼吸的动作;通过演讲者自己的装束,能够展示异国的民族服装、洞穴勘探者的必要装备或消防队员的制服。在每一个例子中,演讲者做什么都有助于解释清楚论点。

(2) 实物。除了演讲者做什么和看起来像什么之外,演讲者带来的东西也可以当作直观教具。如果演讲者所谈论的物体满足以下两个条件,一是足够大,能让人看清(考虑人们坐得有多远);二是足够小,可以随身携带。那么它们可以成为不错的直观教具。一个玩具、一个篮球或一块编织毯都是那种能够让听众看见并能被演讲者控制的物体。

(3) 模型。当物体太大不能带到演讲场地或太小以至于看不清时,三维模型被证明是有价值的替代品。如果演讲者要谈论一座建筑、一款汽车,模型可能正是最好的直观教具,活动模型有时还会给听众带来趣味。

(4) 图形图表。表是浓缩了许多信息并把信息用容易理解的格式展现给听众的图形表现方式。最常用的是文字表和组织结构表。文字表通常用于预先展示演讲中要谈及的材料、概括材料以及提醒听众的演讲内容。例如,关于一个组织机构的构成演讲,做一个组织结构表能够使听众一目了然。演讲者可以利用柱状图、曲线图、饼状图等向听众进行信息比较。

除此之外,其他类型的图形直观教具还有图画、地图和照片等这样的图形表示。

图表和图画是常用的直观教具,因为它们容易准备。图画的主要优势在于演讲者能够经常勾画一些卡通人物,以助于自己幽默地论述论点。演讲者还可以利用计算机软件的剪贴画和因特网,找到几乎所有东西的图形图像,地图照片同样如此。

(5) 投影。几乎任何种类的图表或图形直观教具都能制作成幻灯片显示到屏幕上。投影被越来越多地用于演讲中,但是演讲者必须保证有运行良好的投影设备,并且在运用投影的技术上应十分熟练,避免因技术问题而影响展示。

(6) 黑板或白板。黑板或白板在几乎每间教室都随时可用。画一个非常简单的图形,或者写一个关键词以强调某点时,黑板或白板就被派上了用场。

使用任何一种板要注意不能出现以下错误:在讲话时写了太多材料;在书写时用身体把材料擦模糊了;花太多时间对着板讲话而非对着听众讲话。如果演讲者计划边讲边画或边写,那么要先练习。对于大多数用右手写作的人,要注意站在画的右侧,尽量在画时至少面对一部分听众。虽然起先这么做显得笨拙,但这么做演讲者却能保持与听众的眼神交流,并能在书写时让听众看见自己在写什么。

(7) 散发的印刷品。演讲者常用的直观教具之一就是散发的印刷品。这样做既有积极方面的作用,也有消极方面的作用。从积极方面讲,能够迅速准备好散发的材料,使所有听众都能拥有自己的专业材料进行参考并能带回去看;从消极方面说,分发印刷材料时能使听众分神,并可能在演讲者想要听众看自己时却吸引不了他们的注意力。所以演讲者决定采用散发的印刷品之前,先考虑前面讨论过的其他几种直观教具。如果确实决定要散发印刷品,那么应当在演讲末尾再散发给听众。

直观教具种类很多,除了演讲之前准备的直观教具之外,演讲现场也有很多可以作为直观教具使用的物品。例如当一位演说者形容听众目前所处的是令人焦灼的环境时,他点燃了一根火柴并夹在食指和拇指之间,再等它完全烧尽。

2. 直观教具的选择

前面分析了各种各样的直观教具,那么演讲者如何选择直观教具呢?以下提供几种方法。

(1)根据演讲目标选择直观教具。直观教具令人印象深刻,用直观教具能够帮助演讲者阐明观点,而且,演讲者要确保所演示的内容是想要听众记住的内容。

(2)根据听众数量选择直观教具。例如,适用于20~30人的小团体的直观教具,与适用于100多个听众的教具不同。对于像在大多数课堂演讲里那样的30人左右的听众,演讲者展示较小的物体、使用较小的模型就能使每个人都看见。对于人数众多的听众,演讲者要使用投影,以便让听众从较远的地方也能轻松地看见演示。

(3)根据演讲提供设备选择直观教具。当演讲者需要通过投影来辅助演讲时,必须得到相应的设备支持和技术支持。如果得不到,只能选用其他方式。

直观教具是额外的补充,它们的目的是强调演讲者口头上说的内容。直观教具在准备上是要花一定的时间的,如果演讲者相信某个直观教具将有助于自身更好地实现目标,那么所花的时间就是值得的,但要避免因仓促而导致的粗制滥造。

(4)直观教具数量宜少而精。除非演讲者在做幻灯片展示,演讲的全部重点都放在图片上,否则演讲者使用的直观教具的数目应该比较少。一般来说,演讲者希望听众把重点放在自己身上。一两个真正做得好的直观教具可以使演讲者的论述力度充分表现出来,而几个做得差或运用得差的直观教具则能破坏演讲者语言的力量。

3. 直观教具的使用

许多演讲者认为,一旦他们准备好了直观教具,他们在演讲中使用时就不会遇到麻烦。但是,许多直观教具做得很好的演讲,最后搞成一团糟,因为演讲者没有事先练习。下面是在演讲中有效使用直观教具的几个指导原则。

(1)计划使用时机。要认真计划何时使用直观教具。当演讲者练习演讲时,在演讲提纲中注明何时及怎样使用每个直观教具。

(2)考虑公众需要。如果发现直观教具有助于听众理解和记忆演讲的某一部分内容,那么就要考虑在演讲的哪个部分用直观教具是最合适的。另外,不论某个直观教具有多好,如果它不能直接有助于听众对话题信息的注意或记忆,那么就得重新考虑对它的使用。

(3)必要时才展示。只在谈论到直观教具时才展示它们,直观教具会吸引听众的注意力。法则是：当直观教具不再是注意力的焦点时，就把它移开、关闭或拿掉。如果演讲者在用高射投影仪，那么不用时则掩住灯光的盖子或罩子。如果幻灯机没有使用，那么可以把机器关掉，或者用一张黑纸把幻灯片遮住。为了将听众的注意力保持在自己需要他们注意的地方，演讲者可以准备有遮盖物的直观教具。然后，当演讲者从一部分直观教具移向另一部分时，可以把遮盖物移走，显示出接着要讲的那部分直观教具。

（4）边谈论边演示。因为演讲者知道要听众在直观教具里看到什么，所以应该告诉听众要去寻找什么，应该解释各个部分以及相关的数字、符号和百分比。

当演讲者展示直观教具时，例如将幻灯片投影到教室前面的屏幕上，应该使用"转—触—谈"技巧。当演示直观材料时，赶到屏幕前——那是每个人无论怎样都会看到的地方。轻轻转向直观材料并用手或教鞭（小心使用）指向它。然后背对屏幕，身体以一个轻微的45°角面对听众，向听众谈论直观材料。当完成自己的评论之后，回到讲台的演讲位置，并且关闭幻灯机或把直观材料移开。

4. 直观教具的使用原则

直观教具永远是作为演讲语言的补充或辅助而存在的，所以在直观教具的运用上要注意以下的原则。

（1）显示直观教具。显示直观教具以便每位听众都能看见。如果演讲者拿着直观教具，那么要把它放在离开自己身体的位置，并指点给各个位置的听众看。如果把直观教具放在黑板或图表架上，或者以某种方式架着，那么要站在一边并用离直观教具最近的手指着它。如果必须把直观教具卷起来或折起来，那么要带一些透明胶带，把直观材料贴在黑板上或墙上，以防止它打卷或起皱。

（2）面向听众谈话。要面向听众谈话而不要面对直观教具谈话。演讲者可能需要有时看着直观教具，但是与听众尽量多保持眼神交流很重要，部分原因是这样演讲者能够判断听众对直观材料反应如何。当演讲者全神贯注于自己的直观教具，看着它们而不看着听众时，就可能完全失去与听众的沟通。

（3）避免将物体传给听众。人们手里不管拿着什么东西，都会看、阅读、把玩和思考。当他们专注于此时，他们不可能听演讲者的讲话。

2.2 能力训练

2.2.1 案例思考

1. 邓小平的一次演讲

中国改革开放的总设计师邓小平于1982年9月24日就香港问题发表了一次著名的演讲。

我们对香港问题的基本立场是明确的，这里主要有三个问题。一个是主权问题；再一个问题，是1997年后中国采取什么方式来管理香港，继续保持香港繁荣；第三个问题，是中国和英国两国政府要妥善商谈如何使香港从现在到1997年15年中不出现大的波动。

关于主权问题，中国在这个问题上没有回旋的余地。坦率地讲，主权问题不是一个可以讨论的问题。现在时机已经成熟了，应该明确肯定：1997年中国将收回香港。就是说，中国要收回的不仅是新界，而且包括香港岛、九龙。中国和英国就是在这个前提下来进行谈判，商讨解决香港问题的方式和办法。如果中国在1997年，也就是中华人民共和国成立48年后还不把香港收回，任何一个中国领导人和政府都不能向中国人交代，甚至也不能向世界人民交代。如果不收回，就意味着中国政府是晚清政府，中国领导人是李鸿章！我们等了33年，再加上15年，就是48年，我们是在人民充分信赖的基础上才能如此长期等待。如果15年后还不收回，人民就没有理由信任我们，任何中国政府都应该下野，自动退出政治舞台，没有别的选择。所以，现在，当然不是今天，但也不迟于一两年的时间，中国就要正式宣布收回香港这个决策，我们可以再等一年宣布，但肯定不能拖延更长的时间了……

（资料来源：http://hn.rednet.cn/c/2008/03/22/1467341_1.htm）

思考题：
(1) 请阅读这篇"演讲稿"，然后谈谈你的想法。
(2) 观看邓小平相关演讲视频，体会其演讲的风格。

2. "救救我们吧"——胡志明的演讲

《救救我们吧》是越南民主共和国主席胡志明，于1920年12月在法国社会党第18次代表大会上的演讲。

各位同志们，我今天来到这里本来是为了和同志们一起为世界的革命事业献出一份力量，但是，我以社会党党员的资格，带着深刻的痛苦来到这里，反对帝国主义者在我的家乡所犯下的滔天罪行。（很好！）同志们都知道，法国帝国主义入侵印度支那已经半个世纪，为了它的利益，它以刺刀征服我们的国家。从那时起，我们不仅遭受耻辱的压迫和剥削，而且还遭受凄惨的虐待和毒害。更明白地说，我们遭受了鸦片、酒精等的毒害。但在几分钟内，我不可能把这伙资本主义强盗在印度支那的暴行全都揭露出来。监狱比学校还多，任何时候都挤满了囚犯。任何本地人员只要有社会主义思想就都被捕，而且有时候不需要经过审判就被杀害。所谓印度支那的公理就是如此，在那个地方，越南人被歧视，他们没有得到像欧洲人或者欧洲国籍的人所得到的那些保障。我们没有新闻自由和言论自由，连集会和结社的自由也没有。我们没有在外国居住或到外国旅行的权利，我们要生活在黑暗蒙昧中，因为我们没有学习的自由。在印度支那，殖民主义者为毒害我们，使我们愚昧无知，千方百计地强迫我们抽鸦片和喝酒。他们已经害死和屠杀了成千越南人来维护原来并非属于自己的利益。

同志们，2000多万越南人民，等于法国人口的半数以上，就是遭受这样的待遇。奇怪的是，他们还是得到法国保护的人呢！（掌声）社会党必须为支持被压迫的殖民地人民而进行切实的活动。（欢呼声）

（资料来源：李元授.演讲与口才[M].武汉：华中科技大学出版社，2014.）

思考题：

（1）这篇演讲的主题是什么？

（2）胡志明演讲的全文是怎样表达主题的？

3. 产品推荐会上的演讲

下面是在一次产品推荐会上某营业代表的演讲。

各位来宾：

大家好！我今天给大家讲讲"家里的服饰怎样安度黄梅天"。

眼前天气进入黄梅多雨季节，空气中相对湿度高。羊绒、毛呢料及毛皮制品吸附潮湿能力很强，回潮率达16%，加上成分蛋白质、纤维较易招引虫蛀、霉变，导致好端端的衣物受损。从科学观点出发，防霉防蛀更有效的方法是保持环境干燥，在多雨的季节里，建议家庭主妇不开或少开衣橱、箱柜。

目前市场各大超市、商厦有一种新颖的吸潮、防虫、防蛀商品，名叫"吸潮大王"，它由塑料盒内的吸潮剂和封口的吸潮膜制成，能将空气中的水分子吸进盒内。规格有250mL、300mL、600mL三种，产品齐全，是由上海某公司采用国际全新技术制作的，其吸潮剂无害、无异味，具有强有力的吸潮功能。

为了服饰能安度黄梅天，请您迅速去商店购买此产品。

(资料来源：http://www.chinadmd.com/file/tccvvxcxx6ppeuiwuwipxc6u_1.html)

思考题：

（1）产品推荐会上，这位营业代表的演讲有何特点？

（2）模拟就某一产品进行宣介演讲。

4. 张泉灵北京大学的演讲开场白

各位尊敬的领导、老师、家长们，还有我的师弟、师妹们，大家上午好！

先说一说今天我站在这里的一个感受吧。一开始所有的人都在看一个关于北大、关于你们这四年生活的一个短片，然后我听到同学们欢呼和起哄，我内心一喜，我心想，这真是我熟悉的北大。因为同学们在扩招的大背景下，并没有忘了北大人的个性化表达。然后在介绍台上的诸位老师，介绍到副校长的时候，每一位副校长站起来，居然可以赢得比校长更大的掌声。然后我突然想，这真是我喜欢的北大呀。因为这说明，即便当到了副校长，他们还是上课的，所以他们拥有各自的拥趸。我后来发现在整个台上，许院士获得了最长的、经久不息、发自内心的掌声，我想这真的是我热爱的北大。也许再过十年，大家会有和我类似的感受。当许院士赢得那样的掌声的时候，我自认为是一个感情的控制力非常非常强的人，但是那一刻，我热泪盈眶。因为再过十年，各位一定能够体会到你们跟北大之间的感情。从今天开始，也许从四年前你们拿到通知书的那一刻开始，是一种血缘的关系。所以在今天，我想对大家说，真的要恭喜你们，因为今天绝对是你们值得自豪的一天。

(资料来源：王晶.口才训练实用教程[M].北京：清华大学出版社，2014.)

思考题：

（1）张泉灵这篇演讲开场白有何特点？

（2）请试着为你十年后返回母校演讲，设计一个精彩的开场白。

5. 易中天华中师范大学演讲片段

我们今天要讲的题目是《中国文化与中国人》。我们为什么要讲这样一个题目，是因为文化和我们的建设发展是有密切关系的。这是一位校长给我出的题目，他说，你能不能到我们大学来讲一讲文化与发展。我就想文化与发展有关系吗？20年前我认为是没有关系的。20世纪70年代末我还在武汉大学，那时我们流行一种服装叫"喇叭裤"，喇叭裤就是臀部很紧，然后在膝盖的地方开始扩张，当时这个着装是问题青年的标准着装。20世纪70年代末80年代初青年穿什么衣服呢？戴蛤蟆镜，穿T恤衫、喇叭裤，手拿收录机在街上招摇过市。逐渐地这个风就吹到校园来了，然后当时的武汉大学学生也开始穿喇叭裤，开始效仿，校方就说："我们新时代的大学生怎么能穿得跟混混一样！"当时的团委和党委确实也真的以人为本，人性化地来做这个思想工作，他们没有开批斗会，没有把学生叫来训话，而是贴出一条标语："喇叭裤能吹响向四个现代化进军的号角吗？"我们学生就在这条标语下也贴了一条小标语："请问，什么裤能吹响？"当然结论是什么裤也吹不响。我们知道服饰是一种文化，那么意味着服饰与发展是否有关系呢？但十年以后我的观念就变了，因为我发现改革开放头十年最先富起来的那个地方最先穿喇叭裤，那个地方叫广东。

（资料来源：王晶.口才训练实用教程[M].北京：清华大学出版社，2014.）

思考题：

（1）易中天教授在演讲中采用了什么方式表达其观念？

（2）请观看网上易中天的演讲视频，体会其演讲风格。

6. 白岩松在耶鲁大学的演讲

演讲开头："我要讲5个年份，第一要讲的年份是1968年，那一年我出生了。但是那一年世界非常乱，在法国有巨大的街头骚乱，在美国也有，然后美国的总统肯尼迪遇刺了，但是，这一切的原因都与我无关。那一年，我们更应该记住的是马丁·路德·金先生遇刺，虽然那一年他倒下了，但'我有一个梦想'这句话却真正地站了起来，不仅在美国站了起来，在全世界也站了起来。"

演讲结尾："40年前，当马丁·路德·金先生倒下的时候，他的那句话'我有一个梦想'传遍了全世界。但是，一定要知道，不仅仅有一个英文版的'我有一个梦想'。在遥远的东方，在一个几千年延续下来的中国，也有一个梦想。它不是宏大的口号，并不仅仅在政府那里存在，它是属于每一个非常普通的中国人，而它用中文写成：我有一个梦想！谢谢各位！"

（资料来源：http://www.lz13.cn/lizhiyanjiang/3999.html）

思考题：

(1) 白岩松在耶鲁大学的演讲结尾有何特点？

(2) 请观看网上白岩松的演讲视频，体会其演讲风格。

7. 林肯演讲以巧取胜

1863年7月，美国南北战争期间，在华盛顿附近的葛底斯堡发生了一次历时三天的战斗，打得异常惨烈。虽然最终北方军队获得了胜利，但是也牺牲了无数的将士。几个北部州联合起来，在葛底斯堡建立了国家烈士公墓，用来安葬那些阵亡的将士。

公墓落成的那天，举行了一个盛大的典礼，他们邀请了前国务卿埃弗雷特到会演讲。埃弗雷特是一位非常擅长长时间演讲的口才专家，他的最长演讲曾达到210分钟，而且还能保证大家都爱听。恰巧那天，林肯总统就在附近的城市从事政治活动，于是埃弗雷特提示典礼的主办者把林肯请来"随便讲几句"。

谁都知道，埃弗雷特和林肯是政敌，在林肯竞选的时候，埃弗雷特曾大力阻挠过，所以这一次埃弗雷特打定主意，要让林肯在毫无准备的情况下当众出丑。于是他从多角度、多方面下手，进行了一次长达两个小时的演讲，那场演讲简直是声情并茂，让在场的所有观众都鼓起掌来。对于埃弗雷特的用意，林肯心中自然有数，听了埃弗雷特的演讲之后，林肯心中立刻反应过来，这次只能以巧取胜了，因为无论是说阵亡将士的精神还是讲烈士公墓的意义，那些埃弗雷特都已经做了非常出色和成功的演讲，接着再讲只能是拾人牙慧，惹人生厌。该怎么样讲才能和听众建立良好的交融关系，并最终赢得他们的喝彩呢？

林肯决定以简洁取胜。他不慌不忙地走上演讲台，说："我今天要告诉大家的是，通往烈士公墓的马路将在下个月铺成沥青马路，并开通专线班车。"

埃弗雷特滔滔不绝地讲了许多，但却丝毫没有提及现实生活中的事情，而林肯在之前就已经注意到通往公墓的马路还是颠簸不堪的石子路，林肯意识到这一定让所有参加典礼的人都觉得不方便，于是他把解决这个实际问题的方法和期限作为演讲的内容。

林肯的演讲前前后后只有一句话，较之埃弗雷特的长达两个小时的空谈要实用、中肯。这一句话的演讲不仅把埃弗雷特给否定了，而且还为自己的超短演讲做了巧妙的定位，力挽狂澜，一下子就把自己的劣势反变为优势了。

结果，林肯的演讲不仅得到了在场近万人持续10分钟的掌声，甚至轰动了全国。

当时的报纸这样评价说："这是一次史无前例的超级简洁的演讲，他的演讲是有生命的，因为他站在了听众的立场上考虑最现实的事情！"就连埃弗雷特本人也忍不住在几天后给林肯写了一封表示敬佩的信："你的智慧决定着你是一位无比优秀的总统！"

可见，在人际交往中，智慧的语言往往能取得意想不到的效果，一句可以顶一万句。

(资料来源：http://www.fwsir.com/gushi/228874.html)

思考题：

(1) 林肯演讲以巧取胜，他"巧"在何处？

(2) 你如何理解演讲以"简洁"取胜？

2.2.2 实训项目

1. 演讲设计与演练

【任务名称】

演讲设计与演练。

【任务目标】

(1) 能够自主设计演讲的语音语调,并能主动公开展示。

(2) 能够在演讲过程中有意识地进行自我及现场调控。

【建议学时】

2学时。

【涉及知识点】

演讲设计与演练。

【任务实施过程】

(1) 热身准备。请学生通过停顿、重音、语速、语调的变化,用4~5种方法朗诵下面的古诗。

清明时节雨纷纷,路上行人欲断魂,借问酒家何处有,牧童遥指杏花村。

(2) 实地大演练。将学生分成小组,请各组为自己的演讲设计语音语调和态势语并进行演练。15分钟后,上台展示如下环节。

① 两种方式的开场和结尾(脱稿展示)。

② 叙述性语段、抒情性语段、议论性语段各一段(可以半脱稿)。

③ 演讲高潮部分(可以半脱稿)。

另外,台下同学有意制造冷场、侵场等现场困境,考验场上同学的应变能力。

【任务完成】

演讲接力赛准备活动:

(1) 各组选派评委一名,组成班级评审委员会。课代表任负责人,负责相关事宜。

(2) 各组上报参赛选手及演讲题目给课代表。课代表将相关资料转给主持人。

(3) 各组继续进行演讲设计和演练,准备迎接演讲接力活动。

2. 演讲实战

【任务名称】

演讲实战。

【任务目标】

(1) 能够积极参与到演讲比赛中,并能主动公开展示自己。

(2) 能够在公众场合进行3~5分钟脱稿演讲,姿态、语态较为自然,具有一定的感召力。

(3) 能够在演讲过程中有意识地进行自我现场调控。

(4) 能够在接力赛中相互配合，形成合力，力争挫败对手。

【建议学时】

2 学时。

【任务实施过程】

(1) 任务导入。请 1~2 名学生上台讲 1~2 个小笑话。

(2) 演讲接力赛。

① 教师组织演讲对抗的两组学生，分为两个方阵。

② 主持人介绍本次演讲接力赛的主题、参赛队员、比赛规则、评委。

(3) 演讲实战。

(4) 教师和评委点评，最后根据成绩评出优胜方、最佳演讲手、最具人气奖等。

【任务完成】

各组上交演讲稿，任课老师将优秀讲稿上传网上，供学习、交流。

(资料来源：赵京立. 演讲与沟通实训[M]. 北京：高等教育出版社，2010.)

3. 撰写演讲稿

试利用以下材料，根据命题演讲事、情、理的结合，以"无私奉献"为主题，撰写一篇 6 分钟的演讲稿。

刘国江，1965 年 4 月出生，1982 年参军，1994 年 5 月转业到长春市国家税务局。几十年来，他在工作上兢兢业业、勤勤恳恳；在社会上默默无闻、吃苦耐劳、无私奉献，得到了本单位领导和社会各界的广泛赞誉。

他刚到税务局时，负责开车并承担总务工作，每天楼上楼下要跑几十趟，还有出车勤务等。在工作之余，他经常帮助其他部门干一些力所能及的工作。有一次单位暖气坏了，为了让同志们第二天能在温暖的办公室上班，他半夜来到局里帮助锅炉工维修暖气，虽然弄得满身是水，还因此得了感冒，大病了一场，但是他认为，能保证第二天的正常工作，值了。通过自己的努力工作，局领导和同志们给予了他很高的评价。后来发票科成立，局里把发票调拨的重要工作交给了他，他严格要求自己，工作上不怕苦和累，后来又担任发票审验、库房管理、窗口付票等工作。他工作一丝不苟、严格认真，从没出任何差错，他热情地为纳税人服务，对业务高度负责。

有一次，某企业买了 500 本发票，他付完捆好后，该企业的车因故没有来，已经到了中午，急得会计不知怎么办好，为了保证发票发放的安全性，他主动对该会计说："你不要急，等一下，我把最后的几本发票付完用车送你。"那位会计感动得不知说什么好。就这样，他利用中午休息的时间把发票安全地送到了该企业，该企业的会计和领导很受感动，亲自送来一面写着"人民的公仆、真诚的服务"的锦旗，通过这些，架起了纳税人与收税者的真诚和信任。

还有一次，老会计宋国华的发票准购证丢失了，急得她满头大汗，刘国江见状忙上前问明情况，帮助老人楼上楼下找，后来终于在老人去办过事的临河所内找到了发票准购证，老人亲自将一面锦旗送到了局长室，以示对刘国江的深深谢意。

刘国江现在在国税申报窗口工作，他每天第一个来到单位，把办公室打扫得干干净净,刚到窗口时,他认真地向老同志学习,用了两天的时间学习了相关业务知识,第三天就可以自己操作了。他是党员先锋岗,经常延时服务,纳税人来报税都愿意到刘国江的窗口,因为纳税人都知道,刘国江服务态度好,热情周到,随到随办。他为全局做出了榜样,在国税系统掀起了向刘国江学习的热潮。

工作是繁忙的。但刘国江在做好本职工作的同时,还惦记着社会上的困难群体,时刻想着为他们做点什么。他常年抚养照顾一百多位孤寡老人,资助了20多名贫困学生。在扶助照顾老人的同时,刘国江还在社会上见义勇为、奉献爱心,他救助因汽车肇事受伤的第108小学的陆遥同学,把他送到医院,自己付款。2002年9月,他为见义勇为而受伤的安徽籍英雄胡广胜送去了500元,连自己坐车回家的路费都没有留下,步行回到了单位;2003年2月,他把自己刚发的1000元工资拿了出来,交给第34中学的困难学生白桦和闫冬。他还向白血病患儿顾小青捐款800元,印度洋海啸发生后,向红十字会送去了1000元。在去北京的火车上,当他听说北京O型血告急时,下车后就去血站无偿献了血;南方出现低温雨雪冰冻等特大自然灾害时,捐了1000元,当得知见义勇为英雄狄刚受伤住院时,又带去鲜花和200元。"5·12"四川汶川大地震后,先后多次捐款,累计1350元,而他自己当月的房贷都没还上。

中央政治局常委李长春同志了解了刘国江的情况后,做出了"把刘国江同志作为道德建设的典范进行宣传"的批示。

(资料来源:卢海燕.演讲与口才实训[M].大连:大连理工大学出版社,2009.)

训练提示:

(1) 选择两个以上典型材料,采用并列式结构。

(2) 材料要注意细节的描述。

(3) 整个结构注意事、情、理的结合,男生侧重以理服人;女生侧重以情感人。

(4) 高潮部分放在结尾之前。

(5) 抒情与议论部分要注意过渡和照应。

4. 演讲综合训练

(1) 克服口头禅。有些人在初次上台,甚至是多次上台之后,仍然会使用口头禅,从而影响到演讲的效果,可以采用如下三种方法进行克服演练。

记住演讲稿,一字不差,形成语言定式;

在语音停顿处用空白去代替口头禅的出现;

用录音机录下演讲内容,反复听,一出现口头禅就给自己一个刺激,让自己对口头禅充满厌恶感。

(2) "卡壳"的处理。人在紧张的时候脑子会空白,什么都想不起来。演讲过程中出现"卡壳"应该怎么办?可以从以下五个方面减少"卡壳"的负面影响,进而引导演讲的顺利进行。

假装倒水、喝水;

让听众休息;

把刚才的内容再做重复;

稍作停顿；
提问并回答。

(3) 辅助媒体的使用。在现代演讲中,要学会使用媒体,如何制作演讲媒体、幻灯片演示(PPT),如何正确使用辅助媒体,则是一门专门的技巧。紧扣以下方面进行使用演练。

要让所有的观众都能看到,特别是前边两侧和后边的观众；
站立时不要挡住屏幕和白板；
进行演示,要先打出幻灯片再进行演讲；
演讲内容和媒体展示内容要一致；
写板书时人要站在一边。

(4) 分小组演讲演练。以小组为单位,选择一个演讲题目,由学生自己讨论并拟定大纲、撰写演讲稿,制作演讲辅助媒体,并由小组成员进行小组内同题演讲,选择出最佳的一人,上台演讲。其他小组的学生对演讲者进行评价。学生都完成演讲后,教师一一点评。

以下是备选题目,仅供参考。

- 我爱我的专业
- 倡导诚信从我做起
- 面对金融危机我能做什么
- 竞争——人类前进的动力
- 朋友,请伸出你温暖的手
- 扬起生命的风帆
- 我真想……
- 我们的追求
- 做文明的城市主人
- 时代的呼唤
- 路是人走出来的
- 我爱家乡美
- 我的老师
- 文凭与水平
- 永远不要说放弃
- 爱的奉献
- 我有一个梦
- "滥竽充数"的启示
- 再试一次
- 推销你自己
- 文明出游

拓展阅读：著名演讲词欣赏

一个遗臭万年的日子
(1941年12月8日)

罗斯福

副总统先生、议长先生、参众两院各位议员：

昨天，1941年12月7日——一个遗臭万年的日子——美利坚合众国遭到了日本帝国海空军突然和蓄谋的进攻。

合众国当时同该国处于和平状态，而且，根据日本的请求，当时仍在同该国政府和该国天皇进行着对话，对于维持太平洋的和平有所期待。实际上，就在日本空军中队已经开始轰炸美国瓦胡岛之后一小时，日本驻合众国大使及其同事还向我们国务卿提交了对美国最近致日方的信函的正式答复。虽然复函声言继续现行外交谈判似已无用，但它并未包含有关战争或武装进攻的威胁或暗示。

应该记录在案的是，由于夏威夷同日本的距离，这次进攻显然是许多天乃至若干星期以前就已蓄意进行了策划的。在策划过程之中，日本政府通过虚伪的声明和表示希望维系和平而蓄意对合众国进行了欺骗。

昨天对夏威夷群岛的进攻，给美国海陆军部队造成了严重的损害，我遗憾地告诉各位，很多美国人丧失了生命。此外，据报，美国船只在旧金山和火奴鲁鲁之间的公海上也遭到了鱼雷的袭击。

昨天，日本政府已发动了对马来西亚的进攻。

昨夜，日本军队进攻了香港。

昨夜，日本军队进攻了关岛。

昨夜，日本军队进攻了菲律宾群岛。

昨夜，日本军队进攻了威克岛。

今夜，日本人在整个太平洋区域采取了突然的攻势。昨天和今天的事实不言自明。合众国的人民已经形成了自己的见解，并且十分清楚这关系到我们国家的安全和自存的本身。

作为海陆军总司令，我已指示，为了我们的防务可以采取一切措施。但是，我们整个国家都将永远记住这次对于我们进攻的性质。

不论要用多长的时间才能战胜这次预谋的入侵，美国人民以自己的正义力量一定要赢得绝对的胜利。

我现在断言，我们不仅要做出最大的努力来保卫我们自己，我们还将确保这种形式的背信弃义永远不会再危及我们。我这样说，相信是表达了国会和人民的意志。

敌对的行动已经存在。毋庸讳言，我国人民、我国领土和我国利益都处于严重危险之中。

信赖我们的武装部队——依靠我国人民的坚定信心——我们将取得必然的胜利——

上帝助我。

我要求国会宣布：1941年12月7日——星期日,从日本进行无缘无故和卑鄙怯懦的进攻时起,合众国和日本之间已处于战争状态。

点评：

罗斯福(1882—1945年)美国第22任总统,卓越的政治家,出身贵族,28岁步入政坛。1932年当选为美国总统,任期达12年,成为美国历史上唯一连任三届的总统。他无疑是20世纪影响巨大的政治家、演讲家。罗斯福是一位杰出的演讲家,其演讲气势磅礴、热情奔放,绝不缺乏风趣与温和,善于把伟大的思想用朴素的语言表达出来,扣人心弦。罗斯福被列为"近百年来世界八大演讲家之一"。

这篇《一个遗臭万年的日子》的著名演讲,是6分钟的简明有力的演讲,把激昂愤怒之情融于理智精要的分析批判中,产生了巨大的说服力和强烈的鼓动性。如此短小精悍的演讲,能达到如此强烈感人的效果,绝不是一般演讲家所能达到的艺术境界,同时,这也是历史之声,他向世界发出的是正义之声。

我有一个梦想
——在林肯纪念堂前的演讲(节选)
(1963年8月28日)
马丁·路德·金

我很高兴,今天能和大家一起参加这次示威游行。它必将作为美国有史以来为争取自由所举行的最伟大的示威游行而名垂青史。

100年前,一位伟大的美国人——我们现在正站在他的灵魂的安息处——签署了《解放宣言》。这条重要法令的颁发,在一直忍受着不义与暴虐的火焰烧灼的千百万黑人奴隶的心中,竖起了一座光明与希望的灯塔。《宣言》令人欢愉的黎明,即将结束那种族奴役的漫漫长夜。

但从那时至今,已经有100年历史了,可黑人仍无自由可言,100年后的今天,黑人的生活仍旧被悲惨的隔离的桎梏和歧视的锁链所捆缚。100年后的今天,在浩瀚的物质财富海洋之中,黑人仍旧在美国社会的一隅受苦受难,并且发现自己竟然是自己所在国土上的流放者。因此,我们今天来到这里,把这种不体面的身份戏剧性地表演一下。

就某种意义而言,我们是来首都兑现期票的。当我们共和国的"建筑师"们撰写《宪法》和《独立宣言》中的富丽堂皇的篇章时,我们是在签一张"期票",每个美国人都是这张期票的合法继承人。这张期票是一项允诺,即所有的美国人——非但白人,还有黑人都合格拥有不容剥夺的生活的权利,享受自由的权利和追求幸福的权利。

但是现在,很显然,就有色公民而论,美国却一直拒付这张期票。美国没有承担如期兑现这张期票的神圣义务。黑人满怀期望地得到的竟是一张空头期票。这张期票被签上"资金不足"的字样。然而我们绝不相信,正义的银行会破产。我们绝不相信,在美国,储存机遇的巨大金库竟会"资金不足"!

所以,我们来兑现这张期票来了,来兑现一张将给予我们堪称最高财富——自由和正义的保障的——期票。

我们来到这个尊为神圣的地点,其又一目的是提醒美国政府,现在是最为紧迫的时刻。现在既不是享用缓和激动情绪的奢侈品的时刻,也不是服用渐进主义麻醉剂的时刻。现在是从黑暗荒凉的深渊中崛起、向阳光普照的种族平等的道路奋进的时刻。现在是把种族歧视的流沙为基础的美国重建在兄弟情谊般的坚石之上的时刻。现在是为上帝的子孙实现平等的时刻。

如果再继续无视时机的紧迫,就将导致我们国家的不幸。不实现自由与平等,黑人的完全合法的不满情绪就不会平息,令人心旷神怡的金秋就不会降临,炎炎酷暑就不会消逝。1963年不是尾声仅是序曲。

如果美国政府继续一意孤行,就会使那些幻想黑人只要发泄一个不满情绪就会满足的人猛醒。在未授予黑人以公民权之前,美国既不会安宁,也不会平静。反叛的飓风将会不断地撼动这个国家的根基,直到迎来光辉灿烂的正义的黎明。

可是我必须对站在通往正义之宫的温暖入口处的人们进一言,我们在争取合法地位的进程中,绝不能轻举妄动。我们绝不能为了满足对自由的渴望,就啜饮敌意和仇恨。我们必须永远在自尊和教规的最高水平上继续我们的抗争。我们必须不断地升华到用精神的力量来迎接暴力的高尚顶峰。

席卷黑人社会的新的奇迹般的战斗精神,不应导致我们对所有白人的不信任——因为有许多白人兄弟参加了今天这个集会。这就告诉我们,他们已经逐渐认识到他们自己的命运与我们的自由是休戚与共的。

我们不能独自前进。而当我们前进的时候,我们必须宣誓永进向前,义无反顾。有些人向我们这些热衷于获得公民权的人发问:"你们何时才会满足?"答案是明确的:只要黑人还是警察的骇人听闻的恐怖手段和野蛮行为的牺牲品,我们是不会满足的;只要我们到旅馆里歇息,而在市内的旅馆投宿却不被允许,我们就不会满足的;只要黑人的基本活动范围还是局限于从一个较小的黑人区到一个稍大的黑人区,我们就不会满足的;只要我们的孩子还是被标写着"只限白人"的牌匾剥夺人格和自尊,我们就不会满足的;只要密西西比的黑人不能参加选举,而纽约黑人的选票还无实际意义,我们就不会满足的。不会的,不会的!除非平等泻如飞瀑,除非正义涌如湍流,我们是不会满足的。

我并非没有留意到,你们之中有些人是从巨大的痛苦与磨难中来到这里的。有些人来自狭小的牢房,还有些人来自那对自由的要求竟会招致迫害的风暴接二连三地打击,竟会招致警察兽行般地反复摧残的地区。而你们却一直富于创造性地、坚忍地忍耐着。那么,就怀着一定能获得拯救的信念坚持下去吧!

回到密西西比去吧!回到阿拉巴马去吧!回到南卡罗来纳去吧!回到佐治亚去吧!回到路易安那去吧!既然知道这种境况能够而且必定改变,那么应回到我们北方城市中的陋巷和贫民窟去吧!我们绝不可以在绝望的深渊中纵乐。

今天,我对大家说,我的朋友们,纵使人们面临着今天和明天的种种艰难困苦,我们仍然有个梦想,这是一个深深植根于美国之梦的梦想。

我梦想着,有那么一天,我们这个民族将会奋起反抗,并且一直坚持实现它的信条的真谛——"我们认为所有的人生来平等是不言自明的真理"。

我梦想着,有那么一天,甚至现在仍认为不平等的灼热和压迫的高温所炙烤的密西西比,也能变为自由与平等的绿洲。

我梦想着,有那么一天,我的4个孩子,能够生活在一个不是以肤色,而以品性来判断他们的价值的国度里。

我梦想着,有那么一天,就在邪恶的种族主义者仍然对黑人活动横加干涉的亚拉巴马州,就在其统治者拒不取消种族歧视政策的亚拉巴马州,黑人儿童将能够与白人儿童如兄弟姐妹一般携起手来。

我梦想着,有那么一天,沟壑填满,山岭削平,崎岖地带铲为平川,坎坷地段夷为平地,上帝的灵光大放光彩,芸芸众生共睹光华!

这就是我们的希望!这是我返回南方时所怀的信念!怀着这个信念,我们就能从绝望的群山中辟出颗希望的宝石;怀着这个信念,我们就能变我们祖国的嘈杂喧嚣为一曲优美和谐的兄弟交响乐;怀着这个信念,我们就能共同工作、共同祈祷、共同斗争,甚至哪怕共同入狱。既然知道有朝一日我们终将获得自由,我们就能为争取自由共同坚持下去!

点评:

马丁·路德·金(1929—1968年),美国黑人民权运动的著名领袖,牧师。1954年参加美国有色人种协进会。1955年发动成立"南方基督教领袖会议",1957年被选为该会主席。1958年在南方21个主要城市组织集会,号召黑人争取公民权利。此后多次组织集会游行,反对种族歧视,要求种族平等。1964年荣获"诺贝尔和平奖"。1968年3月途经田纳西州孟菲斯市时,遇刺身亡。

《我有一个梦想》,是马丁·路德·金在1963年8月28日美国黑人向首都华盛顿进军并在那里举行全国性和平进军大会上的讲话。这篇演讲从由林肯纪念堂联想到的林肯签署的《解放宣言》谈起,号召黑人起来斗争。这篇演讲通篇感情充沛、气势磅礴,感召力极强,并在演讲的结尾处寄希望于梦想,呐喊出"我梦想着,有那么一天……"的心声,深情恳切地表达了对自由的渴望,给人以战斗的勇气与胜利的信心,真是演讲中的上乘之作。

另一只眼睛

殷俊

记得《北大往事》里有这样一句话:"什么是文科生和理科生的分别,就是文科生踩在银杏落叶上有感觉,理科生则无动于衷。"

我不知道别人是否赞同这句话,我倒觉得理科生踩在落叶上应该有更多的感觉,因为整日埋头于书本的我们走路时能用脚感受一下情趣,不也是很难得的吗?——我说用脚,是因为耳朵、眼和手还得用来记公式和背单词呢。

这或许是个笑话,却反映了一种看法。在不少人看来,我们理科生的燕园生活要比文科的同学单调得多。当我刚进入北大时,我也是这样想的。甚至我们的班主任也是这样想的,记得他在第一次班会上写了这样一副对联:"世事洞明皆代数,人情练达即分析。"

后来的生活似乎证明了这一点,我面对的是每周三十多节的必修课,厚厚四大本的习题集,放下的是写了五年的诗集,读了十年的红楼。我们学了三个月,总算明白了一个三百年前的定理,而此时在昌平园的同学来信已大谈特谈"我是杯清水,北大是坛老酒,爱情就是药酒"了。我不觉有些不平衡了,彷徨中我写了一封信给我高中时的班主任——正是在他的鼓励下我报考了北大而且填了"全部服从"。他的回信只有一句话:"北大精神是做出来的,不是说出来的。"

是啊,北大精神是做出来的,当我们在清晨第一个进入自习室,当我们在深夜最后一个离开图书馆,当我们熄灯后打着手电继续寻求一个公式的另一种证法,当我们为一个定理的强化条件和老师争得面红耳赤,我们不都在实践一种北大精神吗?

我们没有能力舞文弄墨,却能用我们的语言——数字谱写诗篇。这诗篇比一切推敲之作都精练,也比一切朦胧诗都朦胧,——不信你来读读看?

我们没有心情浅斟低唱,却能在科学中发现自然界最深刻的美。对哥德巴赫猜想,我的一位同学是这样想的:"哥德巴赫说/两人之爱,总可分成两部分/我爱你,你爱我/无数人想去证明/可无人能够证明/只因为你我的爱/永远也分不开!"

我们没有条件花前月下,不要紧。万有引力定律告诉我们,吸引别人的最好方法是充实自己。

其实,文科生和理科生是北大的两只眼睛,角度不同,看到的却是同一个北大。就让我们用这另一只眼来看看北大吧。

学了地理学,我们知道,北大是一条河,前进时难免泥沙俱下,但进入社会的大海时,泥沙终将沉淀。但如果这条传统的河在某个重要地点淤塞了,就将腐败发臭,毒害而不是清洁靠近它的人。所以我们要继承传统,更要发展传统,才能让北大之河奔腾不止。

学了生态学,我们知道,北大是片森林,只有保持多样性,才能永葆生机。所以我们要坚持兼容并包的传统,才能让北大之林永远茂盛。

学了物理学,我们知道,能量越低越稳定,结构越规则越稳定。所以北大的同学们,请少一些浮躁,多一些严谨吧。

学了相对论,我们知道,速度越快,时间越慢,也许这就是日出而作、日落不息的北大人永葆青春的奥秘吧。

学了化学,我们知道,北大是个大化工厂,用知识之料、实践之火,将我们百炼成钢。而其中核心的催化剂,也就是北大精神,正是北大这最高学府的商业机密。

学了统计学,我们知道,我们每一个人都是北大的一个样本,别人往往就通过我们来认识北大。所以我们要时刻牢记:"我就代表北大!"

两只眼或许彼此看不到对方的存在,但必将比一只眼睛看得清楚。北大的两只眼都是明亮的,就更具有敏锐的目光。正是用这两只眼,我们首先看到了"德先生"和"赛先生",首先看到了马克思主义,首先看到了人口问题,首先看到了股份制——但是文理科不仅仅是北大的两只眼睛,还是北大的两只耳朵、两只手、两半大脑——而让这两只眼永远明亮、两只耳永远敏锐、两只手永远灵巧、两半大脑永远清醒的,是一颗永远跳动的共同的北大心,是一种永远传承的不变的北大魂。这北大精神到底是什么?不同的时代、不同的人,都有不同的理解。也许它只是一个元素的众多同位素、一种单质的同素异形体、一个晶体在阳光下灿烂的色彩,而那元素的名称、那单质的分子式、那晶体的真正结构,永远没有人能够说得清。也许有人要问了:那你今天来这儿干吗?我的意思是:我们来到北大,就像一张张软盘,到北大这台计算机上拷走了知识,也拷走了精神。四年的时间是有限的,但是我们面对的却是全国最大的硬盘。我们应该把探寻北大精神的工作留给像在座的各位评委这样的专家和除我以外的选手这样的未来专家去做,我们该做的是抓紧时间拷走我们该带走的,然后用一生的时间去慢慢解压缩。但是要注意,千万不要传染上自由散漫、眼高手低的北大病毒。在拷走的同时,我们还要问问自己,我给北大留下了什么?

从红楼到燕园,百年北大,谱写了壮丽的一页,在历史的坐标系上画下一道光辉的轨迹,这条北大函数线是处处连续的,纵然有起有伏,却终于保持了向上的趋势。我希望,在下一个百年,这条线能长有正的斜率,换句话说就是:

苟日新,日日新,又日新!

(资料来源:http://yishujia.findart.com.cn/114446-blog.html,2008-09-10。)

点评:

1998年5月4日是北京大学百年校庆纪念日,校庆期间北京大学团委组织的以"精神的魅力,永远的校园——我心中的北大"为主题的演讲大赛给燕园喜庆的海洋中增添了一朵耀眼的浪花。这次演讲比赛是北大历史上规模最大的一次演讲大赛,共有百余名同学报名参加。最终,数学学院95级殷俊同学摘取了北京大学首届学生"演讲十佳"大赛的第一名。评委对此演讲给予了高度评价,认为是"用他一个人的独特性实现了全场的多样性""内容战胜了形式,思想战胜了技巧"。

记　忆
——华中科技大学校长李培根在2010届毕业典礼上的致辞

亲爱的同学们:

你们好!

首先,为你们完成学业并即将踏上新的征途送上最美好的祝愿。

同学们,在华中科技大学的这几年里,你们一定有很多珍贵的记忆!

你们真幸运,国家的盛世如此集中相伴在你们大学的记忆中。2008年奥运留下的记忆,不仅是金牌数的第一,不仅是开幕式的华丽,更是中华文化的魅力和民族向心力的显示;六十年大庆留下的记忆,不仅是领袖的挥手,不仅是自主研制的先进武器,不仅是女兵的微笑,不仅是队伍的威武整齐,更是改革开放的历史和旗帜的威力;世博会留下的记忆,不仅是世博之夜水火相容的神奇,不仅是中国馆的宏伟,不仅是异国场馆的浪漫,更是中华的崛起、世界的惊异;你们一定记得某国总统的傲慢与无礼,你们也让他记忆了你们的不屑与蔑视;同学们,伴随着你们大学记忆的一定还有什锦八宝饭;还有一个G2的新词,它将永远成为世界新的记忆。

近几年,国家频发的灾难一定给你们留下了深刻的记忆。汶川的颤抖,没能抖落中国人民的坚强与刚毅;玉树的摇动,没能撼动汉藏人民的齐心与合力。留给你们记忆的不仅是大悲的哭泣,更是大爱的洗礼;西南的干旱或许使你们一样感受渴与饥,留给你们记忆的,不仅是大地的喘息,更是自然需要和谐、发展需要科学的道理。

在华中大的这几年,你们会留下一生中特殊的记忆。你一定记得刚进大学的那几分稚气,父母亲人送你报到时的情景历历在目;你或许记得"考前突击而带着忐忑不安的心情走向考场时的悲壮",你也会记得取得好成绩时的欣喜;你或许记得这所并无悠久历史的学校不断追求卓越的故事;你或许记得裘法祖院士所代表的同济传奇以及大师离去时同济校园中弥漫的悲痛与凝重气息;你或许记得人文素质讲堂的拥挤,也记得在社团中的奔放与随意;你一定记得骑车登上"绝望坡"的喘息与快意;你也许记得青年园中令你陶醉的发香和桂香,眼镜湖畔令你流连忘返的圣洁或妖娆;你或许"记得向喜欢的女孩表白被拒时内心的煎熬",也一定记得那初吻时的如醉如痴。可是,你是否还记得强磁场和光电国家实验室的建立?是否记得创新研究院和启明学院的耸起?是否记得为你们领航的党旗?是否记得人文讲坛上精神矍铄的先生叔子?是否记得倾听你们诉说的在线的"张妈妈"?是否记得告诉你们捡起路上树枝的刘玉老师?是否记得应立新老师为你们修改过的简历,但愿它能成为你们进入职场的最初记忆。同学们,华中大校园里,太多的人和事需要你们记忆。

请相信我,日后你们或许会改变今天的某些记忆。瑜园的梧桐,年年飞絮成"雨",今天或许让你觉得如淫雨霏霏,使你心情烦躁、郁闷。日后,你会觉得如果没有梧桐之"雨",瑜园将缺少滋润,若没有梧桐的遮盖,华中大似乎缺少前辈的庇荫,更少了历史的沉积。你们一定还记得,学校的排名下降使你们生气,未来或许你会觉得"不为排名所累"更体现华中大的自信与定力。

我知道,你们还有一些特别的记忆。你们一定记住了"俯卧撑""躲猫猫""喝开水",从热闹和愚蠢中,你们记忆了正义;你们记住了"打酱油"和"妈妈喊你回家吃饭",从麻木和好笑中,你们记忆了责任和良知;你们一定记住了姐的狂放、哥的犀利。未来有一天,或许当年的记忆会让你们问自己,曾经是姐的娱乐,还是哥的寂寞?

亲爱的同学们,你们在华中科技大学的几年给我留下了永恒的记忆。我记得你们为烈士寻亲千里,记得你们在公德长征路上的经历;我记得你们在各种社团的骄人成绩;我记得你们时而感到"无语"时而表现得焦虑,记得你们为中国的"常青藤"学校中无华中大一席而灰心丧气;我记得某些同学为"学位门"、为光谷同济医院的选址而愤激;我记得你们刚刚对我的呼喊:"根叔,你为我们做成了什么?"——是啊,我也得时时拷问自己的良心,到底为你们做了什么?还能为华中大学子做什么?

我记得,你们都是小青年。我记得"吉丫头",那么平凡,却格外美丽;我记得你们中间的胡政在国际权威期刊上发表多篇高水平论文,创造了本科生参与研究的奇迹;我记得"校歌男",记得"选修课王子",同样是可爱的孩子。我记得沉迷于网络游戏甚至濒临退学的学生与我聊天时目光中透出的茫然与无助,他们还是华中大的孩子,他们更成为我心中抹不去的记忆。

我记得你们的自行车和热水瓶常常被偷,记得你们为抢占座位而付出的艰辛;记得你们在寒冷的冬天手脚冰凉,记得你们在炎热的夏季彻夜难眠;记得食堂常常让你们生气,我当然更记得自己说过的话:"我们绝不赚学生一分钱",也记得你们对此言并不满意;但愿华中大尤其要有关于校园丑陋的记忆。只要我们共同记忆那些丑陋,总有一天,我们能将丑陋转化成美丽。

同学们,你们中的大多数人,即将背上你们的行李,甚至远离。请记住,最好不要再让你们的父母为你们送行。面对岁月的侵蚀,你们的烦恼可能会越来越多,考虑的问题也可能会越来越现实,角色的转换可能会让你们感觉到有些措手不及。也许你会选择"胶囊公寓",或者不得不蜗居,成为蚁族之一员。没关系,成功更容易光顾磨难和艰辛,正如只有经过泥泞的道路才会留下脚印。请记住,未来你们大概不再批评上级的随意,同事之间大概也不会有如同学之间简单的关系;请记住,别太多地抱怨,成功永远不属于整天抱怨的人,抱怨也无济于事;请记住,别沉迷于世界的虚拟,还得回到社会的现实;请记住,"敢于竞争,善于转化",这是华中大的精神风貌,也许是你们未来成功的真谛;请记住,华中大,你的母校。"什么是母校?就是那个你一天骂它八遍却不许别人骂的地方。"多么朴实精辟!

亲爱的同学们,也许你们难以有那么多的记忆。如果问你们关于一个字的记忆,那一定是"被"。我知道,你们不喜欢"被就业""被坚强",那就挺直你们的脊梁,挺起你们的胸膛,自己去就业,坚强而勇敢地到社会中去闯荡。

亲爱的同学们,也许你们难以有那么多的记忆,也许你们很快就会忘记根叔的唠叨与琐细。尽管你们不喜欢"被",根叔还是想强加给你们一个"被":你们的未来"被"华中大记忆!

(资料来源:http://www.douban.com/group/topic/12170971/,2010-06-23)

点评:

2010年6月23日华中科技大学举办了2010届本科生毕业典礼,校长李培根院士做了题为《记忆》的演说,16分钟的演讲被掌声打断30次,全场7700余名学子起立高喊"根叔!根叔!"很多人泪洒现场,若干武汉媒体破例全文刊登了李校长的演说词,于一名大学校长而言,这称得上是一种殊荣。这篇"演讲词"在大学生心里,留下了穿透人心的分量,引起很多人思想与情感的共鸣,引起网上热转,那么,这篇演讲词的魅力何在呢?

它贴近大学生,让人觉得亲切。在2000余字的演讲词中,李培根校长把4年来的国家大事、学校大事、身边人物、网络热词等融合在一起。"俯卧撑""躲猫猫""打酱油""妈妈喊你回家吃饭""蜗居""蚁族""被就业""被坚强"……都出现在这篇被网络媒体称为"毕业讲话串热词"中,所以毕业生们说:"没想到校长会这么亲切"。

它讲真话,用真情,让人倍受感动。李校长在日常就很贴近学生,有很好的学生缘、亲近感、影响力,被学生们自发地称为"根叔"。他的这篇讲稿是在回国的飞机上自己写的,没有套话、空话、假话、大话,不掩饰、不做作、不哗众取宠,完全见诸了一位领导者对被领导者的真诚与热情。

人格是最高的学位
白岩松

很多很多年前,有一位学大提琴的年轻人去向21世纪最伟大的大提琴家卡萨尔斯讨教:我怎样才能成为一名优秀的大提琴家?

卡萨尔斯面对雄心勃勃的年轻人,意味深长地回答:先成为优秀而大写的人,然后成为一名优秀和大写的音乐人,最后就会成为一名优秀的大提琴家。

听到这个故事的时候,我还年少,老人回答时所透露出的含义我还理解不多,然而随着采访中接触的人越来越多,这个回答就在我脑海中越印越深。

在采访北大教授季羡林的时候，我听到一个关于他的真实故事。有一个秋天，北大新学期开始了，一个外地来的学子背着大包小包走进了校园，实在太累了，就把包放在路边。这时正好一位老人走来，年轻学子就拜托老人替自己看一下包，而自己则轻装去办理入学手续。老人爽快地答应了。近一个小时过去了，学子归来，老人还在尽职尽责地看守着。谢过老人，两人分别。

几日后是北大的开学典礼，这位年轻的学子惊讶地发现，主席台上就座的北大副校长季羡林正是那一天替自己看行李的老人。

我不知道这位学子当时是一种怎样的心情，但在我听过这个故事之后却强烈地感觉到：人格才是最高的学位。

这之后我又在医院采访了世纪老人冰心。我问先生，您现在最关心的是什么？

老人的回答简单而感人：是年老病人的状况。

当时的冰心已接近自己人生的终点，而这位在"五四"爆发那一天开始走上文学创作之路的老人心中对芸芸众生的关爱之情历经近八十年的岁月而依然未老。这又该是怎样的一种传统！

冰心的身躯并不强壮，即使年轻时也少有飒爽英姿的模样，然而她这一生却用自己当笔，拿岁月当稿纸，写下了一篇关于爱是一种力量的文章，然后在离去之后给我留下了一个伟大的背影。

今天我们纪念"五四"，八十年前那场运动中的呐喊、呼号、血泪都已变成一种文字留在典籍中，每当我们这些后人翻阅的时候，历史都是平静地看着我们，这个时候，我们觉得八十年前的事已经距今太久了。

然而，当你有机会和经过"五四"或受过"五四"影响的老人接触后，你就知道历史和传统其实一直离我们很近。

世纪老人在陆续地离去，他们留下的爱国心和高深的学问却一直在我们心中不老。但在今天，我还想加上一条，这些世纪老人所独具的人格魅力是不是也该作为一种传统被我们向后代延续？

前几天我在北大听到一个新故事，清新而感人。

一批刚刚走进校园的年轻人，相约去看季羡林先生，走到门口，却开始犹豫，他们怕冒失地打扰了先生。最后决定，每人用竹子在季老家门口的土地上留下问候的话语，然后才满意地离去。

这该是怎样美丽的一幅画面！在季老家不远，是北大的博雅塔在未名湖中留下的投影，而在季老家门口的问候语中，是不是也有先生的人格魅力在学子心中留下的投影呢？只是在生活中，这样的人格投影在我们心中还是太少。

听多了这样的故事，便常常觉得自己是只气球，仿佛飞得很高，仔细一看却是被浮云托着；外表看上去也还饱满，肚子里却是空空。这样想着就有些担心啦，怎么能走更长的路呢？

于是，"渴望年老"四个字对于我就不再是幻想中的白发苍苍或身份证上改成六十岁，而是如何在自己还年轻的时候，便能汲取优秀老人身上所具有的种种优秀品质。

于是，我也更加知道了卡萨尔斯的回答中所具有的深意。怎样才能成为一个优秀的主持人呢？心中有个声音在回答：先成为一个优秀的人，然后成为一个优秀的新闻人，再然后是自然地成为一名优秀的节目主持人。

我知道，这条路很长，但我将执着地前行。

点评：

《人格是最高的学位》是中央电视台著名节目主持人白岩松参加"演讲与口才杯"全国新闻界"做文与做人"演讲比赛时所做的演讲。这篇演讲稿没有空泛的说教，而是采用以事明理的方式，将"人格是最高的学位"这一独到而深刻的见解以小见大寓于三个名人的四件平凡小事中。它融事、情、理为一体，立意深远、构思巧妙，通篇闪耀着理性的光彩，在强手如林的比赛中独占鳌头，获得特等奖的殊荣，可以说是当之无愧。结尾总结全文，发人深省；语言平实直白，富于感染力。

在中国申奥大会上的演讲

杨　澜

主席先生，女士们、先生们：

下午好！

在向各位介绍我们的安排之前，我想先告诉大家，2008年你们将会在北京度过愉快的时光。

中国体育运动历史可以追溯到大约11世纪的宋朝，那时人们就开始玩一种叫蹴鞠的游戏，那被当成足球的起源。那项运动很受欢迎，妇女也参与其中，这时您知道我们的女子足球也很强的原因了吧？

北京是一座充满活力的现代都市，三千年的历史文化与都市繁荣相呼应，除了紫禁城、天坛和万里长城这几个标志性的建筑，北京拥有无数的戏院、博物馆，各种各样的餐厅和歌舞场所，这一切的一切都会令您感到惊奇和高兴。

我相信在座的多人都曾为李安的奥斯卡获奖影片《卧虎藏龙》所吸引，这仅仅是我们文化的一小部分，还有众多的文化宝藏等待着你们去挖掘。

除此之外，北京城里还有千千万万友善的人民，热爱与世界各地的人民相处，无论是过去还是现在，北京历来是各个民族和各种文化的汇集地，北京人民相信，在北京举办2008年奥运会，将推动我们文化和全世界文化的交流。

在我们的计划当中，教育和交流将是我们的希望，我们期待在全国尤其是数百万青少年中，留下一笔精神财富。

从2005年到2008年我们每年定期举办文化活动，我们将开展多元文化活动，举办世界青少年和表演家参加的音乐会，这些文化活动同时在奥运村和全市范围内展开，以方便运动员的参加。

我们的开闭幕式，将是展现中国作家、导演和作曲家的舞台，讴歌人类的共同理想，以及我们独特的奥林匹克运动。

基于丝绸之路带来的灵感，我们的火炬接力，将途经希腊、埃及、罗马、美索不达米亚、波斯、印度和中国，以共享和平、共享奥运为主题，"奥运"这一永恒不熄的火炬，将跨越世界的最高峰——珠穆朗玛峰,从而达到最高的高度,中国的奥运圣火将通过西藏,穿过长江和黄河,踏上长城,途经香港、澳门、台湾,在组成我们国家的56个民族中传递。通过这样的路线,我们保证目睹这次火炬接力的人们,会比任何一次都多。

700年前,马可·波罗曾对中国的美丽有过惊奇的描述。有人问马可·波罗,你的有关中国的描述是真的吗?他说,我只不过将我所见到的跟你们描述了一半而已。

女士们、先生们,我相信北京和中国将向运动员、观众和全世界的电视观众证明,这是一块神奇的土地。

谢谢主席先生,谢谢大家!

点评:

2001年7月13日,是所有中国人永远铭记的日子。那天中国获得了第29届奥运会的主办权,那天夜晚全中国都沸腾了。在中国申奥的最关键时刻,赴莫斯科的中国申奥大使杨澜,代表中国在莫斯科做最后陈述。杨澜以亲和的微笑、宁静自信的眼神和流畅的英文,讲述北京的悠久历史文化和北京举办奥运会的文化意义。为了与评委和世界观众沟通,杨澜的论述很有西方技巧:杨澜上场第一句话是"你们将会在北京度过愉快的时光!"拉近了与西方的心理距离,很平淡的一句话但有技巧。借用西方人马可·波罗这个元素,拉近与西方文化的距离。杨澜的演说还生动阐述了奥运火炬传递壮观景象设想,把东方的雄浑大气、厚重底蕴和西方的浪漫精神、挑战理想融合为一,富有想象力和浪漫感,感染和震撼了评委和观众[①]。这次陈述成为一次精彩的经典演说,杨澜以她的东方魅力架起了沟通世界的桥梁。

马云卸任阿里巴巴CEO演讲

大家好,谢谢各位,谢谢大家,从全国各地,从美国、英国、印度来的同事,感谢大家来到杭州,感谢大家参加淘宝的十周年。今天是一个非常特别的日子,但是对我来讲,我期待这一天很多年了,最近一直在想,在这个会上跟所有的同事、朋友、网商,所有的合作伙伴,我应该说些什么。

但也很奇怪,就像姑娘盼着结婚,新娘子到了结婚这一天,除了会傻笑,不知道该干什么了。我们是非常幸运的人,十年前的今天是SARS(非典)在中国最危险的时候,所有人都没有信心。但是阿里人的年轻人,我们相信十年以后的中国会更好,十年以后电子商务会在中国受更多人的关注,很多人会用,但我真没想到,十年以后我们变成了今天这个样子。

这十年无数的人付出了巨大的代价,为了理想、为了坚持,走了十年,我一直在想,即使把现在阿里巴巴集团99%的东西拿掉,我们还是值得,今生无悔,更何况我们今天有了那么多朋友,那么多相信的人,那么多坚持的人。

是什么东西让我们有了今天,是什么让马云有了今天,我是没有理由成功的,阿里没有理由成功,淘宝更没有理由成功,但是我们今天居然走了这么多年,依然对未来充满理

---

① http://2008.qq.com/a/20080808/004010.htm

想，其实我在想是一种信任。

当所有人不相信这个世界，所有人不相信未来的时候，我们选择了相信，我们选择了信任，我们选择相信十年以后的中国会更好，我们选择相信，我同事会做得比我更好，我相信中国的年轻人会做得比我们更好。

二十年以前也好，十年以前也好，我从没想过，我连自己都不一定相信自己，我特别感谢我的同事信任我，当CEO很难，但是当CEO员工更难。但现在，居然你会从一个你都没听见过的名字叫"闻香识女人"这里，付钱给她，买一个你从来没有见过的东西，经过上百上千公里，通过一个你不认识的人到了你手上。

今天的中国拥有信任、拥有相信，每天2400万笔淘宝的交易，意味着在中国有2400万个信任在流转着，在座所有的阿里人，淘宝、小微金服的人，我特别为大家骄傲，今生跟大家做同事，下辈子我们还是同事。因为你们，让这个时代看到了希望，在座的你们就像中国所有"80后""90后"那样，你们在建立着新的信任，这种信任就让世界更开放、更透明、更懂得分享、更承担责任，我为你们感到骄傲。

今天的世界是一个变化的世界，三十年以前我们谁都没想到今天会这样，谁都没想到中国会成为制造业大国，谁都没想到计算机会深入人心，谁都没想到互联网在中国发展得那么好，谁都没有想到淘宝会起来，谁都没想到Netscape会倒下，谁都没想到雅虎会有今天。

这是一个变化的世界，我们谁都没想到我们今天可以聚在这里，可以继续畅想未来，我跟大家都认为计算机够快，互联网还要快，很多人还没搞清楚什么是PC互联网，移动互联来了，我们还没搞清楚移动互联的时候，大数据时代又来了。

变化的时代是年轻人的时代，今天还有不少年轻人就像无数百度、Google、腾讯这样的公司，拿掉了很多机会。

十年以前我们看到无数个伟大的公司，我们曾经也迷茫过，我们还有机会吗，但是十年坚持、执着，我们走到了今天，假如不是一个变化的时代，在座所有年轻人轮不到你们，工业时代是论资排辈。

就是因为我们把握住了所有的变化，我们才看到未来，未来三十年，这个世界、这个中国将会有更多的变化，这个变化对每一个人是一个机会，抓住这次机会，我们很多人埋怨昨天，三十年以前的问题，中国发展到今天，谁都没有经验，世界发展到今天，谁都没有经验，我们没有办法改变昨天，但是三十年以后的今天是我们今天这帮人决定的，改变自己，从点滴做起，坚持十年，这是每个人的梦想。

我感谢这个变化的时代，我感谢无数人的抱怨，因为在别人抱怨的时候，才会有机会，只有变化的时代，才是每个人看清自己有什么、要什么、该放弃什么的时候。

参与阿里巴巴的建设十四年，我荣幸，我是一个商人，今天人类已经进入了商业社会，但是很遗憾，这个世界商人没有得到他们应该得到的尊重，商人在这个时代已经不是唯利是图的一种时代。我想我们跟任何一个职业、任何一个艺术家、教育家、政治家一样，我们在尽自己最大的努力去完善这个社会。

十四年的从商，让我懂得了人生，让我懂得了什么是艰苦，什么是坚持，什么是责任，什么是别人成功了，才是自己的成功。我们最期待的是员工的微笑。

从今天晚上十二点以后，我将不是CEO，从明天开始，商业就是我的票友，我为自己从商十四年深感骄傲,看到你们,看到中国的年轻人,我不希望有一天我们这些人再来一个"致我们失去的中年",这世界谁也没有把握你能红五年,谁也没有可能说你会不败,你会不老,你会不糊涂,解决你不败、不老、不糊涂的唯一办法,相信年轻人,因为相信他们,就是相信未来。

所以我将不会再回到阿里巴巴做 CEO,要回我也不回来,因为我回来也没有用,你们会做得更好,做公司到这个规模,小小的自尊我很骄傲,但是对社会的贡献,我们这个公司才刚刚开始,所有的阿里人我们都很兴奋、很勤奋、很努力,但我们很平凡。认真生活、快乐工作,我们今天得到的远远超过了我们的付出,这个社会在这个世纪希望这家公司走远走久,那就是去解决社会的问题,今天社会上有那么多问题,这些问题就是在座的机会,如果没有问题,就不需要在座。

阿里人坚持为小企业服务,因为小企业是中国梦想最多的地方,十四年前我们提出了"让天下没有难做的生意",帮助小企业成长,今天这个使命落到了你们身上,我还想再为小企业讲,有人说电子商务、互联网制造了不公平,但是我的理解,互联网真正制造了公平,请问全国各省、各市、各地区有哪个地方为小企业、初创企业提供税收优惠,互联网给了小企业这个机会,有些企业三五年内享受了五六个亿的用户,它们呼唤跟小企业共同追求平等,小企业需要的就是500元钱的税收优惠,请所有阿里人支持它们,它们一定会成为中国将来最大的纳税者。

感谢各位,我将会从事一些自己感兴趣的事,教育、环保,刚才那首歌 *Heal The World*,这世界很多事我们做不了,这世界奥巴马就一个,但是太多的人把自己当奥巴马看,这世界每个人做好自己那一份工作,做好自己感兴趣的那份工作已经很了不起,我们一起努力,除了工作以外,完善中国的环境,让水清澈、让天空湛蓝、让粮食安全,拜托大家。(马云单膝下跪)

我特别荣幸介绍阿里未来的团队,他们和我一起工作了很多年,他们比我更了解自己,陆兆禧工作了十三年,在阿里巴巴内部,经历了很多岗位,经历了很多磨难,应该讲十三年眼泪和欢笑是一样地多,接马云这个位置是非常难的,我能走到今天,是大家的信任,因为信任,所以简单!

我相信,我也恳请所有的人像支持我一样,支持新的团队、支持陆兆禧,像信任我一样信任新团队、信任陆兆禧,谢谢大家,明天开始,我将有我自己新的生活,我是幸运的,在我48岁,我就可以离开我的工作,在座每个人你们也会。48岁之前工作是我的生活,明天开始,生活将是我的工作,欢迎陆兆禧。

(资料来源:http://blog.sina.com.cn/s/blog_3fe7982c01018jol.html)

点评:

马云卸任 CEO,人们议论纷纷。毫无疑问,他的影响力与他的演讲口才有着直接的关系。会经营的企业家不少,但能说会做的不多。他的演讲口才是怎样炼成的?

一是读书时代的学生会经历。马云曾担任杭州师范学院的学生会主席,也担任过杭州市学联的主席。那么早就做主席了,一定发表过多次的演讲,很大程度上锻炼了他的演讲基本功。

二是杭州师范学院的教书经历。教师是演讲比较多的职业,据马云说他非常受其他老师和学生的欢迎。可以看出,他的教书养成了他演讲和讲话的风格。那就是敢于说真话,同时也很幽默。马云认为,吸引人的不是你讲的语言多么华丽,而是讲的都是真话,而且还是以幽默的方式出现。

三是马云的文艺理想气息。虽是互联网业大佬,但马云不懂技术。他有着很强的文艺理想气息。马云酷爱金庸的小说,思维极度发散却又能收放自如。他演讲如同他的思维,不拘一格,却又句句经典。这是锻炼成他独特风格的很关键要素。不论是成功,还是曾经落魄,他的演讲谈吐都透露着很强的理想主义,对未来充满信心。

四是马云的企业家智慧。这个是一般人学不了的,他能够一眼看到问题的本质。在《赢在中国》节目中,马云是选手最喜欢的评委,不仅是他说的话很漂亮,更是他说到关键点了,这是他多年创业磨炼出来的。对深有体会的原创的话,他都可以演讲出来。

总之,马云一生上台演讲无数,敢于做真实的自己,同时带有文艺气息和企业家智慧,这是他演讲成功的关键。

课后练习

1. 准备个人经历演讲。

准备一个 2~3 分钟的个人经历(叙述性)演讲。想想你有过的幽默、有悬念或富有戏剧性的经历,选择一段你认为你的听众会喜欢听的经历。

首先,思考一下,你此次演讲的目标是什么?你将为此次演讲做哪些准备?并用文字说明你的演讲提纲。

其次,列举场景分析清单。

听众人数将有多少?

什么时候做演讲?

演讲安排在整项活动的什么时刻?

演讲的时间限制是什么?

对演讲的期望是什么?

演讲将在哪里举行?

做演讲必需的设备是什么?

最后,根据你此次演讲的具体目标,你能提供哪些相关信息,你准备如何运用?

2. 命题演讲续写训练。

根据下列题目与开头,构思演讲的脉络,进行续写。

别让诚信抛弃自己
演讲者:林金桐(时任北京邮电大学校长)

同学们:

大家好!

最近我看了三份资料。第一份是关于大学生助学贷款违约情况的简报。据中国工商银行北京某支行统计,它所分管的五所高校目前已进入还款期的毕业生计 3111 人,而拖欠率高达百分之三十七点六。第二份是关于中国学生造假问题引起美国教育界密切关注的信息。半年前,加利福尼亚大学洛杉矶分校披露一名来自中国武汉某大学的大学生,伪造成绩单和三份介绍信,凭空捏造出七门根本没有修过的课程成绩。事情败露后,学校取消了他的博士生入学资格。第三份是最近的文化先锋网站关于大学生就业违约情况的报道。称天津市各高校毕业生撕毁就业协议的比例达百分之十,不少用人单位违约罚金甚至已提升到一万元。三月初,南开大学的就业洽谈会,校方采取了控制措施,不准已签约的毕业生入内。

(资料来源:演讲与口才[J].2005年第2期)

大学生的责任

同学们,我今天演讲的题目是《大学生的责任》。大家一定会说,这题目都让人讲滥了还怎么讲呢？以前在一个同学的笔记本上我发现了一首中英文结合的小诗,诗中写道:"人生本来当 happy！何必苦苦 study,只求考试 pass,拿到文凭 go away。即使如此 busy,何必天天 study,娶个漂亮的 lady,抱个胖胖的 baby……"读到这里,我的心在颤抖,难道说,我们跨世纪的大学生,只为考试 pass 和漂亮的 lady 吗？不,绝不！为此,我今天要认真地讲一讲大学生的责任。

(资料来源:赵京立.演讲与沟通实训[M].北京:高等教育出版社,2010)

3. 请分析以下演讲者在材料选择上存在的问题。

(1) 讴歌一位警察——SARS 时期,父亲突发脑溢血,见到儿子来探望便动员他回到岗位上去,儿子听着生命垂危的父亲坚定有力、命令般的斥责,"咚"的一声跪下,含泪磕了三个响头,大呼:"爸,不孝儿回去了！"

(2) 褒扬筑路工人——年幼的儿子问妈妈,为什么我们到省城比爷爷和爸爸那个年代快多了？妈妈微笑着说:"那是因为修路的叔叔本领大,让大山都低头了。"儿子表态:"长大后我也要成为能让大山低头的人！"

(3) 关于"忠诚铸就卓越"的演讲——炎热的七月,正当扩容工程进行到割接的紧要关头,张秀平突然接到老家的电话:父亲病重,望她速速回家。一边是割舍不了的骨肉亲情,一边是挚爱工作的紧要关头,即便选择放弃工作也完全可以理解。但是,她还是强忍着自己的内疚,选择了留在工作岗位。当交换机的割接任务顺利完成后,她急匆匆地赶回老家,却再也没有机会见到父亲慈爱的面容！

(资料来源:卢海燕.演讲与口才实训[M].大连:大连理工大学出版社,2009)

4. 根据下面所提供的清单,分析一下你的听众与场景,并且预测听众将会对你持怎样的态度。

听众分析清单:

(1) 听众的教育水平是中学、大学、研究生(占总人数的百分比为多少)。

(2) 年龄范围是多少。平均年龄大约为多少。

(3) 听众大约百分之多少为男性；百分之多少为女性。

(4) 我关于听众收入水平的估计是:低于一般水平、一般水平或是高于一般水平。

(5) 听众基本上是:相同宗教或不同宗教。

(6) 听众基本上来自：相同省份、相同城市或相同地区。
(资料来源：[美]鲁道夫·F.维德伯.讲话的艺术[M].北京：中信出版社，2003.)

听众预测清单：
(1) 听众对本话题的兴趣可能为：高、中、低。
(2) 听众对话题的理解力将为：强、中、弱。
(3) 听众对演讲者（我）的态度可能是：肯定、中间、否定。
(4) 听众对我话题的态度将是：肯定、中立、否定。
(资料来源：[美]鲁道夫·F.维德伯.讲话的艺术[M].北京：中信出版社，2003.)

5. 下面是演讲的组织工作表，你在组织演讲时请对照此表进行充分的准备。
演讲组织工作表：
(1) 日期是否已经确定？
(2) 地点是否已经确定？
(3) 环境是否与预测的听众群相适应？
(4) 场地是否合适？包括以下方面：
① 场地大小；
② 供电；
③ 通风；
④ 灯光；
⑤ 座位；
⑥ 座位顺序；
⑦ 桌子；
⑧ 技术设备；
⑨ 位置；
⑩ 可能受到的干扰。
(5) 是否有现成的技术辅助工具？
(6) 是否有现成的视觉辅助工具？
(7) 听众是否知道了足够的细节和详情？
① 演讲者；
② 主题；
③ 日期；
④ 活动持续时间；
⑤ 程序。
(资料来源：[美]鲁道夫·F.维德伯.讲话的艺术[M].北京：中信出版社，2003.)

6. 下面是"演讲的准备工作"表，在你准备一次演讲时请认真对照、精心准备，以取得演讲的成功。
演讲的准备工作：
(1) 我是否已经真正理解了这个主题？

（2）对这个主题听众是否能充分理解？
（3）听众是否对这个主题感兴趣？
（4）针对这个主题是否有足够的时间可供支配？
（5）我是否了解听众的构成情况？
（6）我的语言是否适合这个群体？
（7）在准备工作中我是否运用了所有的资料？
（8）我的底稿是否合适？
（9）针对演讲我是不是已经进行了充分练习？
① 是自己一个人练习？
② 是在其他人面前练习？
③ 是否利用了录音机？
（10）我的演讲是否振奋人心？
（11）我是否有一个令人印象深刻的结尾？
（12）我是否能恰当地运用语音语调？
（13）我怎样克服怯场？
（14）当我卡壳儿、说不出话时我该如何帮助自己？
（15）我是否可以避免演讲中的坏习惯？
（16）我怎样同听众进行交流？
（17）我怎样度过演讲前的时间？
（18）演讲后我要做些什么？

（资料来源：[美]鲁道夫·F.维德伯.讲话的艺术[M].北京：中信出版社，2003.）

7. 设计开场白。

你的母校——某大学（学院）校庆50周年，你作为校友代表被邀请在校庆典礼上演讲。请为你这次演讲分别设计3个开场白。

要求：切合现场气氛，每个开场白不超过100个字，分别讲出来并加以比较。

8. 经典演讲词模仿。

根据本任务中"拓展阅读"部分提供的经典演讲词，组织学生分析当时演讲的背景和演讲者的心态，体会其语言特点，并让学生进行模仿、领会，较好地从经典演讲词中感受到演讲的魅力。

9. 请选择以下题目撰写演讲稿。
- 生活告诉我
- 再议"眼见为实"
- 一句格言的启示
- 别让英雄流血再流泪
- 人生处处是考场
- "沉默是金"之我见
- 勤俭与发展
- 顺境与逆境

- 成熟的标志
- 喜欢……的 n 个理由
- 从"胯下之辱"看人生选择
- 君子一言,驷马难追
- 蚂蚁的力量
- 感恩的日子
- 书中自有黄金屋
- 自由与纪律
- 青春无悔
- 红花需要绿叶衬
- 毕业断想
- 拒绝平庸
- 感恩的心
- 君子爱财,取之有道
- 学会放弃
- 莫当"手机控"

10. 谈谈你对以下开场白的看法。

"大家让我来讲几句,本来我不想讲,一定要讲就讲吧。"

"同学们,我没什么准备,实在说不出什么。既然让我来讲,那就随便讲点,说错了请大家原谅。"

"同学们,这几天实在太忙,始终抽不出时间,加上身体欠安,恐怕讲不好,请大家原谅。"

11. 有人把记忆的要诀归纳为以下几点:"理解是记忆的基础,争论是记忆的益友,背诵是记忆的根本,重复是记忆的窍门,趣味是记忆的媒介,联想是记忆的动力,化简是记忆的助手,卡片是记忆的仓库。"你能把你的记忆要诀跟大家分享一下吗?

12. 试着积极参加一次演讲活动,看看你对这次演讲练习了多少次才感到你掌握了演讲的内容。

13. 演讲中如何使用直观教具?在这方面你有什么经验?

14. 阅读下列材料,做一个三分钟的演讲。

拳　击

夫妻俩常常发生争论,而每次争论的结果总是妻子赢。每当争论到最激烈的时候,丈夫就会退出争论而走到地下室去。在那里,保留着一个练习拳击用的吊袋。每次走到那里,他总要对准了吊袋猛击它十五分钟,把怒气发泄出来,然后就觉得心情舒畅了。

有一天,形势变了,争论的结果为丈夫赢了。这位丈夫感觉到他那位妻子快要大发脾气了,就建议她去试一试他的那个吊袋。妻子接受了他的那个意见,来到地下室,一连十几分钟的猛击猛捶之后,她回到楼上,乐得嘴都合不拢了。

丈夫问她:"怎么这样高兴?"

她回答说:"我为什么不应该高兴?我在第三轮就把你打得昏倒在地上起不来了。"

(资料来源:http://xiaohua.zol.com.cn/detail1/151.html)

儿子会做政客

威尔逊先生决定做个小试验,看看儿子长大后会成为什么样的人。他在桌上放了三样东西:一张十元的钞票——代表银行家;一本崭新的《圣经》——代表教士;还有一瓶威士忌——代表二流子。然后,他躲在窗帘后面偷看。

儿子吹着口哨进来了,一眼看见桌上的东西,连忙四下张望,证实室内无人后,先把钱对着亮处照了照,然后翻了翻新《圣经》,接着打开瓶塞闻了一下,随即敏捷地一把抄起三样东西:把钱塞进口袋,把酒瓶掖在胳肢窝下,两手捧住《圣经》,吹着口哨走了。

威尔逊不禁惊呼:"天哪!他要做政客了!"

生 意 经

一对夫妇,在车站边开了一家酒店,每天总是开到深夜十二点,等客人喝完酒,乘上最后一班车,才关门打烊。

有一次,到了第二天深夜两点,一个男性客人仍然没有离开。他伏在桌上睡着了,还打着鼾。

老板娘太困了,便要丈夫去叫醒他。她丈夫走到厅里又走回来,过了一会儿又走出去,又走回来,如此来来回回好多次。

老板娘不耐烦了:"你已经出去六次,为什么还不叫醒他?太晚了,快请他走!"

"不!不要让他走。"老板得意地笑着说:"你看,我每次去叫他,他总以为是找他结账,就掏出一张五元票子给我,然后又接着睡。现在我已经收了六张,离天亮还早着呢?"

(资料来源:http://bbs.dahe.cn/read-htm-tid-791853.htm)

任务 3

即兴演讲

所有伟大的演说家在开始的时候都不擅长演讲。

——【美】拉尔夫·沃尔多·爱默生

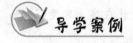导学案例

俞敏洪的一次即兴演讲

人的生活方式有两种,第一种是像草一样活着。你尽管活着,每年还在成长,但是你毕竟是一棵草;你吸收雨露阳光,但是长不大。人们可以踩过你,人们不会因为你的痛苦而产生痛苦。

人们不会因为你被踩了而来怜悯你,因为人们本身就没看到你。所以,我们每一个人都应该像树一样成长。即使我们现在什么都不是,但是只要你有树的种子,即使被人踩到泥土中间,你依然能够吸收泥土的养分,自己成长起来。也许两年、三年你长不大,但是八年、十年、二十年,你一定能长成参天大树,当你长成参天大树以后,遥远的地方,人们就能看到你;走近你,你能给人一片绿色、一片阴凉,你能帮助别人。即使人们离开你以后,回头一看,你依然是地平线上一道美丽的风景线。树,活着是美丽的风景,死了依然是栋梁之材。活着死了都有用,这就是我们每一个同学做人的标准和成长的标准。

……

当你是地平线上的一棵小草的时候,你有什么理由要求别人在遥远的地方就看见你?即使走近你了,别人也可能会不看你,甚至会无意中一脚把你这棵草踩在脚底下。当你想要别人注意的时候,你就必须变成地平线上的一棵大树。人是可以由草变成树的,因为人的心灵就是种子。你的心灵如果是草的种子,你就永远是一棵被人践踏的小草。如果你的心灵是一棵树的种子,就算被人踩到了泥土里,只要你的心灵是一棵树的种子,你早晚有一天会长成参天大树。不管你是白杨树还是松树,人们在遥远的地方都能看见在地平线上成长的你。当人们从你身边经过的时候,你能送他们一片绿色、一片阴凉,他们能在

树下休息。因此做人的要求是你自己首先要成为地平线上的一棵大树。当你是草的时候,你没有理由让别人注意到你。而如果你变成了一棵树,即使在很远的地方,别人也会看到你,并且欣赏你,远处看来你是一道风景,死后又是个栋梁。

思考题:

(1) 这是新东方创始人及总裁俞敏洪在中央电视台《赢在中国》节目中做的即兴演讲,这篇演讲成为无数青年人的励志文章。请谈谈你的感受。

(2) 如何成功地进行打动听众的即兴演讲?

 学前问题

- 即兴演讲有何特点?
- 怎样才算一篇成功的即兴演讲?
- 即兴演讲如何开场?
- 即兴演讲出错时如何补救?

随着人们交际范围的日益扩大和人们演讲水平的提高,即兴演讲已经更广泛地应用于答记者问、观后感、来宾介绍、欢迎致辞、婚事贺词、丧事悼念、宴会祝酒、赛场辩论自由发言等场合。本章就与读者探讨一下即兴演讲的有关问题。

3.1 知识储备

3.1.1 即兴演讲概述

即兴演讲是一种广义的演讲,是演讲者在无准备的情况下临场构思起来"讲几句话",故被人称为"脱口而出的艺术"。在纷繁复杂的日常交际活动中,凡集会、讨论、访问、会谈、参观甚至致贺、作吊等,都要用到它。考察各种即兴演讲的发生,不外乎两种情况:一种是演讲者身临其境、有所见、有所感、有所想,产生强烈兴致而做的演讲,这是主动的即兴演讲。另一种是演讲者受邀请,遭"袭击"而被迫发表的演讲,这是被动的即兴演讲。

1. 即兴演讲的特点

较之一般的演讲,即兴演讲有其特殊性,这主要表现在四个方面。

第一,话题明确,针对性强。由于即兴讲话一般是对近期或眼前情况的"有感而发",这就使话题的内容要在一定的范围内,显示出其鲜明的针对性。所以选题宜小,内容比较集中,议论求准、求精。

第二,态度明朗,直陈己见。即兴演讲是在有限的时间内对现实话题所做的迅速的反应,所以一般是直截了当地表明自己的看法,褒贬分明,毫不含糊,很少山高水远地绕弯子。

第三,有感染力,有说服力。即兴演讲注重临场发挥,但临场发挥并不是信口开河,要力求说在点子上,以内容的深刻精辟及其无懈可击的逻辑力量令听众信服,同时力求贴近生活实际,以饱满的热情感染听众。

第四,短小精悍,生动活泼。即兴演讲常以简明扼要显其力度,并以亲切生动的表述给听众留下深刻的印象。但短小并不是空洞无物,恰恰相反,它要言之有物,信息密度大,应当实现思想性、知识性和趣味性的统一,显示出一种"磁性"。

2. 即兴演讲的要求

即兴演讲要取得成功关键在于运用言语思考能力,在头脑中进行快速构思,其基本要求体现在以下方面。

(1) 要有明确的目的。由于场合、气氛、主题各不相同,当站起来说话时,要紧扣主题,并尽可能与场上的气氛和谐一致。在喜庆的场合,不要说丧气话;在庄严的场合,少说玩笑话。最好围绕主题,有一说一,有二说二,切忌东拉西扯。

(2) 要有敏捷的思维。自己要讲的内容应迅速筛选,挑选与之有关的内容来讲,其他的"忍痛割爱"。对在场听众的反应也不可等闲视之,即便在讲的过程中也要通过"察言观色"体察听众的反应和场上的气氛,并对要讲的内容、语气、节奏等做出相应的调整。

(3) 要快速组合材料。在中心和材料确定以后,先讲什么,后讲什么,要做到心中有数。一边讲,一边也要用语言去充实,使之条理清楚、内容充实。一般来说,是先有思维,后有语言,二者之间有那么一点点间隙,反应迅速就能心到口到,使演讲一气呵成。

(4) 要讲出有见地的内容。即兴演讲要求讲话人反应迅速,不论是主动演讲,还是被动应付,都能就地随时产生出思想,找到话题、资料和语言,并有机地组合起来,在口头上如声应响地表达出来,所以即兴发言者注意力高度集中,其睿智常在此时迸发,深邃敏捷的思考能给听众以极大的启迪。即兴讲话虽然没有过多时间做充分准备,但不等于说可以草率处之。其实,就是一两分钟的讲话,也应有新的见解,争取引人入胜。因此,在别人说话时要留心听,对别人的意见或观点要认真思考。到自己发言时,或补充发挥人家的观点,或独辟蹊径,提出新的观点。千万不要重复别人的讲话内容,若真那样,听者反应冷淡,自己也自讨没趣。

要做到以上几点,演讲者凡参加集会或活动之前,一是要小有准备,问问自己该讲些什么。事先打个腹稿,到时就能沉着镇定、侃侃而谈了。有时为避免发言的人把你准备好的内容"抢走",你最好准备几个话题。二是平时注意积累各方面的知识。即兴演讲是上什么山唱什么歌,要入乡随俗。没有思想,缺少知识,要想做出很漂亮的即兴演讲,一鸣惊人,是不可能的。所以,要丰富自己的知识,博闻强记,这样无论什么场合都会有话可说。

3. 即兴演讲的语言特色

即兴演讲独特的时境状态和交际氛围,决定了它必然具有区别于备稿演讲的语言特色。这种语言特色主要表现在以下四个方面。

(1) 符合情境。众所周知,即兴演讲是演讲者在特定场合、有感而发的演讲。因此,激起兴致的情境,就成了产生即兴演讲的一个不可缺少的重要因素。这种客观情境,不仅能对演讲者的心理予以刺激,促使其演讲愿望的发生和思维的进展,而且会对演讲者的语言产生影响,致使其口头表达呈现出鲜明的情境特色。例如:"同学们,我们每天看到的都是白墙黑板灰泥地,我们应该去饱览一下那透着生命活力的绿色,去欣赏一下那蓝天下的红花绿柳、赭石褐土、青山白水,去领略一下大自然的风采,去谛听一下泠泠作响的激石泉水和嘤嘤成韵的百鸟争鸣!不然,高考的硝烟快要把我们烤焦了,单调的'作息时间表'快要把我们驯化成'机器人'了。明天,就是清明,山明水秀、地清天明,让我们到水光潋滟的崂山去度过令人心醉的两天——出发!"这是一个教师在参加春游的学生整队待发时即兴演讲的一段话。演讲者置身校园这个让人感到枯燥单调的现实环境,面对充满期待的年轻人,心中禁不住涌出了一股激情。这激情拓开了广阔的精神世界,在想象的情境中,他生动地描述了春天的大自然那美丽迷人的风采。应当说,正是这一段极富情境色彩的形象化语言,一下子激发了同学们对大自然的热切向往和美好憧憬,产生了强烈的心灵感召力。

(2) 口语表达。演讲是一种口语表达活动。在备稿演讲中,演讲者就不能不注重它的口语色彩。同备稿演讲比,即兴演讲更具有鲜明的口语特色。实践经验表明,演讲者只有运用通俗明快、朴实自然的口语表情达意,才能在即兴演讲中创造一种观众喜闻乐见的现场气氛。例如:"对一个人,不同的人有不同的感觉。我的下属看见我就觉得可怕。他们想到的就不是魅力,而可能是恐惧。南方有句话,叫空谈误国,实干兴邦。我每天工作到午夜,不是我勤快,是事情逼到这份儿上了。我对干部说,我一天工作十几个小时,你们干8小时能干好?现在讲潇洒、讲休息,我就不信这话。我说不把干部们累死我不甘心,不过这两年先别累死,还得让他们干活呢。"这是一位市长听了记者称赞他给人"感觉非常好""很有魅力"之后的一段即兴讲话。由此可见,这位政府官员讲话既不带官腔,也不事雕琢。他善于运用浅显的词语、灵活的句式和变化的语气坦诚直言,给人以朴实亲切的感觉。正是这通俗易懂、切实感人的口语,体现了一个勤政为民的领导干部平易近人的作风和求真务实的精神。

(3) 简洁鲜明。即兴演讲是在特定的场景中进行的。一个明智的演讲者,不会毫无顾忌地喋喋不休。因为这种饶舌,不仅会给人以啰唆之感,令人讨厌,而且由于准备不充分,说多了也难免出现口误。倒不如讲得少而精,多些见解,表达效果反倒会好些。例如一名医学研究生的演讲如下。

你们好!此时,面对大家,我真的有些紧张。我在想,你们能接受我吗?

我是一名医学硕士研究生。传统观念里,人们常常把研究生和书呆子联系在一起。在这里,我要用自己的实际行动告诉大家:研究生同样有美的理想、美的追求,同样热爱美的生活。

作为一名未来的医生,我从未后悔过对救死扶伤这一崇高职业的选择;作为一名现代女性,我更珍视拥有充实多彩的人生。

在此,我要勇敢地参与,以实际行动来证明:春城的姑娘不都是花瓶,而我们女硕士研究生也不都是书呆子。

这是一位女研究生在礼仪小姐决赛场上的即兴演讲。演讲者走上台来,并不奢谈本次竞赛活动的重要意义,也不畅叙本人求学成功的曲折经历。短短几句话,中心明确,层次清晰。不仅陈述了自己现场的真实心境、参赛的独特动机,而且表达了自己崇高的职业理想、远大的人生追求,给听众以强烈的感染和深刻的启发。如此精粹的即兴演讲,突出体现了语言简洁的鲜明特色。

(4) 幽默风趣。幽默感,作为一种特定的审美态度,是演讲者人格魅力的生动体现。演讲心理学研究表明,在即兴演讲中,激发演讲者产生说欲的"兴",不仅可以成为幽默语言的心理触媒,而且能够增强语言幽默的现场效应。因此,演讲者应当根据现场实际需要,善于运用多种艺术手段,表现出语言的幽默特色,使即兴演讲充满情趣性和感染力。例如:"唱爱情流行歌曲?这我倒是没有精神准备。不过,假如我唱上一段'这就是爱,稀里糊涂……'岂不是对我一辈子严肃认真执着专一爱情的亵渎吗?老伴听了,岂不要抗议吗?(掌声,笑声)假如我喊上一嗓子'悄悄蒙上我的眼睛,让我猜猜你是谁',不得把在座的少男少女们吓趴下吗?(掌声,笑声)假如我唱上一段'让我一次爱个够,给你我所有……'诸君岂不要将我送进疯人院吗?(掌声,笑声)对于这些爱情流行歌曲,我既无相适应的年轻与潇洒,也缺少那软绵绵、甜丝丝的嗓音儿,是不能也,亦是不为也。为此,美好的爱情歌曲,还是留给风华正茂的年轻朋友们唱吧。"这是一位老同志在某市新闻界举办的新春联欢会上即兴演讲的一段话。面对观众"欢迎老汉唱段现代'爱情'流行歌曲"的热情呼喊,他不是用生硬粗俗的语调严词拒绝,而是以幽默风趣的话语婉言谢绝,即含蓄地表达了对某些"爱情"流行歌曲的批评意向,又巧妙地避免了自己顺应要求而勉为其难的尴尬。如此富有幽默的讲话,显然强化了联欢会的喜悦气氛,突出了即兴演讲语言幽默的特色。

4. 即兴演讲的成功要素

即兴演讲是事先无准备、临场现发挥的演讲,它要求演讲人既能快速构思,又能流利表达。怎样才能达到这样的境界,取得即兴演讲的成功呢?必须从以下三个方面入手。

(1) 储备材料。作为即兴演讲,临时构思必须有素材,现场表达必须有内容。倘若脑袋空洞无物,即使嘴皮子再灵,也免不了犯"无米之炊"之难,受"思路枯竭"之苦。可见,储备材料是关键所在。材料不是天上掉下来的,而是从平时的学习(也包括向生活学习、向社会学习)中积累起来的。一个人的知识面越宽、阅历越广,他的素材就越丰富,思路也就越开阔。当然,"积累"必须以"观察""多思"为基础。如果看书走马观花、听广播看电视过而不留、生活现象熟视无睹、社会新闻充耳不闻,讲话构思还是免不了"搜索枯肠"。积累,就是把所察、所思储存起来,积累的东西包括方方面面,但归结起来不外乎两大类:一是典型事例;二是理性思辨。前者使我们说话有"凭据";后者使我们分析有"道理"。需要时,可信手拈来,使其为某一论题服务。当你用一根思想的红线把材料的珍珠穿起来时,一篇有理有据的"腹稿"就形成了。

(2) 构筑框架。材料有了,怎样迅速构筑起演讲的框架呢?请熟练掌握以下一些构架方式。

① 开头部分。"好的开头往往是成功的一半。"即兴演讲一般时间都不会太长,精彩而有力的开头就显得更为重要。以下两种基本开头方式入题快、吸引人,可供采用,更多

的精彩开头方式,本学习领域将有专节介绍。

一是直入。演讲开头直接进入论题,亮出观点。这样的开头干净利落、醒人耳目,而且无须费时费心去找寻其他的"引子"。使用这种方法,切忌含糊糊,要求观点明确、态度明朗。例如,列宁同志于1918年8月23日在《阿列克谢也夫民众文化馆群众大会上的讲话》是这样开头的:"今天我们党召开群众大会来谈谈这样一个题目:我们共产党人为什么而奋斗。对于这个问题,可以作一个最简短的回答,为了停止帝国主义战争,为了社会主义。"

二是借境。这是指演讲者利用当时当地的环境特点来渲染会议气氛、激发听众热情的一种演讲方法。这种方法灵活生动,富于情感。但描绘的环境特点必须与主题思想相吻合,切不可牵强附会,卖弄风骚。鲁迅先生曾在厦门中山中学作过一次演讲,他开头时说:"今天我能够到你们这学校来,实在很荣幸。你们的学校,名叫中山中学,顾名思义,是为了纪念孙中山。中山先生致力于国民革命40年,结果创造了'中华民国'。但是现在军阀跋扈、民生凋敝,只有'民国'的名目,没'民国'的实际。"鲁迅先生从自然环境中的学校名称讲起,一针见血地指出了名与实之间的巨大反差,从而激发出中山中学的师生们为完成中山先生未竟事业而奋斗的革命热情。

② 主体部分。主体部分是用来展开演讲内容、充分阐释自己观点、见解的部分。它的构架方式多种多样,最基本的有以下几种。

一是并列式。把讲话的主体分为几个部分分别阐述,这几部分的关系是并列的。例如指导教师在"儿童口才培训班"结业汇报会上的讲话就采用了这种方式。

领导的支持坚定了我们搞儿童口才培训事业的决心——向领导致意;

家长的信赖与配合给予我们无穷的精神力量——向家长致谢;

小朋友们在培训班这个集体中刻苦练习、切磋琢磨,充分展示了自己——向小朋友祝贺。

希望大家随时随地练口才,将来作一个口才棒棒的栋梁之材——喜候小朋友进步佳音。

二是连贯式。按事情发展经过和时空顺序来安排讲话的层次,各层次间的关系是连贯的。例如以"家乡变奏曲"为题作即兴演讲就可采用这种构架方式。

昨天,这里是一片荒凉;

今天,一片新绿在眼前;

明天,从这里走向辉煌。

三是递进式。把讲话主体分为几个层次,层次与层次之间是层层深入的关系。例如对"商业贿赂"问题发表意见就可以这样构架。

"商业贿赂"的现状;

"商业贿赂"的实质与危害;

"商业贿赂"问题的根本治理。

四是正反式。主体部分是由正、反两方面的内容构成的,即一方面围绕着正面阐说;另一方面围绕着反面论述。例如论证必须给企业"放权"的问题。

企业没有自主权时,举步维艰;

企业有了自主权时,效益可观。

以上介绍的是几种最基本的组合方式,实际运用时,可综合交错使用。

③ 结尾部分。好的结尾犹如撞钟,响亮而有余音。以下几种方式可根据需要选择。

一是祈愿式。表达(可用借境、作比等方法)良好的祝愿。如:"祝中、尼(尼泊尔)两国人民的友谊像联结我们两国的喜马拉雅山那样巍峨永存。"

二是感召式。或抒发真挚、激越的情感,或展望光明美好的前景,或发出鼓动性的号召。如:"让我们用创造性的劳动去迎接新世纪的到来吧!"

三是理喻式。用寓意深刻的道理(可引用哲言警句等)启发听众去深思、探索。如:"'世有伯乐,然后有千里马'。人才辈出的时代首先应该是'伯乐'辈出的时代。"

四是总结式。用简洁的语句总结全篇、点明题意。如:"说一千道一万,归根结底还是这句话:扭转社会风气,要人人从'我'做起。"

切忌"泄劲"式的结尾。如:"我讲得不好,耽误大家时间了,请原谅。"

(3) 完美展说。对即兴演讲来说,选材料、立框架,这一切都是在瞬间完成的,因而只是以一些片断的、轮廓式的、提纲大意的内部语言形式储存在头脑里。要把这样的内部语言转化为连贯的、具体的、有血有肉的外部语言,演讲者还必须具备一种"展说"能力,即把提纲大意"展说"成一篇内容具体、前后连贯的演讲词的能力。怎样来"展说"呢?

首先,要把"框架"中的每一个层次,都看作是一个"意核"或一个"中心句",心中把握住几个"意核"的顺序及内在联系。然后,不慌不忙先从第一个"意核"开始,围绕着它,或举例、引用,或回忆、联想,或比兴、引申,或补充、发挥……把"意核"这个"中心句"扩展为"句群"。待这个"意核"充分发挥后,再进入第二个"意核",也把它扩展为句群。这样仿效"扩展"下去,一篇内容具体、逻辑严密的即兴演讲就顺理成章地完成了。如果某个"意核"的含量太大,还可以把它分解为几个"小意核",按顺序把它们逐个展开。这种"扩句成群"的"展说"能力是即兴演讲的必备能力。很多人在心中已打好了"腹稿"的前提下,说出来却断断续续,前言不搭后语,就是因为缺乏这种"展说"能力。没有或缺乏这种能力,内部语言就很难顺利、迅速地转化为外部语言。因而,我们平时就应有意培养这种"展说"能力。

以上三个方面,前两步立足于"快速构思",第三步着眼于"流利表达"。既能快速构思,又能流利表达,你就是一位成功的演讲家了。

3.1.2 即兴演讲的开场艺术

即兴演讲是一种最能反映人的思维敏捷程度和语言组织能力的口头表达方式。而在极短的时间里构思出一次成功的演讲,开场白就显得尤为重要了。下面介绍的即兴演讲开场艺术对演讲者的快速构思是大有裨益的。

1. 自我介绍

自我介绍适合于演讲者与听众初次相交后后者对前者的身份、工作和生活经历不很熟悉的情况。演讲者介绍的情况应是听众想了解的或是与会议主题内容相关的。某乡党委书记一到任就深入某村搞调研,正值村召开青年大会,进行形势教育,于是乡党委书记就作即兴讲话,他是这样开头的:"大家可能不是很熟悉我,因为我到这里工作的时间不长。我姓余,当然我不希望我今天的讲话对大家是多余的。我参加工作五年,一直在农村度过,打交道的对象主要是像你们一样的农村青年。我的老家距这里只有几十华里之远,在座的大多数同志可能到过那里,因为驰名中外的屈子祠就坐落在我家的门前。"接着,他便从屈子祠讲起,转入了爱国主义教育的正题。

2. 综合归纳

综合归纳是指演讲者对其他人已经发言的内容进行综合,分析其特点,进而表明自己的观点或态度的一种演讲方法。一位领导应邀去参加一个"领导干部与市场经济"的研讨会,在听取大多数同志的发言之后,他这样开始他的讲话:"以上很多同志做了发言,有的从宏观的角度谈了领导干部怎样去适应市场经济,有的结合工作实际从微观的角度论证了领导干部在市场经济中如何去搞好服务。前者具有较强的理论性;后者具有较强的针对性和可操作性。我认为都讲得很好,至少可以说明,在'领导干部与市场经济'这个新的课题中,确实有很多新问题值得我们去思考、去探讨。今天我要讲的是……"

3. 提出问题

演讲者根据活动的主题思想有针对性地提出一些问题,进而进行解答。使用这种方法关键在于所提出的问题是否与主题思想相关,是否带有倾向性或争议性,解答问题时有明确的立场观点和充分的理由。在一次对大学生进行就业观教育的会议上,一位演讲者是这样发言的:"为什么一些年轻人总想着进大城市、进大机关而不愿去企业工作?为什么一些年轻人不发挥自己的一技之长去创业而甘愿闲居家中眼睁睁地盯着父母那几个血汗钱?我认为,这主要是我们的年轻人,包括一些年轻人的父母们,还没有破除旧的就业观念。"

4. 故事启发

演讲者首先讲了一个故事,然后从中启发性地提出问题,进而亮出自己的观点。使用这种方法应注意两个问题:一是讲的故事要短小精悍,并且具有趣味性或新闻性。二是这个故事的内容与会议主题相吻合,提出的问题应与会议的目的相吻合。在一次反腐倡廉的座谈会上,某与会者的发言是从一个古代故事讲起的。故事讲的是:"春秋时代,孙子带着兵书去晋国见吴王,吴王看后要孙子演习他的带兵方法。于是孙子挑选若干宫女分为两队,并挑选两名吴王的宠妃为队长。演习中尽管孙子三令五申,宫女们仍不听指挥,结果孙子置吴王命令于不顾,认为'臣既已受命为将,将在外,君命有所不受',硬是将吴王的两名宠妃杀了。之后,宫女们个个乖乖听话,无人抗命……"从这个故事,便引出了其发言的主题:要取得反腐的阶段性成果关键在于不畏权势,敢于碰硬。

5. 借物寓意

借物寓意,即在事物寓于象征的意义上借"兴"而发。有的演讲者在开场白中采用以物证事的方法,借用某种具体事物,达到暗示事理的目的。

在上海市"钻石表杯"业余书评授奖会上,在众人的即兴演讲中,《书讯报》主编贲伟同志的演讲独具一格,他的开场白尤为精彩:"今天,我参加'钻石表杯'业余书评授奖会,我想说的是一句话'钻石代表坚忍,手表意味着时间,时间显示效率。坚忍与效率的结合,这是一个人读书的成功所在,一个人的希望所在。'"贲伟同志的开场白超脱了恭维话的俗套,以"钻石"象征"坚忍"、"手表"象征"时间"的修辞手法,给人的是力量、启迪与深思。语义深刻、言简意赅地提示了读书求知、读书成才的道理,令人回味无穷。

6. 话题承转

话题转承,即在演讲主旨上借"兴"而发。演讲者巧借会议司仪的某个话题,转入演讲的主旨,提出自己的观点。

抗日战争时期,陈毅率领抗日游击队打日寇。有一次,部队在浙江开化县华埠镇休整,有一抗日组织请陈毅讲话,司仪主持会议时说:"今天请一位将军给大家讲话。"陈毅同志这样开场:"我姓陈,耳东陈的陈;名毅,毅力的毅。称我将军,我不敢当,现在我还不是将军。但称我将军也可以,我是受全国老百姓的委托去将日本鬼子的军。这一将,一直到把他们将死为止。"话音刚落,会场爆发出雷鸣般的掌声。陈毅同志这段十分精彩的开场白,在演讲主旨上作了发挥,洋洋洒洒、气势磅礴,为深化演讲主旨做了铺垫,有力地鼓舞了抗日群众的斗志。

7. 借题发挥

群众性演讲有特定的地点、特定的内容以及各不相同的气氛。演讲者即兴演讲的开头可以当场捕捉住这种特殊的气氛,借题发挥,烘托气氛。

上海市新闻工作者协会主席,原《解放日报》总编辑王维同志,一次出席上海市企业报新闻工作者协会成立大会,这次会议是在"上钢"三厂新建的俱乐部会议厅召开的。他即兴演讲的开头说:"我来参加会议,没有想到有这么好的会场,这个会场不要说是市企业报记者协会成立大会,就是市记协成立大会也可以在这里召开。没想到有这么多的企业报的记者、编辑参加这个大会,它说明企业报的同人是热爱自己的组织、支持这个组织的。没有想到今天摆在主席台上的杜鹃花这么美丽。鲜花盛开,这标志着企业报记者协会也会像杜鹃花一样兴旺、发达……"他的演讲激起阵阵掌声。王维同志的开场白在会场、工作人员和鲜花上做文章,把三者巧妙地联系起来,提示了企业报齐心协力即可创造雄厚的经济实力,表达了对齐心协力的美好祝愿。

3.1.3 即兴演讲的出错补救

即兴演讲中语言出错是一种常见现象。我认为,解决这个问题的途径是,一方面,通过长期的实践锻炼,不断提高自己即兴演讲的心理素质和表达水平,尽可能减少这种失误。另一方面,要掌握和运用一些必要的应变方法,以及时避免或消除因语言出错而可能造成的消极影响。

1. 将错就错

即兴演讲是在某种特定的现实场景中进行的,它的现场效果,要受演讲者和听众两个方面的制约。无论是主观因素还是客观条件,一旦发生干扰,就可能造成演讲者无法预料的语言差错,而使自己陷入尴尬的境地。倘若出现这种情况,不妨将错就错,来一番即兴发挥,就会消除窘困,获得意想不到的现场效果。例如,一位节目主持人参加海南省狮子楼京剧团建团庆典,当她用充满激情的语言介绍京剧、介绍剧团、介绍来宾的时候,由于事先不了解情况,错把原本是花白头发的老汉——海南师范学院党委书记南新燕介绍成"小姐",面对"全场哗然"的意外,她先向被介绍人真诚地道歉,然后侃侃而谈:"您的名字实在是太有诗意了。我一见这三个字,立即想起了两句古诗:'旧时王谢堂前燕,飞入寻常百姓家。'这是一幅多么美丽的画面。今天,这里出现了类似的情景,京剧一度是流行在北方的戏曲,而现在,京剧从北到南,跨过琼州海峡,飞到了海南,而且在这里安家落户,又是一幅多么美好的画面啊!"

这位主持人的应变能力实在让人叹服。她在表示"对不起,我是望文生义了"的歉意之后,语意一转,就即兴发挥起来,由自己的语言失误引出活动的话题,并进行了富有诗意的生动描述。这一将错就错的补救方式,赢得了全场观众异乎寻常的热烈喝彩,就是十分自然的了。

2. 巧妙辨析

实践表明,在即兴演讲中,演讲者有时会因为过于紧张或过于激动而造成一时的口误,在这种情况下,演讲者既不可能为了面子而置之不理,也不可能因为自尊而掩饰错误。"最好的办法是按正确的讲法再讲一遍"(邵守义语),也就是把错误改正过来。倘若能够根据现场的实际情况,有针对性地将正误对照起来巧作辨析,给听众的印象反而会更加深刻。例如,一位师范学校的班主任在新生入学后的第一次班会上即兴演讲,他说:"同学们,大家好!你们从四面八方来到这所师范学校,开始了新的学习生活,我相信同学们一定会刻苦学习,不断进步。将来希望每一位同学都能成为合格的小学教师。不,应当这样说——希望将来每一个同学都能成为合格的小学教师。因为这希望是现实的,它表达的是我此刻的真实心情;而你们将来才会真正走上讲台,开始从事太阳底下最光辉的职业……"

这位老师在即兴演讲中凭敏锐的语感发觉了一句话的语序错误,并在迅速改正过来之后进行了巧妙的辨析。这样,既表明了语言的毛病,又解释了改正的原因。不仅没有造成语言失误的尴尬,反而强化了表达的效果,实在是一种高明的补救方法。

3. 自圆其说

在即兴讲话中,演讲者一旦察觉到自己的语言错误,往往会因为心理紧张而产生思维障碍,以致无法讲下去。倘若出现这种情况,演讲者应立即针对自己的失误,进行一番合乎情理的阐释,只要能够自圆其说,也不失为一种化错为正的补救方法。例如,在一次婚礼上,主持人热情地邀请来宾讲话,一位职业中学的教师上台即兴致辞,他说:"今天,是职业中学的夏明先生和经贸公司的叶红小姐喜结良缘的好日子……也许有人以为我说错了,夏先生和叶小姐不是同在一个公司上班吗?是的,夏明从商了,但一个月前,他还是职中的一名优秀青年教师。在我们心目中,他永远是我们的好同事。我愿借此机会,代表职中全体教职工,向一对新人表示最真挚的祝福!"

显然,这位来宾由于一时激动,把新郎现在供职的单位介绍错了。也许他从听众异样的表情上察觉了自己的口误,于是,稍稍停顿之后,巧妙地进行了阐释。听了此番入情入理的言辞,谁还会责备他语言上的差错?演讲者这一化错为正的表白,不仅可以自圆其说,而且增强了抒情的真切感,产生了独特的现场表达效果。

4. 随机应变

进行即兴演讲,有时会出现这样的情况:演讲者自己不知为什么,竟说出一句错话,而且,马上意识到了。怎么办呢?倘若遇上这种失误,演讲者不妨采用调整语意、改换语气等接续方式予以补救。只要反应敏捷,应变及时,就可以收到不着痕迹的纠错效果。例如,一位公司经理在开业庆典上发表即兴演讲,他这样强调纪律的重要性:"公司是统一的整体,它有严格的规章制度,这是铁的纪律,每一个员工都必须自觉遵守。上班迟到、早退、闲聊、乱逛、办事推诿、拖沓、消极、懈怠,都是违反纪律的行为。我们允许这种现象的存在——就等于允许有人拆公司的台,我们能够这样做吗?"

这位经理的反应力和应变力是很强的。当他意识到自己把本来想说的"我们绝不允许这些现象的存在"一句话中的"绝不"二字漏掉之后,马上循着语言表达的逻辑思路,续补了一句揭示其后果的话,同时用一个反问句结束,增强了演讲的启发性和警示力。这样的续接补救,真可谓顺理成章、天衣无缝。

3.2 能力训练

3.2.1 案例思考

1. 美国著名演讲家的即兴演讲"四步曲"

即兴演讲通常是在一家的场合下,演讲者事先未作准备,只是根据需要而作的临时发言。因此,即兴演讲在思维的敏捷性、语言的逻辑性和口头表达的雄辩性方面都有更高的要求。如何做好即兴演讲,避免因措手不及而陷入难堪的境地呢?美国演讲专家理查德总结了一个即兴演讲的"四步曲",这四步是:

① 喂,喂!
② 为什么要浪费这个口舌?
③ 举例。
④ 怎么办?

第一步"喂,喂!"提示我们必须首先呼唤起听众的兴趣。理查德说:"不要平铺直叙地开始演讲:'今天,我要讲的内容是保障行人生命安全……'你最好这样开头:'在上星期四,特购的450口晶莹闪亮的棺材已运到了我们的城市……'"理查德设计的这一开头语虽然不符合我们中国人的忌讳心理,但它无疑具有一种先声夺人的气势,它能激听众之疑,使他们很想弄清事情的究竟。

"为什么要费这个口舌"是第二步。理查德说,接下去你应向听众讲明为什么应当听你演讲。若谈交通安全问题,可这样讲:"不讲交通安全,那订购的450口棺材也许在等待着我,等待着你,等待着我们的亲人。"理查德所讲述的"为什么",既联系着"我"(演讲者),又联系着"你"(听讲者),还联系着场外你我有关系的千千万万的"亲人",这就使所有的与会者不知不觉地成了他的"俘虏",在心理上与他产生了共鸣。

紧接着的第三步为"举例"。理查德指出,比如谈交通安全问题,你若用活生生的事例来说明那些会使人们送命的潜在因素,远比只讲那些干巴巴的条文要好得多。事实上,演讲的传播媒介主要是口语,辅之以体态语。与书面语相比,口语和体态语在传达事例方面比传达条文更具有优势。特别是即兴演讲,我们更要注意在这方面扬长避短。

"怎么办"是最后一步。理查德要求演讲者注意的是,这一步一定要告诉听众你谈了老半天是想让人家做些什么,最好能讲得生动一点、具体一点、实际一点。从根本上说,"怎么办"是演讲者的目的所在,如果演讲者忘记了这一步,或者这一步处理不好,就会给听众留下无的放矢或不知所云的感觉。

理查德还认为,"为什么"和"举例"这两部分如同馅饼里的馅,味道全在这里面。但是,这两部分要与引人注意的"喂,喂"和结尾的"怎么办"相呼应。掌握理查德的"四步曲",能使我们在大庭广众之中泰然自若地、有条不紊地陈述自己的观点,而不会陷入张口结舌、东扯西拉的窘境。

(资料来源：http://www.zhlzw.com/qx/yj/62988.html)

思考题：
(1) 美国演讲专家理查德总结的即兴演讲的"四步曲"对你有什么帮助？
(2) 请按照此方法进行一次即兴演讲。

2. 林语堂的即兴演讲

林语堂是我国现代著名的语言学家,也是著名的幽默大师。有一次,他到一所大学去参观。参观后校长请他到餐厅和学生们共进午餐。校长认为这是一次难得的机会。就临时请他和学生讲几句话。林语堂很为难,无奈之下,就讲了一个笑话。

罗马时代,皇帝残害人民,时常把人投到斗兽场中,给猛兽吃掉。这实在是一件惨不忍睹的事！可是,有一次皇帝又把一个人丢进斗兽场里,让狮子去吃。这个人胆子很大,看到狮子并不怎么害怕,径直走到狮子身旁,在狮子耳边讲了几句话,那狮子掉头就走,不吃他了。皇帝觉得很奇怪,狮子为什么不吃他呢？于是又让一个人放了一只老虎进去,那人还是毫无惧色,又走到老虎身旁,也和它耳语一番。说也奇怪,老虎也悄悄地走了,同样没有吃他。皇帝诧异极了！怎么回事？便把那个人叫出来,盘问道:"你究竟向狮子和老虎说了些什么,竟使它们不吃你呢？"那人答道:"陛下,很简单,我只是提醒它们,吃我很容易,可吃了以后,你们得演讲一番！"林语堂说罢就坐下了,"哗",顿时全场掌声雷动,林语堂的故事赢得了一个满堂彩,校长啼笑皆非。

(资料来源：http://character.workercn.cn/c/2012/05/02/120502073845538593793.html)

思考题：
(1) 林语堂的演讲为什么能使全场雷动？
(2) 本事例对你有何启示？

3. 婚礼上的即兴演讲

我们见识过婚礼上的热烈场面，领略过婚礼上精彩的即兴演讲。这里转载的是来自解放军的李本钱的《在婚礼上的即兴演讲》(见《演讲与口才》杂志，2008(9))。

各位首长、各位来宾：

寒霜已至枫叶红，铁树总有开花时。在伟大的人民空军成立57周年这个光辉的节日里，我终于也算光荣地结束了单身生活，在44岁的年龄，第一次勇敢地走向了婚姻的殿堂。请允许我和我的新娘陈素华，向各位首长、各位战友，向长期关心我的婚姻大事的地方领导和朋友们致以节日的问候，欢迎大家的光临！

此时此刻，我思绪万千，感慨多多。在通向婚姻的道路上，我苦苦追寻了20多年，20多年的平凡生活中，我的感情生活极不平静。有阳光下嫩草出土的快意，也有冷风中头撞南墙的失意；有赤膊上阵的莽撞，也有草草收场的悲凉。总之，有泪流，有伤心。但是，我始终抱着铁树总能开花的信念，发扬人民空军创建时期"马拉飞机"的伟大精神，乐观向上，顽强搏击，于是，今天终于站在了婚姻的门槛上。

没有父母的养育之恩，没有哥哥姐姐的精心呵护，没有在座的各位首长和朋友们的鼎力扶持，关键是没有新娘的"献身精神"，铁树开不了花，我也结不了婚。因此，请让我深情地说一句：感谢父母，感谢首长，感谢大家，感谢新娘！

生活美好，爱情甜蜜。婚后，我还要向已婚的兄弟姐妹们学习，争取把损失的时间补回来。争取从明天起，向朋友们发出"珍爱家庭，远离酒桌"的倡议，广泛深入地开展"百日无滴酒"活动，争取在我自己制订的第一个五年计划内，与新娘一道加倍努力，勤奋工作，让祖国的百花园里也有属于我们的一朵。

各位嘉宾：爱情诚可贵，友情价更高。各位对我们的厚爱，我将永远铭记。再一次感谢你们。

人说婚姻是围墙，我说墙内有花香。永别了，我的单身生活；永别了，我的铁树总不开花的日子。祝愿未婚的兄弟姐妹们早觅知音，共渡爱河；祝愿已婚的每个家庭花团锦簇，一路芬芳！

伟大的亲情、友情、爱情万岁！

伟大的铁树开花精神万岁！

谢谢大家。

思考题：
(1) 这篇即兴演讲有何特点？
(2) 请介绍一下你在婚礼上见到的精彩即兴演讲。

4. 竞选学生会主席的三分钟演讲

同学们：

大家好！

我的演讲，将会使今天晚上，成为值得你们回忆的一个美好的晚上！

我，就是林显沃，一个待人真诚、敢说敢做、认真踏实的人。不要问我站在这里干什么，既然是火山，就要爆发；既然是战士，就要勇猛抗敌；既然是林显沃，我就要竞选学生会主席！既然是主席，我就要创造我们学院学生工作的奇迹！

学生会主席，不简单，必须具有较高的组织、协调的能力和开拓创新的精神，并能与同学们和谐、亲密地相处……还有很多很多条件，而我也许就是符合这些条件的最突出的一个！

林显沃，一切皆有可能！

我不去想是否能够成功，

既然选择了远方，

便只顾风雨兼程。

我，林显沃。有十三年当班长的经验，被评为广东省优秀学生，一年前光荣地加入了中国共产党。这些只是我辉煌的过去！现在，坚持"每天前进一步，永远真诚服务"的宗旨，心中激荡着"一切为了同学，为了一切同学，为了同学一切"的誓言，我一定能够构建务实、诚信、高效、创新，永远真诚服务的新一届学生会班子；一定能够打造团结、活跃、睿智、出名，一切皆有可能的数计学院学生会强势品牌！

我不去想身后会不会袭来寒风冷雨，

既然目标是伟岸的大山，

留给世界的就只能是认真踏实的足迹。

如果我当选为主席，我一定会兑现我的承诺：第一，多多为同学们办实事，使学生会成为全院同学可以依靠的、温馨的家园；第二，积极争取校内重大活动的参与权、举办权，把数计学院的学生活动做大、做活、做强；第三，通过申请、拉赞助等方式大力筹措经费，保证比上年经费增加50%以上，使学生会能为大家办更多的好事！因为"大家好，才是真的好"！

我不去想未来是平坦还是泥泞，

只要心中充满执着和热爱，

一切，都在意料之中。

今晚，我想起了中国申奥代表团所说的一句话："你们所做的任何决定都将改变历史，但是只有一种选择可以创造辉煌的未来。"你们选我林显沃当学生会主席，就是选择了辉煌的未来！各位同学，你们所期望的主席，不正是像我这样敢想敢说敢做的人吗？给我一分信任吧，我将回报你们二十分的满意！

记住我的口号：森林明显肥沃，让我们一起去开拓！

谢谢大家！

(资料来源：http://news.tenglong.net/zsbl/view/yjcj_qt_view_11.html, 2006-03-22)

思考题：

(1) 这篇林显沃在中山大学珠海校区数计学院竞选学生会主席大会上的演讲的成功

之处何在?

(2)在全班模拟演练这篇演讲。

5. 小洛克菲勒的即兴演讲

1915年,科罗拉多州煤铁公司的矿工为了要求改善待遇,进行了罢工,因为公司方面处置不善,这次罢工又演变成了流血的惨剧,劳资双方都走向了极端。这次罢工,持续了两年之久,成为美国工业史上一次有名的大罢工。那时管理矿务的人,就是美国石油大王洛克菲勒的儿子。这位小洛克菲勒,最初使用高压手段,请出军队来镇压,酿成了流血惨剧,不仅没有解决问题,反而使罢工的时间延长下去,使他的财产受到了更大的损失。

后来,小洛克菲勒改变方法,采用了柔和的手段,把罢工的事情暂时放下不谈,特地去和工人为友,到各个工人的家中去慰问,对罢工运动的代表们做了一次十分中肯的现场即兴演讲。

在我的有生之年,今天恐怕要算是一个最值得纪念的日子。我十分荣幸,因为我能够和诸位认识,如果我们今天的聚会是在两个星期之前,那么,我站在这里就会是一个陌生人了;因为我对于诸位面孔的认识还只是极少数。我有机会到南煤家庭,会见了诸位的妻儿老幼,大家对我都十分客气,完全把我看作自己人一般。所以,今天我们在这里相见,我们已经不是陌生人而是朋友了。现在,我们不妨本着相互的友谊,共同来讨论一下我们大家的利益,这是使人感到十分高兴的。参加这个会的是厂方的职员和工人的代表,现在蒙诸位的厚爱,我才能在这里和诸位相见并努力化解一切矛盾,彼此成为好友,这种伟大的友谊,我是终生不会忘掉的。我们大家的事业和前途,从此更是展开无限的光明。在我个人,今天虽然是代表着公司方面的董事会,可是,我和诸位并不站在对立的地位,我觉得我们大家都是有着密切的关系和友谊的。和我们彼此有关的生活问题,现在我很愿意提出来和大家讨论一下,让我们一起从长计议,获得一个双方都能兼顾到的圆满的解决办法,因为这是对大家有利的事……"

小洛克菲勒的讲话,虽然没有华丽的辞藻,但话语中肯,引起了矿工广泛的共鸣,立刻脱离了困境。

(资料来源:金常德.大学生社交口才实践教程[M].北京:北京大学出版社,2013.)

思考题:

(1)小洛克菲勒的演讲经历说明了什么?

(2)本事例对你有何启示?

3.2.2 实训项目

1. 散点连缀法训练

【训练方法】

以小组为单位,每人在三张小纸条上各写一个词,然后混在一起,练习时,每个人任意抽三张,然后将这三个近乎毫无关联的词用几句话连缀起来,组成一段有意思的话。开始阶段可以多给准备时间,以后则应逐步减少时间,达到拿到题目就要讲的地步。

在训练达到一定程度后,将全班的小纸条集中起来,请每位同学任意抽取三张,在全班进行演讲。

【示例1】 三个词是"校友会、咖啡、遭遇"。有人这么说:

一次校友会后,几个老同学在某个同学家里碰头儿,主人问我们喝什么饮料,我说来杯咖啡吧。咖啡,加点儿方糖,甜中有苦,苦中有甜,二者混杂在一起,有一股令人难忘的味道,我想,它正好与我们这一代人的遭遇相似,与我们对人生的回味相同。

【示例2】 三个词是"春天、衣服破了、环境保护"。有人这么说:

人的衣服破了可以补,也可以处理掉,换新衣服。地球母亲的衣服是臭氧层,现在也破了一个大洞。这件衣服补起来很难,更无法处理掉再换新。所以我们必须注意环境保护。不然再让臭氧层破坏下去,地球必然受到严重的伤害,地球上将永远没有春天。

(资料来源:赵京立.演讲与沟通实训[M].北京:高等教育出版社,2010.)

2. 续龙接句训练

【训练方法】

以小组为单位,先由组长确立中心话题,有一人开始说第一句,下面一个接一个地围绕中心话题接着说。开始练习时,间隔的时间可长些,但不可以用笔准备,否则就失去了训练的意义。遇到特别难的地方,可适当允许请其他人出面解围。

在训练达到一定程度后,可征集一些较难的中心话题在全班练习。

【示例】 中心话题:"天将降大任于斯人也,必先苦其心志,劳其筋骨。"

学生甲:许多有成就的人,不仅有着学习中的艰苦,而且受着贫穷生活的折磨。

学生乙:但他们没有像一般人那样被压垮,苦难越多,反而进取心越强,他们在逆境中奋斗。

学生丙:我国六朝时期的南齐,有个叫江沁的人,家里很穷,只能白天谋生,夜里学习,因无钱买灯油,只好炎夏、寒冬都借月光读书。

学生丁:宋代的范仲淹以"先天下之忧而忧,后天下之乐而乐"的名句闻名天下。可他年轻时只能寄宿在和尚庙里,靠每天两顿粥来奋发读书。

学生戊:俄国的高尔基也是饱尝艰辛、受尽苦难,在社会大学里奋斗不止,顽强地学习,从而成为一代文豪。

学生己:可见,磨难可以使人消沉,也可以催人奋发向上。意志顽强的人可以迎着困难顺着风浪前行,在逆境中磨炼意志,增长才干,攀登高峰,直至辉煌的顶点。

(资料来源:张瑞,万里.教师口语训练手册[M].北京:北京师范大学出版社,1994.)

3. 即兴演讲实训

【任务名称】

即兴演讲。

【任务目的】

通过训练提高学生综合表达能力、语言的综合运用能力。测试学生普通话水平、态势语言运用、现场语言生成、语言技巧等综合口才能力。

【任务要求】

每个同学轮流进行，现场随机抽题，20秒钟准备，每人演讲3～5分钟。

训练指导老师训练前要进行比较详细的安排：评审委员会的确定，工作人员的安排，最重要的是要准备即兴演讲试题集，训练过程中不能出现重复或者将重复的可能性降到最低点。训练指导老师要注意维持训练课堂的教学秩序，已完成训练的同学不能离场。

【任务实施】

训练对象顺序是随机抽取的，演讲话题也是现场抽题号来确定的，然后短暂准备。正式演讲时间3～5分钟，现场计时员会给提示，超时要扣分。

【任务考核】

成立专门的评价小组，从学生中抽取口才相对好一点、公正、公平的学生5人或者7人组成。依据评分表逐个评分，安排工作人员进行统计。具体评分办法见附件1和附件2；即兴演讲评分表见表3-1，即兴演讲话题集见表3-2。

附件1：

即兴演讲评分标准

评分采取100分制，评委当场评分，去掉一个最高分和一个最低分后的平均得分为参赛人员最后得分。具体说明如下。

（1）演讲内容。切合主题，中心突出，观点正确、鲜明、深刻，格调积极向上，富有真情实感。

（2）仪表风采。要求衣着整洁，仪态端庄大方，举止自然、得体，体现朝气蓬勃的精神风貌；上下场致意，答谢；表现力强，整体印象好。

（3）语言表达。态势语言：运用肢体、头部动作以及面部表情等的表现与所讲内容相吻合；口头语言：普通话标准，声音洪亮，语言流利，现场语言组织能力强；语言技巧：运用幽默、模糊、委婉、诡辩、发问等使演讲更加生动和富有表现力。

附件2：

评分项目和分值标准（总分100分）

一、演讲内容（占总分比例40%）

优等：90～100分，主题突出，内容充实，结构严谨。

良等：75～90分，主题明确，内容具体，结构完整。

中等：60～75分，主题一般，内容集中，结构齐全。

差等：60分以下，主体偏离，内容空泛，结构混乱。

二、语言表达（占总分比例40%）

优等：90～100分，语言生动，表情灵活，反响热烈。

良等：75～90分，语言通常，表情自然，反响积极。

中等：60～75分，语言一般，表情迟滞，反响一般。
差等：60分以下，语言生硬，表情造作，反响冷淡。
三、仪表风采（占总分比例20%）
优等：90～100分，举止大方，精神饱满，穿扮得体，表现力强。
良等：75～90分，举止得体，神采奕奕，穿扮正式，表现力不错。
中等：60～75分，举止正常，精神集中，穿扮一般，表现力一般。
差等：60分以下，举止紧张，精神恍惚，穿扮夸张，缺乏表现力。

表3-1 即兴演讲评分表

学号	姓名	仪表风采 20分	语言表达 40分			演讲内容 40分			总分 100分
			态势语言 10分	口头语言 10分	语言技巧 20分	内容结构 10分	内容层次 10分	内容价值 20分	
1									
2									
3									
4									
5									
6									

表3-2 即兴演讲话题集

题 目	题 目	题 目	题 目
我的父亲	假如我是班长	春天的雨露	感悟小镇
我的母亲	假如我是校长	理解万岁	路
童年趣事	假如我是市长	人无完人	校园的路灯
我的大学	韩剧的优与劣	平凡与伟大	我宿舍的兄弟（姐妹）
我的家乡	名与利	工作的意义	我的专业
我的理想	假如我是义工	生命的宝贵	我的母校
我的祖国	反腐倡廉	QQ农场带来的	灯塔
成功背后	珠江	文凭的价值	姚明与中国篮球
失败的意义	广州	回头看	刘翔与中国田径
勤能补拙	北京	梅花香自苦寒来	我与中国
春华秋实	阴霾的都市天空	滴水之恩当涌泉相报	实习感言
战争与和平	长城	人无远虑必有近忧	龙
红花与绿叶	黄河	生活的真谛	我最尊敬的人
生活的真谛	"授人以渔而非鱼"之我见	感悟失去	财与才
善意的谎言	我所在的集体	我的未来不是梦	我喜欢的明星
勿以善小而不为	船到江心补漏迟	人生处处是考场	从饭后打包说起
迷信与崇拜	拒绝平庸	处处留心皆学问	时尚之我见
当你被人误解时	妈妈的眼睛	悠悠那一缕父子情	风中那一缕白发
感恩父母	师恩难忘		

说明:
(1) 演讲内容:切合主题,中心突出,观点正确,格调积极。
(2) 仪表风采:衣着整齐,仪表大方,表情自然,体态语言适当。
(3) 语言表达:语言准确生动,口齿清晰,表达流畅,有感染力,能处理好各种情况。
(资料来源:彭义文.口才训练教程[M].北京:北京师范大学出版社,2011.)

拓展阅读:即兴演讲赏析

在美国度圣诞节的即兴演讲
(1944年12月)
丘吉尔

各位为自由而奋斗的劳动者和将士:

我的朋友,伟大而卓越的罗斯福总统刚才已经发表过圣诞前夕的演说,已经向全美国的家庭致友爱的献词。我现在能追随骥尾讲几句话,内心感觉无限的荣幸。

我今天虽然远离家庭和祖国,在这里过节,但我一点也没有异乡的感觉。我不知道,这是由于本人的母系血统和你们相同;抑或由于本人多年来在此地所得的友谊;抑或由于这两个文字相同、信仰相同、理想相同的国家,在共同奋斗中所产生出来的同志感觉;抑或由于上述三种关系的综合。总之我在美国的政治中心地——华盛顿过节,完全不感到自己是一个异乡之客。我和各位之间,本来就是手足之情,再加上各位欢迎的盛意,我觉得很应该和各位共坐炉边,同享这圣诞之乐。

但今年的圣诞前夕,却是一个奇怪的圣诞前夕。因为整个世界都卷入一种生死的搏斗中,正在使用科学所能设计的恐怖武器来互相屠杀。假若我们不是深信自己对于别国领土和财富没有贪图的恶念,没有攫取物资的野心,没有卑鄙的念头,那么我们在今年的圣诞节中,一定很难过。

战争的狂潮虽然在各地奔腾,使我们心惊胆战,但在今天,一个个家庭都在宁静的肃穆的空气里过节。今天晚上,我们可以暂时把恐惧和忧虑的心情抛开、忘记,而为那些可爱的孩子们布置一个快乐的晚会。全世界说英语的家庭,今晚都应该变成光明的和平小天地,使孩子们尽量享受这种良宵,他们因为得到父母的礼物而高兴,同时使我们自己也能享受这种无牵无挂的乐趣,然后我们担起明年艰苦的任务,以各种的代价,使我们孩子所应继承的产业不致被人掠夺;使他们在文明的世界中所应有的自由生活,不致被人破坏。因此,在上帝庇佑之下,我谨祝各位圣诞快乐。

点评:

丘吉尔(1874—1965年),英国著名政治家、文学家,就读于桑赫斯特军事学院。他多才多艺,生活经历十分丰富,历任政府要职,曾两度出任英国首相。第二次世界大战期间,他领导英国对德作战,做出卓越贡献。他因撰写《第二次世界大战回忆录》等著述而获诺贝尔文学奖。丘吉尔也是一位极负盛名的演讲大师。1944年12月,他在美国欢度圣诞节时,即兴发表演讲,当即轰动一时,并且成为历史的一个注脚。在演讲中,他成功地把政治议论与节日祝愿融为一体,既表现出对侵略战争的谴责及对和平的关注,又尽量避免冲淡节日气氛,而又能做到语言优美、意旨深远,真是演讲的典范之作。

在萧红墓前的5分钟演讲

郭沫若

年轻的朋友们:

演讲对于我倒不是件难事,然而要不多不少恰好"五分钟",却使我感到困难。而主席又只要我作"五分钟"的滩头演讲,让我们好早点跳下海去,作你们的青春之舞泳。

我想了,本来我可以这么开始我的演讲:"各位先生、各位女士,请大家沉默五分钟!"于是当大家沉默五分钟的时候,我便说:"沉默毕了,我的演讲完了。"

大家假如要反诘我:"你向我们作五分钟的讲演,为什么叫我们沉默五分钟?"我可以理直气壮地回答:"朋友,人们不是说'沉默胜于雄辩'吗?"

本来我可以这么开始我的讲演的,但是当我听到了×先生两分钟的演讲,太漂亮了!他说:"人民的作家萧红女士一生为人民解放事业奔走,到头来死在这南国的海边,伙伴们把她埋在这浅水湾上,今天,围绕在她周围的都是年轻人,今后的日子里,不知有多少人围绕着她。朋友们,我们是年轻人,我们没有悲伤,我们没有感慨,请大家向萧红女士鼓掌。"太好了,我的五分钟讲演只好改变计划了,让我把年轻人引申来说一下吧。

年轻人之所以为年轻人,并不是单靠着年纪轻,我们倒看见有好些年纪轻轻的人,却已经成了老腐败、老顽固,甚至活的木乃伊——虽然还活着,但早已死了,而且死了几千年。

反过来我们在历史上也看见有好些年纪老的人,精神并不老,甚至有的人死了几千年,而一直都还像活着的年轻人一样。所以一个人的年轻不年轻,并不是专靠着生理上的年龄,而主要的还是精神上的年龄。便是"年轻精神"充分的,虽老而不死,"年轻精神"丧失的,年虽轻而人已死了。

那么,什么是年轻精神的品质呢?

第一,是真理的追求者。他是一张白纸,毫无成见地去接受客观真理,他为饥为渴地请人指教,虚心坦怀地受人指教,他肯向一切学习,以养成他的智慧。这是年轻人的第一特征。

第二,是博爱的实践者。他大公无私,好打抱不平,绝不或很少为自己打算,切实地有着人饥己饥、人溺己溺的怀抱,而为他人服务。这是年轻精神的第二特征。

第三,是勇敢的战士。他不怕任何艰难困苦,他富于弹性,倒下去立刻跳起来,碰伤了舔干血迹,若无其事,他以牺牲自我的意志征服一切。这是年轻人的第三特征。

这三种年轻精神的特征,每一个年轻人都是有的,假如他把这些特征保持着,那他便永远年轻,就是死了还年轻;假如他把这些特征失掉,比如年纪轻,便做狗腿子的事,那他不仅不年轻,而且老早是一个死鬼了。

就在这样的认识之下,我们向"年轻精神"饱满的青年朋友们学习,使自己年轻、使中国年轻。

(资料来源:傅春丹.演讲与口才案例教程[M].北京:中国水利水电出版社,2011.)

点评:

这是郭沫若先生的一篇颇为精彩的即兴演讲。它给人以风趣、睿智、深邃之感,构思之巧妙,令人赞叹。郭老演讲的开场白,应变自如,有引人入胜之妙。例如,会议主席要他作"5分钟"滩头演讲,他却饶有风趣地要让听众"沉默5分钟",并以设问作答,"沉默胜于雄辩"。表述情趣盎然,使人拍案叫绝;演讲的主体部分,对纪念萧红意义的阐述匠心独运、胜人一筹。他借某先生的演讲加以发挥,引申出"年轻精神"的品质的三个特征,既是对死者的赞誉,也是对生者的激励。作者对生与死、年轻与不年轻问题的分析鞭辟入里,闪耀出思想的火花,堪称至理名言。它给人以启迪,催人振奋,去追求真理,去做勇敢的战士,永葆"年轻精神";最后,他以"使自己年轻、使中国年轻"作为结束语,言简意赅,既是对主体部分中心内容的升华,又是对年轻人的殷切希望。

整篇讲演充满激情、意趣横生,不仅使人们在思想上受到教益,而且在情感上也得到陶冶。

在"哈工大"的即兴演讲(节选)

白岩松

这么一对儿夫妇,吃完饭就坐在那里看电视,看完了,就洗漱一下睡觉,日复一日、年复一年,就这么过着。也许有的同学会说:太枯燥了吧,该离了吧?但真正的生活就是这样,就是这样平常,生活如此,创业如此,大学生们走入社会之后注定要花大部分时间做平平常常的事。那对夫妻在年老的那一天会彼此含着热泪感谢对方与自己携手相伴一生、彼此温暖一生,而同学们也会在平平常常的生活中等来生命中只占百分之五的激情与辉煌时刻!(掌声)因此,同学们要做好准备,毕业后准备好迎接平淡。

同学们在大学里一定要做梦,甚至可以梦游,(笑声)比如现在一谈爱情,我脑子里只会闪现我爱人的照片,而你们则可以设想一千位俊男靓女的样子……这就叫作虚位以待。我年少时看了三毛的书,也想周游列国,没准还能碰上个女荷西。(笑声)但是所有这些梦想都属于你们这个年龄段的,我现在没有资格做这样的梦了,我现在所处的是人生的舍弃阶段。而你们所处的是人生的选择阶段,不要放弃做梦!(长时间的掌声)更别忘了替这个社会、替这个国家做梦,能全身心地做这种梦,一个人一生中没有几次这样的机会,等你人到中年、上有老下有小时,想做梦你也力不从心了,因此趁现在抓紧做梦!

有人说现在大学生找不到工作。怎么会呢?我有时候就想不通,真的如此,那我国岂不是比美国更发达了……因为我们的大学生都在待业呀!(如雷的掌声)其实大学生不是找不到工作,而是找不到一步到位的最满意的工作!实际上你就是一个骑手,毕业后你就应该先骑上一匹马,只要你优秀,你就能找到更棒的马!(长时间的掌声)

季羡林先生的一席话给我印象很深,采访他时,他说:"我已经如此老了,但我的道路前方仍有百合花的影子。人生的前方要永远有希望、有温暖才行。"再举个例子:狗赛跑怎么比?怎么让狗跑起来、跑得快?每个狗嘴前边都吊着个骨头!我们每个人也要给自己放块骨头,(笑声)精神的骨头!(热烈的掌声)

点评:

央视名嘴白岩松曾应邀到哈尔滨工业大学做了一场即兴演讲,在台上白岩松即兴发挥,妙语连珠,赢得了大学生们的阵阵掌声。

  作为央视名嘴的白岩松,在哈尔滨工业大学这个大学校园里,面对着莘莘学子一双双充满渴望的眼睛,并没有大谈特谈自己奋斗与成功的过程,而是从大学生们要树立正确的人生观与理想观这个角度入手。分别从"要学会过平淡生活""要多做梦""要有正确的就业态度""人要有精神"这四个小题分而论之。这些小观点的提出,与学生们的实际生活息息相关,因此,引起了大学生们的关注与共鸣。

  在演讲中,白岩松运用了其特有的幽默感,博得了同学们的阵阵掌声,同时也表达了自己对青年问题的独到见解,语言中透着强烈的责任感。针对青年学生不甘于平淡的普遍心理,白岩松并没有呆板地说教,他先是从一对夫妇的平淡生活讲起,以家庭中普遍存在的现象为例,巧妙地过渡到青年学生的生活态度问题上,朴实的话语、简单的道理使人一听即明。谈起青年人的理想问题,白岩松没有用艰深的术语予以阐述,而是实实在在地用"做梦"代替了"理想"这一主题,二者的置换反映出了白岩松对演讲主题的匠心。在选例时,他由己及人,用对比的手法突出了"青年人要有理想"这个主题。这种"做梦"的说法,比起课堂上的正面说教更让学生们容易接受。接下来,白岩松谈到广大学生最关心的话题——就业。他把找工作比喻为"找马",独辟蹊径。"骑马找马"具体地概括了大学生们应有的择业观念,易于学生理解,因此也更能起到说服的作用。最后,白岩松引用了季羡林老先生的一段话旨在告诉大学生们,虽然前路荆棘满地,但只要有一点点希望,就要不惜一切,勇往直前,直达理想的彼岸。人总是要有精神的,生命不息,奋斗不止。在阐述这一道理时,他用了一个极其生动的比喻——"狗赛跑",意在启发青年朋友要有精神、要有目标,如此生动而形象的比喻怎能不受学生们的欢迎呢?

  在语言的运用上,白岩松时而张扬,时而含蓄,时而激越,时而温婉,真是收放自如、张弛有度。在篇幅不长的演讲中多次获得了学生们的掌声。

  白岩松的即兴演讲,真正达到了锦心绣口、妙语连珠的至善至美境界,他善于从现场中捕捉话题,取之有道而又用之有术,加上自身的幽默感,使现场始终洋溢着轻松、活泼的气氛。这场演讲展现了白岩松个人的语言及人格魅力,可称作是即兴演讲的典范。(郑蔚萍点评)

  (资料来源:白岩松.在哈工大的即兴演讲[J].演讲与口才,2004(6).)

在女儿婚礼上的讲话
贾平凹

  我27岁有了女儿,多少个艰辛和忙乱的日子里,总盼望着孩子长大,她就是长不大,但突然间长大了,有了漂亮、有了健康、有了知识,今天又做了幸福的新娘!我的前半生,写下了百十余部作品,而让我最温暖的也最牵肠挂肚和最有压力的作品就是贾浅。她诞生于爱,成长于爱中,是我的淘气,是我的贴心小棉袄,也是我的朋友。我没有男孩,一直把她当男孩看,贾氏家族也一直把她当作希望之花。我是从困苦域里一步步走过来的,我发誓不让我的孩子像我过去那样贫穷和坎坷,但要在"长安居大不易",我要求她自强不息,又必须善良、宽容,二十多年里,我或许对她粗暴呵斥,或许对她无为而治,贾浅无疑是做到了这一点。当年我的父亲为我而欣慰过,今天,贾浅也让我有了做父亲的欣慰。因此,我祝福我的孩子,也感谢我的孩子。

女大当嫁,这几年里,随着孩子年龄的增长,我和她的母亲对孩子越发感情复杂,一方面是她将要离开我们;一方面是迎接她的又是怎样的一个未来。我们祈祷着她能受到爱神的光顾,觅寻到她的意中人,获得她应该有的幸福。终于,在今天,她寻到了,也是我们把她交给了一个优秀的俊郎贾少龙!我们两家大人都是从乡下来到城里,虽然一个原籍在陕北,一个原籍在陕南,偏偏都姓贾,这就是神的旨意,是天定的良缘。两个孩子虽生活在富裕的年代,但他们没有染上浮华习气,成长于社会变形时期,他们依然纯真清明,他们是阳光的、进步的青年,他们的结合,以后日子会快乐、灿烂!

在这庄严而热烈的婚礼上,作为父母,我们向两个孩子说三句话。第一句话,是一副老对联:一等人忠臣孝子,两件事读书耕田。做对国家有用的人,做对家庭有责任的人。好读书能受用一生,好好工作就一辈子有饭吃。第二句话,仍是一句老话:"浴不必江海,要之去垢;马不必骐骥,要之善走。"做普通人,干正经事,可以爱小零钱,但必须有大胸怀。第三句话,还是老话:"心系一处。"在往后的岁月里,要创造、培养、磨合、建设、维护、完善你们自己的婚姻。

今天,我万分感激着爱神的来临。它在天空星界,在江河大地,也在这大厅里,我祈求它永远地关照着这两个孩子!我也万分感激着从四面八方赶来参加婚礼的各行各业的亲戚朋友,在十几年、几十年的岁月中,你们曾经关心、支持、帮助过我的写作、身体和生活,你们是我最尊重和铭记的人,我也希望你们在以后的岁月里关照、爱护、提携两个孩子,我拜托大家,向大家鞠躬!

点评:

这篇演讲词,语言鲜活而规范,精粹而深刻,散发着泥土的芬芳,闪烁出智慧的光芒。他形容爱女,全然没有什么"宝贝""公主""掌上明珠"之类的陈词俗套,而把女儿比作"最牵肠挂肚和最有压力的作品""我的淘气,我的贴心小棉袄""希望之花",这些新鲜的比喻,让人耳目一新。他祝福女儿、女婿新婚之喜,全然没有那些"心心相印""百年好合""白头偕老"之类的空话套话,而是祝福他们"创造、培养、磨合、建设、维护、完善你们自己的婚姻",连用六个动词,把一位慈父的美好祝愿表达得多么完美、高雅!全文读起来音韵和谐、朗朗上口、雅俗共赏。贾平凹不愧为大手笔,不愧为语言高手!

男大当婚,女大当嫁。女儿要出嫁了,贾平凹的心情是非常复杂的。一方面,他为女儿寻觅到了幸福的爱情而喜悦;另一方面,他又为女儿即将离开自己而依依不舍,还有对女儿开始一种崭新生活的期盼和担忧。贾平凹把这种复杂的感情表达得淋漓尽致。无论是对女儿成长历程的回顾,还是对女儿女婿未来的祝福和勉励,以及对参加婚礼者的感谢,都让人感受到一位父亲那颗温暖、善良、诚挚、关爱的心,字里行间,蕴含着慈父对女儿炽热的爱,洋溢着纯真的情感。

马云:"英雄会"上秀口才

单看外表,马云貌不惊人。但就是这个看似弱不禁风的人,在"中国互联网最寒冷的冬天",以自己的智慧、激情和行动,创造了"阿里巴巴"的营销奇迹。如今,身为阿里巴巴集团董事局主席兼首席执行官的他,频频在央视《赢在中国》《我们》《创业英雄会》等栏目中亮相,指点创业,纵论英豪。这不,2008年3月16日,"我能创未来——中国青年创业行动"的第一场创业英雄会在北京开锣,马云应邀出场,又大"秀"了一把口才。

- 说心得:概括精当,要言不烦

梦想,是创业的起点。有梦想,就要有行动。很多人是"晚上想想千条路,早上起来走原路",如果不给自己的梦想一个实践的机会,梦想永远只是梦想。此外,创业者还要想清楚一个问题:我想干多久,我能干多久?我想与所有创业者和准备创业的人分享一句话,就是我每天都跟自己讲的那句话:今天很残酷,明天更残酷,后天很美好,但大多数人都死在明天晚上,看不见后天的阳光。所以,我们还要努力坚持。

创业是个千头万绪的大话题,创业者的心得更是五味杂陈,岂是三言两语就能说个清楚,道个明白?但马云就是马云,你看他用简洁明了的话语,紧扣三个密切相关的创业关键词——"梦想,行动,坚持",阐释创业成功之道,显得有条不紊、层次分明。

他把"梦想"比喻为创业的"起点",十分贴切;接着谈行动的重要性:"晚上想想千条路,早上起来走原路。"化用西方谚语,讽刺辛辣,道出了很多人易"患"的"创业病",从反面告诫创业者行动的重要性,否则"梦想永远是梦想","知易行难"的道理不言而喻。最后强调"坚持"的作用:"今天很残酷,明天更残酷,后天很美好。"运用了递进句式,强调了"创业艰难百战多"的现实,也揭示了"总有希望在前头"的哲理。"死在明天晚上,看不见后天的阳光"的比喻,一语道破了绝大多数创业者失败的原因,也说明了"我们还要努力坚持"的必要性。

马云诉说创业心得,可谓要言不烦。他一番概括精当的话语充满睿智,是真切的体验、深刻的感悟,更是无私的分享、坦诚的忠告,使人颇受启迪。

- 谈"忽悠":辩证剖析,逻辑严密

在节目互动环节,一名来自中央财经大学的学生问马云:"您特能忽悠,忽悠得大家热血沸腾,我想知道,您的'马氏忽悠法'对创业到底能起多大作用?"马云笑了笑,回答说:

我不知道忽悠是贬义词还是褒义词,但是我想,如果你相信,就觉得这不是忽悠;如果你不相信,什么事情都是忽悠。创业靠的是坚定的信念,你可以忽悠别人两天三天,但是你要忽悠谁一年两年,甚至十年二十年,是很难的。所以我觉得,创业不能靠忽悠,得脚踏实地,想到、说到、做到才是关键。

"忽悠"一词本是东北方言,经赵本山在春晚的舞台上传播后,成了口耳相传的流行语。"忽悠"含义比较宽泛,有"设套、欺骗"的意味,还有"鼓动、怂恿"的含义,近于贬义。因此,面对大学生貌似调侃实则犀利的提问,"久经沙场"的马云当然不会被"忽悠"进去。

你看他接过话茬,以话赶话,顺水推舟,应对有方,先是装傻充愣,摆脱圈套,说"不知道忽悠是贬义词还是褒义词",淡化了提问者用词的感情色彩;再虚晃一枪,"就汤煮面",以"但是我想"一转,用"如果你相信……如果你不相信……"两个并列假设句,表明了自己的看法:如果你自己对一切创业理论都持怀疑态度,当然什么金玉良言也听不进去,那么病根就在自己了,巧妙地反"忽悠"了提问者一把;最后表明态度,亮出观点,用转折句"破"了"创业忽悠论"后,就势以因果句"立"了"脚踏实地观":时间可以检验一切,单靠被忽悠出的短暂的热情,创业的动力并不能持久,强调创业的关键是"想到、说到、做到",同时也含蓄地说明了自己的创业理论经受住了检验。如此辩证剖析,有理有据,逻辑缜密,因而显得滴水不漏。

- **答老牛:反弹琵琶,别出心裁**

担任客串主持的牛根生问了马云一个问题"如果从唐僧的徒弟中选择一个创业合作伙伴,你选谁?"马云的回答是"猪八戒"。"为什么要选猪八戒?"牛根生追问道,马云笑着回答说——

创业是一个很痛苦的过程。创业者很孤独很寂寞,一个人要学会安慰自己,要用左手温暖右手,要不断寻找让自己快乐的事情。实际上像猪八戒这样的人,在很多的创业团队里都需要,他是一路幽默,一路开心。用欣赏的眼光看这样的同事,你就会很愉快,整个创业过程就会变得轻松许多。当然,猪八戒当领导是有点欠缺,但只要善于发现他的这些强项,就能让他在团队中发挥应有的积极作用。我觉得,创业途中有这样的人是一种福气。我挺愿意跟猪八戒这样的人合作。

按常理,从唐僧的三个徒弟中挑选创业合作伙伴,大家一般都会选择意志坚定、本领高强的孙悟空,或者为人随和、任劳任怨的沙和尚,而好吃懒做、爱发牢骚的猪八戒则是优化组合、竞争上岗中首先要被淘汰的对象。马云却反其道而行之,别出心裁地选择了猪八戒。

用"左手温暖右手"的说法十分形象,将创业者的孤独感渲染到了极致。而猪八戒"一路幽默,一路开心"的特质正是创业团队所需要的。马云以一个优秀领导者的眼光,看到了猪八戒身上不为人知的"强项"——可以让痛苦的创业过程变得"轻松许多",得出结论——创业途中有这样的人,"是一种福气"。马云运用逆向思维,反弹琵琶,对团队创业过程中要"人尽其才、物尽其用"的道理进行了新颖生动的诠释,彰显了自己超凡脱俗的"人才观",出人意料却又在情理之中,让人耳目一新。

心思如奔马,纵横驰骋;话语如流云,潇洒飘逸。马云不但是商业奇才,而且是说坛俊杰,他能说会道、能言善辩,口才堪称一流,真不愧为"口能言之、身能行之"的时代骄子!(彭真平评析)

(资料来源:彭真平.马云."英雄会"上秀口才[J].演讲与口才,2008(9).)

俞敏洪的演讲风采

俞敏洪,新东方教育科技集团董事长兼总裁,曾被《亚洲周刊》评选为"21世纪影响中国社会的10位人物"之一。从大学到机关,从"赢在中国"节目现场到露天广场,俞敏洪在不同的地点,对不同的对象进行演讲,活力与激情共舞,掌声和笑声齐飞。那么,俞敏洪的演讲到底有什么样的独特魅力,让听众如痴如醉呢?

- **话锋机敏,用智慧启迪人**

在"赢在中国"36强进12强的最后一轮选拔赛现场,惨遭淘汰的选手符德坤在退场时,情绪激动地讲述起了自己的奋斗历程,以表示心中的不甘。听完符德坤的激情陈述后,作为评委的俞敏洪发表了这样一番即兴点评:

我从你的经历中看到你的挣扎、成长、变成精英,但是你太在意自己的个性和感受了。

为什么要觉得别人会鄙视你呢？比如我当初被北大处分的时候，我也觉得每一个北大人都在鄙视我，其实，好多人都根本不知道我是谁！你内心有一些虚弱，所以才会建一个盔甲，就像你说的蜗牛的壳一样，（这）是你自己加上去的。如果你再多点勇气的话，就可以把这个壳去掉，长出一双翅膀，在天空中翱翔。我用了10年的时间，才把自己背上的壳去掉，既靠天，又靠地，还靠自己。我觉得你要有这样的大气！如果把刚才的气势拿出来，你一定能做成很大的事情，但前提是要把自己背上的壳去掉，一定要做到这一点！

"赢在中国"活动是一场淘汰赛，竞争激烈，参赛选手心里有压力，也有不平。因此俞敏洪先是很客气地对这名选手表达了尊重，接着话锋一转，用一句反问："为什么要觉得别人会鄙视你呢？"让听众心头一震，不禁反问自己。然后他用自己的经历现身说法，引出"你内心有一些虚弱，所以才会建一个盔甲"的看法，这句话既有力度，又形象可感。"盔甲"的比喻，生动地揭示了内心虚弱者的外在特点，真是"一语惊醒梦中人"。最后，他为对方开出了一剂去壳的良方："既靠天，又靠地，还靠自己。"用一组并列关系的短句，强调了创业成功的客观和主观因素。

这段演讲，话锋中显示出机敏，言语中蕴含着智慧，俞敏洪用自身实例来增强说服力，用比喻来提高表现力赢得了符德坤及现场听众的热烈掌声。

- **以小见大，用感悟告诫人**

说来你也许不信，俞敏洪成功的力量来源于小时候他看见父亲做的一件事情：那时，身为木工的父亲，常把别人废弃不要的碎砖乱瓦捡回来。久而久之，他家院子里就多出了一个乱七八糟的砖瓦堆。直到有一天，他父亲在院子一角的小空地上用那堆碎砖乱瓦东拼西凑。没过多久，一间四四方方、干净漂亮的小房子居然拔地而起，和院子形成了一个和谐的整体。当谈到梦想和实践的关系时，俞敏洪回忆往事，深有感触地说：

从一块砖头、一片瓦片到一堆砖瓦，最后变成一间小房子，阐述了做成一件事情的全部奥秘。一块砖、一块瓦没有什么用，一堆砖瓦也没有什么用，如果你心中没有一个造房子的梦想，即使拥有天下所有的砖瓦也是一堆废物；但如果只有造房子的梦想而没有砖瓦，梦想也没法实现。只要不放弃，日复一日捡碎砖乱瓦，总有一天，你会有足够的砖瓦来造心中的房子。

没有以成功人士自居，更没有高谈阔论的说教，俞敏洪把自己对生活的感悟，用正反对比的手法，向我们娓娓道来："如果你心中没有一个造房子的梦想，即使拥有天下所有的砖瓦也是一堆废物；但如果只有造房子的梦想而没有砖瓦，梦想也没法实现。"俞敏洪联系人们的生活把积累砖瓦比作实践，把造房子比作人生的理想，得出只有把理想和实践结合起来才能成就自己事业的道理。生活化的说理，小中见大，虚实结合，形象透彻。他将大道理蕴含在浅显易懂、形象可感的小事例之中。

- **铺张扬厉，用激情感染人**

俞敏洪总是在演讲中告诉人们，该在生命的每一段都留给自己希望和梦想，带给自己激情和创造性，成就一个独特的魅力四射的自己！且听俞敏洪在2008新年祝词中的一段话：

清点一下自己的日子，也许对我们未来的岁月会有好处。让我们一起来算一算，在

2007年,我们多少次抬头看过蓝天白云;多少次注视过月亮的阴晴圆缺;多少次在黑夜里数过天上的星星;多少次听过雨点落在屋顶的声音。如果没有,美丽的大自然对于你是不存在的。

让我们再来算一算,在2007年,你有没有读过让自己感动的故事;有没有朗诵过让自己流泪的诗歌;有没有学会唱动人的歌曲,哪怕只对自己唱;有没有写过真情的文章,哪怕只让自己欣赏。如果没有,深刻的人类情感对于你是不存在的。

也许我们能够为自己找到借口:我们的工作太忙了,我们的应酬太多了,我们的处境太难了,我们的住处太吵了。但每个人的生命只有一次,生命不允许你找借口,它不会因为你有借口让你再活一次。我们要回答的问题是:生命只有一次机会,我们能够活得更好吗?

面对2008年,希望大家更加进步,希望大家更加健康,希望大家更加热爱生命,更希望大家活出人生的精彩来。

俞敏洪的新年祝词,摈弃格式化的语言,一扫陈腐之气,诗一样的语言,洋溢着他诗人一般的热情,给人一种全新的感受。"我们多少次抬头看过蓝天白云……"一个个疑问,都蕴含着一幅自然的美景;"你有没有读过让自己感动的故事……"一个个疑惑,都留有生活的印迹;"我们的生活太忙了……"一句句揣测,都是现实的写照。每一段中几个问句,形成排比,铺张扬厉,气势如虹,强化听众对心灵的追问,引领芸芸众生关注自然、关注情感、关注生命。"希望大家更加进步……"俞敏洪的最后一组祝词,如同新春的鼓点,不断地敲击出我们心底的活力,让平凡的生命迸发出不可遏制的激情。

俞敏洪用自己鼓动人心的演讲,滋补着千万年轻人的心灵,激励着他们走向成功,实现梦想!(张斗和评析)

(资料来源:张斗和.领略"新东方"总裁俞敏洪的演讲风采[J].演讲与口才,2008(10).)

课后练习

1. 根据以下材料或生活场景作两到三分钟的即兴演讲。

(1) 在大学校园里"60分万岁"的思想经久不衰,一届传给一届,玩世不恭者说:"若是不考试,一切皆可抛。"有的振振有词:"60分足矣,多一分浪费,少一分犯罪。""不是我们不想好好学习,也不是不想取得好成绩,问题在于学得再好,分数再高,也没用,到毕业工作时知识又老化了。"对诸如此类的观点论调,你是怎样看的?

(2) 人对人要尊重,人对自然也要尊重。尊重表现在各个层面——同学之间、朋友之间、同事之间、亲人之间,都有一个互相尊重的问题。就是国与国之间也是如此。就拿日本来说吧,日本侵华多少年,中国人对这段历史是不会忘记的。如今,促进中日关系的友好发展,我们是诚心诚意的。但是,既要尊重历史,又要面对现实。如果日本违反国际准则,肆意篡改历史,伤害中国人民以及其他亚洲国家人民的情感,我们则是坚决不答应的。请以"尊重"为话题,发表即兴演讲。

(3) 在社会生活中,人人都扮演着不同的角色。有的是编剧,有的是导演;有的是主角,有的是配角。你扮演的是什么角色?是主角,还是配角?是生活的主人,还是附庸?

你的亲人、朋友,又是怎样的角色?请以"角色"为话题进行即兴演讲。

(4) 曾经有某杂志在中学生中进行过一次问卷调查,题目是"谁是你最崇拜的男子汉"。答卷统计结果最崇拜的前10位男子汉分别是:周恩来、毛泽东、爸爸、周杰伦、自己、秦始皇、诸葛亮、李嘉诚、成龙、李连杰。你的看法呢?请以"我心目中的男子汉"为题做即兴演讲。

(5) 3月15日是消费者权益日。每年的这一天都很热闹:电视台在播放"3·15"晚会,商场在让利销售,有关部门在街头巷尾摆出了咨询台,消费者可以现场投诉,工商、税务、消协……各部门忙得不亦乐乎……面对此情此景,请你以"3·15"与"365"为话题作即兴演讲。

(6) 慕名已久的李老师将要来做你们的辅导员,在李老师到来的欢迎班会上,请你代表全班同学致欢迎词。

(7) 做了你们辅导员的刘老师因为工作关系,即将离开学校,请你在欢送会上代表全班同学向刘老师致欢送词。

(8) 你的同学举办18岁的生日派对,请你结合他本人的特点,发表简短的讲话,表示祝贺。

(9) 你的老师举行60岁生日酒会,即将退休。请你在会上发表讲话,为老师祝寿。

(10) 新学期开学不久,班上举行班干部竞选会。你参加了某班干部职位的角逐,请你发表简短的竞选演说。

(11) 即将告别熟悉的校园、亲爱的老师和朝夕相处的同学,在班级举行的毕业聚餐会上,请你发表感言。

(资料来源:屈海英.新编演讲与口才[M].杭州:浙江大学出版社,2011.)

2. 夏夜的星空是那么美、那么遥远。触景生情,我们会产生种种思索。请你展开联想,以"遥远的星空"为题做即兴演讲。

3. 根据以下素材,请你准备主持一期《真情》节目。你如何设计开场白和结束语?在节目进程中,你将如何调动听众的情感以引起共鸣?

没有新娘的婚礼

2002年3月1日,四川大学华西医院信息楼演播大厅,一场令人心酸的婚礼正在举行。此时,新娘陈秀清身上的癌细胞已扩散到全身,穿上洁白婚纱的她已完全昏迷,但苍白的脸上却挂着一丝幸福的微笑。12点时,在确知新娘无法出席婚典后,新郎闻一俊流着眼泪完成一个人的婚礼。刚刚实现了人生最大也是最后愿望的美丽新娘陈秀清,甚至来不及给爱人留下最后的话,年轻的生命就如昙花开后骤然凋零。时间定格在2002年3月2日7点51分,一枚婚戒还紧紧地戴在修长的手指上,而新娘已永远地闭上了双眼。

4. 假如你的企业作为东道主组织以下活动,你作为企业代表作即兴讲话,你想讲些什么?

(1) 洽谈会;

(2) 记者招待会;

(3) 客户联欢会;

(4) 开业典礼；
(5) 宴会。

5. 经典即兴演讲模仿

根据本任务中提供的"即兴演讲词范例"，组织学生分析当时演讲的背景和演讲者的心态，体会其语言特点，并让其进行模仿、领会，较好地从这些精彩的即兴演讲词中感受到演讲的魅力。

任务 4

演讲技巧

听众的反应,决定演讲的成败。把他们当作"企业里的伙伴",谦逊地包容,便已掌握打开听众心扉的钥匙。

——【美】戴尔·卡耐基

导学案例

冯玉祥的演讲

抗日战争时期,著名爱国将领冯玉祥来湖南益阳做过一次抗日演说。

那是1938年秋的一天早上,益阳市机关学校、团体及城乡居民两万多人齐集在老城区的西门体育广场,欢迎冯玉祥将军一行。会场内人头攒动,都想一睹这位力主抗日的爱国将军的风采。

冯玉祥当时是国民党军事委员会副委员长。人们以为他来时定会骑着高头大马,随从前呼后拥,谁知他徒步入场,后面的是百名背长板凳的士兵,还有一个士兵肩上扛着一棵小松树,最后就是当地知名人士。

欢迎大会开始,主持人请冯玉祥演说。两万多双眼睛都注视着主席台。只见冯玉祥身着一套发白了的旧军装,脚穿青布鞋,身材魁梧,神采奕奕地向群众挥手。那些士兵把凳子放在主席台的前面,让婆婆娃娃安安稳稳坐定之后,冯玉祥开始演说。

冯玉祥演说的时间不长,但讲得通俗易懂。开始,他引用《世说新语·言语》中的"岂见覆巢之下,复有完卵乎"的典故。他左手握住士兵扛来的松树,右手把一个草编的鸟窝安放在树杈上,又把几只蛋放进鸟窝里后,就慷慨激昂地演说起来。他把树比作国,把窝比作家,把蛋比作生命,以手握树比作誓死捍卫国家。他严肃地说,现在我们的国家遭到日本帝国主义的侵略,我们要用双手来保卫她,那就是抗日。如果不抗日——这时他手一松,树倒了,窝摔了,蛋砸了。接着,他高声朗诵他创作的《鸟爱巢》诗:"鸟爱巢,不爱树,树一倒,没住处,你看糊涂不糊涂。人爱家,不爱国,国如亡,家无着,看你怎么去生活。"

冯玉祥用生动形象的比喻、通俗易懂的语言，深入浅出地说明先有国，后有家，才有生命的道理，使民众懂得不抗日就会遭受亡国、亡家、亡命的严重后果。他的演说震撼了全会场。演说完毕，会场内外爆发出雷鸣般的掌声，抗日口号此起彼伏。随后就有多名热血青年报名要求当兵上前线，杀敌卫国。

现在多年过去了，听过当年演讲的人回忆起当时的情景时，仍激动不已。

（资料来源：http//www.koucai.cn）

思考题：

1. 冯玉祥的演讲为什么受到欢迎？
2. 演讲技巧包括哪些呢？

 学前问题

- 演讲中要注意运用哪些修辞手法？
- 怎样才能做到精妙表达，赢得听众呢？
- 演讲中怎样才能消除隔阂，亲近听众呢？
- 演讲中怎样才能做到以情感人，打动听众呢？
- 演讲中出现忘词、冷场、鼓倒掌等情况时如何处理？
- 在演讲活动中怎样巧妙地利用空间语言？

4.1 知识储备

4.1.1 精妙表达 赢得听众

1. 巧用修辞

两汉时期的文学家刘向说："辞不可不修，说不可不善。"古希腊的大学者亚里士多德就称演讲术为修辞术。演讲的修辞术是一种艺术工具，是演讲的象征。使用修辞的演讲语言要能给听众留下深刻的印象。要给听众一种艺术美感的享受，要让他们随着演讲的进行，情感的起伏跌宕，扣其心弦，时而让其紧张、严肃；时而让其轻松、活泼，让听众回味起来感到真正是接受了一次美的洗礼。所以，演讲语言的修辞不仅仅是对词句运用的各种辞格进行雕琢，更重要的是对演讲词艺术性的总体把握，即演讲语言的修辞是指对通篇演讲语言的艺术性加工提炼，使其成为一种美的艺术。这里介绍几种常用的演讲修辞方法。

（1）比喻。演讲必须借助生动的比喻，比喻也叫打比方，是根据不同事物的相似之点，用甲物描绘乙物的一种修辞方法。运用比喻，能使事物具体形象，生动感人，变无形为有形，化抽象为具体，彰隐微为显现，使形象的直感性得以进一步强化、充分渲染。

1937年郭沫若从日本只身潜回祖国参加抗日，上海地下党组织各界人士集会，欢迎他与获释的"七君子"返沪。会上，有人鼓吹"一党专政"和抗日必须置于"政府"之下。郭沫若作了一个精彩的演讲，他说："政府好像是一个火车司机，人民好比火车上的乘客，司机、乘客是向着同一目的地。乘客应该一致服从司机开车，才能达到共同的目的地。但是如若给我们开车的司机，是个喝了酒的醉汉，或者他已经睡着了，这个时候全车乘客都将有生命之虞，更不能安全到达目的地，这样我们就不能服从他了。我们不但不能服从他，而且应该叫醒他了！"

郭沫若生动地运用比喻的演讲，赢得了全场雷鸣般的掌声和欢呼声。运用比喻演讲，要注意有关比喻的技巧。

根据被比喻物、比喻物和比喻词出现的不同情况，可把比喻分为三种基本类型：明喻、暗喻、借喻。

① 明喻。明喻，就是明显地直接地打比方。因此又叫直喻。在明喻中，被比喻物、比喻物都出现，中间用"像、如、似、仿佛、犹如"等比喻词连接，表明两者的相似关系。它的基本格式是"甲像乙"。请看美国前总统约翰逊1965年1月20日的就职演说《我将领导大家，并将尽我所能》中的两段演说词。

地球像个小孩玩的地球仪，它悬在太空间，陆地则像贴在球体表面的彩色地图。我们都是这个小小地球上的旅客。在时间的长河中，我们每个人实际上只与自己的旅伴一直度过短暂的一瞬。

我们已经看到，每一个在学的儿童，每一个在职的成人，每一个康复的病人，都像附在圣坛上的蜡烛，照亮了所有忠诚于公约的人的希望。

约翰逊的这两段说词，用的便是明喻的修辞方法，"像"是比喻词。

② 暗喻。暗喻是一种不明显的比方，它直接把被比喻物说成比喻物，因此，又称"隐喻"。在暗喻中，被比喻物和比喻物都出现，中间用"是、成、当作、变成、成为"等比喻词连接。它的基本格式是"甲是乙"。请看美国总统约翰逊就职演说中的另一段演说词："因为这就是美国。这是一块未曾跨越的沙漠，是一座尚未攀登的山岭。这是一颗人迹还没有到过的星球，是沉睡在未开垦土地中的硕果。"约翰逊的这段演说词，用的便是暗喻的修辞方法，"是"为比喻词。

③ 借喻。借喻是借比喻物来代替被比喻物的比喻。在借喻中，被比喻物和比喻词都不出现，直接借比喻物来代替被比喻物。它的基本格式是："乙代甲"。请看美国前总统卡特1976年7月5日所写的《接受民主党总统提名的演说》讲稿中的一段："但在近几年，我国出现了一种领导无方的局面，使我们的幻想遭到破灭。我们见到了一堵墙耸立起来，把我们和我们的政府分隔开来。"卡特在这段演说词中，就运用了借喻的修辞手法，将政府和民主的隔阂比作"一堵墙"。

运用比喻要注意：第一，避免晦涩、粗俗、不贴切，比喻要新鲜、奇特，切忌陈词滥调。英国作家王尔德说得好："第一个用鲜花比美人的人是天才，第二个再用的是庸才，第三个还用的是蠢材。"第二，要考虑感情、褒贬、民族、时代、地域等问题，不可大意。我们说"壮得像头牛"，英语说"壮得像匹马"，就是语言习惯问题，至于演讲总体风格的协调，如语境、对象、内容、表现手法等因素也要通盘考虑。

(2) 设问。设问,指演讲者有意识地用"问"的形式来阐明自己的思想观点,表达自己的情感内容,使演讲产生一种特殊的艺术效果。

① 标题设"问"。标题设"问"是演讲者通过问题的突然提出,产生悬念,抓住人心。如《雷锋"出国"能回来吗?》,这一演讲词就是以新颖的设"问"标题——来引起悬念,扣人心弦的。

② 开篇设"问"。演讲必须要有精彩的开头,这是听众的心理要求,在这方面,开篇设"问"正可以开门见山、单刀直入地把演讲者精心设计的问题亮出来,以对听众起到"激疑"作用。郭学明的演讲《真正的危机》开篇就是以"问"引疑、以"问"引思,在平淡中显示出它的精彩的艺术魅力。"每逢过年,我给老岳母买东西时,都格外费一番心思。为什么呢?"演讲者出人意料地把一个平常的生活问题作为讲话篇首,自然立即会引起听众的"疑",为什么呢?是老岳母爱挑剔呢?还是因妻子要面子呢?"疑"吸引着听众往下听——"老岳母有三个女婿,老大跑远洋货船劳务,挣洋钱;老三干'个体',跑生意,有气度;唯有'我'搞工程,啃技术,靠工资吃饭,寒酸样。因此,孝敬岳母时,想买的东西既要拿得出手来,又要显得丰厚,可我……"演讲者通过设"问",巧妙地抓住了听众,造成了一种"激疑"的效应。

③ 篇中设"问"。篇中设"问",一可以造成语势波澜起伏,情感的回旋激荡,使演讲文气贯通,气势加强;二可以使过渡自然,衔接紧密,起承转合,巧妙得体,表现出一种内在的、紧密的逻辑联系。白义琴的演讲《改革,唤起了女性的新觉醒》在反驳世俗之人的观点时,就有这样的一个设"问"的语段:"有人说:现在的女人都想上天了,其实这话也不错。天若是可以上,我们为什么不上呢?美国不是有个麦考利夫登上了'挑战者'号吗?虽然她瞬间就消失了,但是她却塑造了足以使全世界不能忘记的伟大女性形象!今天的改革为我们提供了千载难逢的机会,我们为什么不利用呢?没有改革,穷山沟里的农家妇女李桂莲能成为名扬全国的农民企业家吗?"这一连串的反诘,穿插在叙述的言语中,形成一种强烈的情感色彩。

④ 篇末设"问"。在演讲快要结束的时候巧用设"问",将问题提出,使演讲在结束主体部分的高潮之后奇峰再起,发人深省。演讲者篇末设"问",引人深思。

(3) 排比。运用排比演讲,可使演讲产生感人肺腑、振奋人心的威力;可使演讲的气势如同磅礴的江水,汹涌向前;可使你的感情奔放四溢、滚烫灼人。那么,怎样在演讲中使用排比,使自己的演讲增辉添彩呢?

① 运用排比写人叙事。写人叙事时运用排比可把事物描述得更加细致、更加深刻。有位县委书记在全县干部会议上分析当前部分干部意志薄弱时说:"现在干部浑身软,有的肩软,不敢担重担;有的耳软,听风就是雨;有的嘴软,该讲的不敢讲;有的手软,该抓的不敢抓;有的脚软,该调查的不调查。"通过一系列排比,使部分"浑身软"的干部形象历历在目,描述达到呼之欲出的境地,给人以活生生的印象。

② 运用排比论证道理。论证道理时运用排比可将道理阐述得更加透彻。演讲词《请看看我们头上的月亮》在阐述中国人不应该自悲自叹,应该有信心、有能力为全世界贡献自己的力量时,多处用了排比。"中国不但要有所发明,更应该有所发展、有所创造、有所前进。正是基于此,中国共产党才崛起于新世纪之初,才浴血于屠刀之下,才推翻了三座

大山,才高举起改革之旗,才奋扬国威于世界!"这几个排比句,听之整齐顺畅、和谐连续;读之气势逼人、不容置疑、层层推进,从而论证了中国人民有能力自立于世界民族之林的道理。

③ 运用排比抒发情感。抒发情感运用排比可将感情抒发得更充分、更强烈。演讲词《痴心不忘乱》的结尾不惜浓墨重彩,直抒胸臆。

我喜欢审计监督,事事从"宏观出发,国家当先"的胸怀;

我敬仰审计职业,"刚直不阿,不畏权势"的个性;

我赞美审计机关,"实事求是,客观公正"的精神;

我敬佩审计人员,"一身正气,两袖清风"的品格。

演讲者运用排比,使其感情如瀑布直泻,似洪水奔涌。

④ 运用排比批评反驳。批评反驳时运用排比可给予连珠炮般的回击,使对方没有喘息机会。针对敌人,鲁迅先生用犀利的语言揭露假三民主义,他们"文人学士究竟比不识字的奴才聪明,党国究竟比贾府高明,现在空间比乾隆时代光明"。

在演讲中运用排比的修辞方式,必须注意以下两点要求:第一,运用排比,必须考虑主题和内容的实际需要,不能为了追求形式而随意堆砌辞藻,为排比而排比。第二,层递式的排比,一定要注意逻辑顺序,注重轻重、大小、先后的分别。

(4) 对偶。对偶是把两个结构相同或相似、字数相等的语句对称地排列起来,表达相反或相关的意思的修辞方法。对偶是一种应用广泛的修辞方法,为汉语所独有,富有中国作风、中国气派,广为人们所喜爱。究其原因,主要是由于它有以下两个的作用:一是它形式整齐,结构匀称,音调和谐,语气连贯,看起来醒目,读起来上口,听起来悦耳,便于记诵。二是它概括力强,能使相似的意思相互补充、相得益彰,相反的意思相互映衬、相辅相成,从而揭示出事物的本质。

根据内容,可将对偶分为"正对""反对"和"串对"三种类型。

① 正对。正对,就是由两个意思相同或相近的句子组成的对偶。这两个句子的意思相互补充、互相映衬。请看下面讲稿中的一段话:"请大家相信我,上了岗不会忘记神圣的职责;当了官不会忘记尊敬的人民。"这就是运用了正对的对偶方式。

② 反对。反对,就是由两个意思相对或相反的句子组成的对偶。彼此美丑相对、好坏相对、新旧相对。请看下面的演说词:"我绝不辜负人民的期望,一言一行都要对得起人民;不求个人名利,只求人民利益;不求个人荣辱,只求为民造福。""不求个人名利,只求人民利益;不求个人荣辱,只求为民造福。"就是运用了反对的对偶方式。

③ 串对。串对,就是由两个内容连贯或相互间有递进、因果、条件等关系的句子组成的对偶。请看下面的演说词:"我将做到'三个不当':廉洁奉公,不当贪官;秉公执法,不当昏官;真抓实干,不当懒官。""廉洁奉公,不当贪官;秉公执法,不当昏官;真抓实干,不当懒官。"这三组对偶都是运用了串对的修辞方式。

运用对偶这种修辞方式,必须注意内容与形式的统一,不能因辞害意。既不要为了对偶而对偶,硬把一句话说成两句,把三五句话强缩成上下联;也不要为了单纯追求形式上的工整而损害内容。古时候,有个叫李廷彦的人,他写了首百韵诗给他的顶头上司。这首百韵诗有两句云:"舍弟江南殁,家兄塞北亡。"上司读了之后,很同情地说:"没想到你家这么不幸。"李廷彦听了这话,笑着解释说:"其实,我的兄弟并没有死,我不过是为了求诗句对偶贴切工整而已!"后来,有人嘲讽他说,你何不写上"爱妾宿僧舍,娇妻住道房"。显然,李廷彦只顾追求形式美,而不顾内容的真实,犯了因辞害意的毛病。

（5）引用。演讲的成功不仅在于表达准确,更在于有艺术感染力。它需要多方面的演讲技巧。引用就是其中之一,它是演讲者为了说明自己的观点,或者为了驳斥谬论,或者为了语言表达生动、简练、有力,引用一些名人先贤的话;或采撷一些警句、成语、谚语和典籍中的话使演讲生色增辉的技巧。恰当地引用,不仅可改变演讲语言结构的单一性,而且由于引用的内容都是经过锤炼的,含"金"量较大,经过社会的认可,具有权威性、威慑性,能使人在亲切感中心悦诚服,领悟演讲者的匠心。所以,运用引用能使演讲立意高远,寓意深刻;以少胜多,言简意赅;感情强烈,韵味不同;嬉笑怒骂,风趣幽默。

如著名演讲家李燕杰的演讲《正气歌》中有下面一段:"什么叫正气呢?正气就是所谓浩然之气,即孟子所说的'其为气也,至大至刚,塞于天地之间',我们还可以把这种正气看作中华民族之魂:'三十功名尘与土,八千里路云和月,莫等闲,白了少年头,空悲切';'人生自古谁无死,留取丹心照汗青'。几百年来,这些诗句脍炙人口,家喻户晓,成为激发民族奋进的绝唱,弹奏出我们民族的正气之歌。"这里引用孟子的名句和民族英烈的诗句,揭示了"正气"的内涵,简练有力,生动深刻,取得一语中的、妙语惊人的效果。

根据引用的方式,通常将引用分为"明引"和"暗引"两种类型。

① 明引。明引就是直接引用原文,说明引文的出处或作者。我们看一位乡长在就职演说中的一段演说词。

俗话说:"平静的湖面,练不出精悍的水手;安逸的环境,造不出时代的伟人。"我深深地懂得,要实现这个目标,光坐而论道、纸上谈兵是无济于事的。重要的是脚踏实地地去干。

在这段演说词中,演说者则是"明引"了俗语:"平静的湖面,练不出精悍的水手;安逸的环境,造不出时代的伟人。"

② 暗引。暗引就是直接引用原文,但不说明出处或作者,而将引用的语句带入演说者的语句中。请看某市长在就职演说中的一段话:"如果因为本人政务不廉洁或工作失职而造成不应有的损失,那么,我将主动摘下市长这顶'乌纱帽',回家卖红薯!这,就是我这位人民公仆所要给人民群众进行的最踏实的表白!"在这段演说词中,"回家卖红薯!"一句就是暗引。这句话出自一部电视剧,但作者没有说明出处,而是将这句话带入到自己的语句中。

关于引用应注意两点:第一,所引用的内容必须对阐述的问题确有价值,其内容既具有权威性、说服力,又不是老生常谈,从而使听众既感到熟悉亲切,又为之折服。第二,引用要讲究时机,抓住重点,要恰如其分地与自己的整个演讲融为一体,万不可把名人名言改头换面、零敲碎打、滥用一气,以迁就、"充实"自己的演讲,给人以牵强附会之感。

总之,"运用之妙,存乎一心",不论名言警句,还是生活中的俚语、格言、俗语、谚语以及文学名著中的隽语、幽默笑语、故事、典故等,只要引用得恰到好处,都会起到点缀、强化演讲的作用,使之成为"声色"并茂的"优质材料"。

（6）换算。怎样才能使演讲中的数字更生动呢?这要借助一种修辞方法——换算,即对那些难于具体感知的、难于认识的数量,进行形象化的折算。数量通过折算后,便能化抽象为具体,化枯燥为生动,从而增强它的表达效果。例如:"在兽性狂发的一个多月中,日本侵略军在南京屠杀了30万个中国人!30万个人的肉体,能堆成两座37层高的金陵饭店!30万人的血,有1200吨!"这里30万个中国人,是具体的数字了,但还不够形象。"两座37层高的金陵饭店""1200吨",这样一换算,"30万个人"这一数量不仅具体,而且形象醒目!起到了突出强调的作用。由此我们可以看到,把那些难以感知的,容易使读者感到腻烦和茫然的数量巧妙地换算一下,使其具体可感、生动形象,便能收到惊人的效果。换算可以分两种。

① 换算成其他事物数量。例如,当年美国在决定修建尼亚加拉大瀑布水利工程前,赞成与反对者争论激烈,有一位赞成者作了如下的演讲。

我们听说在国内有几百万的民众艰苦地过着日子,十分憔悴、营养不良。他们缺乏面粉充饥。可是,在尼亚加拉瀑布上,每个小时都要无形中消耗掉与二十五万块面包相等的瀑布能量。我们可以想象到,每小时有六万只鸡蛋,越过悬崖,变成一块巨大的鸡蛋饼,跌到湍流的瀑布中。如果从织机上织下来的白布能够有四千尺宽,它的价值也等于尼亚加拉瀑布所消耗掉的能量。……这是个多么惊人的巨大消耗啊!对于这个无形的消耗,有人主张拿出一笔款子来利用这一个巨大的水能,想不到也有人来加以反对呢!

这个演讲十分成功。原因就在于演讲者运用"换算"这一形象化的手段,把尼亚加拉大瀑布水力资源的价值先换算成"二十五万块面包",再换算成"四千尺宽的白布",多么浅显易懂,多么娓娓动听,它紧紧地扣住了听众的心弦,闻者无不为之动容。

② 重新加以形象化说明。并不把原数量换算成别的事物的数量,只是把这个数量重新加以形象化的说明。例如:

科学界公认,地球已有45亿年的历史,而地球上的生物也已经有36亿年的历史。为了形象地说明问题,我们不妨把时间坐标缩小比例尺,把36亿年压缩成一年的长度。按这样的比例尺,一天相当于历史上的1000万年。照此推算,每小时相当于42万年,每分钟相当于7000年。在这样的尺度上,从原始生物到人类语言的进化,显示为下面的图景。如果1月1日在地球上开始产生原核细胞——细菌类生物,那么,最早的真核细胞在9月20日出现,恐龙到12月1日才出现,并在同一天就灭绝了。12月25日出现灵长目动物。12月30日出现猿类。12月31日出现会说话的人类。12月31日晚上11点,北京猿人才学会了用火。现在我们所看到的原始文化的遗迹和文学记录,那是在这最后一分钟形成的。而在最后一秒钟里,人们才认识到自己的语言具有真正的历史(语言学和现代科学)。

45亿年、36亿年、42万年……这些数字虽然也是具体的,但超出人们想象,终不免模糊,难以感知。但把36亿年压缩成一年的长度,把原始生物到人类语言进化的重大历程,经过换算,表示在这样的尺度上,事物就清晰多了。

像比喻常有喻词出现一样,换算也往往出现"换算词","相当于""折合成""抵得上""等于""换算成"……这些词语可以用来表示换算关系。

换算能使"数量"达到具体、生动、形象的目的,但是运用它也得遵守修辞的规则,它同样要受到题旨、语境、主体的制约。因而换算也并非到处都适用,并不是所有难于感知、难于认识的数量都有必要换算一番,在有些言语交际中恰恰反对换算,一是一,二是二,要求一丝不苟的"精细"!换算特别多地运用在演讲词中,这是因为听众对演讲有一个共同的强烈的要求,即生动形象、通俗易懂、易于理解接受。

运用换算的修辞方法必须注意的一点是:换算前与换算后的量应该是大体相等的,切不可夸张失实。

(7)反衬。运用反衬这种修辞方式,应把握好一个基本原则,即根据演讲的实际需要,在特定的语言环境中灵活运用,既要突出主体,又要恰如其分,使演讲的内容和形式都更加富于变化、富于新意,以收其精彩、特殊之功效。具体地说,可以从以下方面着手。

首先,运用反衬,要巧妙安排演讲内容。反衬的修辞方法,在演讲的内容中体现为以动衬静、以俗衬雅、以小衬大、以喜衬悲、以热衬冷、以恨衬爱或相反而衬。一篇题为《奋斗在自学成才之路上》的演讲,在谈到"静夜苦读"时,采用了以动衬静的反衬:"夜深了,墙上挂钟'嘀嗒嘀嗒'地响着,'和尚楼'显得格外宁静。"这里以钟摆的响动,反衬出夜晚的宁静,形象生动,突出主体,烘托出夜静的气氛。

其次,运用反衬,要使演讲形式多样化。在演讲的表达形式上,我们可以采用以轻衬重(语气)、以慢衬快(语速)、欲高亢先低沉(语调)、欲昂首先微垂(态势语)或相反而衬等方法。

最后,运用反衬,要注意恰如其分,切忌随意滥用。这里应着重注意两点:一是陪衬与被陪衬的事物应让人家看了即清楚,一听就明白,千万不可含糊其辞、云里雾里。二是要注意用作反衬的事物一定要把握好恰当尺度,万不可喧宾夺主,冲淡陪衬的事物主体。

其实,在演讲实践中还经常使用反复、夸张、象征、反问等修辞手法。以上所讲几种,只是"择其要而述之"。无论使用何种修辞方法,都要注意恰到好处,切不可为了单纯追求演讲艺术效果而不切合实际地乱用。

2. 直抒胸臆

演讲要赢得听众信赖,使人心悦诚服,就必须"掏心窝子"、直抒胸臆,以真话打动听众;要诚恳地面对听众,就必须有求真的品格和胆识,能针对"糊涂认识"鞭辟入里,能正视"敏感问题"并阐明见解,而不是"绕道走"或闪烁其词,必须力除陈言、摆脱俗套,不甘于做某种"公认"理念的传声筒;要有从事实中升华并符合真理的见识,必须有扶正祛邪、匡正世风、补益人心的高度责任感。须知人心向善,精诚所至,金石为开,只要情理交加,定能启人心智、催人猛醒,赢得真诚的掌声,这是不乏先例的。掏心窝子讲真话,恰恰是听众对演讲者最起码的要求。说真话要注意以下几点。

(1)内容真实。直抒胸臆首先要有真实的内容,演讲内容的诸要素都应是真实可信的。主要是情真,既能自然袒露自己的鲜明爱憎,又代表着多数人的心态,既言出于衷又动人以诚;理真,即观点正确,见解独到,能揭示社会生活的本质和规律;事真,即尊重事实,不溢美、不隐恶、不杜撰、不扭曲、不回避。只有三者都真,才是真话,才有说真话的底气,才能让人信服、动情。无论歌颂或暴露、立论或驳论、说服或鼓动,都必须实事求是。若是无视事实,态度暧昧或言过其实,必然引起不愉快、不信任。陆建生《也谈"破格"》就是一篇说真话的演讲,演讲人以确凿的事实为依据,对"破格"之说提出了大胆的质疑,表示了强烈的不满,并确立了自己的独到见解。

　　对于这种说法,我深感困惑。为什么?就因为年轻提升为副教授、工程师就是破格吗?王沪宁,洋洋洒洒几十万字的理论文章,其思想之超前、根底之扎实、理论之深刻,曾震惊"朝野",又通过了必要的外语考核,哪一点没有达到一个副教授的水准呢?他,已经30岁,30岁还年轻吗?他,"双蝶形"立交桥的设计达到国际水平,难道还够不上一个工程师的资格吗?他们被提升为副教授、工程师不是极其正常又顺理成章的吗?何来破格之有?难道非要搞封建式的论资排辈,非要等到一个人老了,暮气沉沉了,甚至死了,再来个追认,才不是破格吗?

　　通篇都是这样的大实话,切中时弊,发人深省,显示出真话的威力与魅力,远比那种四平八稳的"温暾水"站得住脚。由此可见,内容真实是演讲的生命所在。

　　(2) 人格力量。真话充分体现了人格的力量,不是出风头,它要求演讲者有补于世道人心,要履行神圣的社会责任,人品要好,具有指点江山激扬文字的资格,既能无愧地说"好话",又敢无畏地说"坏话",不媚俗不耍滑,唯真是求,能为真理献身。尤其是面对着很多人的"通病",面对着使人敏感的社会弊端,面临着扼制真情实话的强大压力,更能考验出演讲者人品的高下。著名理论家杨献珍在黑白颠倒的年代挺身而出捍卫真理,而没有违心地追随风行全国的谬误瞎起哄,其高风亮节令人惊叹令人肃然起敬。他在一次谈话中说道:"钢铁、粮食都是硬东西,说假话办不到……社会主义不是靠吹牛得来的,而是靠一点一点的劳动建立起来的。不能虚报的受奖,说实话的插'黑旗',要是这样,我看这种'黑旗'比弄虚作假的'红旗'还好得多!"(《坚持实事求是作风,狠狠批判唯心主义》)这些话对大有来头的"浮夸风"进行了猛烈抨击,切中要害,正气凛然,爱憎分明。这在当时需要多么大的魄力啊!至于我们,如果只会文过饰非,那么当个"演讲家"又有何用?

　　(3) 目光敏锐。说真心话有追求真理的执着和胆魄,也要有发现真理的科学眼光和过人见识。否则只能讲"蛮理"讲"套话",不可能有令人叹服的真知灼见。这就要善于体验和感悟生活,敏锐地捕捉现实问题。例如有一种与"我们"有关的社会现象:我们都会说热爱美德憎恨邪恶,但我们未必都能善待美德。有一篇题为《善待美德》的演讲词亮出这个问题,向"我们"(包括演讲者自己)发起了排炮式的"进攻"。"谁都会称赞正直,不过当正直的心灵辗转于明枪暗箭之中,我们也能发出耿直的呼喊吗?谁都会欣赏勇敢,不过当勇敢的身躯拼搏于烈火之中或匕首之下,我们也能果敢地挺身而出吗?谁都痛恨虚假,但是当作假能给自己带来荣誉、地位和羡慕的时候,我们能拒绝诱惑吗?谁都咒骂冷漠,但是在冷酷能使自己避开困扰、灾祸和牺牲的时候,我们能热情如火吗?"

　　如果不用自己的眼光体察社会、解剖自身,就不能如此"刁钻"地发现问题、提出问题,就不能言人所欲言,发人所未发,即便有说真话的愿望也不知从何说起。

　　(4) 态度坦诚。演讲者如果抱有凌驾于听众之上的"优越感",那就要"作假"了。一定要作为听众的一员与之融为一体。要有表达自己的诚意,以真诚获得人心。美国耶鲁大学的摩根教授在欢迎新生仪式上的演讲,并未端起导师的架子,而是言辞恳切地自我揭"短"。"我们要求你们把我们逼入死角。让我们暴露出我们研究中的差错与欠缺,迫使我们承认还有那么多的认识空白。这种观点听上去让人吃惊?你们应当做到不要对此吃惊。在课堂讲授时,我们会赌咒发誓地要你们相信,我们所知甚多,无所不能。但你们不要理会那一套。你们应当对我们横挑鼻子竖挑眼,逼我们显示自己的无知之处。"(《每个耶鲁新生都应当知道》)

还有什么能比这种发自内心、寓意深切的真话更有力量,更能使人敬重、令人倾倒呢?

(5)讲求方法。直抒胸臆讲真话要讲求方法,灵活处理。说真话不等于鲁莽,有些无关主旨又让人"头疼"的真话还是不说为好。选择,就是关乎策略的办法。还要设法使"好话"不让人"肉麻",比如可以用质朴、含蓄、深沉的措辞。更要设法使"坏话"不那么呛人,具有可接受性(对敌斗争不在此列),比如可以进行心理诱导,运用情理交融的描述等。1940年,处于前线的英国已经无钱从美国"现购自运"军用物资,一些美国人便想放弃援英,而看不到唇亡齿寒的严重态势。罗斯福总统在记者招待会上宣传《租借法》以说服他们,为国会通过此法成功地造设了舆论氛围,这体现了罗斯福总统的政治远见和面临重重障碍也要坚持正确主张而说真话的坚定品格,也体现了他高超的说话技巧。他说:"假如我的邻居失火了,在四五百英尺以外,我有一截浇花园的水龙带,要是给邻居拿去接上水龙头,我就可能帮他把火灭掉,以免火势蔓延到我家里去。这时,我怎么办呢?我总不能在救火之前对他说:'朋友,这条管子我花了15元,你要照价付钱。'这时候邻居刚好没钱,那么我该怎么办呢?我应当不要他15元钱,我要他在灭火之后还我水龙带。要是火灭了,水龙带还好好的,那他就会连声道谢,原物奉还。假如他把水龙带弄坏了,他答应照赔不误,现在我拿回来的是一条仍可用的浇园水管,那我就不吃亏。"罗斯福并未直接指责这些人目光短浅(这样只能触犯众怒而适得其反),而是妙语如珠以理服人。他用了一个通俗易懂的比喻,深入浅出,通情达理,轻松自如,贴近人心,使人不得不服。从中不难悟出说真话的艺术。

3. 阐明观点

要改变一个人的思想观点可以说是世界上最困难的事情之一,然而演讲者又通常不得不对付这个棘手的问题。面对听众,精明的演讲者总是在充分尊重听众观点的同时,又能巧妙而又有条不紊地按照原定计划阐明自己的观点,打动听众,促使听众主动接受演讲,让其心悦诚服。这里主要有如下技巧。

(1)把握重点。一般来说,演讲的听众可以粗略地划分为三大类型。有的听众与演讲者持有相同的观点;有的听众犹豫不决,处在观望之中;有的与演讲者的观点相对。那些同意演讲者观点的听众用不着花力气去说服;那些犹豫不决的听众有可能被演讲者清楚明了、令人信服的演讲改变立场。演讲者面临的真正挑战无疑来自最后一类听众,因此必须开动脑筋,设法让这部分人放弃自己的观点,站到演讲者这边来。

然而,改变一个人的立场从来就是相当精细的工作。因为,谁都拥有自己引以为豪的观点。它们要么是经过多年的学习与经验积累而形成的,要么是拥有根深蒂固的情感根基。对于宗教、政治、民主甚至养儿育女等问题,大多数人都有自己独到的见解。同时,一些陈旧的观念使得听众很难对许多问题保持冷静而客观的看法,而在别人眼中它们看上去则像是一些偏见。但是,只要真正是听众自己的观点,听众就会认为它们是完全合理和令人满意的而抱住不放,视之弥足珍贵。

如果演讲者直截了当地面对面攻击一个人所拥有的"珍贵"观点,其反应只能是反感,会对演讲者表示愤慨。对演讲者说的每一句话,不但不会放弃自己的观点,而且相反还会像溺爱小孩的父母把自己的小孩抱得更紧那样,更加坚守自己的立场。由此看来,演讲前演讲者必须充分分析自己的听众,依据实际情况选择最佳途径,把演讲的重点放在那些犹豫不决、摇摆不定,尤其是与自己意见相左的听众身上,做到有的放矢。同时,还必须正确面对听众自己已有的观点,不能因为他们与自己的观点不一致而开门见山地迎头痛击。

(2) 以退为进。演讲时,特别是当演讲者的观点处于不利的境地时,为了达到说服听众的目的,不妨先有意识地退一步,肯定听众的观点有其合理性,然后在获得听众信任的基础上再寻找机会,通过摆事实、讲道理等方法巧妙地提出自己的观点,以退为进,转守为攻,从而最终有力地说服听众。在《裘利斯·恺撒》一剧中,戏剧大师莎士比亚为我们描述了一个极好的例子。

公元前44年3月15日,罗马统帅裘利斯·恺撒在元老院被罗马元老贵族刺杀,为首的是深受他信任的勃鲁托斯。作为主谋,勃鲁托斯做了恶人还先告状。他跑到街上公共讲坛上,大谈杀死恺撒的必要性,极力为自己开脱罪责;同时,又信誓旦旦地把自己装扮成正人君子的模样。听了勃鲁托斯的演讲,群情沸腾了,他们认为杀死恺撒是件大快人心的事,勃鲁托斯为民除害是英雄。请看此时安东尼是怎样说服听众让听众接受他的观点的。面对勃鲁托斯蛊惑人心的演说,面对群情激奋、不明真相的市民,安东尼心里清楚,在此时此地,他既不能马上歌颂恺撒,又不能一上讲坛就立即攻击勃鲁托斯。于是,他开场便说:"我是来埋葬恺撒,不是来赞美他。"接着,他又开始赞扬勃鲁托斯,称他为"尊贵的勃鲁托斯""正人君子"。这样的话无疑适合当时的气氛,不会引起听众的反感而遭到他们的反对。然后,他抓住机会,有计划、有步骤地把市民的心拉向自己的一边。他说:"现在我得到勃鲁托斯和另外几位的允许——因为勃鲁托斯是正人君子,他们也都是正人君子——特地到这儿来,在恺撒的丧礼中说几句话。他是我的朋友,他对我是那么忠诚公正;然而勃鲁托斯却说他是有野心的,而勃鲁托斯是一个正人君子。他曾经带许多俘虏回到罗马来,他们的赎金都充实了公家的财库,这可以说是野心者的行径吗?穷苦的人哀哭的时候,恺撒曾经为他们流泪,野心者是不应当这样仁慈的,然而勃鲁托斯却说他是有野心的,而勃鲁托斯却是一个正人君子。你们大家看见在卢柏克节的那天,我三次献给他一顶王冠,他三次都拒绝了,这难道是有野心吗?然而勃鲁托斯却说他是有野心的,而勃鲁托斯的的确确是一个正人君子……"

安东尼摆出一个一个的事实,来讴歌恺撒的丰功伟绩,一层一层地剥去勃鲁托斯身上的画皮,在场的市民开始为安东尼的话打动,觉得他说得有道理,认为恺撒死得冤枉。这时,安东尼不失时机地改变自己的被动地位,由守变为攻。他拿出一张羊皮纸,那是恺撒的遗嘱。在宣读遗嘱前,他走下讲坛,叫在场的市民围绕在恺撒的尸体四周。他揭起恺撒尸体上的外套,把剑刺的洞孔指给大家看,当他指到勃鲁托斯刺的伤口时,他说:"好一个心爱的勃鲁托斯,恺撒的安琪儿!啊,这是最无情的一击!这是刺穿心脏的一剑!挨了这一剑,伟大的恺撒就蒙着脸倒下了!……残酷的叛徒却在我们头上耀武扬威……"

安东尼的话音刚落,讲坛四周呼声四起。"烧掉勃鲁托斯的房子!""打倒阴谋者!"于是,安东尼开始宣读恺撒的遗嘱,对勃鲁托斯发出最后的一击。"他给每一个罗马市民七十五德拉马克。而且,他还把台伯河这一边他的花圃和果园赠给你们,永远成为你们世袭的产业,供你们自由散步和游憩之用。这样一个恺撒,几时才会有第二个同样的人?"市民们再也听不下去了。他们在市场上奔跑,抓起凳子、桌子,堆成了一座火葬柴堆。他们把恺撒的尸体放在上面,在柴堆上点着了火。当柴堆烧旺时,他们抽出燃烧着的木头,向阴谋者的房子冲去。这时,勃鲁托斯等阴谋者在得到警告后已仓皇逃出城外。

安东尼的演说彻底征服了与他意见相左的听众。他的成功,与他演讲时运用以退为进的技巧是分不开的。

(3) 激发共鸣。要使听众心服口服,演讲者在演讲时不可违背听众的意愿,采取逼迫,甚至是威胁的手段要听众接受观点。演讲者应当牢记在心的是,只有当自己的观点能够引起听众感情共鸣时,才容易为听众所接受。思想家、作家及诗人爱默生曾经讲述过的一个故事对演讲者来说是不无启迪的。"有一个身强体壮的男孩试图将一头牛赶往牲口棚。他用尽浑身力气推它,不停地用鞭子抽打它,大声吆喝它,然而牛站在那儿就是不肯动。一位挤牛奶的女工见状,走上前来。她深知牛的饮食习惯。她把一根手指伸进牛的嘴里,很驯服地将它牵到了牲口棚里。原来,她从牛的角度考虑问题,尽力让自己的行为符合它的习性,对它产生强大的吸引力。掌握了这一点,她想把牛牵到哪里就能牵到哪里。"这则故事告诉我们,演讲时演讲者应当设法使自己的观点吸引听众,激发他们同意演讲者的愿望。一旦演讲者尊重了听众的观点,那么演讲者接着便可以渐渐地构筑自己的观点。那么,演讲者怎样构筑自己的观点呢?无疑应当让它对听众有感染力——正如放进牛口中的手指一样。听众接受演讲,是因为他觉得演讲者的观点对其有价值、有帮助。而且,只要演讲者能向听众表明自己是尊重他的观点,能替他着想的,就能在听众中产生共鸣,并与其建立起一种融洽的关系。只有这样,听众才会乐意让演讲者"牵"着而接受演讲者的观点。

(4) 选准角度。这里的"角度",是指演讲的立足点、着眼点和出发点,是关系到确立主题、选择材料和选用表达方法等诸方面,它是成功演讲的有效"突破口"。演讲角度的选择与确立,一般要遵循这么几项原则。

① 主旨揭示事物本质。演讲者就事物本质属性的某一面,进行剖析、升华。某一"灵感",可能导致演讲者"萌生"主意,在这个意念之下,所选择的例证材料就要服务于主题的表达了。而主题定向,就决定了演讲的宗旨,反映演讲者的思想认识境界,还决定着演讲的优劣高下。因此,无论是讲人、叙事,还是论理,都不能停留于表面,而是由表及里、由浅入深地挖掘事物本质,并从揭示事物本质出发选择和确立角度。

在成都"偶像与青春"青少年演讲大赛上,有几位选手的演讲就很有味道。演讲《我的偶像就是自己》,对当前青少年对明星偶像的狂热崇拜,提出反思:"我觉得,他们也是普普通通的人,和你、我、他都一样,只是在某些方面更具天赋,成绩突出罢了……我们却往往只抓住他们的长处而忽略了他们的短处,比如知识、处世、人格……我们青年人应该正视自己的长处、发展自己的长处,把偶像身上的长处有选择地拿来,弥补我们的不足;把对偶像的那种理想化的寄托,合乎现实地放在自己身上,作为一个努力的目标。"演讲立足于"偶像以长'勾'人",狂热膜拜便是"否定自我",其主旨水到渠成:"我的偶像就是自己"。

《青春需要崇拜偶像》则认为:"青春需要崇拜偶像,因为青春时代是我们树理想、立志向的时代,偶像是我们忠实的朋友,偶像是我们成长进步的参照物。以他们的经历鼓励我们,使我们的生活涂满灿若春花的色彩。生活中有永不褪色的偶像,那我们的头顶将是一片灿烂!"演讲者紧紧抓住"参照物"在我们青年人的人生理想、事业成就、生活情趣等方面大做文章,旨在"青春需要偶像"。

这两篇演讲,其主题都揭示了"偶像"本质上的东西,但由于角度不同,其主题也就不一样了。可见,从不同角度去认识客观事物的本质,就会得出不同的结论,也就可以形成不同的演讲主题。换言之,对于同一事物,选取的角度不同,立意也就不一样了。

② 选材反映事物特征。事物的特征往往不是唯一的,这就决定了其由外在特征深入内质、横向推演的途径不一,或者说,有很多切入点。演讲者由事物的某一特征作为触发点,作为理论、抒情的突破口,通过形象的渲染、延伸推向到人类社会某种经验、规律和哲学思想,反映了主体在某一特征框定下的定义。这不仅启迪听众的智慧和洞悉力,还可以创设美的境界、氛围。

请看《泥土的联想》:

或许,你不会留意,因为它是那样地默默无闻,终生只知奉献,不计个人的得失。尽管人们不愿意正视它,对它的事业嗤之以鼻,但它仍然甘当花木的培养者,视培养花为己任、为乐事。这种对事业始终不渝的高度责任心,不能不说是泥土的可贵之处。我常想,我们护士这个职业,不正是具有泥土的这种高尚品格吗……

演讲者以泥土"为花木提供养分"这一特征,作为演讲的突破口,抓住"培养"一词展开形象思维,横向开掘出重大主题:护士默默奉献的高尚品格。

③ 表达体现现实需要。当主题、材料确定并烂熟于心时,就要在运思、炼意、结构、技巧和言语等方面好好斟酌,怎样讲效果好就注意表达,使之多角度、多侧面、多棱镜般地着眼,立体化地反映演讲内容和思想意旨,使演讲既生动活泼,又全面深刻,臻于完美。

表达方式的选择,要根据具体的内容而定,要选择最能反映本质、突出特征的"言语角度"。力避片面追求某篇演讲的形式,重走老路,而"用符合我们自己的思维形式和情感变化的方法去表达"。

另外,在选择和确定角度时,还要注意以下两个问题:一是要选择准,这是最基本的要求。即能反映出客观事物的本质、抓住事物的特征,更重要的是,所确立的角度要能够达意表旨、析理明道,使演讲具有最佳的说服力和感染力。二是要选得巧,出奇制胜。美国内战之后,约翰·艾伦与功勋卓著的老上司陶克将军竞选国会议员。在竞选演讲中,陶克为了唤起选民的信任,他说:

诸位同胞,记得在17年前的昨天晚上,我曾带兵在茶座山与敌人激战,激烈的血战后,我在山上的树丛里睡了一个晚上。如果大家没有忘记那次艰苦卓绝的战斗,请在选举中也不要忘记那些吃尽苦头、风餐露宿而屡建战功的人。

艾伦则顺水推舟:

同胞们,陶克将军说得不错,他确实在那次战斗中立下了奇功。我当时是他手下的一个无名小卒,替他出生入死,冲锋陷阵,这还不算,当他在树丛中安睡时,我还携带武器,站在荒野上,饱尝了寒风冷露的滋味来保护他。凡身为将军,睡觉时需要哨兵守卫的,请选举陶克将军。若也是哨兵,需为酣睡的将军守卫的,请选举艾伦。

双方都以"风餐露宿的那次战斗"论证自己的功勋,取信于选民。但艾伦则是沿着陶克将军的思维向前推进了一步,将军虽然辛苦,总还可以在树丛中安睡,而自己则要站岗放哨保卫他。其角度显得巧而刁、新而奇。显然,大多数选民会倾向于普通士兵出身的艾伦。

总之,角度是成功演讲的"突破口",要想演讲得深,讲得新,不能不在角度的选择和变换上下一番苦功夫。

4.1.2 消除隔阂 亲近听众

演讲能赢得听众的亲近,对演讲效果的提高和演讲的成功至关重要。据心理学研究,人们在焦急时,潜在的感情因素往往左右着心理倾向与理性思维,对话语的可信度和可接受性产生微妙影响。因此,演讲者要设法消除心理隔阂,拉近感情距离,使听众乐于亲近自己。

1. 介绍自己

当演讲者是"生人"的时候,听众开始不免有些隔阂感。这时就直奔主题往往让人难以接受,不妨先自我介绍,"推销"一下自己。孟俐小姐的演讲《让女生部早日"消亡"》这样开场:

亲爱的女同胞们,还有敬爱的先生们:

晚上好!

首先感谢大家的热情,谢谢!

我早想说上几句,很想认识一下大家,也让大家认识我一下。我是2013级2班的一员,姓我们儒家宗师孟子的"孟",单字伶俐的"俐",孟俐,就是我。你们大家听出来了,我这个人爱好说话,连自己的名字也要美化。不过,我要说明,这个小毛病丝毫不妨碍我对"女生部长"之职的热情,可是,即使天大的热情也不能改变这么个趋势——女生部的发展完善过程,也就是它走向消亡的过程,我的任务就是促成这个过程尽早结束。

真是语言出性格,寥寥数语巧妙而自然地"塑造"了一个热情开朗、活泼可爱的"我",一下子拉近了"我"与听众的距离,让人很开心,有兴致倾听。

2. 深情表达

演讲者流露真情,可以直接表达对听众的赞美和喜爱,使自己的情感飞流直下,也可以直中有曲,适度控制,以引而不发的张力摇荡听众的心旌,使听众的心默默地贴近你。张志公《在演讲邀请赛闭幕式上的即席讲话》中,在赞美了"小李燕杰们"的成绩之后,忽然说:"说到这个地方,我很想改变一下称呼,但又担心有倚老卖老之嫌,可是感情使我不能顾及这个责备,我把'亲爱的青年朋友'改称'可爱的孩子们'!"(长时间热烈的鼓掌)张先生把自己的感情表达得一波三折,既恳切又委婉,既明白又深沉。"孩子们"深受感动、鼓舞,在心里觉得他可亲可敬。

3. 使用口语

演讲的词语、句式、语气、语词都要口语化。秦市义动员农民集资办学的演讲《为了咱的娃》,以朴实、幽默、深情的口语牢牢牵动着山区乡亲的心,使之时而欢笑,时而哭,时而沉思,时而赞许:"咱娃也是娃,咋就该坐在这石头块块土蛋蛋上。……把咱娃害得近视眼、关节炎、罗圈腿、背锅腰……咱那破教室,老实说还不如县大牢哩!咱县大牢还打几块破玻璃哩!要是我的娃在那坐上一天,我都舍不得(秦哭,众人亦哭),咱大家好好想想,大人们住的是好房子,可娃娃们咋就在这地方受洋罪?咱娃娃可有话对你们说哩!"(大哭)

4. 理解听众

演讲者要善于捕捉人们内心的关注,做大家的代言人,体现对听众的真正理解。1937年夏天,朱德总司令应邀对国民党127师官兵作演讲,他以亲切感人的乡音对这些四川子弟兵说:"你们初次离乡,远来北国,可能水土不服,生活不习惯,希望你们注意起居,保重身体,好为国杀敌。"平易、亲切的话语充满了关切、体贴和激励。士兵们纷纷表示,跟着这样的长官当兵打仗,死了都值得。

5. 就近取材

就是选择那些极为贴近听众的演讲题材,叙事明理,平易近人,或者,以此为过渡,自然地扩展开去,天南海北,涉笔成趣。鲁迅在燕京大学的演讲《现今的新文学概观》中说道:"那题目,原是在车上拟定的,但因为道路坏,汽车颠簸起来有尺多高,无从想起。我于是偶然感到,外来的东西,单取一件,是不行的,有汽车必须有好的道路,一切事总免不掉环境的影响。文学——在中国的所谓新文学,所谓革命文学,也是如此。"所说之事看似琐碎,但与此时此地的听众极为贴切,时间(刚发生)、空间(来此途中)、性质(日常之事)都紧贴听众,所以听众自然也就和演讲者贴得很近。

6. 找共同点

寻求与听众之间共同的感情、共同的遭遇、共同的理想等,这些"共同"会把彼此的心联结在一起,把演讲者融化在听众之中。丘吉尔做客美国时所做的圣诞祝词就是这样:"我今天虽然是远离家庭和祖国,在这里过节,但我一点也没有异乡的感觉。我不知道,这是由于本人的母亲血统和你们相同,抑或是由于本人多年来在此得到的友谊,抑或是由于这两个文字相同、信仰相同、理想相同的国家,在共同奋斗中所产生出来的同志感觉,抑或是由于上述几种关系的总和。总之,我在美国的政治中心——华盛顿过节,完全感受不到自己是一个异乡之客。我和各位之间,本来就有手足之情,再加上各位欢迎的盛意,我觉得很应该和各位共坐炉边,同享圣诞之乐。"丘吉尔在演讲中找到了"母亲的血统"、两国"文字""信仰""理想"以及"共同奋斗中所产生出来的同志感觉"等诸多相同之处,使他与美国听众的心理距离大大地拉近了。

7. 对话表达

就是演讲者为了增强演讲效果,在演讲中设计的对话式的有利于引出自己话题的演讲语言。虽然这种语言仍然出自演讲者一人之口,但它给听众的感觉却好似有参与其中。演讲实践证明,这种"对话成分"可以增强演讲效果,对演讲会有着积极的作用,设计得当、运用合理,会使自己的演讲语言和叙述方式得到某种调节,让演讲增添一种非同寻常的亲切感和吸引力,从而利于听众接受演讲的内容。

(1) 谈心式对话。爱因斯坦的演讲《科学的颂歌》,是在加利福尼亚理工学院作的,面对台下的莘莘学子,这位著名科学家在讲有时科学并没有给人们带来幸福、欢乐时,语重心长地说:"你们会以为,在你们面前的这个老头子是在唱不吉利的反调,可是我这样做,无非是在向你们提一点忠告:如果你们想使你们一生的工作有益于人类,那么你们只获得科学之身是不够的。关心人本身,应当始终成为一切技术上奋斗的主要目标……在你们埋头于图表和议程时,千万不要忘记这一点!"爱因斯坦在这里使用了"你们会以为"这样一种语言,假想听众有惑,自己再解惑,这中间就有了一种对话成分,而且演讲者用了第一人称的"我"来作答,这就使假设的"对话成分"有了一种谈心的感觉,显得极为自然贴切、平易近人,也使自己所阐述的道理极富有人情味儿。演讲中若能适时运用这种"谈心式"的对话,就可能营造出来类似于两人促膝谈心的亲切效果来,从而为自己的演讲增添几分魅力。

(2) 引用式对话。美国前总统里根离任前曾在共和党代表大会上做最后一次演讲,他援引了一封信件,说:"富于想象力是我们的天赋,我要告诉你们一个小男孩的想法,他在我就任后不久给我寄了一封信,写道:'我爱美国,因为在美国只要愿意,谁都可能参加童子军。在美国随便信仰什么都行,而且只要有能力,就能够成为你想要成为的那种人。我爱美国,还因为我们有大约二百种不同味道的冰淇淋。'我以为,这就是小孩子眼里的真理,结社自由、信仰自由、满怀希望和获得机会的自由,此外还可以追求幸福……对这个孩子而言,就是在二百种味道不同的冰淇淋中进行挑选。"在这里,演讲者先引用了一个小男孩的信件,再发表自己的看法,在结构上有这样一种关系,即演讲者的看法是依附于小男孩的信件上的。这就好似小男孩给自己提了一个话题,再由自己得出结论一样,是"两个人"完成的,这就在演讲中包含了对话成分。由于这里的对话成分是由"引用"得来的,有别人的看法,这就使演讲的内容多了几分真实感,这对增强演讲效果、利于听众接受演讲无疑是有利的。

(3) 问答式对话。美国《科学》杂志主编鲁宾斯先生,曾在清华大学作题目为《媒体和我们的生活》的演讲,谈到互联网在散布信息方面的副作用时,举例说:"我所说的生成报道过程在发生变化,而产物也在发生变化,这在我看来是一件可怕的事。我们下载《新闻周刊》的网页,《新闻周刊》的一位记者写了一篇很有价值的报道,是关于世界上最有权的人的。你们应该猜到,那就是总统同一位年轻女性在白宫发生性关系。这个报道他写好了,可编辑却不知该怎么办,因为他们认为这涉及个人隐私问题。你们知道最后是怎么解决这个报道的吗?(台下有听众大声回答:把它挂在网上去)对!现在我告诉你们,是谁把它挂到网上去的。这个人叫乔奇,住在华盛顿附近,专门收集这种政治流言,然后放到网上……"在这里,"你们知道……吗?"这一问与其说是让听众回答,不如说是为自己提供一个"对话"目标,因为这样的对话听众可以答也可以不答。正是这样的问,才引出了下面的"对!现在我告诉你们"这样自然的回答。这样,演讲者的演讲中就有了一种对话。由于这种对话成分有"问",很能调动听众的参与愿望,唤起听众的注意力,这对营造热烈、活跃的现场气氛也是很有益处的。

4.1.3 以情感人 打动听众

"落红不是无情物",任何文章都是有感而发的,演讲尤其如此。情感是连接演讲者与听众之间的桥梁和纽带。成功的演讲总是以情感人的,只有用自身的感情力量才能使听众动情,产生感情上的共鸣,从而达到演讲的目的。

1. 内心充满激情

演讲者在自己内心深处奔涌着激情,就不会无动于衷、有口无心。只要有真情,那么在打动别人之前自己就被感动了。曾任英国第八集团军司令的蒙哥马利将军在离任时发表了感人至深的告别演说。据将军回忆,与将士们告别是"最难的事",当时心情异常激动,难以平静。所以他在致辞时充满激情。

在这里讲话很易激动,但我努力控制自己。如果说不下去时,请你们原谅。我实在很难把离别之情适当地向你们表达出来……(别后)我对你们的思念……实非言语所能表达。

司令官与他的部队之间的相互信任是无价之宝。我激动得说不出话,但我还是同你们说……

以上所引只是不连贯的片段,但足以看出,将军为真情所动,越是质朴越是感人,这些肺腑之言使得在场的所有将士的脸上挂满了泪水。另外,将军的真情之所以动人至极,是因为切合了听众的心态,否则只能是"一厢情愿"。

2. 富有个人色彩

感情是最富有"个人性"的,是无法模仿的,谁模仿谁都"不像"。有的演讲不能动人,就是因为他所表达的感情是"学"来的,不是他自己的,让人感到似曾相识。凡是真情都有与众不同的个人色彩。麦克阿瑟将军作为美国西点军校的老校友来此发表了题为《责任、荣誉、国家》的著名演讲,他说:"我的年事渐高,已近黄昏。我的过去已经消失了音调与色彩,它们已经随着往事的梦境模模糊糊地溜走了。这些回忆是非常美好的,是以泪水洗涤,以昨天的微笑抚慰的。我以渴望的耳朵徒然聆听着微弱的起床号声的迷人旋律,远处咚咚作响的鼓声。在我的梦境里,又听到噼啪的枪炮声,嗒嗒的步枪射击声,战场上古怪而悲伤的低语声。可是,在我记忆的黄昏,我总是来到西点,那里始终在我的耳边回响着:责任、荣誉、国家。"将军以特有的方式表达他在"黄昏"时节的"梦境"和"渴望",曲曲传出对战斗岁月的眷恋和强烈的自豪感、荣誉感,充满深情地诉说了一个有血有肉的"真人"的特有感情,在人们的心里引起了深深的震撼。诚然,这种情感是有"共性"的,但绝没有消融"个性",恰恰相反,个人色彩十分明显。

3. 注重现场交流

演讲是一种交流,只有把演讲当向听众倾诉自己思想感情的现场交流,演讲者的情感才会自然投入演讲中去。例如:"在座的同学们,听了这个故事,你们是否想到,那两位老人辛苦了一生,很可能没见过什么冰箱、彩电,但他们却拿出自己攒的钱修路,让国家把钱花在更有用的地方。也许,他们省下的钱就在供养着你和我,供养着我们这些大学生,时代的宠儿!当我们按月领取奖学金的时候,我们是否想到这样的老人?想到他们期望的目光和那纯朴的心愿呢?"

4. 联系自身经历

在演讲中,往往需要引述一些典型事例,倘若这些事例是有关他人的,演讲者不妨联系实际,从亲身经历中去体验和讲述那些曾经感动过自己的人和事。这对于情感的自然投入,无疑能够起到积极的作用。例如:"工作至今,我已在讲台上站了六个年头。……我们中等职业中学,学生素质普遍不高,每当我看到孩子们因为无知而显得世故,因为幼稚而感觉空虚无聊的言行举止时,我常意识到自己的责任之重。我曾被学生骂哭过,我崭新的摩托车曾被学生用刀片划破后座,我的宿舍门上曾'装饰着'学生粗暴的脚印……这一切都没有使我灰心气馁,没有像朋友们讥讽和挖苦的那样联想到自己微薄的工资值不值。那个时候,我只想到有苍白的灵魂需要我们去拯救、去塑造、去描绘。"这是一个老师在题为《教师,不要让你的事业清贫》的演讲中说的一段话。演讲者在列举了老师队伍中的一些无私奉献者的事迹之后,联系自己的教学经历来讲,这就一下子激起了一种切身感受,从而大大增强了演讲的情感效应。

5. 把握演讲基调

基调是指演讲词的基本情调,即演说者总的态度感情,总的色彩和分量。作为演讲者,必须把握演讲词的基调,并在理解感受和语言表达的统一中、在情与声的统一中使演讲词的感情基调得到完美的体现。

每篇演讲词的感情基调都应该给人一种整体感,应该是部分、段落、层次、语句中具体思想感情的综合表露。没有整体感,就容易给人一种支离破碎的感觉;没有具体感,整体感也会显得空泛僵直。罗丹主张把生命的细节包括、融化在整体之中,是很有道理的。曾有人试图为断臂维纳斯女神像重塑一双完好的手臂,但总不如意,无论如何设计,似乎都比断臂维纳斯逊色许多,大概也就是因为具体感妨碍了整体感,于是只能不再去做这"因小失大"的事了。这个道理不仅适用于雕塑,也适用于演讲词的写作。因此可以说,把握基调,就是把握演讲词的整体感的问题。只有整体感既符合演讲词本身,又体现在演讲之中,才算把握了基调。

1994年5月10日,著名的黑人运动领袖纳尔逊·曼德拉宣誓就任民主新南非的总统。在这举世瞩目的历史性时刻,站在话筒前的曼德拉发表了情辞激切、叩人心扉的就职演说。虽然饱受苦难的黑人心有隐痛,但无不欢欣鼓舞;白人顽固派还在,但有良知的白人在喜见光明的同时也会对统治者不光彩的过去而忏悔和痛心,人们的心情是极为复杂的。作为为了这一时刻的到来而奋斗了大半生,曾做了27年囚徒的黑人领袖和南非历史上第一位黑人总统,曼德拉更是感慨万千。而对这样的听众,演讲者没有愤怒的控诉,也不是一味粉饰太平,而是哀而不怒,喜而不狂,以悲喜交集的肺腑之言引起了最广泛的共鸣,恰到好处地表达了处在非常时刻的人们共同的心情。

演讲的第一部分着力于营造这种能引起人们共鸣的情感氛围。从"作为南非的一介平民"和"我的同胞""南非人民"的角度,在悲惨、屈辱的历史和"全人类将我们再度纳入怀抱"的今天和振奋人心的未来的对比中,"忆苦思甜",由悲而喜。第二部分是演讲的重心,是对今后的许诺和展望。抚今追昔,既浓墨重彩地描绘了未来的美好图景,又不忘历史,正视现实,暗示出不是步入坦途,而是"脱离黑暗的深谷"。可谓喜中含"悲",居安思危。全篇浸染着悲喜交集的情感基调,准确地把握住了演讲的情感尺度,造成了演讲者与成分复杂的听众都沉浸其中、心潮交流的情境,在情感上、理智上最大限度地征服了听众。

当然,作为整体感的体现,成为各局部的有机综合的基调,其组成部分和各个局部必然也有其明显区别。这就跟绘画一样,有的作品基调是明亮开阔,但个别地方也会有阴影、有暗绿,而这阴影或暗绿不但不影响基调的明亮,反而使演讲显得更丰富、更有层次,那明亮和开阔便愈益深远。

尽管各个局部有其明显区别,但基调应该是和谐统一的。统一和谐,才不会有部分、段落、层次、语句之间的脱节;具体感丰富多彩,才不会出现全篇、部分、层次、段落内部的单调、呆板、平直、浅薄的现象,演讲者必须善于识别和驾驭并将其融合、贯通。要把演讲词中蕴含的态度分寸、情感色彩表达出来,应该把演讲者的理解、感受、态度、情感带入到演讲语句里流露出来,这其中,不仅要有具体感,而且要有整体感。否则,演讲只能停留在简单的、毫无感染力的"读字"水平上。

6. 营造情感爆发点

要让真情在字里行间不时地流露出来,一个词语、一句话、一个句群或几个段落,都可以带有爱憎情绪和褒贬意味,形成一系列情感爆发点。更要借助于事、景、理造成较大的情感旋涡,并形成情感高潮。换言之,有了真情还不够,还要找到与之合拍的情感传导方式。马丁·路德·金《在林肯纪念堂前的演讲》就有许多情感爆发点。时而赞美签署的《独立宣言》"竖起一座光明与希望的灯塔";时而同情"黑人仍旧在贫困的孤岛上生活";时而讽刺"黑人满怀期望地得到的竟是一张空头期票,这张期票被签上'资金不足'的字样";时而表态"除非平等泻如飞瀑,除非正义涌如湍流,我们是不会满足的"。处处爆发着演讲人的喜怒哀乐。这篇演讲最后以一连串"我梦想着"的排比制造了一个个情感旋涡,从而把演讲推向高潮。"这就是我们的希望!这是我返回南方时所怀的信念!怀着这个信念,我们就能从绝望的群山中辟出颗希望的宝石。怀着这个信念,我们就能变我们祖国的嘈杂喧嚣为一曲优美和谐的兄弟交响乐。怀着这个信念,我们就能共同工作,共同祈祷,共同斗争,甚至哪怕入狱。既然知道有朝一日我们终将获得自由,我们就能为争取自由共同坚持下去……"

4.1.4 现场调控 征服听众

演讲是一种信息传递活动,是一种传递和反馈的双向沟通过程,在演讲的过程中,演讲者要时时处在主导位置,调节听众的情绪,控制场上的气氛,对突然发生的意外情况要及时高效地应对,这样才能保证演讲的成功。

1. 善于观察反馈信息

演讲是一种信息传递活动,这种信息传递活动是一种双向沟通的过程。它由两个基本阶段组成:传递阶段和反馈阶段。传递阶段,演讲者将要表达的思想或传授的知识等,转换成有声语言和态势语言信息符号,传递给听众。反馈阶段,听众得到一系列的有声语言和态势语言信息符号后,先将其还原成沟通内容,进行领会理解,然后,通过某种方式,将自己的意见和态度反映给对方,进行逆传递,如果反馈成功,那就意味着一次沟通过程的实现和下一次沟通过程的开始。演讲要顺利进行,就必须处在这样一种双向沟通的良性循环过程之中。在这里,演讲者与听众双方实际上是在轮流充当着"施控者"和"受控者",双方的信息输出,作为对方接收的反馈和控制的信息,势必对双方的行为产生制约力。

可见,演讲中的信息反馈是十分重要的,我们很难设想,一个演讲者目中无听众,"空对空"地侃侃而谈,能够取得良好的演讲效果。演讲者必须具有信息反馈意识,在演讲中应善于接收听众的反馈信息,善于观察听众的反应,有"知人之明",演讲者的观察方法包括以下两种。

(1) 全方位观察法。全方位观察法指的是演讲者采用看和听的方式,对全场听众的笑声、议论声、注意力等整体反应进行掌控,以便采取对策,达到更好的效果。在全方位观察过程中,演讲者的嘴巴、眼睛、耳朵都要积极行动起来,既要传播信息又接受信息,有时候是边讲边听边看,有时候是讲完一段以后,利用短暂的两秒钟集中观察一下。一般来讲,即使是一个演讲新手,只要他注意反馈,一旦竖起耳朵或睁大眼睛,听众那里的信息就自然会反馈过来。全方位观察的任务是把握听众的整体效果,决定是否采取较大的举动来造成波澜。

(2) 定点观察法。定点观察法是指演讲者在演讲过程中,比较注意两三个听众或者一两个听众小组。这些固定的点,不仅在视听位置方面有代表性,而且在年龄层次、仪表修养、专业特征等方面有一定的典型性。定点观察的任务是捕捉听众个体的感情波段。听众的面部表情常常受感情支配,如果演讲者的话不通俗或者过于偏颇,甚至有较大的失误,那这个点上的听众会变得漫不经心,紧皱眉头,甚至同别人议论起来,这时演讲者就应及时纠正自己的话。如果这几个点上的听众专心致志地聆听,还不时微笑点头,那就是符合他们的感情波长了,可以进一步阐述演讲主题。

当然,演讲者通过察言观色接收听众的反馈信息,是为了以此为依据来调控新的信息沟通行为,对影响演讲信息传递的不利因素做主动、灵活、及时的调控,以利于取得良好的演讲效果。

2. 引起兴奋打破冷场

这是对付冷场的策略。在演讲过程中,如遇听众注意力分散、看报纸、打瞌睡、交头接耳、坐立不安等冷场现象,演讲者切不可丧失信心,也不可任其发展呵斥训人,而应该认真分析演讲中存在的问题,针对具体情况,采取相应措施,扭转局面。

一般来说冷场常常由以下原因造成:演讲的内容太长或太抽象空泛;演讲过程拘谨呆板;演讲速度太快或太慢;演讲语言含混、吐词不清等。面对冷场现象,通常采取的措施是提神醒目,引起兴奋。

引起兴奋,吸引听众的办法很多,停顿是一个很好的办法。一场精彩演讲的重点之一就是重要部分讲话的停顿。运用有意设置的停顿,几乎能够达到所有希望达到的效果。停顿和说话是一起被人们注意的。当演讲者有意识地停顿时,一定要看着演讲的对象,或者用目光扫视听众一遍。倘若看着天花板、看着地板或是其他的任何什么地方,就会被当作是窘迫尴尬的表现。因为那样做,演讲者看上去就显得很不自信。

也可以像说唱演员使用惊堂木一样,以突然的奇异举动引起听众的兴趣。

还可以设置悬念和有意提问,激发听众积极思考。例如,一位演讲家给警校的学员演讲,讲的时间较长,会场纪律不够好,这位演讲家灵机一动,突然发问:"同学们,现在我向大家提一个问题,在我们国家谁有资格把国徽戴在头上?"听众一愣,随即答道:"我们!"这位演讲家讲道:"是的,你们。你们是我们国家的保卫者,应该有高度的政治觉悟和铁的纪律。下面我就给大家讲讲爱国主义问题。"学员们振奋精神继续听讲了。显然,这位演讲家触景生情的设问,激起了学员们的自豪感和对自己肩负责任的思考,不仅起到了调控的作用,而且还自然续接下去,推动了演讲的顺利进展。

也可以穿插一个笑话或幽默故事提神醒目,例如,某中学校长针对学生轻视生物课学习的情况,作了一次演讲。开始,会场秩序还好,可是没过多久,一些同学便开始三三两两地交头接耳。面对这种情况,校长并没有训斥学生,而是审时度势,及时调整了演讲内容,顺势穿插了一个"霸王自刎乌江"的故事,很快改善了演讲气氛。校长讲道:"楚汉战争到了最关键时刻,刘邦针对楚霸王项羽的'天命'思想,利用昆虫的趋向性,命人用蜂蜜在项羽兵败必经之地——乌江岸边的崖石上写下'霸王自刎乌江'六个大字。第二天,项羽兵败乌江时,抬头看见石崖上蚂蚁组成的几个大字,不禁心惊胆战,自语道:'天亡我也!'于是仰天长叹,拔剑自刎了。"学生对这个故事产生了浓厚的兴趣,听得津津有味。会场上再没有喧哗声,直到校长演讲结束。

3. 变换气氛摆脱窘境

在听众表现"热闹"、情绪不佳或观点抵触尴尬下不了台时,设法运用调整节奏来变换气氛,听似闲散形断,实则紧要神连的"闲话",可以转变局势,摆脱窘境。例如在1858年,林肯参加国会议员竞选,到伊利诺伊州南部去演讲。林肯主张解放奴隶,而那里的人思想正和他相反。对方听说他去演说,就准备闹乱子把他赶出当地,并且扬言还要把他杀死泄愤。对此,林肯很清楚。他在演讲前亲切会见了对方头目,而后作了如下演讲:

南伊利诺伊州的同乡们,肯塔基州的同乡们,密苏里的同乡们……我并不是来干涉你们的人,我也是你们中间的人,我生于肯塔基州,长于南伊利诺伊州,正如你们一样是从艰苦的环境中挣扎出来的。我认识南伊利诺伊州的人和肯塔基州的人,我也认识密苏里的人;因为我是他们中的一个;而他们也应该比我认识的更清楚一些。他们如果真的认识了我,他们就会知道我并不想做一些不利的事情;同时他们也决不再想对我做不利的事情了。同乡们,请不要做这样愚蠢的事,让我们大家以朋友的态度来交往:我立志做一个最谦和的人,决不会去损害任何人,也决不会干涉任何人。我现在对你们诚恳要求的,只是请你们允许我说几句话,并请你们静心地想想。你们是勇敢而豪爽的,这一要求,我想一定不会遭到拒绝。现在让我们诚恳讨论这个严重的问题⋯⋯

演讲前的对立情绪和紧张气氛是可想而知的,林肯之所以致使对方决心改变,正是他抓住了"共鸣点":相同的经历和遭遇;过去的亲密情谊;共同的理想和愿望,一步步地诱导,从而抚慰了听众,打动了听众,和谐了气氛,为"讨论"开辟了通路。

由上可见,"闲话"听似与主题无关,实则是有用之言,它体现了演讲者的审美理想和驾驭篇章结构的高超调度能力。常言道:"花红要绿叶配,好戏要服装美",而这"闲话"乃是情之所至、言之所至、力之所至。

4. 面对忘词巧妙应对

演讲者,特别是初次登台的演讲者,尽管在演讲前做了充分的准备和刻苦的演练,但是,在正式演讲中,也会受各种因素干扰,发生忘词的现象。这里介绍几种应对的方法,以供参考。

演讲在进行中,演讲者突然忘记了下面的词或句,从而使整个演讲处于停顿状态,这种令人恼火的语流卡壳现象,就是人们常说的忘词。究其原因,主要有三点:一是讲前准备不充分;二是讲时情绪不稳定;三是讲时精力不集中。据载,丘吉尔首相当年初入政坛时,有次演讲就因为一时忘词而差一点被听众轰下讲台。还据说,撒切尔夫人在一次下议院演讲时,由于情绪一时未进入正常状态,连事先准备好的开场白竟也好久想不起来,由此可见,忘词并不稀奇,也并不可怕。

不过,因为忘词而使演讲中断毕竟是件棘手而又痛苦的事情。倘若缺乏积极的补救对策,一场本来很精彩的演讲就可能完全失败。俗话说:"事在人为""车到山前必有路"。如果真的遇此"大祸"临头,不妨试试下列急救之法。

(1)提问。传说,美国有位名气不小的演讲家有次演讲时,由于对讲稿不很熟悉,讲到某处竟记不起下面的内容了。这时,他友善地关切地向听众问道"女士们,先生们,我刚才所讲的是否听清?"就在听众点头或小声回答的一瞬间,他很快就想起了下面的词句。显然,这位演讲家是运用提问法以赢得回忆时间。一般说,在情绪波动不大和讲稿纯系自己所写的情况下,只要有一定的回忆时间,大多数演讲者都能很快理顺思路,使演讲能比较自然地进行下去,而随机提问就是争取回忆时间的一种有效之法。

(2)重复。一旦忘词,就用不同的语速把刚刚说过的几句话或一段话再复述一遍,或根据其大意用新的话语再说明一番,这就是重复法。这种有意重复,不仅在客观上可以起到提醒和强调的作用,而且还可以使演讲者获得比较充分的回忆时间。在重复的同时,反应敏捷的演讲者往往能在较短的时间内迅速想起下文来。

(3) 掩饰。此法与上述两法有异曲同工之妙。当忘词时可以做一些掩饰性动作，如扶扶话筒、提提眼镜、喝口水、摆弄一下讲桌边角上的书籍等。这样可以赢得必要思考的时间，使演讲者尽快想起演讲内容。只要运用的机智巧妙，掩饰法也可收到较好的效果。

(4) 跳跃。自己写的演讲词，不会忘得一干二净，总会有记得起的地方。如果陷入了忘词的困境，不妨就想到哪里便从哪里接着讲吧。这种处理方法，可能会使演讲的某些部分显得不太连贯、严谨甚至支离破碎，但总不至于因中断而影响整个演讲的效果。假如忘记的句子或段落是比较重要的而且以后又想起来了，还可以这样巧妙地加以重述："我要特别强调的是""这里需要着重提出的是"。如能如此补救，整个演讲恐怕就不会有多少破绽和漏洞了。

(5) 即兴。如果以上诸法都不见效，那最好的办法就只有即兴编造了。当然，即兴编造不是信口开河、东拉西扯，而是要紧扣主题，根据上文意思临时遣词造句。这是最值得提倡也是最困难的一种补救方法。说它最值得提倡，是因为它比较灵活和自然，可靠性大；说它最困难，是因为如果没有丰富的经验和娴熟的技巧，很容易给听众造成强烈的反差，甚至导致失败。正因为如此，在背稿演讲时，即兴演讲能力强的人就比较主动，占有极大的优势。

(6) 速决。在一次演讲比赛中，一位青年朋友演讲的前半部分相当不错。不料，讲到后半部分时老是卡壳停顿，这位青年后来干脆将结尾部分提前讲完后便索性退台。这种做法虽然给听众留下了虎头蛇尾或时讲时停的印象，但演讲者总还能够比较体面地走下讲台。因此，在演讲者还不能熟练运用上述诸法的情况下，速决法就是最后的招数，尽管是不太理想的招数。

不难看出，能否在忘词的困境中成功地摆脱出来，事实上是检验演讲者是否具有演讲才能的一个重要标志，是衡量演讲者才思敏捷的一条基本标准。对此，演讲者断不可简单处理，更不可掉以轻心。尚需特别强调的是，以上诸法只不过是在忘词已是既成事实情况下所采取的权宜之计，其实，要真正解决忘词问题，关键还在于必须少用甚至不用背诵的演讲方式。中外演讲教育家一向主张把提纲演讲和即兴演讲作为演讲方式教育的重点，其旨就在于此。

5. 难堪局面处置自如

当演讲者进行演讲时，有时会遇到一些令人棘手的情况，使演讲者尴尬难堪，不好应付。这里介绍几种应急处置经验。

(1) 听众甚少。搞演讲，从演讲者的心理来看是希望到场的人多一些。但常常事与愿违。现在有些地方的群众，不愿意去大会场听报告、听演讲。本来计划可以到几百人，结果只来了几十人；或者开始还多，中间一休息就变少了。面对这种情况，如果演讲者产生一种"对付过去"的想法，那是品德修养低下的表现。一个对听众负责的演讲者，应该运用良好的理智来控制自己的感情。那些具有高度涵养的演讲者，不但具有吃苦的精神、任劳任怨的态度，而且具有博大的胸怀。我们敬爱的周总理，在一次集会上宣传马列主义时，由于一些反动分子的挑拨、捣乱，台下的听众渐渐少了起来。当他看到这种情况，不是泄气埋怨，而是从内容到声调、从仪表到姿态进行充分的调整和加强，充分体现出无产阶级革命家的风度美。结果,听他演讲的人又渐渐地多了起来。

所以,我们在进行演讲时,应该做到人多人少一个样。特别是当听讲人少时,更应做到内容不减、感情不抑、情绪不低。即使只有几个人到场,也要认真地讲下去,这才是高尚的情操。

(2)尴尬问题。演讲中的答问就是利用演讲的形式回答听众现场提出的问题,这种演讲不同于一般的专题演讲,因为听众提出的问题许多是你意料不到的,甚至是令你难堪的,所以临场应变十分重要。

① 以不光彩问题施压。有时听众以演讲者说过的某句话导出一个不光彩论题并强加于演讲者,这时,演讲者要泰然自若地把问题说得明明白白,让听众心服。如某个人在西北政法学院做问答演讲时,曾有人提出:"你说你自己只读过初中,那你有什么资格在此面对几百名大学生夸夸其谈,你不感到这是一种自欺欺人吗?"演讲者答:"正因为我在学校只读到初中,高中、大学都是自学的,才说明我走的不是一条平常的路,和你们取得同样的成绩,我要比你们多付出几倍乃至几十倍的辛劳,也正是因为我经历了常人没有经历的世事,才丰富了我的人生阅历,所以我具有你们不具有的一笔财富——我的特殊经历,所以我才有资格在台上面对几百个人侃侃而谈。(这时,掌声四起)又因为你们已经接纳了我,所以不仅不是自欺欺人,而是彼此真诚的流露。"

② 以言行不一将军。有时听众以演讲者的言行不一将演讲者的军,演讲者要不卑不亢将自己的行为解释得合情合理,令听众满意。如某人在海南某学校做答问演讲时,一位同学问:"您一开口就说教师是天下最伟大的两种职业之一,您也一直渴望能成为一名教师,可您为什么不去教学呢?而且您有这个能力教学呀。再一点我想顺便问一下,您曾流露出海南人素质低还很落后的观点,既然这样您还来海南干什么?还有金可淘吗?"演讲者答:"请允许我先来回答你最后一个问题。可以肯定地说,我来海南不是为了淘金,而是为了探寻自身的价值,或是为了换一种生活空间,感受一种全新的生活。我说的素质低和落后,是指与国家平均水平相比,而不是最低最落后,正基于此,我们才来开发建设海南。是的,我具备当老师的能力,我还相信我当教师会是一个合格的教师。但每个人都有一个价值取向的问题,我当教师只能服务于一个学校的几十个人、几百人或几千人,而我现在服务的不是一个学校而是一个省乃至几个省的几万、几十万甚至是上百万的人,那么哪一种方式发挥的价值大呢?人的一生都在寻求最大值,希望能最大极限地发挥自身的潜能。如果有潜能不能发挥不仅是个人的不幸,也是国家和社会的损失。"

③ 以"假设"发难。有时听众会以"假设……"向演讲者发难,演讲者要充满自信地说明"假设"的事不可能发生,并令其心服。如某人在做问答演讲时,一位听众问:"您说您很自信,但如果这次演讲在现场跌倒了,您会怎么办?"演讲者答:"是的,我很自信,一个连自己都不相信的人,我想是不会有什么大成就的。人的一生中不可能不一跤不跌,包括我自己。但每次跌倒后,我都能痛定思痛迅速地站起来。遗憾的是在演讲现场我还从未跌倒过,所以,您不必担心。我今天也绝不会跌倒,因为我站得很稳。"

由于问题都是即兴的,说漏嘴的事是难免的。此类事一旦发生,应该立即补漏。当然也要讲究艺术。如某人在西北大学的一次问答演讲中,在谈及男人与女人时说:"男人首先应该是顶天立地的。"话音刚落,男同学热烈鼓掌,而女同学却为数寥寥,甚至有的还很不友好地瞪他。他知道这句话冒犯了女同胞,她们是在无声抗议。为了使她们的心理平衡,他又补上一句:"男同胞也不要高兴得太早,你要想顶天立地,没有女人的支持是绝对办不到的。"霎时,女生的鼓掌声和欢呼声响彻大厅。

(3)时间改变。所谓临时改变时间,主要表现在演讲时间提前了;演讲时间推后了;演讲时间缩短了;演讲期间被其他事件如断电、暴风雨打坏了窗户等干扰了……所有这些都需要演讲者随机应变、临机处置。

应付这种情况的最好办法是,演讲者自己把演讲内容能熟记到"滚瓜烂熟"的程度,并养成良好的处事心理品质。做到提前演讲不心慌意乱;推后演讲不心灰意懒;演讲时间长不失其恢宏;演讲时间短不丢其精妙。

一次,某单位邀请三位演讲者同台讲三个专题,每人讲一小时,演讲员刘同志排在第三位。但由于前两位同志时间把握不好,轮到刘同志登台时只差40分钟就下班了。原计划讲60分钟的内容必须压缩三分之一。他心里很着急——该压缩哪一部分内容?讲不完怎么办?听众心里也很着急。——不能按时下班,幼儿园的孩子谁去接?但这位刘同志应变能力比较强,当他从容不迫走上讲台时,第一句话便是:"同志们,现在是5点22分,我讲到5点50分准时结束。"就这么一句预告性的话,就像给听众吃了"定心丸",会场一下安静下来。当他在预告的时间内讲完了紧凑而充足的内容走下讲台时,听众长时间地热烈鼓掌,并向他投去钦佩的目光。

(4)收到条子。到一些单位做报告、演讲,台下往上递条子是司空见惯的事。特别是讲形势政策,讲大家关心的一些内容,有时条子一收一大把。

递条子和面对面地提问题,性质是一样的。但递条子是"半秘密"的,听众和听众之间是"背靠背"的,因此扩散面小,演讲者不必逐条地马上作答,这就给了演讲者思考对策的时间。

当演讲者接到条子时,最好潇洒自如地把条子打开,板板正正地放在讲桌的一边,不要中断讲话去专门看条子,要利用讲话的间隙时间瞭视。这样做,不仅可避免打扰自己的讲话思路,引起多数人的不满,分散听众的注意力,而且可给写条子者一种"被重视"的感觉。

对条子上提出的问题怎么办?如果这些问题在下面的演讲内容中有,待讲到这些内容时,联系起来讲就可以了,当然需要加重语气,针对性更强些;如果条子上的问题刚才已经讲过了,但没有讲清讲透彻,就可以把它放在小结时或其他适当的时候,进一步地讲清讲透;如果条子上提的问题事先有准备,这时能够现场作答,那就可以巧妙地融入到演讲中;如果是属于不同意见或自己一时还没想明白,就放到会后处置。实践证明,虽然有时有些内容讲得很艰难,但因为某些波折的衬托,反而能使这次演讲获得更大的成功。

6. 产生倒掌冷静处理

无论是生活中的演讲还是在演讲比赛中,常常有这样的一种现象:演讲者讲得口干舌燥、汗流浃背,得到的却是一片别别扭扭、极不友好的掌声——倒掌。它是听众对演讲者及其所传播信息的不满、对抗情绪的外露,是一个形式上与赞赏性的掌声无异而含义却完全相反的"怪胎"。演讲者在追求赞赏性掌声的时候,不能不予以提防。

(1) 倒掌的成因。倒掌不是平白无故产生的,通常在演讲者发生下列情况时才被触发。

① 失准。引用数字不准确,举例张冠李戴,讲的道理站不住脚,介绍的情况与实际出入很大,知识有误,错别字百出等,都有可能导致倒掌。

② 失词。背熟的讲词突然遗忘,想好的语流出现断裂,上句不接下句,前言不搭后语,倒掌便乘隙而入。

③ 失态。上台绊了个趔趄,扶话筒打翻了茶杯,喝水呛了一口,敬礼碰掉帽子,清嗓子发出了怪声。笔者曾亲眼见过一位"邋遢大王"当众讲话,掏手帕掏出一只袜子。诸如此类,自然是鼓倒掌的"大好时机"。

④ 失真。若以虚情假意哗众取宠,听众肉麻得受不了,也可能鼓倒掌。有位演讲者介绍他们的集体如何抗洪抢险,本来挺感人的事迹,她却拿腔拿调,扭捏作态,左一个"队长流泪了",右一个"男子汉们哽咽了"。那眼泪流的根本就不是地方,所以,台上一"哭"台下就笑,当她第7次说"哭了"的时候,倒掌终于喷薄而出。

⑤ 失时。一开始声明只说几句,谁知讲上了瘾便一发不可收。若是生动有趣、见解独到还罢,偏是些陈芝麻烂谷子,干巴枯燥、索然无味,只顾自己眉飞色舞,哪管听众早已坐不住。当这种状况持续到听众忍无可忍时,也就顾不了情面,抗议的倒掌就一泻而快。

倒掌虽然要受到某种触发方可兴起,但并不是只要失准、失词、失态、失真、失时,就一定会出现倒掌,它还有更深层的原因。主要表现在以下几个方面:一是演讲者的威信。威信主要是由演讲者的受教育程度、工作能力、社会经验、道德品质、与听众的关系等所决定的。倒掌易于发生在威信不高的演讲者身上。二是听众的涵养。倒掌在本质上是情绪性的,如果听众的涵养差,情绪不能自控,遇上威信不高的演讲者的失误,鼓倒掌的可能性就很大。三是演讲的内容。听众对演讲者发表的见解、阐述的事理、抒发的情感在接受上存在心理障碍,也是鼓倒掌的一个重要原因。上面三个原因与倒掌并非彼此孤立的"单线联系",一次倒掌的出现,往往是两个以上的原因共同作用的结果,它们错综复杂地交织在一起,互相影响、互相制约,极其微妙地制造出倒掌来。

(2) 倒掌的处理。倒掌从总体上说是不文明的,但演讲者不能因此而一味埋怨听众缺乏涵养。杜绝倒掌最根本的办法是加强自身修养,树立良好的公众形象。只有平时威信高,演讲时才能镇得住场。同时,每次演讲前都要做充分准备,切勿过分依赖自己的临场发挥能力。演讲中万一出现倒掌,须掌握以下三点。

① 控制情绪。听众情绪激烈、头脑发热而鼓倒掌,演讲者则要冷静处理,不能以热对热。某单位有一次传达上级文件,用了两个多小时,传达完毕听众已经坐不住了,领导又要接着讲话,大家便鼓起倒掌来。这位领导没有责怪大家,而是不动声色地按预定计划往下讲,由于要讲的事情很紧急,非讲不可,且与听众的切身利益有关,听众中一阵躁动以后便安静下来,演讲者能沉得住气,就是平息倒掌的一种无形的力量。

② 及时补救。对失误带来的倒掌,可在后面的演讲中作适当的纠正和解释,尽量消除对立情绪。有位教师在本单位介绍经验时,说几年来自费买了很多专业书。"感到自己的书比图书馆的书管用"。刚讲到这里,台下响起了一片倒掌声,他立即意识到此话有批评图书馆的书不管用之嫌,图书馆的工作人员表示不满了。他稍作停顿,又补充了几句:

"因为自己的书可以随便圈圈点点,勾勾画画,想什么时候翻就什么时候翻,而借图书馆的书是做不到的。"对"管用"一词作了巧妙的解释,听众不由得笑了起来,紧张情绪随之烟消云散。需要注意的是,进行补救只要抓住要害,三言两语即可,防止词不达意,越描越黑。

③ 善意制止。对怀有恶意、故意起哄的倒掌,可通过目光注视、手势指点、停顿示意等方法予以制止,必要时也可直接制止,但不宜抹下脸来大发雷霆。特别是领导者演讲时,更要讲究风范,防止简单训斥,以势压人。触犯了众怒,非但压而不服,还会强化听众的逆反心理。

当然,演讲中临场出现的问题是千变万化的,调控的技巧也不仅限于上述几种。一个高明的演讲者应"眼观六路,耳听八方",善于根据听众对演讲信息的反馈情况,有针对性地采用不同的调控技巧。从而实现对演讲现场的有效调控,取得最佳的演讲效果。

7. 激起兴奋产生共鸣

如何设置演讲的"兴奋点",演讲稿是演讲的前提与基础,而演讲中最能赢得听众情感共鸣的是你思想的火花。所谓兴奋点,是指散落在演讲稿中那些富有激情、容易对听众产生较强刺激或引起其高度重视、能产生强烈共鸣的词句。在演讲中设置兴奋点,不但能有效地引发演讲者的深入联想,有利于增强演讲者的自信心,使演讲更加生动感人,而且会让听众时刻跟着演讲者的思维转。这样,台上台下就会同呼吸、共悲欢,形成讲与听的整体效应。

(1) 留出掌声空间。掌声能够活跃会场气氛,给演讲者以"感情回报",使之心情更加愉快,思维更加敏捷,也能给听众以陶冶,使之更加认真投入。掌声的调剂会使演讲产生强烈的现场感染力。因此起草演讲稿时应有意识地给掌声留出一定的空间。这就需要在演讲稿中主动运用那些带有浓厚感情色彩、充满激情的语言,那些立场鲜明、见解独到、能够给听众以深刻启迪的语言和那些热情歌颂真善美、无情鞭挞假恶丑的语言。这些语言能让听众受到激励、鼓舞和启发,从而自发地鼓掌。具体而言,一种是感情澎湃、妙语连珠。如闻一多《最后一次讲演》中的:"这是某集团的无耻,恰是李先生的光荣!李先生在昆明被暗杀,是李先生留给昆明的光荣!也是昆明人的光荣!"一种是"寓情感于情理之中,发掌声于妙语之外"。如朱镕基总理在就任伊始的记者招待会上说:"不管前面是地雷阵还是万丈深渊,我都将一往无前,义无反顾,鞠躬尽瘁,死而后已!"铿锵的话语赢得了满堂的掌声。

(2) 设置兴奋语言。所有能够引起听众兴趣和热切关注的事例、名言、佳句和精辟独到的见解都属兴奋点的范畴。在演讲稿中,按照演讲内容需要,有计划、有目的地选取一些兴奋语言,绵延不断地"埋设"在演讲稿中,让它像星星一样闪烁,像眼睛一样放射出睿智的光芒,会拉近演讲者和听众的心理距离,满足听众的心理需要。但要讲求顺理成章、水到渠成,千万不能不顾对象,故弄玄虚,刻意求工。美国总统杜鲁门在日本投降时发表的广播演说中,首先把人们的注意力集中到了日本签署无条件投降的美军军舰"密苏里号"上,接着又回顾了四年前的珍珠港事件,让所有美国人的心都为之跳动。在缅怀亲人的同时,阐明这是自由对暴政的胜利,并认定"胜利后的明天将是全世界和平与繁荣的希望"。整篇演讲起伏有致，既肯定了民族的精神与意志，又让人民对明天充满必胜的信心。

（3）提高刺激强度。从生理学角度讲，在额定域值内，人的感官接收外来刺激的强度越大，神经兴奋的程度越高。心理学研究表明，人们最容易记住对自己有重大影响、对自己有利的、自己主观愿意记住的或给予自己重大刺激的信息。听众对演讲反应强弱，或者说演讲对听众兴奋程度的影响，一定程度上取决于演讲语言的强度。演讲语言的强度主要取决于演讲者对演讲内容的熟悉程度、对事物的感悟程度、对问题分析的透彻程度和现实立场的鲜明程度。演讲要尽最大努力把问题看得透彻、准确、鲜明，始终给听众一种压力感和责任感。如泰戈尔在清华大学的一次演讲开头便说："我的年轻的朋友，我眼看着你们年轻的面目，闪亮着聪明与诚恳的志趣，但是我们的中间却是隔着年岁的距离。我已经到了黄昏的海边；你们远远地站在那日出的家乡。"相对陌生而又清新雅致的诗句从诗人的口中缓缓流出，哪一个青年能不为之动情动容，继而为他的妙语连珠所吸引？他由此升发开去的《保持纯净灵魂和自由精神》的演讲自然就异常深入人心。

8. 利用空间增强效果

空间是有语言性的，这是一个基本观点。演讲活动是言语的艺术，那么，在演讲活动中应该怎样巧妙地利用空间语言呢？

（1）满足空间需要。社会心理学和体态语言学的研究均已表明，无论是在人的单独交往中，还是在人的群体交往中，每个人都有一种来自本能的对空间的需求，不论我们所生活的地方怎样改变，我们每个人都在自己的周围保持着一个范围或领土——一片我们力图自己占有而不容侵犯的空间。一旦这种空间需要的平衡遭到破坏，我们就会不由自主地做出各种不同反应。这就是当我们突然来到一片密集的人群中的时候，便会莫名其妙地感到不自在，甚至很难待下去的社会心理原因。所以，一次演讲活动能否取得圆满成功，首先就要看演讲活动的组织者，能否把众多的听众巧妙地组织和安排在特定的空间里，而不至于使大家感到不愉快。

首先满足听众个体的空间需要。演讲的组织者事先要对参加演讲活动的人员有所了解。尽可能把同一个单位来的听众安排在同一个座位区间，满足他们基于近亲心理而产生的对空间的群体需求。

还有一个很重要的问题是要安排适中的演讲场地，使演讲者与绝大部分听众保持适度的个人距离，从而使所有的演讲活动的参加者，共处一个密度适中的空间之中，以防止由于听众过于拥挤而造成的烦躁情绪相互传染导致"全场浮动"，同时也防止听众一体化心理的形成。在密集群体中，每个人需要6~8平方英尺空间。而疏松的群体中，每个人需要10平方英尺的空间。在大型的集会中，组织者若考虑人们对个人空间的需要量，并据此来安排活动场地，一般来说就可以维持群体情绪的正常稳定。

（2）保持空间距离。在一定情境下，小型的演讲会与多人座谈会的区别，就在于演讲者与听众之间的距离。正式的演讲，不论规模大小，演讲者总是与听众隔开一定的空间距离。人与人之间的空间距离有时是人的社会地位、社会角色、社会关系的集中表征。演讲者与听众，教师与学生，政治家与平民百姓之间的特定条件下的空间距离，就在于表明各自的"角色"和由这种角色所隐含的社会地位。在今天我国的社会关系中，我们虽不能说演讲者与听众的社会地位有高下之分,但至少可以肯定,在演讲活动这一过程中,演讲者与听众在某一方面的知识地位是不同的。站在讲台上讲的人为师,这种观念无论如何是消除不了的。正因为如此,直到目前,还没有哪个人说要取消演讲者与听众之间的空间距离,让演讲者下台到听众中坐着说。

演讲者与听众之间保持多大的距离为宜,要根据具体情况来确定。一般说,演讲者与前排听众要保持公共距离的近状态(12英尺左右),与后排听众要保持在公共距离的远状态(25英尺或更远)。在这个距离的范围内,演讲者与听众之间的关系是合乎社会常规的,一般说演讲的效果是有保证的。演讲者如果离前排听众太近,双方都会出现"慌乱不安"的"惧怕心理"。这种现象是因为演讲者侵入了听众的空间所引起的不安。只要回想一下我们在学校上课时,教师如果离开讲台站在你的桌子前面,你的心情是什么样子,对演讲者与听众之间的"距离"问题就会迎刃而解了。

(3) 占据有利地位。"三尺讲台,一方世界"。演讲者能不能占据讲台上的有利地位,直接影响演讲者自己的形象以及与听众(心理)关系倾向。一般来说,演讲者登台演讲之前,讲台已经搭好,演讲者没有多少选择的余地,也正因此,演讲者要注意自己在讲台上的位置。如果讲台高大,演讲者最好不要站在讲台的前沿,以免造成居高临下的错觉。演讲者在这种情境下,调整位置,与前排听众的距离稍大一些,就会使全场听众与演讲者之间的视觉距离趋于平缓,尤其是前排听众就不再受"仰受训"之苦。如果讲台矮小,与听众距离太近,你不妨在演讲者与听众之间放一张讲桌,使演讲者"执案而立",形象突出一些。你还可以根据讲台上的灯光,调整自己的位置,使自己处在光亮中心,缩小与听众的光线距离等。总之,演讲者要利用讲台,塑造自己在听众中的中心地位和高大形象,建立与听众之间平易随和的亲密关系,在最短的时间里,最快地沟通与听众的心理联系,提高演讲的说服力。

(4) 创造空间联想。人的思维是可以超越时空限制的,有时候,用演讲者的语言、表情、手势、眼神,可以创造一种空间的联想,使演讲者脚下的讲台,成为风云变幻、世事更迭的广大无边的千年"空间",给广大听众幻化出思想驰骋的疆场和情感遨游的海洋。

许多读者都看过《列宁在一九一八》这部电影,无产阶级革命导帅列宁的演讲,给人们留下很深的印象。这印象中最为典型的、说服力与感染力最强的可能要数列宁在演讲舞台上时而挥动手臂、时而把双手插入夹克或裤子口袋里的动作以及他在舞台上来回走动的姿态,正是这一套"近于程式化"的动作有力地刻画了列宁的性格,展露了列宁的胸怀,从而给观众留下了无穷尽的遐想。作为一个演说家,在讲台上的说与演一定要与场地结合起来,演得巧妙自然,其中就要调度听众的空间思维、空间形象和空间感受,用空间信息增强说理的效果。因此,我们不能只是被动地利用空间,而应当能动地通过体态语言创造空间的幻想,为演讲增色,为演讲者自身增加光彩。

4.2 能力训练

4.2.1 案例思考

1. 地震中的父与子

马克·汉林

1989年发生在美国洛杉矶一带的大地震,在不到4分钟的时间里,使30万人受到伤害。

在混乱和废墟中,一个年轻的父亲安顿好受伤的妻子,便冲向他7岁儿子上学的学校。他眼前,那个昔日充满孩子们欢笑的漂亮的三层教学楼,已变成一片废墟。

他顿时感到眼前一片漆黑,大喊:"阿曼达,我的儿子!"跪在地上大哭了一阵后,他猛地想起自己常对儿子说的一句话:"不论发生什么,我总会跟你在一起!"他坚定地站起身,向那片废墟走去。

他知道儿子的教室在楼的一层左后角处,他疾步走到那里,开始动手。

在他清理挖掘时,不断地有孩子的父亲急匆匆地赶来,看到这片废墟,他们痛哭并大喊:"我的儿子!""我的女儿!"哭过之后,他们绝望地离开了。有些人上来拉住这位父亲说:"太晚了,他们已经死了。"这位父亲双眼直直地看着这些好心人,问道:"谁愿意来帮助我?"没人给他肯定的回答,他便埋头接着挖。

救火队长挡住他:"太危险了,随时可能发生起火爆炸,请你离开。"

这位父亲问:"你是不是来帮助我?"

警察走过来:"你很难过,难以控制自己,可这样不但不利于你自己,对他人也有危险,马上回家去吧。"

"你是不是来帮助我?"

人们都摇头叹息着走开了,都认为这位父亲因失去孩子而精神失常了。

这位父亲心中只有一个念头:"儿子在等我。"他挖了8个小时、12小时、24小时、36小时,没人再来阻挡他。他满脸灰尘,双眼布满血丝,浑身上下破烂不堪,到处是血迹。到第38个小时,他突然听到底下传出孩子的声音:"爸爸,是你吗?"

是儿子的声音!父亲大喊:"阿曼达!我的儿子!"

"爸爸,真的是你吗?"

"是我,是爸爸!我的儿子!"

"我告诉同学们不要害怕,说只要我爸爸活着就一定下来救我,也就能救出大家。因为你说过不论发生什么,你总会和我在一起!"

"你现在怎么样?有几个孩子活着?"

"我们这里有14个同学,都活着,我们都在教室的墙角,房顶塌下来架了个大三角,我们没被砸着。"

父亲大声向四周呼喊:"这里有14个孩子,都活着!快来人。"

过路的几个人赶紧上前来帮忙。

50分钟后,一个安全的小出口开辟出来。

父亲声音颤抖地说:"出来吧!阿曼达。"

"不!爸爸,先让别的同学出去吧!我知道你会跟我在一起,我不怕。不论发生了什么,我知道你总会跟我在一起。"

这对了不起的父与子经过巨大灾难的磨难后,无比幸福地紧紧拥抱在一起。

(资料来源:http://www.cnm21.com/Kultur/yywh_101.htm)

思考题:

(1) 请把原文生动地讲述出来。

(2) 把原文分别压缩成20字、50字和100字,再说出来。

(3) 根据这个故事,联系实际,发表3分钟的演讲。要求题目自拟;复述原文不得超过半分钟;观点要明确,有理有据并注意说理方式。

2. 孙中山的临场应变

伟大的先行者孙中山在广东大学(今中山大学)讲民族主义时,会场小,听众多,天气闷热,听众昏昏欲睡。孙中山便巧妙地插了一个故事。

那年我在香港读书时,看到许多苦力工人聚在一起谈得很起劲,有人哈哈大笑,觉得奇怪,便上前问一下,有个苦力说:"后生哥,读书好了,知道我们的事与你无益。"另一个告诉我:"我们当中有一个行家,辛辛苦苦地积蓄了五块钱,买了一张马票,牢牢记住上面的号码,把它藏在日常用来挑东西的竹杠里了。等到开奖竟真的中头奖,他欢喜万分,以为领奖后可以买洋房、做生意,再也不用这根挑东西的杠子讨生活,就把竹杠狠狠地扔到大海里。不消说,连那马票也一起丢了。因为钱没有到手先丢了竹杠,结果是空欢喜一场,有人笑他,也有人为他惋惜。后来这位行家受刺激过甚,神经有些错乱,很长时间还不能上工呢。"

这个寓意深刻的有趣故事,使会场听众大笑起来,打瞌睡的没有了。孙中山于是不失时机地"言归正传",归到本题:"对于我们大家,民族主义就是这根竹杠,千万不能丢啊!"

(资料来源:http://www.eywedu.com/zhihuigushi/15000.htm)

思考题:

(1) 演讲中如何临场应变?

(2) 此事例对你有何启发?

3. 凡斯的演讲经历

凡斯是世界最大保险公司之一的美国衡平人寿保险公司的副总裁。多年前,有人请他到西弗吉尼亚州去对衡平人寿公司的2000余名员工代表进行演讲,因为当时他只花了2年时间,就把保险做得相当成功,主办方专门为他安排了20分钟时间进行演讲。凡斯非常高兴,认为可以借此提高身价,他就将演讲稿写下来背,对着镜子演练了40回,每个词、每个手势、每个表情都恰到好处。他认为自己准备得已经天衣无缝了,十分完美了。

可是,当他起身演讲时,忽然害怕起来,刚说了一句话,脑中便是"白茫茫"一片。慌乱之中,他后退了两步,可是脑子里还是一片迷茫;于是他又后退,想再重来,这番表演他一共重复了三次。讲台高1.3米,宽近1.7米,后面无栏杆,所以,他第四次朝后退时,便一个后空翻摔下讲台,消失了。听众哄然大笑,这种滑稽表演,在衡平人寿保险公司也是空前绝后的。

凡斯认为那是他一生当中最丢脸的一次经历,他羞愧难当,并为此写了辞呈。后在其上司的努力劝说下,凡斯撕掉辞呈,重拾自信,再也不背演讲稿了,并且成为公司中数一数二的演讲高手。

(资料来源:冬青.他的演讲为何失败[J].小雪花,2012(2).)

思考题:

(1) 凡斯演讲为何失败?
(2) 本实例对你有何启示?

4.2.2 实训项目

1. 续话演练

小李洗完手后,没有关水龙头就扬长而去。管理员批评他,他反问道:"难道你不懂'流水不腐'吗?"

请首先分析一下小李的说法有何不妥,要害是什么?然后以管理员的身份,反驳小李的说法,最好不要超过三句话。

2. 模仿演练

一次,美国总统里根在白宫钢琴演奏会上讲话时,夫人南希不小心连人带椅跌落在台下的地毯上,观众发出惊叫,但南希却灵活地爬起来,并在宾客的热烈掌声中回到了自己的座位上。正在讲话的里根打趣地说:"亲爱的,我告诉过你,只有在我没有获得掌声的时候,你才应该这样表演。"一句话,全场响起热烈的掌声和笑声。

假如你在演讲,主持人或者前排的一名听众同样发生了像南希跌落的情景,请你模仿里根说话的方式说一句话,把听众的注意力重新吸引到你的演讲中来。

3. 控场演练

(1) 一群下岗女工来到市政府接待室,她们提出要工作、要吃饭、孩子要读书等要求,情绪十分激动,扬言见不到市长,政府不给满意的答复就不走,事态有恶化的趋势。如果你是市政府的一名接待人员,怎样才能调控这个场面?

请组织学生在课堂上进行情境模拟演练。

(2) 一对新人的婚礼仪式完毕,主持人领着新郎新娘从婚礼台上走下来,正准备举杯给来宾敬酒,不料,突然停电了,全场一片漆黑。正在这时,只听主持人朗声说:"……"全场随即由一片喧闹转为一阵欢笑。

请根据这种情况,把婚礼主持人的话续说出来。现场是两分钟以后来电的,所以这话至少要说两分钟。

4. 全面控制训练

演讲前的情绪波动,常常表现为气息不匀,或压抑滞缓、情绪低落,或呼吸加快、情绪激动。

练习方法,缓缓地长吸一口气,然后重重地像叹气似的呼出去,反复几次,可以促使情绪积极活跃,进入亢奋状态;然后吸一口气再缓缓地呼出,可以平息急躁、克制紧张,这样练习有助于情绪放松自然。

5. 环境抗干扰训练

演讲中常有某种"意外"事情发生,干扰演讲者的情绪,往往会使演讲者功亏一篑。练习抗干扰,应贯穿在演讲准备的全过程。

训练时,可在公众场合(如教室、办公室、楼道、操场)进行,不管周围人们穿梭往来、谈天说地,不管有无人围观;更不因自己动作、表情不成熟而有为难感,做到视若无睹,充耳不闻,"情有独钟"。这种练习开始难度较大,很容易走神忘词,忘记动作,但只要坚持下去,定会取得成效。如能在练习中逐步把周围的人都吸引过来聆听演讲,那就说明有了收获,将会极大地鼓舞演讲者成功的信心,取得事半功倍的效果。

6. 应变训练

对演讲者来说,应变能力是演讲中必不可少的能力,而这种能力的提高,需要在日常生活中不断地学习和练习才能有所提高。

(1) 偶发事件应变。陈毅任外交部部长时到亚洲某国访问,这个国家的宗教领袖代表僧众向陈毅赠送佛像。大家都知道共产党不信宗教,都盯着陈毅,看他如何应对这件事。陈毅高高兴兴地接过佛像,大声说:"靠佛祖保佑,从此我再也不怕帝国主义了。"这在20世纪60年代亚非拉各国兴起反帝反殖运动高潮时说这样的话自然引来如雷般的掌声和笑声。

还有这样的情况,老师正上着课,外面卜起了雨,淅淅沥沥的雨声引得学生都往窗外看去。老师如何将学生的注意力引回来?他当然可以用简单的语言说:"雨有什么好看的?"但这未免太草率了些。如果他能随口吟出杜甫的诗句:"好雨知时节,当春乃发生。随风潜入夜,润物细无声。"再意味深长地说:"真是一场知时节的好雨啊,不过我们太去注意反而要辜负春雨润物的美意了。"这样,老师既自然而然地把学生的注意力拉回到课堂上来,又让学生在真情实景之下体会了该诗的美妙。

这方面可以进行如下训练。

讲话时突然有不速之客插入,设想该如何与之交谈。

讲话时突然被不大友好的插话打断,设想一下该怎么办。

设想别人提出一些刁钻古怪的问题,该如何应变。

(2) 反对意见应变。我们说话当然愿意对方同意自己的话,这无疑会鼓励我们继续讲下去。但事实上，常会有不同或是激烈反对我们言辞的意见，这时我们先要弄清他们反对的是不是有道理。如果我们的确错了，就应持诚恳的态度，实事求是地表示接受对方的反对意见，还应该感谢对方的批评指正，顽固地坚持错误是不明智的；如果问题属于有争议、无定论的范围，各家说法均可站得住，这时应与对方以平等的地位辩论，实在不易说清楚可以存疑，没必要争个是非曲直；如果对方与自己所说只是思路不同，结论相似，我们更应把握好情绪，耐心听取对方的意见，从中还可以吸收一些对自己有益的东西，补充自己的叙述。

训练时要注意：第一，讲述某个重要问题时，尽量广泛地查阅资料，弄清楚理论界在这一问题上有哪些主要观点，自己倾向于哪一种，以便在讲述时有所侧重，也易于与他人的思路接轨。第二，交谈时常提出一些问题与他人讨论，细心听取各种意见，尤其对那些反对自己的意见多注意些，想想该如何反应。常读理论书刊，常做逻辑练习，常写驳论文章。

(3) 互问、互答训练。请自己的朋友设计一组尝试性问题，然后向你快速提问，你作快速流畅的回答，看看在100秒钟内能正确地回答出多少问题。请试着快速回答下列各题，并计时。

"雷鸣电闪"和"电闪雷鸣"哪种说法更合理？
什么动物代表澳洲？
处于困境又遇生路可用什么成语表达？
1斤铁重还是1斤棉花重？
我们看到的什么影子最大？
鸟都是会飞的，对吗？
1只猫5分钟抓1只耗子，100分钟内抓100只耗子，需要几只猫？
什么马不能跑？
话不投机、投机取巧，两个"投机"的意思相同吗？
10条金鱼在鱼缸，死了1条还有几条？
大人搀着小孩，小孩是大人的儿子，大人不是小孩的父亲，这人是谁？
什么话自己说了自己却并不知道？
什么东西不能被放大镜放大？
什么东西能携带万吨原油却不能带去1斤糖？
两个爸爸和两个儿子上山打猎，每人打了一只野兔，一共却只有3只，什么原因？

(4) 快答训练。请一位朋友向你提问，你做直接快速的回答，提出问句时间不计在内，看答话用了多少时间。问题如下：

你的优点是什么？
你的缺点是什么？
你的爱好是什么？
这个爱好是怎么形成的？
这个爱好给你带来了什么好处？
这个爱好为什么至今没有转移？

你的烦恼是什么?
你最珍惜的是什么?
你最讨厌的是什么?
你最崇尚什么?
你最喜欢的格言是什么?
你最大的乐趣是什么?
你平时经常想的是什么?
你做人的信条是什么?
你最大的愿望是什么?
你怎样评价自己?
听到闲言碎语你如何对待?
你是喜欢春天还是冬天?

训练提示:第一,问句的角度要求避免单调和程式化,要富有变化。答语的观点要求旗帜鲜明,坦率从容,也可以含蓄风趣一点,有一些哲理色彩。第二,简单明了,多用短语,尽可能一两句话就把自己的意思说得明明白白。多用直言句式直截了当地应对,不要模棱两可,不痛不痒,也要力求避免运用简单的肯定、否定(如"是"或"不是")方式答对。第三,少说空话、套话,内涵力求丰富充实,要敢于亮出自己的想法,不要遮遮掩掩,要显示出自己鲜明的个性。第四,要留意复杂问句。所谓"复杂问句"是指隐含某种假定前提的问句。如"你还想着去北戴河旅游吗?"隐含前提是"曾经或一直想着去北戴河旅游"。其实你可能从来就没有"想"过,所以要回答针对"想没想",而不是"去不去"。对这类问句要留心前提,做出有针对性的回答。

拓展阅读:演讲语言艺术修养

演讲者良好的语言表达能力不是与生俱来的,而是艰苦磨炼、不懈努力的结果。要想成为一个优秀的演讲者,就必须加强语言艺术修养。

1. 增强自信心

自信心是交际取得成功的首要条件,是指一个人对自身能力与特点的肯定程度,是人的意志和力量的体现,是良好的语言形象的重要组成部分。

自信,意味着对自己的信任和欣赏。只有具有高度的自信心的人,在各种不同的演讲场合才会显得落落大方、谈吐流畅,使自身的各种内在能力得到充分自如的发挥,而且还可以在演讲实践中弥补其自身其他方面的不足,增强整体人际吸引力。

一个人的自信心不是与生俱来的,而是后天培养起来的。演讲者,尤其是刚涉足演讲的朋友,不要总想把一段话讲得尽善尽美,不出现丝毫纰漏,那样反而会在心理上造成一种不必要的压力。为了保持心理上的优势,一要消除自卑感,不必过多顾虑自我形象如何,只有做到"心底无私",才能感到"天地宽阔",自身的才气才会得到较好的发挥。二要正确对待听众,要了解环境和对象。要使语言富有感染力、说服力,就要尊重公众,放松情绪,不要一看到听众表情上的变化,便影响到自己的表达,给自己增加新的压力。三要有充分准备,对于自己说话的内容,尽可能事先想好,力争做到深思熟虑、胸有成竹,力求见解新颖、立论有据。同时,在语句搭配、表达方式上也需做必要的准备,有条件的还可事先加以练习。这样在语言表达过程中就会表现得流畅自然,不至于说到半截卡壳,也不会因发生意外情况而心慌意乱。

这里谈谈演讲者如何通过自我测试和改进,提高自信心。演讲的效果与演讲者的自信心有很大的关系。演讲不仅需要充实的内容,还需要一定的心理素质。如果自己能经常测一测,对演讲效果的评估就会更有把握。国外在20世纪40年代以后,就有心理学家不断涉猎这一课题,制定出一些有关的自我评价量表,但有的问卷题目过于繁复,不利于推广应用。这里介绍一种60年代中期经G. L. 保罗修订的由美国斯坦福大学出版的"演讲者信心自评量表(PRCS)"(附后)它有30个题目,被测者很容易回答。这种心理测验近年被引进我国,这30个题目每个人可以根据自己的体验选择"是"或"否"。其中一半题目选"是"得1分,而另一半题目选"否"得1分,最后将所得分数相加在一起就是总分。总分越低,说明你的信心越强、焦虑情绪越少、成功的心理基础越雄厚。如果你总分高,你也不必恼火,因为这种高分是可以改善的,它可以通过心理调适和演讲训练很快地降下来,过一段时间再测,你便会进入低分佳境。

(1) 先到你最熟悉或与你最没有利害关系的人群中去讲,这样你就没有顾虑,就不会感到紧张。

(2) 先到最崇拜你最信任你的人群中去讲,这样你看到的将都是亲切友好的面孔,心理上就会习惯于放松。

(3) 先讲你最熟悉的内容或最津津乐道的事物,你就会感到言之有物,底气很足,自信心倍增。

(4) 把自己的演讲用录音机录下来,自己反复地讲,反复比较,直到改进到自己满意为止。

(5) 先选内容集中的小题目,演讲时间要短,避免因题目大时间长而窘困受挫。

(6) 写好讲演稿,即大声朗读,不要默记,直至倒背如流。演讲是有声语言,它的熟练不仅有赖于脑的灵活,也有赖于发音系统的运动,那种"记住了自然就能说出来"的想法对演讲是很不利的。"熟读唐诗三百首,不会作诗也会吟",既朗读又吟咏,是一种感知与运动的同时记忆、双重记忆,所以更便于"熟能生巧"。

演讲者信心自评量表(PRCS)

1. 我盼望着有在大众面前演讲的机会。
2. 在讲台上放东西时,我的手在发抖。
3. 我老是害怕忘记我的演讲词。
4. 当我对听众演讲时,他们似乎挺友好。
5. 在准备演讲时,我一直处于焦虑状态。
6. 在演讲结尾时,我感到一种愉快的体验。
7. 我不喜欢用我的身体及声音来进行表达。

8. 当我在一位听众面前说话时,我的思维开始混乱不连贯。
9. 我不怕面对观众。
10. 尽管在站起来以前我感到紧张不安,但很快我就忘记了害怕并喜欢上了这种体验。
11. 我期望着我在演讲时能充满信心。
12. 当我演讲时,我感觉到我拥有全身心。
13. 我喜欢在讲台上放上笔记本以防止忘记了演讲词。
14. 我喜欢在演讲时观察听众的反应。
15. 尽管在与朋友们交谈时我语言流畅,可上了讲台演讲时我却丢三落四。
16. 我在演讲时感到放松及舒适。
17. 尽管我不喜欢在公众面前演讲,我也不感到特别畏惧。
18. 如有可能,我总是尽量避免在公众面前演讲。
19. 我朝我的听众们看过去的时候,他们的面孔变得模糊不清。
20. 在我试着对一群人演讲后,我对自己都觉得厌恶。
21. 我喜欢演讲的准备工作。
22. 当我面对听众时,我的脑子是清楚的。
23. 我说得相当流畅。
24. 就要开始演讲时,我发抖出汗。
25. 我觉得我的姿势僵硬不自然。
26. 在人群前面演讲时,我一直都感到害怕和紧张。
27. 我发觉期待一次演讲有点愉快。
28. 对于我来说,很难达到冷静地寻找合适的词语来表达我的思路的境界。
29. 我一想到在人群面前演讲就感到害怕。
30. 面对听众时,我有一种思维敏捷的感觉。

(评分标准:2、3、5、7、8、13、15、18、19、20、24、25、26、28、29 答"是"得 1 分;1、4、6、9、10、11、12、14、16、17、21、22、23、27、30 答"否"得 1 分)

(资料来源:http://xgc.bzu.edu.cn/xinli/newsShow.asp? dataID=214)

2. 培养语言风度

语言风度是指一个人内在气质的语言表现,是一个人涵养的外化。一个人风度翩翩,会使他具有强烈的人际吸引力,使人仰慕不已。使自己的语言具有风度,是塑造语言形象的重要途径。

培养语言风度,首先要提高思想修养。风度是一种品格和教养的体现。俗话说:"慧于心秀于言。""腹有诗书气自华。"如果没有远大的理想抱负、造福于人类的美好心灵,没有正义感、助人为乐、平等待人等高尚的道德情操,没有广博的知识储备、较高的文化素养、优雅的生活情趣,那么其语言必然粗鄙、不雅,毫无魅力可言。其次要使语言风度与自己的性格特征相吻合。风度是一种特征表现,各种不同的风度增添了人们交际的风采。演讲者要使自己成为成功、高雅的交际者,就应根据各自的气质、性格、特点来塑造自我风度,切勿东施效颦。正如卡耐基所说:"不要模仿别人。让我们发现自我,保持本色。"最后要注意修饰仪表。日本企业家松下幸之助平时穿着随便、不拘小节、头发很长。有一次,他理发时,理发师批评他说:"您是公司的总经理,一言一行都代表着整个公司,却这样不重衣冠,别人会怎么想?连总经理都这个样子,他公司的产品还会好吗?"理发师建议,今后理发应到东京去,松下觉得很有道理,从此开始重视自己的仪表了。演讲者更要注意自己的仪表,服饰要整洁大方,显示个性,富有美感,同时注意发型和美容。当然,要塑造外表美,必须从培养和提高内在素质入手。

3. 形成语言风格

语言风格是语言运用中各种特点的综合表现。由于人们运用语言的方式、方法不同,从而形成不同的语言风貌、格调,在演讲中各有用途、各具特色。演讲者必须根据不同的演讲对象、不同的演讲目的、不同的演讲场合,对语言的表现风格做出不同的选择。语言风格一般有如下几类。

(1)简洁精练。简洁精练是以最经济的语言手段,输出最大的信息量。在演讲活动中,简洁精练的语言常常能比繁冗的话题更吸引人。它体现出说话人分析问题的快捷和深刻,是其认识能力和思维能力的高超表现;它能使听者在较短的时间内获得较多的有用信息,有助于博得对方的好感;它是说话人果敢、决断的性格表现。自信心强、办事果敢的人,其语言是简练的。这一语言风格也是时代风貌的反映,现代社会节奏快、时间观念强,说话简洁会给人一种生气勃勃的现代人的感觉,尤其为人推崇。所以,我们要努力培养自己的简洁精练的言语风格。

第一,头脑里要库存一定量的材料,并且临场交际要善于先用恰当达意、言简意赅的词语来表达思想,不要让一条简短的信息淹没在毫无意义的修饰成分、限制成分和无谓的强化成分之中。

第二,要抓住重点。说话时,要使语言中心突出、切中要害,不要东拉西扯、言不及义。

第三,要理清思路。说话前,对于自己要表达的思想先要非常清楚,要安排好结构,条理连贯,层次分明,同时注意平定情绪,保持情绪稳定,这是理清思路的一个重要条件。

(2)生动形象。生动形象是语言魅力的基本因素。形象生动的语言把无形变成有形,把概括变成具体,把枯燥变成生动,大大吸引了听众的注意力。形象化的语言让听众的视觉、听觉、嗅觉、味觉都一起参加接收活动,大大增强了语言的感染力。此外,它也是构成其他语言风格的基本手段。

语言形象生动须做到如下几点:首先,选用有色彩、有形象的词语。色彩词和形象词可将听觉形象转化为视觉形象,而视觉形象留给人的印象往往比听觉形象留下的印象更深刻。其次,运用各种修辞手法,如比喻、拟人、夸张等。这些修辞手法可以用浅显通俗的事物或道理来说明比较复杂、抽象的事物或深奥难懂的道理。最后,要注意寓理于事,将深刻的道理寓于具体事实之中。那种干巴巴的说教,往往使听者乏味。演讲者尤其要善于运用生动典型的事例阐明事理,增强语言的魅力。

(3)幽默风趣。幽默是人的思想、学识、智慧和灵感的结晶,幽默风趣的语言风格是人的内在气质在语言应用中的外化,在演讲中有很重要的作用:第一,幽默能激起听众的愉悦感,使人轻松、愉快、爽心、抒情。这样可活跃气氛,增进双方感情,在笑声中拉近双方的心理距离。第二,幽默的一个显著特点是寓庄于谐,通过可笑的形式表现真理、智慧,于无足轻重之中表现出深刻的意义,在笑声中给人以启迪和教育,产生意味深长的美感趣味。第三,幽默风趣还可使矛盾双方从尴尬的困境中解脱出来,打破僵局,使剑拔弩张的紧张气氛得以缓和平息。第四,幽默风趣还有利于塑造交际中的自我形象,因为幽默的风度是良好性格特征的外露。对演讲者来说,幽默风趣的语言风度固然有先天成分的影响,但更有后天的习得。演讲者应掌握一些构成幽默的方法,并注意在语言表达中加以运用。

① 歪解。俗话说:"理儿不歪,笑话不来。"说咸鸭蛋是盐水煮的不是幽默,说咸鸭蛋是咸鸭子生的才是幽默,前者是常规,后者是歪解。歪解就是歪曲、荒诞的解释,它以一种轻松、调侃的态度,随心所欲地对一个问题进行自由自在的解释,硬将两个毫不沾边的东西放在一起,这样才能造成一种不和谐、不合情理、出人意料的效果。在这种因果关系的错位与情感和逻辑的矛盾之中,幽默也就产生了。如有人问鲁迅:"先生,你为什么鼻子塌?"鲁迅笑答:"碰壁碰的。"这个回答里面,既有对社会现实的不满,又有对自己生活坎坷经历的嘲讽。这样丰富的具有社会意义的内容与"塌鼻梁"这样一个具有丑的因素的自然生理特征结合在一起,便产生了无法言喻的幽默感。

② 降用。故意使用某些"重大""庄严"的词语来说明一些细小、次要的事情的表达技巧,谓之"降用"。恰当地运用降用,可暗示自己的思想,启发对方思考,令语言风趣生动。毛泽东就是一位极喜欢运用降用的行家里手。毛泽东的卫士封耀松在与一个女文工团员"吹"后不久,在合肥跳舞时又"挑"上一个大他3岁且离过婚并带有一个小孩的女演员。毛泽东知道这些情况后,极不赞成此事,并通过当时的安徽省委书记曾希圣及其夫人"搅"散了这段"姻缘"。封耀松为此感到极为沮丧郁闷。毛泽东见状,笑着对封耀松说道:"速胜论不行吧!也不要有失败主义,还是搞持久战好。""速胜论""失败主义"是抗日战争时期在对日寇入侵这一问题上所持的两种政治、军事观点,而"持久战"则是毛泽东为此而提出的著名论断。这里毛泽东新奇地用降用劝诫卫士在婚姻问题上不要急于求成,而应持相反的态度,以及"告吹"后不可有悲观失望情绪,于调侃、戏谑之中,委婉地批评了小封在对待婚姻问题上的轻率行为。

③ 仿似。故意模仿现成的词、语、句、调、篇及语句格式,临时创造新的词、语句、调、篇及语句格式,谓之"仿似"。它是幽默诸多构成法中最常用的一种,往往借助于某种违背正常逻辑的想象和联想,把原来适用于某种语境、现象的词语用于另一种截然不同的新的环境和现象之中,而且模拟原来的语言形式、腔调、结构甚至现成篇章,造成一种前后不协调、不搭配的矛盾效果,给人以新鲜、奇异、生动的感受。毛泽东在一次报告中批评某些干部为评级而争吵、落泪时说:"有一出戏,叫《林冲夜奔》,唱词里说:'男儿有泪不轻弹,只因未到伤心处。'我们现在有些同志,他们也是男儿,他们是'男儿有泪不轻弹,只因未到评级时'。"这里运用的就是局部改动名句的仿似之法,显得俏皮成趣、批评有力。

④ 自嘲。自我嘲讽,是指运用嘲讽的语气来嘲笑自己的缺陷和毛病,以取得别人的共鸣,引起别人会心一笑的方法。笑的规律是优笑劣、智笑愚、美笑丑、成熟笑幼稚。因此,如果演讲者善于显示自己比别人劣、愚、丑或幼稚,就会引人发笑,赢得公众的好感。自嘲还可嘲讽自己做过的蠢事、自己的生活遭遇等。

⑤ 辨析。辨析就是对字形、数字、姓名或其他常用的词组作巧妙的拆卸、组合、分辨、解析。这种"辨析"是一般人预想不到的，极具机智巧妙的动力，听者先深感"出乎意外"，一经思考，又觉得在"情理之中"，在"豁然顿悟"之中，幽默便油然而生。如在人际交往中，富有幽默感的人，自己介绍姓名或听人介绍时，往往都感到亲切自如，又找出了姓名中的特点，便于记忆。

（4）委婉含蓄。委婉含蓄指人在讲话时故意用委曲婉转的语言，把本意暗示出来，使意在言外，让人思而得之。委婉含蓄是人际交往的缓冲术。在自我表露时，可绕过一些难于直言的内容；在拒绝对方的要求、表达不同于对方的意见或批评对方时，可以维护对方的自尊，给对方以面子。这一语言风格在交际中的作用是很大的。培养委婉含蓄的语言风格，应注意运用以下几种表达方法。

一是运用模糊语言，即用外延边界不清或内涵上极其笼统概括的语言来表达。如"你很漂亮"。"漂亮"一词外延不清晰，但它使用得极为广泛，在西方已成为礼貌交往的一般性恭维话。可以说模糊语言为日常交际提供了许多方便。

二是运用修辞手法。有许多修辞手法，如比喻、借代、双关、烘托、暗示、省略、折绕等，可以达到委婉含蓄的效果，在公关交际中可适当运用。

三是运用语句换置。为了表达委婉，可采用变换某些语词、句式的方法。如当表示否定时，不用"不要……""不应该……""不是……"等否定句式，而代之以"请您……"的祈使句形式。这样语气缓和，不咄咄逼人，令人愿意接受。

4. 运用艺术语言

演讲，重点在讲，其次在演。由于演讲中有时需要穿插朗读一些诗歌、散文和小说等文艺作品，这里，演讲者如果能适当借用艺术语言中的一些特殊技巧，则能使演讲收到更好的效果。

艺术语言常用的技巧有以下几种。

（1）笑语。笑语是指用带笑的语气念出某些词语。它常用来表示喜爱、欢乐、有趣和嘲讽的感情。例如，阿拉伯民间故事《渔夫的故事》中有一句话：渔夫一见，笑逐颜开，说道："我把这瓶子带到市上去，可以卖它10块金币。"这就是一句笑语。

（2）气声。气声指压低嗓门，用带有气流的语气念出某些词语。它常用来表示紧张、惊异、自言自语和心理活动等感情。

（3）泣诉。泣诉是指用带哭声的语气念出某些词语。它常用来表示悲伤和痛苦的感情。例如：

敬爱的周总理，
多少人喊着你，扑向灵车；
多少人跑向你，献上花束和敬礼；
多少人想牵动你的衣襟，
把你唤醒；
多少人想和你攀谈
知心的话题……

(4)颤音。颤音是指用颤抖的语气念出某些词语。它常用来表示害怕和激动等感情。

(5)拖腔。拖腔是指用拉长声调的方法来念某些词。它常用来表示领悟、暗示、追忆和强调等感情。

(6)顿音。顿音是指用断断续续的语调念出某些词。它常用来表示惊慌和紧张等感情。

(7)模拟。模拟是指用模仿某种声音的方法,来念出某些词语或不同类型人物的语言。这里需要注意两点。

第一,对于各种物体的响声的模拟不必过分逼真。例如:对于鸡鸣马嘶、枪声、喊声、爆炸声等,只要达到传神的目的即可。

第二,对于各种人物的语言,只需从语调和语速方面去加以区别,别的因素则无须多去考虑。例如,朗读忠厚老实的人、心理迟钝的人、老人、病危人的说话,速度要慢一些;朗读聪明机警的人、年轻人、小孩、狡诈的人的说话,声音要尖一些;朗读男人、忠厚老实的人的说话,声音要粗一些。

另外,在演讲口语表达过程中还可以运用语音的弹性艺术,即声音对于所表达的流动着的、变化着的思想感情的适应力,它能加强口语的感染力,给人以美的享受。语音的弹性的获得,要靠扎实的语音基本功的训练,也要靠对演讲内容的透彻的理解感受。同时,也应该注意,语音的弹性色彩也能从对比中体现出来,所以语音的弹性训练也离不开对比的方法。诸如:明与暗、实与虚、刚与柔、粗与细、厚与薄、前与后、松与紧等语音对比方法。

(资料来源:王晶.形体训练与形象设计[M].北京:清华大学出版社,2011.)

课后练习

1. 由同学们试着运用本任务介绍的演讲技巧,轮流到讲台上演讲,题材不限,时间为3分钟。

2. 以下是人们总结的演讲经验十六条,请演讲时对照检查与练习。

(1)演讲的前一晚必须睡眠充足,使喉咙获得良好的休息。

(2)穿着合宜得体的服装。

(3)在演讲前,如果有机会与听众打成一片,应该把握住,与听众握握手,对他们微笑,或打个招呼。

(4)心理上、情绪上、精神上保持放松,预先假设可能发生的事,但不要被它困扰。

(5)在讲台上,要轻松自在地站好。

(6)最应该注意的当然是演讲的内容。在做引言时,应先将重点主题陈述出来,然后在正文中,将主题一一剖析,并且赋予新的观点。试着多讲一些辞藻丰富的话。如果可能,最好掺入一点幽默的字眼(千万不能使听众觉得无聊)。注意强调重点,戏剧性地把它们说出来,随后降低声音,再安静下来。

(7)准备周全的题材,并且做充分的预备和练习。

(8) 演讲前不要进食。乳制品尤应禁止,因为它可能使你的喉咙充满黏液。

(9) 演讲前对自己说:"你很棒!"

(10) 上台前做几次张大嘴巴的动作,当然,大笑也可以,如果有理由,这样你的下腭会变得柔韧舒服。

(11) 要开始说话时,保持微笑环视所有听众,然后做一次深呼吸。

(12) 头几句要轻松一点,引领听众不由地发笑。

(13) 在听众人群中找一两张快乐友善的脸,经常望望他们,这会令你觉得自己被重视。

(14) 仔细听一听麦克风传来的自己的声音,以确定自己的嘴巴是应靠麦克风近一点,还是远一些。

(15) 多用一些肢体语言,借此帮助你吸引听众的注意。

(16) 手边放一杯冰水,喉咙干燥时就啜一口。

(资料来源:http://www.qinghuaonline.com/news/59983.html)

任务 5

社 交 口 才

如果你是对的,就要试着温和地、技巧地让对方同意你;如果你错了,就要迅速而热诚地承认。这要比为自己争辩有效和有趣得多。

——【美】卡耐基

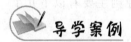 导学案例

老田鸡退二线

某局新任局长宴请退居二线的老局长。席间端上一盘油炸田鸡,老局长用筷子点点说:"喂,老弟,青蛙是益虫,不能吃。"新局长不假思索,脱口而出:"不要紧,都是老田鸡,已退居二线,不当事了。"老局长闻听此言顿时脸色大变,连问:"你说什么?你刚才说什么?"新局长本想开个玩笑,不料说漏了嘴,触犯了老局长的自尊,顿觉尴尬万分。席上的友好气氛尽被破坏,幸亏秘书反应快,连忙接着说:"老局长,他说您已退居二线,吃田鸡不当什么事。"气氛才有点缓和。

(资料来源:http://www.hssycxx.com/? p—345&a—view&r—780)

思考题:

1. 在社交中开玩笑应该注意什么?
2. "莫对失意人谈得意事"[(清)治家格言],结合本案例谈谈你对这句话的理解。
3. 社交口才为什么重要?请举例说明。

 学前问题

- 语言交际的基本原则有哪些?

- 社交中应如何介绍？
- 社交中应如何与人交谈？
- 问、答的语言艺术包括哪些？
- 赞美有哪几种？应怎样赞美他人？
- 说服和拒绝他人应运用怎样的语言艺术？

5.1 知识储备

5.1.1 语言交际的基本原则

语言交际的基本原则是人际交往活动中运用语言表情达意、进行信息交流时所必须遵循的准则，它贯穿于交际语言运用的一切方面和每个过程的始终，是一种制约性的因素。在人际交往过程中，只有自觉遵守语言交际原则，才能有效地增加语言交际信息的传递量，融洽人与人之间的关系；反之，如果背离了这些原则，就会削弱甚至破坏交际语言传播的效果，难以达到人际交往的目的。归纳起来，语言交际的基本原则主要有以下几个方面。

1. 礼貌待人

礼貌是对他人尊重的情感外露，是谈话双方心心相印的导线。人们对礼貌的感知十分敏锐。有时，即使是一个简单的"您""请"字，都可以让他人感到一种温暖和亲切。在人际交往中，可以从以下几个层次达到礼貌待人、沟通情感的目的。

（1）语言表达要满足交际对象对自尊的需求。这样做的目的在于利用礼貌文明的语言艺术与技巧，达到快速消除隔阂、沟通感情、拉近距离的作用。在人际交往中，初次见面的恰当称呼，寒暄中的礼貌用语，交谈中的言语分寸，分别时的告别祝词等，都应当体现出尊重对方的主观意向。

在词语的选用方面，使用得体的敬辞和谦辞都可以体现出对他人的尊重，也是一个人有教养的重要表现。比如，与客人初次见面时说"您好"，与客人久别重逢时说"久违了"。求人解答问题时说"请教"，请人协助时说"劳驾"，要帮助别人时说"我能为您做些什么"，看望别人时说"拜访"，等候别人时说"恭候"，陪伴别人时说"奉陪"，不能陪客人时说"失陪"，有事找人商量时说"打扰"，让人不要远送时说"请留步"，表示歉意时说"抱歉"，表示感谢时说"谢谢"。像"后会有期""祝你好运""一路顺风""万事如意"等告别用语也都体现出对他人的尊重。

（2）要根据具体环境选择使用富有亲和力的词语。这样可以拉近交往距离，沟通相互之间的情感，使与交际对象的合作成为可能。在人际交往中，渴望受到尊重是每个人的基本心理需求，你想要得到他人的尊重，自己先要善于主动接近对方，缩短人际距离，沟通相互情感。其实，做到尊重别人并不难，有时只需一个微笑、一句问候、一声敬称、一对善于倾听的耳朵,就会给别人的心情带来阳光和温暖,当然也会为你自己带来真挚的友谊与和谐的交际。例如,有这样一个例子颇能说明问题。在克莉斯(Chris)的汽车展销室,一位中年妇女走了进来,她说她只想在这儿看看车,消磨一下时间。她说她想买一辆福特,可大街上那位推销员却让她一小时以后再去找他。另外,她说她打算买一辆白色的双门厢式福特汽车,就像她表姐的那辆。"今天是我55岁的生日,这是给自己的生日礼物。"她说道。

"夫人,祝您生日快乐!"克莉斯说。然后,她向秘书交代了几句后,又对她热情地说:"夫人,既然您有空,请允许我介绍一种我们的双门厢式白色轿车。"

不多久秘书走了进来,递给克莉斯一束玫瑰花。

"尊敬的夫人,祝您福寿无疆!"克莉斯说。

那位妇女的眼眶都湿润了,她被克莉斯的言行所打动,感慨地说道:"已经很久没有人给我送花了。"

在闲聊中,她对克莉斯讲起了她刚刚的遭遇。"那个推销员真是差劲!我猜想他一定是因为看到我开着一辆旧车,就以为我买不起新车。我正在看车的时候,那个推销员却突然说他有事,叫我等他回来,然后就不见了踪影。所以,我就到你这儿来了。"

最后克莉斯成功地向她推销出了那辆双门厢式白色轿车[①]。

(3)要欣赏、赞美他人。在语言交流过程中,要肯定他人的优点,尊重他人的人格,尽量减少对别人的贬损,增加对别人的赞誉。人们希望得到别人的注意和肯定,这是人所共有的心理需求,而欣赏正是满足这种需求的一种交际方式。人际关系大师卡耐基说:"避免嫌弃人的方法,那就是发现对方的长处。"因此,在交际中,我们应抱着欣赏的心态来对待每一个人,时时留心身边的人和事,多发现别人的优点和长处。赞美是欣赏的直接表达。有道是"良言一句三冬暖",真诚的赞美不仅能激发人们积极的心理情绪,得到心理上的满足,可以给别人也给自己带来好心情,还能使被欣赏赞美者产生一种交往的冲动。托尔斯泰说得好:"就是在最好的、最友善的、最单纯的人际关系中,称赞和赞许也是必要的,正如润滑油对轮子是必要的,可以使轮子转得快。"利用心理上的相悦性,要想获得良好的人际关系,就要学会不失时机地赞美别人。

2. 坦诚真挚

在语言交际中,说话人的感情直接影响表达的效果,也影响着听话人的理解和接受。待人真诚,给人以充分的信任,可以激励他人的工作热情,提高工作效率。其实,感情本身就是一种教育力量,最有效的手段是以情感人、以理服人。唯有入情入理、坦诚真挚、充满信任的话语,才能够深入人心,引起别人的共鸣,受到他人注意。人际交往中要做到坦诚真挚,需要注意如下几个方面。

(1)说真话,以坦诚的心取信于人。言必行,行必果。这是交往沟通时收到良好谈话效果的重要前提。例如,深圳蛇口工业区负责人,在国外和一个财团谈判,由于对方自认为技术设备先进,漫天要价,使谈判陷入僵局。正在这时候,这个财团所在的商会请他去

---

① http://blog.china.alibaba.com/blog/zbintel2010/article/b0-i16473150.html. 2101-08-17

发表演说。他讲道:"中国是个文明古国。我们的祖先早在1000多年以前,就将四大发明,指南针、造纸、印刷术和火药的生产技术,无条件贡献给人类。而他们的后代子孙,从来没有埋怨他们不要专利权是一种愚蠢的行为。相反,却称赞祖先为世界科学的进步,做出了杰出贡献。现在,中国在与各国的经济活动中,并不要求各国无条件出让专利,只要价格合理,我们一个钱也不少给……"这番发自蛇口工业区负责人内心的讲话,在外国人心目当中,引起了巨大的震动和强烈的反响,他们的先进技术许多正是从中国引入的。蛇口工业区负责人的讲话,引起了与会者的热烈掌声,而且使谈判对手终于愿意降低专利费,双方达成了近3亿美元的合作项目。"心诚能使石开花。"这段发自内心的讲话,借助历史事实,寓意深刻,语气直率,不仅没有因此影响到谈判合作项目的达成,反而让人们更深层地感受到了中国人的诚心与诚信,取得了谈判对手的理解与支持。

（2）感情真挚,态度诚恳。与人交流沟通中,诚恳而真挚的态度是语言交往目的得以实现的基础。"善大,莫过于诚",热诚的赞许与诚恳的批评,都能使彼此间愿意了解;信任、倾诉、交心,正如《庄子·渔父》中所说:"不精不诚,不能动人""真在内者,神动于外,是所以贵重也"。

这里举一个陈毅同志与私营工商业者交谈的例子:上海解放初期,陈毅任上海市市长时,一天他来到一家纺织业经理家里,笑道:"×老板,我冒昧来访,欢迎不?"这位老板还在为一件事发愁呢,他发起牢骚来,说:"陈市长,今天工会又来要我废除'搜身制'。不当家不知柴米贵。工人下班有搜身,还经常丢纱呢,如果取消搜身制度,纱厂还不被偷光!"陈毅品口茶道:"×老板,我在法国当过工人,那个工厂大得很,老板也比你厉害得多。厂子四周筑起高墙,拉上电网,还雇了一帮带枪的警察。对每个下班的工人,从头搜到脚,那仔细的劲头,身上硬是一根针也藏不住。但结果呢?原料、零件还是大量丢失,为什么呢?老板把工人只当成会说话的工具。劳动很苦,工资很少,工人实在无法养家糊口。工厂赚了钱对工人毫无好处,他们为什么不拿呢?现在中国不同喽,工人翻身当主人了,他们懂得工厂生产搞得好,新中国才能富强起来,工人才能改善待遇。你们虽然是私营企业,但也是新民主主义经济的一个组成部分,一样可以有利于国、有利于民。所以,依我之见,你应该在纺织业带个头,用我的办法试试看,废除搜身制,关心工人的利益,待工人如朋友、如兄弟,有困难多与他们商量着办,我相信眼前的困难会克服得顺利一点。"陈毅的这番语言,既替老板着想,又为工人撑腰,以情动人,以理感人,从外国说到中国,从旧社会说到新社会,分析得入情入理、客观具体,并给予对方充分信任,收到了良好的谈话效果①。

可见,只要肯尊重对方的特殊能力,高度地给予其信任和肯定,任何人都会乐于将其优点表现得淋漓尽致。如果你希望某人懂得自尊自爱,你就该率先表现出你对他的信任和尊重。

3. 平等友善

在人际交往中,我们不仅要尊重他人的人格、他人的个性习惯、他人的权力地位、他人

---

① http://61.153.14.37/viewthread.php?tid=175029&extra=&page=3. 2010-12-29

的情感兴趣和隐私,还要尊重彼此存在的外显或内在的心理距离,要有人人平等、一视同仁的谈话态度,切忌给人居高临下、自以为是的印象。只有在人际交往中保持自尊而不盲目自大,受人尊敬而不傲慢骄横,才能得到对方对你个人、对你的组织,甚至对你的国家的尊重,才能谈得上真诚合作、平等合作。例如:"演员是人民给养活的,有艺无德可对不住观众啊。"被誉为"平民艺术家"的赵丽蓉,在她所追求的艺术事业中,始终把"观众第一"放在首位,对来自他人的关爱之情,也常以自己真挚独特的谐趣表达出来。一次大年初一,中央电视台开招待酒会,每个参加者都得到了一个大西瓜。赵丽蓉一眼瞥见旁边的记者没份儿,便将自己的那个西瓜放在记者座位底下,说:"你大老远赶到北京来采访,不待在家里过年,这西瓜你就带回家去孝敬父母吧。"这"土气儿"十足的言谈,比那些虚情假意的关怀之类,不知"引人入胜"了多少倍! 在她身上,没有了那种司空见惯的矫情、虚饰与浮躁,而多了几分质朴、风趣与豁达,她那平等友善的态度和语言中的缕缕真情,至今仍令人难以忘怀。

在人际交往中,尽管人与人之间身份、地位等方面的情况可能不同,但是,交际双方在人格上是平等的,在心理上是对等的,平等是建立良好人际关系的前提。我们绝不能把自己高抬一寸,把别人低放一尺,有意与对方"横着一条沟,隔着一堵墙",给别人一种"拒人于千里之外"之感。哪怕你是女王,也要讲究平等。英国女王维多利亚(Victoria)与其丈夫阿尔伯特(Albert)相亲相爱,感情和睦。阿尔伯特喜欢读书,且不大爱社交,也不太关心政治。有一天深夜,女王办完公事,回到卧室,见房门紧闭,便敲起门来。"谁?"里面问道。

"我是英国女王。"女王回答,可是门没有开。

"我是维多利亚。"再敲,门还是未开,敲了几次之后,女王突然感觉到了什么,又敲了几下,用温和的语气说:"我是你的妻子,阿尔伯特。"

这时,门开了。

即使身为一国之君,但在家里,面对丈夫阿尔伯特,"女王"的生活角色也要发生改变,此时作为妻子的她更应保持夫妻双方平等相待的心态,才会为丈夫所接纳,因此,最后的一次敲门达到了目的。

4. 区分对象

在人际交往中,对于交际主体来说,最重要的莫过于研究交际对象,根据交际对象的性别、年龄、生活背景、心理特征等因素的差异来选择恰当的语言,以求明晰地表达自己的思想,达到正常的语言交际的目的。也就是所谓"到什么山上唱什么歌""见什么人说什么话"。如果不考虑对方的实际情况,信息流通渠道就会因此而出现偏差,甚至"阻塞",交际也会随之而停止。例如,1954年,周恩来总理出席日内瓦国际会议,为了向外国人宣传中国,表明中国爱好和平的愿望,决定为外国嘉宾举行电影招待会,放映越剧艺术片《梁山伯与祝英台》。为此,工作人员准备了一份长达16页的说明书。周恩来看后笑道:"这样看电影岂不太累了? 我看在请柬上写上一句话就行,即请您欣赏一部彩色歌剧电影:中国的《罗密欧与朱丽叶》。"果然,一句话奏效,外国嘉宾都知道这部电影要讲述的故事了。

5. 换位思考

韩非子在《说难》中写道："凡说之难，在知所说之心。"在现实社会，随着人们日常交往的日益频繁，摩擦、矛盾也会随之增多，很多人只强调他人对自己应该承认、理解、接受和尊重，却忽视对等地去理解和尊重他人；只注意自己目的的实现，却无视他人的利益和要求。在这种倾向支配下，他们常常不顾场合和对方心情，一味由着自己的性子去交往，致使在交往中由于语言使用缺乏得体性而出现尴尬的局面。所以，在很多时候，注意交际场合的特点，多进行换位思考，灵活应变，将心比心，以诚换诚，才能达到彼此心灵的沟通和情感的共鸣。

6. 切合情境

运用语言进行信息传递、情感交流，离不开一定的时间、地点和场合，要使这种传递活动获得好的效果，语言运用不仅要符合特定的时代背景和此时此地的具体情景，还要恰当地利用说话时机，把握时间因素，力求切情切境、入旨入理。在杭州的"美食家"餐厅，一对新人在举行婚礼时，正赶上滂沱大雨下个不停。新人和客人们被大雨淋得很懊恼，婚礼气氛很不愉快。这时，餐厅经理来到100多位客人面前微笑着高声说："老天爷作美，赶来凑热闹。这是入春以来的第一场好雨。好雨兆丰年，这象征着今天这对新人的未来是十分幸福的。雨过天晴是艳阳天，象征着今天在座的所有客人都将迎来更加灿烂的明天。我提议：为了创造和迎接雨过天晴的明天，大家干杯！"话音刚落，整个餐厅的情绪和气氛发生了180°的转变，沉寂的婚礼场面气氛一下子变得热烈起来。

7. 明确目的

交际语言是一种为了实现一定的交际目的而进行的双向交流的传播活动，无论是与他人拉家常、叙友情，或是进行学术报告、演讲、谈判、采访乃至解说、寒暄、拜访、提问等，都是为了实现信息传递、沟通情感、增进了解、阐明观点等特定的交际目的而进行的。当与他人说话时，需要针对交际对象的特点和语言环境做出必要的调整，也要根据语言交流的主题，选择和使用恰当的语言，做到有的放矢，取得缓解气氛、增进友情的作用。如，瑞士厄堡村有一块要求游客不要采花的通告牌。上面分别用英、德、法三种文字写着："请勿摘花""严禁摘花""喜爱这些山峦景色的人们，请让山峦身旁的花朵永远陪伴着它们吧！"由此不难看出瑞士旅游业人士对不同游客的民族心理特点的充分考虑。英国人讲面子，崇尚绅士风度，因此用"请"。德国人严守律令，故采用"严禁"。法国人浪漫且重感情，所以用了富有激情的语句。这样就与不同交际对象的民族心理特点相吻合了。又如，曾有一位营业员向外国顾客介绍商品时，因为不了解外国顾客的情况，而按照对中国顾客的方式来接待，结果就把顾客赶跑了。事情是这样的：有一位英国客人在商店里表示出对一件工艺品感兴趣时，该营业员取出该工艺品，然后对客人说："先生，这件不错，又比较便宜。"顾客听了她的话后，丢下商品，转身而去。为什么这些话会把这位顾客赶跑呢？原来是"便宜"二字。因为在英国人心目中，买便宜货有失身份，所以这桩买卖没有做成。

5.1.2 寒暄的语言艺术

日常交流中,我们经常用到寒暄语。寒暄语是人们用来营造某种气氛或保持社会联系的语言,而不是为了交流信息或观点。寒暄功能是语言的一项基本功能。打招呼、告别、闲谈以及对天气的评论都属于此类功能的运用。寒暄是一种分享感情或营造友好气氛的语言方式,是一种广泛用来传达关心和友爱的社交方式。

1. 寒暄语的社会功能

首先让我们看一个寒暄的实例。邓小平与英国女王及丈夫爱丁堡公爵会谈前是这样寒暄的:

邓小平说:"见到你很高兴,请接受一位中国老人对你的欢迎与敬意。这几天北京的天气很好,这也是对贵宾的欢迎。当然,北京的天气比较干燥,要是能'借'一点伦敦的雾就更好了。我小时候就听说伦敦有雾。在巴黎时,听说登上巴黎铁塔,就可以望见伦敦的雾。我曾经登上过两次,可是很遗憾,天气都不好,没能看到伦敦的雾。"

爱丁堡公爵则回答说,"伦敦的雾是工业革命的产物,现在没有了。"

邓小平又风趣地说,"那么,'借'你们的雾就更困难了。"

爱丁堡公爵说,"可以借点雨给你们,雨比雾好,你们可以借点阳光给我们。"

(资料来源:http://news.xinhuanet.com/book/2009-09/23/content_12102089_24.htm)

寒暄语与社会心理学有着密切的关系,因此人们可以利用它来实现某些社交功能[1]。

(1) 为了营造和保持友好的氛围

寒暄语是一种人们用来保持相互间联系的语言。其主要目的不是为了交换信息和观点,而是为了分享感情或建立友好的关系。在这种情况下,谈话的内容并不重要,关键在于双方都参与了谈话。即使谈话的内容是含混不清的,甚至是毫无意义的,它的作用也决不能忽视。这种作用就是要营造和保持一种友好的社交氛围。

(2) 为了掩饰沉默所带来的生疏和不快

人们有一种直觉认为有些话的重点并不在于具体内容,而在于说话这个行为。例如,在汽车站向陌生人说"天气真好"就侧重于传递友好的态度而非针对天气要作什么评论。另外,完全不同的谈话内容也会起到相同的作用,如"汽车又晚点了"。两者都着重于交流感情而并非为了传递信息。这就可以看出"说了"要比"说了什么"重要得多。如果听者对说话者毫无回应,后果将会很严重。我们可能认识到保持沉默会破坏和谐的关系,因为保持沉默不仅是中性的反应,它更容易被理解为有敌意的表示。实际上,我们可以把寒暄语看成一种避免沉默的适当做法,尤其是在聚会和会议这样的社交场合。在这种场合下,交往双方会尽量持续他们的谈话;否则一方会感觉另一方可能要打破他们之间的关系。

---

[1] 李翠娟.语言的寒暄功能.郑州工业高等专科学校学报,2004(3).

(3) 为了满足交谈双方的心理要求

生态学家 Desmond Morris 在他的一本书《The Naked Ape》中提到人类的寒暄语类似于动物世界中的某些情景，像猴子梳理同伴的习惯。人类的这种语言与猴子的梳理行为很相似，因为这都是社会成员之间需要互相配合的重要行为。社会心理学家 Eric Berne 在他的一本名为《Games People Play》(1966) 的书中对寒暄语有不同的解释，他说寒暄语是抚摩的替代行为。他说婴儿在其成长过程中需要大量的关爱和抚摩，即使成人以后，他们依然有被抚摩的需求。但是成人靠语言交流来满足自己。因此，寒暄语是人们抚摩的形式，在这种形式下，谈话双方的愉悦感是保持平衡的。看这样的例子：

A：Hi!
B：Hi!
A：Warm enough today?
B：Sure is. Looks like rain, though.
A：Well, take care yourself.
B：I'll be seeing you.
A：So long.
B：So long.

在这个对话中，交谈双方都很满足，因为他们分别得到了四次抚摩并给对方留下了友好的印象。这也符合固有的谈话过程，即 A 问一个问题，B 回答，次序为 ABABAB。要满足交谈双方的心理要求，他们应该在礼貌上和谈话长短上保持均衡，任何违背都将导致尴尬和不愉快的气氛。

2. 寒暄的原则

对于交际者来说，寒暄的行为应遵循以下几个基本原则。

(1) 亲疏原则

寒暄的行为是否发生与交际各方的人际关系亲疏相关联，关系亲密的人之间不太需要寒暄，关系较一般的更需要寒暄，以满足礼节上的要求，从这一意义上可以说寒暄标志着不是特别亲密的人际关系。

(2) 合作原则

寒暄的参与者遵循特殊的合作原则，对语义内容的质和量均无明确的或最大的要求，即使是虚假的命题或不真实的信息也予以默认，对方说什么都可以附和。

(3) 直白原则

在说话的风格上，一般采用直接、明确的表达方式，不用晦涩的语言，说话不拐弯抹角。不排除幽默，但仅限于无功利性暗示意义。因为寒暄的内容不那么重要，所以说的话也应该很容易让人明白。寒暄作为一种礼节性的行为，在一定意义上也可以说是没话找话。这种情况下，相应的言语策略的规定性不强，可选择的余地也比较大，往往是说什么都可以，因此也就使得交际者有时反而不好确定选择什么策略，造成不知说什么好的情况。

(4) 坦诚原则

寒暄虽然与交际目的不一定有直接联系,其内容也未必与后面的正式交谈相关,仅仅是交际活动的"起点",是言语交际的"开场白",但仍需要我们出言坦诚,问候真诚,切不可虚情假意,口是心非。

(5) 礼貌原则

礼貌是指言语动作谦虚恭敬,这种谦虚恭敬应该是自然得体的,若是过分了反而显得不真实,也会使对方不自在。

3. 寒暄的常用方式

徐卫卫在其所编著的《大学生交际口语》(杭州大学出版社,2007)一书中,总结了以下三种寒暄的常用方式。

(1) 问候式

问候式寒暄是直接向交际对象表示问候或招呼。例如:

您(你)好!
吃了吗?
出去吗?
最近忙吗?
读几年级了?
你的钢琴练得怎么样了?
又有大作发表了吧!
家里人都好吧?(对已婚者)
爸爸妈妈都挺好吧?(对未婚者)

(2) 称赞(评议)式

通过对交际对象(或与交际对象有关的人与事)加以称赞或进行评议,来表达对交际对象的认可与问候。例如:

哇,你这件毛衣在哪儿买的,真漂亮!
哇,你们家好干净啊!
您可越活越年轻了!(对中老年人)
你的气色真好!(对初愈的病人)
这孩子真可爱!(对朋友或同事的孩子)
你是×××小学的吧,你们学校办学水平很高哇!(对初次见面者)

(3) 描述式

描述式寒暄是通过对交际语境有一定关联的一些因素进行极为简洁的"描述",来表达问候之意。例如:

呦,大妈今天买了这么多的好菜,又是鸡又是鸭的啊!
您老一身运动装又要去打门球啦!

今天天气真不错!

4. 寒暄的注意事项

(1) 区分对象

交往对象不同,寒暄的选择也应当有所差别。在这一点上要具体考虑这样几种因素①。

① 年龄差别。一般来说,如果交往双方在年龄上有明显的差别,那么在寒暄的过程中,年轻者要表示出敬重,而老年者要表现出热情谦虚。

② 亲疏的界限。交往双方如果是已经非常熟悉的人,那么不妨在寒暄时更加随意轻松一些为好;反之若初次见面,就应该显得庄重一些。

③ 性别不同。男性与女性在交往时,寒暄应该特别注意,不适合于女性的语言一定要避免使用。例如,过去人们在见面时,常喜欢用"你又长胖了"的话作为恭维或寒暄,但用在女性的身上是不适合的。另外,同女性寒暄时虽然不一定要故作严肃,但是谈论轻松、幽默的话题时要注意格调高雅,掌握分寸。

④ 文化背景的差异。语言具有民族性,这不仅表现在语音、语调上,还体现在语言使用的习惯和表达的文化内涵上。不同民族、不同国家在寒暄这一语言环节上也有着明显的差异。如中国人在寒暄时喜欢以关切的语调询问对方的饮食起居、生活状况、工资收入、家庭情况等,但在西方国家这些内容却是彼此交谈的禁区。同样,在中国文化环境中不适合的寒暄则可能在其他一些文化环境中得到认可或普遍使用。

(2) 见机行事

寒暄同样有个语境问题,寒暄时机的把握,寒暄时间的长短,寒暄内容的选择,话语的"冷热度",体态语的配合,等等,都得由"境"而定。

(3) 积极主动

必要时要积极主动与对方先搭话,发起寒暄,这样不但会给对方留下你有诚意的好印象,也会使对方感受到你对他的热情和尊重。

(4) 尽力顺从

如对方先主动与你寒暄,说明他很重视你的存在,并愿意同你建立或保持友好关系。你应努力顺从、应对,切不可对方问一句你答一句,更不应等沉默之后才找话说,这样很容易造成尴尬局面。

(5) 顺其自然

寒暄本身不存在是非曲直,你没必要针对某句话刨根问底,即使明知对方在说假话,你也大可不必介意,只要寒暄能在和谐、友好的气氛中进行就行。

(6) 把握适度

要根据具体情况、场合来调适寒暄的时间及内容。比如你有正事欲与对方谈,就不应东拉西扯地寒暄个没完,这样会误事,还会使对方产生厌倦之感。

---

① 金常德.大学生社交口才实践教程[M].北京:北京大学出版社,2013.

5.1.3 介绍的语言艺术

介绍语是社交中为接近对方而常用的表达方法之一。通过相互介绍,达到相互接近的目的。社交场合主要有两种介绍语:一是自我介绍;二是介绍别人。

1. 自我介绍

自我介绍是最常用的口语形式。当我们处于比较正规的场合,面对陌生的公众,首先别忘了把自己介绍给对方。

自我介绍时,要及时、清楚地报出自己的姓名和身份。大方自然地进行自我介绍,可以先面带微笑,温和地看着对方说声:"您好!"以引起对方的注意,然后报出自己的姓名、身份,并简要表明结识对方的愿望或缘由。进行自我介绍一定要力求简洁,尽可能地节省时间,介绍时间以半分钟为佳。

自我介绍一般视对象而选择介绍语。把自己介绍给领导、长辈、名人时,语言要谦恭有礼,但不可点头哈腰、卑躬屈膝、出言酸腐。一位营销部经理在一次社会交集会中这么自我介绍:"我是××公司跑供销的,我叫王××,今后希望各位经理多加指教。"话毕面带微笑,向周围的人双手送上自己的名片。这番自我介绍很简单,却很有艺术性。自然语言与体态语言巧妙配合,口头上非常谦虚地说自己是跑供销的,具体职务、官衔让名片替他补充。这比"我是营销部经理"这种直露的介绍更巧妙,更易给人留下谦恭得体的好印象。反之,也不要居高临下、恃势傲人、出言不逊。

进行自我介绍,态度务必自然、友善、亲切、随和。要充满信心和勇气,敢于正视对方的双眼,显得胸有成竹。介绍时语气要自然、语速要正常,语音要清晰、响亮,对一些容易听错读错的字音要特别加以说明,以免造成误会。例如:有位先生名叫单弘(shàn hóng),他在自我介绍时特别指出:"我的名字很容易读错,有次药房的护士叫我单弦(dān xián),我成了一件乐器了。"这样介绍后,相信听众就不会再念错他的名字了。

2. 介绍别人

社会活动中,如果处于主持人地位或充当中介人时,别忘了给互不相识的客人作介绍。例如:"我来介绍一下:这位是××先生,目前就职于广告公司,美学爱好者。这位是大学中文系美学教授金××。"这是最常见的介绍语,介绍了双方姓名、特长、工作单位等。介绍别人要注意以下几点。

(1) 注意先后顺序。为双方作介绍时,要确立"把谁介绍给谁"的观念。应牢记"受尊敬的一方有优先了解权"这一介绍基本准则。把职位低者介绍给职位高者(商务场合尤其如此),把年轻者先介绍给年长者,把男士先介绍给女士,把未婚女子介绍给已婚女子,把家庭成员介绍给客人。如果双方年龄、身份都相差无几,则应当把自己较熟悉的一方先介绍给对方,如违反这一顺序则有失礼仪。

(2) 信息量要适中。请看下面两例:

我来介绍一下,这位是张先生,这位是王经理。

这位是××房屋开发公司副总经理王××,他可是实权派,路子宽,朋友多,谁需要帮忙可以找他。

前者信息量太少,通过介绍,双方只能了解一个姓,无法从介绍语中找到继续交谈的共同话题。后者信息量太多,介绍的后半段属多余信息,而且庸俗化了,往往使被介绍者感到尴尬。所谓信息量适中,是指通过介绍使双方互相了解尊姓大名、工作单位、职务或特长。只要能为双方的进一步交谈引出共同话题则可,千万不可草率介绍,亦不可画蛇添足。

(3) 介绍语要规范。所谓介绍语规范是指介绍语要热情、文雅并配以恰当的体态语。为双方介绍或者把某人向全体介绍都是为了建立关系、联络感情、融洽气氛,因此介绍语必须热情洋溢。尤其将某人介绍给全体成员时,要尽可能将此人的主要成绩、荣誉等一一加以热情介绍,切忌不冷不热、毫无生气。美国著名成人教育家戴尔·卡耐基曾谈起过这么一件事:约翰·梅森·布朗是一位作家兼演说家,一次他应邀去某地演讲。演讲开始前,会议主持人将布朗先生介绍给公众,下面是主持人的介绍语:"先生们,请注意了。今天晚上我给你们带来了不好的消息。我们本想邀请伊塞卡·F.马科森来给我们讲话,但他来不了,病了。(下面嘘声)后来我们邀请参议员布莱德里奇前来,可他太忙了。(嘘声)最后,我们试图请堪萨斯城的罗伊·格罗根博士来,也没有成功。(嘘声)所以,结果我们请到了——约翰·梅森·布朗。"这样的介绍语不仅是报流水账,毫无热情,而且有损被介绍者的自尊心,这是介绍语的大忌。

(4) 介绍语要礼貌。言语交际必须遵循礼貌、合作的交际原则。介绍语要文雅、有礼,切忌随便、粗俗。例如:"我给各位介绍一下:这小子是我的铁哥们儿,开小车的,我们管他叫'黑蛋'。"这个介绍中"小子""铁哥们儿""开小车的""黑蛋"这类词语显然与社交场合格格不入,太粗俗,不文雅,又把绰号当大名来介绍更显随便,不严肃。

此外,介绍语常用一些敬辞、客套话、赞美语作为其表述语,在实践中应规范使用。如"我非常荣幸地向各位介绍×××""我们有幸请来了大名鼎鼎的×××""能聆听他的讲话我们感到由衷的高兴"等。这些介绍语中的"荣幸""有幸""由衷"等都是敬辞,"大名鼎鼎""请"是客套语。这类典雅的语言再加之优雅得体的体态语就更显魅力了。介绍时一般起立,面带微笑,伸出一手,掌心向上,边说边示意。

5.1.4　交谈的语言艺术

美国前哈佛大学校长伊立特(Elite)曾说:"在造就一个有修养的人的教育中,有一种训练必不可少,那就是优美、高雅的谈吐。"交谈是交流思想和表达感情最直接、最快捷的途径。在人际交往中,因为不注意交谈的礼仪规范,或用错了一个词,或多说了一句话,或不注意词语的色彩,或选错话题等而导致交往失败或影响人际关系的事件,时有发生。因此,在交谈中必须遵从一定的礼仪规范,才能达到双方交流信息、沟通思想的目的。

1. 符合基本要求

语言作为人类的主要交际工具,是沟通不同个体心理的桥梁。交谈语言的基本要求包括以下几个方面。

(1) 准确流畅。在交谈时如果词不达意、前言不搭后语,很容易被人误解,达不到交际的目的。因此在表达思想感情时,应做到口音标准、吐字清晰,说出的语句应符合规范,避免使用似是而非的语言。应去掉过多的口头语,以免语句割断;语句停顿要准确,思路要清晰,谈话要缓急有度,从而使交流活动畅通无阻。语言准确流畅还表现在应让人听懂,因此言谈时尽量不用书面语或专业术语,因为这样的谈吐会让人感到太正规、受拘束或是理解困难。古时有一笑话说的是有一书生,突然被蝎子蜇了,便对其妻子喊道:"贤妻,速燃银烛,你夫为虫所袭!"他的妻子没有听明白,书生更着急了:"身如琵琶,尾似钢锥,叫声贤妻,打个亮来,看看是什么东西!"其妻仍然没有领会他的意思,书生疼痛难熬,不得不大声吼道:"快点灯,我被蝎子蜇了!"[1]这真是自作自受。

(2) 委婉表达。交谈是一种复杂的心理交往,人的微妙心理、自尊心往往在里面起重要的控制作用,触及它,就有可能产生不愉快。因此,对一些只可意会不可言传的事情、人们回避忌讳的事情、可能引起对方不愉快的事情,不能直接陈述,只能用委婉、含蓄、动听的话去说。常见的委婉说话方式有如下几种。

① 避免使用主观武断的词语,如"只有""一定""唯一""就要"等不带余地的词语,要尽量采用与人商量的口气。

② 先肯定后否定,学会使用"是的……但是……"这个句式。把批评的话语放在表扬之后,就显得委婉一些。

③ 间接地提醒他人的错误或拒绝他人。

(3) 掌握分寸。谈话要有放有抑有收,不过头,不嘲弄,把握"度";谈话时不要唱"独角戏",夸夸其谈,忘乎所以,不让别人有说话的机会;说话要察言观色,注意对方情绪,对方不爱听的话少讲,一时接受不了的话不急于讲。开玩笑要看对象、性格、心情、场合,一般来讲,不随便开女性、长辈、领导的玩笑,一般不与性格内向、多疑、敏感的人开玩笑,当对方情绪低落、心情不快时不开玩笑,在严肃的场合、用餐时不开玩笑。

(4) 幽默风趣。交谈本身就是一个寻求一致的过程,在这个过程中常常会出现不和谐的地方并产生争论或分歧。这就需要交谈者随机应变,凭借机智抛开或消除障碍;幽默还可以化解尴尬局面或增强语言的感染力。它建立在说话者所具有的高尚的情趣、较深的涵养、丰富的想象、乐观的心境、对自我智慧和能力自信的基础上,它不是耍小聪明或"卖嘴皮子",它应使语言表达既诙谐,又入情入理,应体现一定的修养和素质。有一次,梁实秋的幼女文蔷自美返台探望父亲,他们便邀请了几位亲友,又到"鱼家庄"饭店欢宴。酒菜齐全,唯独白米饭久等不来。经一催二催之后,仍不见白米饭踪影。梁实秋无奈,待服务小姐入室上菜之际,戏问道:"怎么饭还不来,是不是稻子还没收割?"服务小姐眼都没眨一下,答称:"还没插秧呢!"本是一个不愉快的场面,经服务小姐这一妙答,举座大乐[2]。

---

[1] http://www.loveliyi.com/society/goutong/goutongyishu.html. 2009-07-27
[2] http://hi.baidu.com/fangxuerong/blog/item/82099a0872460f3be92488d4.html. 2009-12-19

2. 使用礼貌用语

使用礼貌用语，是人类文明的标志，也是全世界共同的心声。使用礼貌用语不仅会得到人们的尊重，提高自身的信誉和形象，而且还会对自己的事业起到良好的辅助作用。在我国，政府有关部门向市民普及文明礼貌用语，基本内容为十个字："请""谢谢""你好""对不起""再见"。在实际的社会交往中，日常礼貌用语远不止这十个字。归结起来，主要可划分为如下几个大类。

（1）问候语。人们在交际中，根据交际对象、时间等的不同，常采用不同的问候语。比如在中国实行计划经济的年代，由于经济发展水平不高，人们面临的首要问题是温饱问题，因而人们见面的问候语是："你吃了吗？"今天，在不发达的中国农村，这句问候语仍然比较普遍，而经济比较发达的农村和城市，这句问候语已经很少听到了。人们见面时的问候语是"您好""您早"等。在英国、美国等说英语的国家，人们见面的问候语根据见面的时间、场合、次数等不同而有所区别。如双方是第一次见面，可以说："How do you do"（您好），如果双方第二次见面，可以说："How are you"（您好），如在早上见面可以说："Good morning"（早上好），中午可以说："Good noon"（中午好、午安），下午可以说："Good afternoon"（下午好），晚上可以说："Good evening"（晚上好）或"Good night"（晚安）等。在美国非正式场合人们见面时，常用"Hi、Hello"等表示问候。在信仰伊斯兰教的国家，人们见面时常用的问候语是"真主保佑"；在信奉佛教的国家，人们见面时常用的问候语是"菩萨保佑"或"阿弥陀佛"。

（2）欢迎语。交际双方一般在问候之后常用欢迎语。世界各国的欢迎语大都相同。如"欢迎您"（Welcome you）、"见到您很高兴！"（Nice to meet you）、"再次见到您很愉快"（It is nice to see you again）。

（3）回敬语。在社会交往中，人们常常在接受对方的问候、欢迎或鼓励、祝贺之后，使用回敬语以表示感谢。由此，回敬语又可称为致谢语。回敬语的使用频率较高，使用范围较广。俗话说礼多人不怪，通常情况下，只有你受到了对方的热情帮助、鼓励、尊重、赏识、关心、服务等都可使用回敬语。在我国使用频率最高的回敬语是"谢谢""多谢""非常感谢""麻烦您了""让你费心了"等。在西方国家回敬语的使用要比中国更为广泛而频繁。在公共交往中，凡是得到别人提供的服务，在中国人认为没有必要或是不值得向人道谢的情况下，也要说声谢谢，否则是失礼的行为。

（4）致歉语。在社会交往过程中，常常会出现由于组织的原因或是个人的失误，给交际对象带来了麻烦、损失，或是未能满足对方的要求和需求的情况，此时应使用致歉语。常用的致歉语有："抱歉"或"对不起"（Sorry）、"很抱歉"（Very sorry, so sorry）、"请原谅"（Pardon）、"打扰您了，先生"（Sorry to have bothered you, sir）、"真抱歉，让您久等了"（So sorry to keep you waiting so long）等。

真诚的道歉犹如和平的使者，不仅能使交际双方彼此谅解、信任，而且有时还能化干戈为玉帛。道歉也有艺术，在人际交往中，有些人有时放不下架子或碍于面子，不愿直接道歉，这也是人之常情。其实，道歉的方式很多，道歉时可采用委婉的手法。比如：今天的交际对象是你以前曾经冒犯过的人，那么你可以说："真是不打不相识啊，俗话说得好，不是冤家不聚头,来让我们从头开始!"道歉并未降低你的人格,及时得体的道歉也充分反映出你所具有的宽广胸襟、真诚情感和敢于承担责任的勇气。

有些时候,如果由于组织的原因或个人原因给交际对象造成一定的物质上、精神上的损失或增加了心理上的负担,在道歉的同时还可赠送一些纪念品、慰问品以示诚心道歉。

(5)祝贺语。在交际过程中,如果你想与交际对象建立并保持友好的关系,你应该时刻关注着交际对象,并与他们保持经常性联系。比如:当你的交际对象过生日、加薪、晋升或结婚、生子、寿诞时,或是你的客户开业庆典、周年纪念、有新产品问世或获得大奖时,你都可以以各种方式表示祝贺,共同分享快乐。

祝贺用语很多,可根据实际情况需要进行选择。如节日祝贺语:"祝您节日愉快"(Happy the festival)、"祝您圣诞快乐"(Merry Christmas to you);生日祝贺语:"祝您生日快乐"(Happy birthday);当得知交际对象取得事业成功或晋升、加薪等,可向他表示祝贺:"祝贺你"(Congratulation)。常用的祝贺语还有:"恭喜恭喜""祝您成功""祝您福如东海,寿比南山""祝您新婚幸福、白头偕老""祝您好运""祝您健康"等。

此外还可通过贺信、在新闻媒介刊登广告等形式祝贺。如:"庆祝大连国际服装节隆重开幕!""××公司恭贺全国人民新春快乐!"等。总之,在当今社会,适时使用祝贺用语,对交际来说有百利而无一害。

(6)道别语。交际双方交谈过后,在分手时,人们常常使用道别语,最常用的道别语是"再见"(Goodbye),若是已约好再见的时间可说"回头见"(See you later)、"明天见"(See you tomorrow)。中国人道别时的用语很多,如"走好""慢走""再来""保重"等。英美等国家的道别语有时比较委婉,常常有祝贺的性质,如"祝你做个好梦""晚安"等。

(7)请托语。在日常用语中,人们出于礼貌,常常使用请托语,以示对交际对象的尊重。最常用的是"请";其次,人们还常常使用"拜托""劳驾""借光"等,在英美等国家,人们在使用请托语时,大多带有征询的口气。如英语中最常用的 Will you please...? Can I help you? (需要帮忙吗?)Could I be of service? (能为您做点什么?)以及在打扰对方时常使用 Excuse me,也有征求意见之意。日本常见的请托语是"请多关照"。

3. 慎重选择话题

所谓话题,是指人们在交谈中所涉及的题目范围和谈资内容。换言之,话题是一些由相对集中的同类知识、信息构成的谈话资料及其相应的语体方式、表述语汇和语气风格的总和。在人际交往中,学会选择话题,就能使谈话有个良好的开端。交谈中宜选的话题主要包括如下几种。

(1)既定的话题,即交谈双方业已约定,或者一方先期准备好的话题,如征求意见、传递信息、研究工作等。

(2)内容文明、格调高雅的话题。如文学、艺术、哲学、历史、地理、建筑等,这类话题适合各类交谈,但忌不懂装懂。

(3)轻松的话题。这类话题令人轻松愉快、身心放松,适用于非正式交谈,允许各抒己见,任意发挥。主要包括文艺演出、流行、时装、美容美发、体育比赛、电影电视、休闲娱乐、旅游观光、名胜古迹、风土人情、名人逸事、烹饪小吃、天气状况等。

(4) 时尚的话题，即以此时此刻正在流行的事物作为谈论的中心，这类话题变化较快，不太好把握。

(5) 自己擅长的话题。尤其是交谈对象有研究、有兴趣的话题。比如，青年人对于足球、通俗歌曲、电影电视的话题较为关注，而老年人对于健身运动、饮食文化之类的话题较为熟悉；公职人员关注的多是时事政治、国家大事，而普通市民则更关注家庭生活、个人收入等；男人多关心事业、个人的专业，而妇女对家庭、物价、孩子、化妆、衣料、编织等更容易津津乐道。

在交谈时要注意交谈的话题也应有所忌讳。在交谈中，若双方是初交，则有关对方年龄、收入、婚恋、家庭、健康、经历这一类涉及个人隐私的话题，切勿加以谈论。

由于人们的经历、职业、兴趣、学习状况不同，每个人所掌握的话题状况也各不相同，都有一定的局限性，因此必须尽量扩大话题储备。为此，要有知识储备。对于掌握话题广度影响最大的是自身的学习状况和进取精神。一个人如果有理想、有追求、思想境界高，而且肯下功夫学习，爱读书看报，并关注社会现实生活，有较多的朋友，把看到、听到的东西，有意识地加以记忆和积累，就会变得学识渊博，时事政策、天文地理、政治外交、文艺体育、花鸟鱼虫、音乐美术几乎无所不知，由于视野开阔，谈资和知识面自然会比别人宽得多。

4. 善于耐心倾听

有一句老话："人长着一张嘴巴，两只耳朵，就是为了少说多听"，是很有道理的。与人交谈不但要善于表达自己的意思，而且还要善于聆听对方的说话，这在社会交往活动中是个不容忽视的问题。认真听取他人讲话可以获得更多的信息，抓住机会向别人学习，可以避免和减少说话的失误，使谈话简而精，同时也是对对方的尊重。

听和说是谈话交流的两个方面，倾听是语言表达的前提，善于耐心倾听主要表现在以下几个方面。

(1) 表示得当。眼睛是心灵的窗户，在倾听时应该与说话的人交流目光，让你的眼神和表情表示出你在专心听，你的态度是认真的，一定要聚精会神地注视对方，传递出你"很欣赏、有同感"的信息。但注意，不要自始至终死盯着对方的眼睛。

倾听时适当发出"哦""嗯"等应答声，表示自己在很注意地倾听，也进一步激起对方讲话的兴趣，否则，对方会产生"唱独角戏"的感觉，并怀疑你是否心不在焉。即使你感到有点不耐烦，也不要急于插话或打断对方的话，要等到对方讲话有了停顿，告一段落的时候，再表明自己的想法。

倾听时，认真专心的姿态并不等于一言不发、一声不响，更不是对他人的每一句话都随声附和，不说一个"不"字。人云亦云，从不表达自己的真实意见，会被视为毫无主见或者滑头的人，这样，他人是不会对你敞开心扉、畅所欲言的。在专心倾听的同时，得体地向对方表达自己的观点和意见，不但不会得罪人，反而会受到对方的欢迎。

交谈中，有相当一部分是没有绝对是非标准的，诚恳地表达自己的意见，对方不但会通情达理地予以接受，而且会进一步引发思考，拓展思路，使谈话处于波峰状态。

(2) 抓住要领。当对方讲到要点的时候，表示赞同，点一点头实质是在发出一个信号,让对方知道你在赞许他,这时候他会有兴致地继续讲下去。有的人在听讲话的时候会轻微地摇头,尽管这个动作是无意的,但常常会引起对方的误解,使他们以为你并不以为然,或者认为他说得不对。

对谈话中的要点,你可以要求对方谈得再详细一些,这说明你对交谈的话题很重视,需要有进一步的了解,引导他做更深入的工作和更进一步的阐述,便于你获取更多的信息。

对谈话没有听清楚或没有听明白的时候,要等到对方讲完以后再询问,不要在中途随意打断对方的话语,否则对方会因为思路或兴致被中断而不悦。

对方的话我们听得越明白,就越可能理解对方。每个人都有一定的思想感情,让别人不好理解,如果被别人所理解,对自己来说就是莫大的喜悦和幸福。

(3) 提问适时。通过提问,暗示你的确对他的谈话感兴趣,同时启发对方引出你感兴趣的话题。我们应当知道并不是人人都一见如故,会向你畅所欲言,交谈也会有冷场的时候。沉默和尴尬往往使谈话不顺利,这时你可以寻找话题,及时提问。再好的话题也有说完的时候。当交谈者的兴趣减弱的时候,只重复一些没有新意的问题是枯燥无味的,这时就应该提出一些新的话题。

对于众所周知的道理,一般定论的事物和所见略同的问题不必老调重弹,你可以选择新角度,开发新层次和联系新事例,提出自己的观点和看法,引导对方乐于与你进行更多更广泛的交谈,这样有利于你主动掌握话题,更深入地倾听和了解对方。

认真倾听,往往会取得事半功倍的效果。如果你通过倾听真正了解了对方,那么你就成了对方的知音,到一定的时候,人生与事业会有意想不到的惊喜。

据社会学家兰金(Rankin)研究,在人际交往中,一个人说的时间应占全部社交时间的30%,而听的时间占50%,因为,能静听别人意见的人,必是一个富有思想、有缜密见地、有谦虚性格的人。学会倾听吧,因为它是获取公众信息的关键!

5. 掌握闲谈的技巧

在交际场合中,闲谈可以帮助你与别人建立起亲密的关系,缓和紧张气氛;还会帮助你树立一个平易近人的良好形象,让别人从你的闲谈中感受你的见多识广,了解彼此的性格和建立和睦的私人关系;同时,你自己也可以从闲聊的过程中知晓各种有益的商业信息,因为人们往往能在不经意的闲聊中获得有用的信息。闲聊能反映一个人的知识、修养、追求与爱好。善于与别人闲聊的人往往能得到别人的喜欢,获得更多的朋友,也让别人得到信息和感受到幽默的快乐。

(1) 选择话题,注意话题的安全性。在闲谈的时候一定要选择安全的话题,例如谈一谈孩子、天气状况、文化动态、交通堵塞、特价、环境问题、社会或城市的毛病等话题,不要涉及他人的收入、小道消息、私生活等话题,要避开办公室的有关公事。另外,最好找到双方共同感兴趣的话题,不要一味只顾自己高兴,而冷落了他人的参与,这是不礼貌的,也是没有交际技巧的表现。

(2) 适时发问。在交谈中,适时发问可以使交谈按照某个目的继续进行,调整交谈的气氛。同时,我们必须在事先没有准备的情况下根据对方的身份、地位、场合、关系来决定你的提问,进而使问题问得更得体。精妙的提问能使你获得需要的信息、知识和利益,并且证明你十分重视对方的谈话,从而激起对方的兴趣,向你提供更多的信息。

(3) 注意反应。闲谈中要注意察言观色,当你提出问题后,对方避而不答或转移话题,那就表示需要换一个对方感兴趣的话题了。

(4) 闲谈的语言要求。要注意礼貌对人,不要出语伤人,要注意机智幽默。闲谈中临场发挥的特点决定了双方都要具有高度的机智性和灵活性。适当的闲谈起着调节气氛的重要作用,在这一过程中,幽默的人往往容易受到人们的欢迎。

(5) 不要随便打断对方的讲话。有的人有这样的毛病,总喜欢打断对方的交谈,这是不尊重对方的表现,应该是等对方把话说完,再进行发言。

(6) 避免行话、术语。不论是在跨国交流还是在本国的交流中,一定要注意不要使用行话、术语和方言,很多术语一般人是不懂的,尤其是不同的文化背景的人,更应该注意。

(7) 不要胡乱幽默。在闲谈的时候,不要使用双方从来没有使用过的幽默,因为你认为可笑的事情,别人尤其是外国人,不一定明白你讲的幽默的可笑之处。如果,当一方已经笑得前仰后合的时候,而另一方却不知道怎么回事,这种场合是很尴尬的。所以,闲谈的时候,在谈话刚开始或只有仅仅几分钟的时候,最好不要讲难懂的幽默。

(8) 不要与别人抬杠、争执。在交往中,不要与人发生无谓的争执,和气才能保证广交朋友;不要争强好胜,否则是不礼貌的。

(9) 避免搬弄是非。在正式的商业场合中,一言一语都会成为影响商务交往的重要信息,不能搬弄是非与闲话,不要传播别人的信息,不要传播小道消息。朋友对你说的心里话,不要当作闲谈的资料去到处宣扬,这样做是不道德的,你会因此失去很多朋友。

6. 弥补言行失误

如果在与人交往中不注重礼仪,往往会由于举止言行的某一个失误,而导致终生遗憾。那么,在言行出现失误的时候,该怎样弥补这一过失呢?

(1) 及时纠正。俗话说:"亡羊补牢,未为晚也!"每个人的言行不可能永远正确,当你一时出现失误时,应及时纠正,这才是明智之举。这种方法,在一定程度上避免了当面出丑,不失为补救的有效手段。一次,美国总统里根访问巴西。由于旅途疲乏,年岁又大,在欢迎宴会上,他脱口说道:"女士们,先生们!今天,我为能访问玻利维亚而感到非常高兴。"

有人低声提醒他说溜了嘴,里根忙改口道:"很抱歉,我们不久前访问过玻利维亚。"

尽管他并未去过玻国。当人们还来不及反应时,他的口误已经淹没在后来滔滔的大论之中了。[①]

(2) 及时移植。及时移植,就是把错话移植到他人头上。如说:"这是某些人的观点,我认为正确的说话应该是……"这就把自己已出口的某句错误纠正过来了。对方虽有某种感觉,但是无法认定是你说错了。

(3) 及时引申。迅速将错误言辞引开、避免在错中纠缠,也就是接着那句错误的话之

---

① 杨茌,王刚.礼仪师培训教程[M].北京:人民交通出版社,2007.

后说:"然而正确说应是……"或者说:"我刚才那句话还应作如下补充……"这样就可将错话抹掉。

(4)借题发挥。借题发挥就是错话一经出口,在简单的致歉之后立即转移话题,有意借着错处加以发挥,以幽默风趣、机智灵活的话语改变场上的气氛,使听者随之进入新的情境之中。例如,有一个新毕业的大学生去某合资公司求职,一位负责接待的先生递过来名片。大学生神情紧张,匆匆一瞥,脱口说道:"滕野先生,您身为日本人,抛家别舍,来华创业,令人佩服。"那人微微一笑:"我姓滕,名野七,地道的中国人。"大学生面红耳赤,无地自容,片刻后,神志清醒,诚恳地说道:"对不起,您的名字使我想起了鲁迅先生的日本老师——藤野先生。他教给鲁迅许多为人治学的道理,让鲁迅受益终生。希望滕先生日后也能时常指教我。"滕先生面带惊奇,点头微笑,最终录用了他[①]。

(5)将错就错。将错就错这种方法就是在错话出口之后,能巧妙地将错话续接下去,最后达到纠错的目的。其高妙之处在于,能够不动声色地改变说话的情境,使听者不由自主地转移原先的思路,不自觉地顺着说话人的思维而思考。某次婚宴上,来宾济济,争相向新人祝福。一位先生激动地说道:"走过了恋爱的季节,就步入了婚姻的漫漫旅途。感情的世界时常需要润滑。你们现在就好比是一对旧机器……"其实他本想说"新机器",却脱口说错,令举座哗然。一对新人更是不满之意溢于言表,因为他们都曾各自离异,自然以为刚才之语隐含讥讽。那位先生的本意是要将一对新人比作新机器,希望他们能少些摩擦,多些谅解。但话既出口,若再改正过来,反而不美。他马上镇定下来,略一思索,不慌不忙地补充一句:"已过磨合期。"此言一出,举座称妙。这位先生继而又深情地说道:"新郎新娘,祝福你们永远沐浴在爱的春风里。"大厅内掌声雷动,一对新人早已笑若桃花[②]。

这位来宾的将错就错令人叫绝。错话出口,索性顺着错处续接下去,反倒巧妙地改换了语境,使原本尴尬的失语化作了深情的祝福,同时又道出了新人之间情感历程的曲折与相知的深厚,颇有些"点石成金"之妙。

7. 避免冷场发生

与人交谈,一个话题谈完了,如果两个人不善言谈,而另一个话题又没接上,就有可能出现"冷场"的尴尬局面,别人会显出局促不安的神态,你也会无所适从,那么,应该怎么办呢?一般来说,冷场分为两种情况:一种是单向交流,听的人毫无兴趣,注意力分散;另一种是双向交流中,听者毫无反应,或仅以"嗯""噢"之类应付。不管是哪种情况的冷场,根本原因都在于听者不愿听说话人所说的话,听者仅仅出于纪律的约束或处世的礼貌而扮演一个"接受"的角色。发言者既要发言,必须实施控制,避免冷场的发生。避免和控制的办法如下。

(1)发言简短。单向交流中那种应景式讲话,越短越好。如某商场举行开业仪式,邀请了市内各方面的人士参加。总经理只说了两句话:"女士们,先生们:热忱欢迎各位光临!现在我宣布:××商场正式开业!"

[①②] 杨莊,王刚.礼仪师培训教程[M].北京:人民交通出版社,2007.

双向交流中,任何一方都不要滔滔不绝地"包场",要有意识地给对方留出发言的时间和机会。自己一轮讲不完,应待对方有所反应后再讲,不要一轮就讲得很长。

(2) 交换话题。单向交流的话题变换是暂时的,所变换的话题是为了吸引听者的注意力,调动他们的兴趣。这一目的达到后,仍要回到原有话题的轨道。比如,教师在讲课过程中发现学生精力分散、东张西望、打瞌睡、窃窃私语、在桌上乱画时可以暂停讲授,穿插几句应景、时髦、诙谐的话;或者简短地讲个与教学多少相关的典故、趣闻,学生的精力便会一下集中起来,之后,再继续教学。双向交流的话题变换是不定的,应根据现场情况随时进行。比如你与别人谈今日凌晨看的一场世界杯足球赛电视直播,可别人并不喜欢足球,也没有在半夜爬起来观看,对你所议显得毫无兴趣,出现冷场。这时,你就应及时将话题转到其他方面去。

(3) 中止交谈。任何人在交谈时都不希望听者不愿接受。但若这种情况出现后,自己又采取了诸如简短发言、变换话题等控制手段,仍然不能扭转冷场的局面,那就应中止交谈。没有人接受的交谈是无意义的,既白白消耗自己的精力,又无端浪费别人的时间。

5.1.5 问答的语言艺术

1. 提问的语言艺术

在社交活动中,提问往往是交谈的起点,是把话题引向深入的方式之一。因此,会不会问,该怎么问,问什么,都直接影响着交际的效果。

(1) 提问的作用。中医讲究的望、闻、问、切四种疗法,在人际交流过程中,同样适用。提问者必须掌握察言观色的技巧,学会根据具体的环境特点和谈话者的不同特点进行有效的提问。提问有以下三个作用。

① 有利于把握回答者的需求。通过恰当的提问,提问者可以从回答者那里了解到更充分的信息,从而对回答者的实际需求进行更准确的把握。

② 有利于保持沟通过程中双方的良好关系。当提问者针对回答者的需求进行提问时,回答者会感到自己是对方注意的中心,他(她)会在感到受关注、被尊重的同时,更积极地参与到谈话中来。

③ 有利于掌控沟通进程。主动发出提问可以使提问者更好地控制对话沟通的进度,以及今后与回答者进行沟通的总体方向。一些经验丰富的提问者总是能够利用有针对性的提问来逐步实现自己的询问目的和沟通目标,并且还可以通过巧妙地提问来保持友好的关系。

(2) 提问的原则。这主要包括如下原则。

① 提问对象的辨识。提问应因人而异,即从对方的年龄、身份、职业、性格以及不同的民族文化背景出发,选择不同的提问方式和技巧。

② 提问场合的敏感性。提问要注意场合,比如厕所里一般不适合高谈阔论,办公室里,当对方很忙或正在处理一些急事时,不宜提琐碎无聊的问题;当对方伤心或失意时,不宜提太复杂、太生硬或者是可能引起对方不愉快的问题。注意场合,还要考虑对方的回

答,比如一位中学生很想去游泳,但他父母不让去,如果当着他父母的面,你问他:"去游泳吗?"这位中学生可能因为怕他父母会给你一个虚假的回答"不去",如果换个场合提问,其结果可能会说"去游泳"。

③ 提问目的的鲜明性。在提出疑问的时候,要带着鲜明的目的性而提出问题。或者为了寻找答案,或者为了引导对方进一步说明问题,或者作为问题的假设和可能……这些都是提问的目的。鲜明的目的,能够让提问变得有效;然而,鲜明并不等于完全的直接,在某些情况下,通过旁敲侧击或者"曲线救国"反倒会比直接询问更有效果。此外,还应注意在旁敲侧击、"曲线救国"的时候,一定要紧扣提问的目的,不能迷失于连环的询问中,而失去根本。

④ 提问方式的多样性。在提问过程中,不要拘泥于一种提问方式,单一的提问与回答的形式会使沟通变得不自然、不活跃,会影响到回答者的思考模式。提问的方式要多样,要根据不同的沟通内容、不同的沟通目的、不同的环境而使用不同的提问方式。如提前给出问题,让回答者进行准备,有利于获得相对完整和系统的回答;在现场沟通中进行提问,则可以得到直接而相对真实的回答。连环式的提问具有引导作用;跳跃式的提问则可以开拓思维;设问式的提问可以给出以问为答;反问式的提问则具有权势的威压……

⑤ 提问语言的简明性。提问的语言不宜过长,要通俗、干净、利索,不要拖泥带水、含糊其辞,但应具有启发性和诱导性。提问中的语言必须能为对方所能理解,同时要注意提问中不要提一些"是不是""对不对"等不需要动脑,冲口而出的问题,因为得不到正确的或者提问者想要的答案。

⑥ 提问难度的适中性。提出的问题要与沟通的内容相关,不要出现风马牛不相及的"提问",也不要出现重复的"错问",同时,提出问题的难度要具有量力性,必须考虑到沟通对象的年龄特征、知识水平和接受能力。一般说来,低难度的问题是针对较为具体的特殊的事例,中难度的问题则可以是一些抽象的带有一般规律性的问题,高难度的问题则是以开放式为特征,考量回答者的综合素质。在对群体提问时,难度应控制在中等水平,以大多数的回答者经过思考能够回答为前提,既不要过于简单,也不要过于繁难。

⑦ 提问留余地的艺术。提问一定要留有余地,以免伤害别人。美国明尼苏达大学拉尔夫·尼科斯基博士对此作了四点概括:一是忌提明知对方不能或不愿作答的问题;二是用对方较适应的"交际传媒"提问,切不可故作高深,卖弄学识;三是不要随意搅扰对方的思路;四是尽量避免你的发问或问题引起对方"对抗性选择",即要么避而不答,要么拂袖而去。

(3) 提问的方式。提问的方式很多,主要包括如下几种。

① 直接提问法。提问者从正面直接提问,开诚布公、干脆利落、直截了当地讲明询问目的,开门见山地提出问题。在运用正面提问法时要注意情感的铺垫,使对方心理上会舒缓一些,也能合作一些,同时防止提问过于直白的问题,以免显得过分生硬,容易造成询问对象的心理排拒,难以获得有价值的信息和材料,而且还会给人一种笨嘴拙舌的感觉。

② 限定提问法。人们有一种共同的心理——认为说"不"比说"是"更容易和更安全。所以,在一般的沟通过程中,提问者向回答者提问时,应尽量设法不让对方说出"不"字来。提问者在问题中给出两个或多个可供选择的答案,此时可采用限定提问法,即两个或多个

的答案都是肯定的。如与别人订约会,有经验的提问者从来不会问对方"我可以在今天下午来见您吗?"因为这是一个只能在"是"或"不"中选择答案的问题。如果将提问方式改为限定型,即改问:"您看我是今天下午2点钟来见您还是3点钟来?""3点钟来比较好。"当他说这句话时,提问的目的就已经达成了。

③ 迂回提问法。迂回提问是指从侧面入手,采用聊天攀谈的形式,然后逐步将问答引上正题。这种提问方式一般时间性不太强,谈话也不受特定场合与报道方式的限制。当沟通对象感到紧张拘束,或者思想有所顾虑不大愿意交谈,或者虽然愿意谈,却又一时不知该怎么谈的情况时,提问者可以采取侧面迂回的提问方式,逐渐将谈话引上正题。应当明确的是,旁敲侧击只是一种手段而不是目的。因此,聊天的内容应当是有目的、有选择的,表面上似乎和采访无关,实质上应该是有关联的。

④ 诱导提问法。当遇到询问对象了解许多信息,却因谦虚不大愿意说,或者由于性格内向不会说,或者要谈的事情需要一番回忆,或者对方想说又不便自己主动说等情况时,都可以采取诱导提问方法。采用启发诱导的方式,可以引导对方的思路,又可以诱发对方的情感,进一步引导对方明确沟通的范围和内容,渐渐打开对方的"话匣子",也可以激活对方的思路,引起对方的联想,从而有针对性地把沟通对象掌握的信息引导出来。

⑤ 追踪提问法。所谓"追踪提问法",是指提问者把握事物的矛盾法则,抓住重点,循着某种思路、某种逻辑,进行连珠炮式地提问。这种提问既要按照事物的内在联系,把基本情况和事实真相了解清楚,又要抓住重点,深入挖掘,达到应有的深度。一般来说,提问者对于触及事物本质的关键性材料,以及对方谈话中的疑点,或者从对方谈话中发现的有价值的新情况、新线索,往往会抓住不放,打破砂锅问到底,直至水落石出。但是追问,既要问得对方开动脑筋,又要让对方越谈越有兴趣,在态度、语气上都要与谈话的气氛协调一致,不要把追问搞成逼问,更不要变成变相"审问"。

⑥ 假设提问法。假设提问法是指提问者通过假设的方式提出一些假设性的问题,是一种"试探而进"的提问方法。这种提问方法采用"如果""假如"一类的设问方式,不但可以了解采访对象的观点、看法和见解,而且还能深入了解对方的内心世界。

假设提问法往往用来启发沟通对象的思路,引导对方谈出对某个问题、某种事情的真实想法,或者设身处地地为对方着想,积极帮助对方回忆某种情景,或者用来调节对方的情绪,促使对方谈出一些不大想说、不大好说的事情或想法,或者由提问者对人物或事物进行合乎规律的推断、预测,促使对方产生联想和想象,或者提问者已经有了一定的认识,再提出一些假设性问题,同沟通对象开展讨论,促使自己认识的深化。

⑦ 激将提问法。激将提问法是指以比较尖锐的问题,适当地刺激对方一下,促使对方的心态由"要我说"变为"我要说",从而不能不说,甚至欲罢不能。运用激将提问法时,提问者要考虑自己的身份是否得当,刺激的强度是否适中,还要考虑谈话的气氛怎样。有些时候尖锐、刁钻、奇特甚至古怪的提问,是"兵行险招",成则大成,败则大败。例如某些西方政治家,也爱接待善于用"激将提问法"的记者,他们通过巧妙地应对记者的刁钻刻薄的提问,能够在公众面前显示自己的才能。

⑧ 转借提问法。转借提问法是指提问者假借他人之口提出自己想提的问题。这种提问,不但可以借助第三者提出一些不宜于面对面提出的问题,而且可以显示出问题的客

观性,增强提问的力度。回答者为了澄清事实,以正视听,也往往会表明自己的态度或提供相关的事实。

提问的方法丰富多样,提问者都可以根据沟通中的具体情况,灵活地加以运用。同时,这些方法既是相对独立的,又是互相联系的。它们可以单独使用,也可以交替或交叉使用。掌握了每种方法的要领后,就可以在沟通的过程中运用自如,取得最佳的沟通效果。

2. 回答的语言艺术

(1) 回答的作用。回答问题是沟通过程中的重要环节之一,有效地回答建立在对提问者观察、了解的基础之上,具有以下三个作用。

① 有效回答问题能够使提问者的疑问得到解答。当提问者提出问题时,或许期待关于沟通话题的更多内容,或许希望与回答者就某些问题展开辩论。回答者的角度就是要解答提问者的疑问,通过成功解答问题,可以增强回答者的讲话的说服力,使对方不但获得信息,而且心悦诚服。

② 有效回答问题能够使回答者获得进一步的展示。回答者在回答问题时,应使自己继续立于讲话者的角度,拥有提问者所不具备的优势,通过回答的系统性与连贯性,使自身的能力与学识进一步展示,得到沟通对象的认可。

③ 有利于减少与沟通者之间的误会。在与提问者沟通的过程中,很多回答者都经常遇到误解提问者意图的境况,不管造成这种问题的原因是什么,最终都会对整个沟通进程造成非常不利的影响。因此,回答者应该进一步了解实际情况,弄清提问者的真正意图,然后根据具体情况采取合适的方式进行解答,以减少沟通中的误会。

(2) 回答的原则。正如在讲话过程中要把握住要点一样,在问答过程中要把握问答的要点同样重要。如果无法做到,说话者就会失去了说服听众、主导话题的重要机会。因此,在问答过程中,尤其是回答问题的过程中,要始终坚持三条原则,从而把握住话语的主动权。

① 始终保持回答者的信用。确保自己在回答每个问题时都能保持严肃认真、谦虚礼貌的态度,正确的态度会带来鲜明的回答内容与性格,从而使回答者保持自信。如果回答者在提问者的心目中失去信用,那么在整个沟通的过程中都将处于被动的局面。如果在解答问题的过程中情绪失控或者对听众心存戒备,都将导致回答者的主导地位受到质疑。

② 用回答来满足听众。面对众多的提问,回答者不必回答所有问题。不要在一个人身上花费太多时间。不过很可惜,大部分回答问题的人都希望能从所有听众那里都看到满意和赞许的眼神,于是刻意地将时间花在一个问题上,从而失去了对其他人、其他问题的解答。因此,回答者在面临很多个问题的时候,要学会用一种可以平衡所有对象的方式来解决问题,眼神不要停留在一处太长时间,要保持对整个会场的关注。对问题太多的人可以说:"你问了一个非常有深度的问题。可是因为我们有许多听众都有需要解答的问题,我回答问题的时间又非常有限,所以可不可以把机会让给别人?"这样既不失礼貌,又能使正常的进程得以继续。

③ 力求获得其他听众的支持。尊重提问者,让提问者获得持续的尊重,而给予回答

者一定的时间和耐心。如果一次被问到过多的问题,比如,"我怎样才能解决人员不足、空间不足、老板也没有给予我足够的信任的问题?"回答者可以这样回答,"你问了3个非常好的问题,可是因为还有其他的听众也要提问,就让我先回答一个吧,如果我们还有时间再来解决剩下的问题好吗?"以这种方式,即使你只回答了其中部分问题,仍然能够使听众满意。并且,听众也将会对回答者产生敬意,因为没有让一个人独占了大家有限的时间。

如果回答者被问到一个偏离主题的问题,那么回答者可以停顿一下,然后问:"在座的其他人还有类似的问题吗?"如果没有,就简要地回答一下这个问题,并且告诉提问者自己很愿意在讲话结束后留下来同他进一步探讨这个话题,这个办法在回答那些不怀好意的提问者时也很有效。

(3)回答的三种方式。回答的方式技巧很多,我们介绍以下几种。

① 针对性回答。有时问题的字面意思和问话人的本意不是一回事,我们回答时,就不仅要注意问话的表面意义是什么,更要认清提问人的动机、态度、前提是什么,使回答具有针对性。例如:一次,某专科学校期末考试安排老师监考。有一学生违反考试纪律夹带小抄,被监考老师抓住。其班主任前来求情。于是就有了这样一段对话:"他反正又没看上,你高抬贵手饶他这一回吧。"监考老师回答:"国家明文规定,私自拥有藏匿枪支,属于违法行为。如果有人私自藏匿枪支却并未杀人,算不算犯罪呢?"班主任哑口无言。无独有偶,一次,英国大戏剧家萧伯纳结识了一个肥头大耳的神父。神父仔细打量着瘦骨嶙峋的剧作家,挪揄地说道:"看着你的模样,真让人以为英国人都在挨饿。"萧伯纳马上接过话说道:"但是,看看你的模样,人们一下子就清楚了,这苦难的根源就在你们这种人身上!"

② 艺术性回答。这里所说的艺术性包括避答、错答、断答、诡答。

• 避答,这种方式用于对付那些冒昧的提问者所提的问题。有时,某些问题自己不宜回答,但对方已经把问题提出来了,保持沉默显然被动,此时就可以避而不答。日本影星中野良子来到上海,有人问她:"你准备什么时候结婚?"中野良子笑着说:"如果我结婚,就到中国度蜜月。"中野良子的婚期是个人隐私,中野良子自然不愿吐露。她虽然没有告诉婚期,却说结婚到中国度蜜月,既遮掩过去,又表现了她对中国人民的友谊。

• 错答,是一种机警的口语表达技巧,既可用于严肃的口语交际场合,也可以用于风趣的日常口语交际场合。它的主要特点是不正面回答问话,也不反唇相讥,而是用话岔开问话人所问的问题,做出与问话意见错位的回答。请看下面的例子:一个美丽的姑娘独自坐在酒吧间里,从她的装扮来看,她一定出身豪门。一位青年男子走过来献殷勤,"这儿有人坐吗?"他低声问。"到阿芙达旅馆去?"她大声地说。"不,不,你弄错了。我只是问这儿有其他人坐吗?""你说今夜就去?"她尖声叫,表现得比刚才更激动。许多顾客愤慨而轻蔑地看着这位青年男子。这位青年男子被她弄得狼狈极了,红着脸到另一张桌子上去了。

以上例子,是很典型的错答,是用来排斥对方和躲闪真实意思的交际手段,用得很成功。运用错答的语言技巧时,一是要注意对象和场合;二是要使对方明白,既是回答又不是回答,潜在语是不欢迎对方的问话;三是有时要利用问话的含混意思,答话虽模棱两可,似是而非,但对方也无法理解。

• 断答,就是截断对方的问话,在他还没有说出,或者还没有说完某个意思时,即做出错答的口语交际技巧。它与错答相同之点是答与问都存在人为的错位,即答非所问;它们的不同点是,错答是在听完话之后做的回答,断答是没有听完问话抢着进行回答。为什么不等对方问清楚,就要抢先回答？有以下两种原因：一是如果等对方把问话全说出,就会泄露出某种秘密,难以收拾;二是如果待听全问话再回答,就会比较被动,不好应付。因此,考虑对方要问什么,在他的问话未说完时,就迅速按另外的思路回答,一可以转移其他听众的注意力,二可以使问者领悟,改换话题,免于因说破造成尴尬局面和其他不良后果。一对青年男女在一起工作,男方对女方产生了爱慕之情,男方急于要向女方表白心意,女方却不愿将友情向爱情方面发展,女方认为还是不要说破,保持一种纯真的朋友情谊为好。于是,出现了下面的断答。

男青年：我想问问你,你是不是喜欢……
女青年：我喜欢你给我借的那本公关书,我都看了两遍了。
男青年：你看不出来我喜欢……
女青年：我知道你也喜欢公共关系学,以后咱们一起交换学习心得？
男青年：你有没有……
女青年：有哇！互相切磋,向你学习,我早就有这个想法。
男青年：……

(资料来源:www.eywedu.com/Sanguo/65/mydoc007.htm,2009-09-28)

这位女青年三次断答,使得男青年明白了她的想法,于是,不再问了,这比让男青年直接问出来,女青年当面予以拒绝,效果要好得多。

• 诡答,是与诡辩连在一起的回答。诡,怪的意思,诡答,即一种很奇怪的回答。在特殊的情况下,不能、不宜或不必照直回答时急中生智,用诡答技巧,做出反常的回答,既增添了谈话的情趣,又应付了难题。清朝乾隆年间的进士纪晓岚在宫中当侍读学士时,要伴皇帝读书。一天,天色已亮,而乾隆皇帝还没来,纪晓岚就对同僚说："老头子还没来？"恰巧乾隆皇帝跨门而入,听到他的话,就愠怒地责问："老头子三个字作何解释？"纪晓岚急中生智,跪下道："皇上万寿无疆叫作'老';皇上乃国家元首,顶天立地叫作'头';皇上系真龙天子,叫作'子'。"于是龙颜大悦。"老头子"本来是一种对老年人不尊敬的称呼,而纪晓岚面对乾隆的责难为了开脱自己的罪责,采用文字拆合法来偷换概念,居然把"老头子"变成了对皇帝的敬称。试想,如果纪晓岚不是运用"诡辩"来应付这样的难题,怎么能避免一场杀身之祸呢？

③ 智慧性回答。智慧性回答包括否定预设回答和认清语义诱导回答两种。

• 否定预设回答。预设是语句中隐含着使语句可理解、有意义的先决条件。在正常情况下,这种先决条件的存在是不言而喻的,如"鲁迅先生是哪一年去世的？"这个问话包含有预设,即鲁迅先生已经去世。预设有真假之别,符合实际的预设是真预设,反之就是假预设。就问话而言,其预设的真假关系到对问话的不同回答。黑格尔在《哲学史讲演录》中谈到古希腊诡辩学派时曾讲过这么一个例子：有一位诡辩学派的哲学家问梅内德谟："你是否已经停止打你的父亲了？"这位哲学家提此问题的目的是要迫使从未打过自己父亲的哲学家陷入困境,因为无论梅内德谟做出"停止了"或"没有停止"的回答,其结果都是承认自己打过父亲的虚假的预设。可见,利用虚假预设可以设置语言陷阱。有些智力测试题提问陷阱的设置也是如此。1992年1月3日中央电视台《天地之间》节目中"乐百氏智慧迷宫"里有道智力测试题为:"秦始皇为什么不爱吃胡萝卜?"选手们都答不上来。此问预设了"秦朝时有胡萝卜""秦始皇吃过胡萝卜"这两点,将思考点定在"为什么不爱"。其实秦朝时还没有胡萝卜。答案应是:秦朝还没有胡萝卜,秦始皇当然说不上爱吃胡萝卜了。

- 认清语义诱导回答。人们理解语言会受到已有经验的影响,自然而然地产生某种语义联想。例如,由"春天"会想到桃红柳绿、万紫千红;从"冬天"又会想到寒风凛冽、白雪皑皑;见"晚霞"能想到色彩的绚丽;看"群山"就能想到山势的起伏……既然普遍存在着语义联想,那么就可以利用语义联想来设置陷阱,诱导目标进入思维定式的困境。例如,在一个没有星星、看不见月亮的时候,有一个盲人身着黑衣,步行在公路上。在他的后方,一辆坏了车前灯的汽车奔驰而来,奇怪的是,司机在未按喇叭的情况下,却安全地将车停在了盲人的身后。这是怎么回事呢?见到"星星"或"月亮"这些词语,我们一般都会联想到晚上。现在出现了"星星""月亮""黑""灯"等字眼,我们就很容易与"黑夜"联系起来了,而这正是本题的陷阱。它通过这些词语诱导你的思维走向"黑夜",如果那样,你就会山穷水尽,百思亦难得其解了。答案应是:这是白天,毫不奇怪。

语言诱导这种陷阱在智力测试提问中可以说随处可见,知道这种陷阱的特征,有些问题就很容易解答了。

5.1.6 赞美的语言艺术

美国管理学家玛丽·凯(Mary Kay)说:"赞美是一种有效而且不可思议的力量。"的确如此,在社会交往中,绝大多数人都期望别人欣赏、赞美自己,希望自身的价值得到社会的肯定。公关人员恰当地运用赞美的方式,会激发人们的积极性,产生巨大的精神力量。

1. 赞美的类型

赞美,是社交语言中一种常见的言语交际形式。从不同角度,赞美可以作不同的分类。

(1) 从赞美的场合上分类。从赞美的场合上可以把赞美分为当众赞美和个别赞美。当众赞美是指面对特定的组织、团体、群体等,对某人或某事的赞美。如:表彰会、庆功会、总结大会等。这种形式能充分调动全体人员的积极性,鼓动性强、宣传面广、影响面大,能产生一定的轰动效应,营造热烈、向上的气氛;但它受时间、场所限制,运用不好,容易流于形式和走过场。个别赞美是指在会下针对个别人谈话中予以表扬的形式。这种形式使用方便,自如灵活,针对性强,做思想工作比较细致,能解决一些具体问题,效果比较好,时间、地点不受限制。

(2) 从赞美的方式上分类。从赞美的方式上可以把赞美分为直接赞美和间接赞美。直接赞美是指直接面对好人或好事予以赞美,以告世人皆知,这是一种常用的表扬方式。在一个社会组织内,出现好人好事,单位领导或管理人员要及时予以表扬,或者通过大会场合,或者通过某种媒介,表扬先进,带动后进,能形成良好的风气。这种形式直截了当,不拐弯抹角,使人们听到后,得到鼓励和产生好感。间接赞美是指通过第三者来赞美某人或某事的形式。使用这种形式,注意分寸,讲究策略,往往是当面不便直接开口,或者是找不到合适的时机去说,而借用对方传达自己赞美他人的话语。这样使他人听到后,感到心情舒畅。这种形式通过对方,传达佳话,能消除隔阂、增强团结、融洽气氛、创造和维系良好的上下级关系和同事关系。

(3) 从赞美的用语上分类。从赞美的用语上可以把赞美分为直接赞美和反语赞美。直接赞美是指对好人好事用正面言语加以赞美的形式。这种赞美开门见山、直截了当、使用灵活、形式多样、应用范围广泛。反语赞美是指用反语来赞美某人或某事的形式。这种形式在特定的言语环境和背景下使用,幽默含蓄、别致风趣,比一般的赞美有更好的表达效果。例如:某制药厂厂长,赞美一位药剂师大胆实验、大公无私的献身精神,说:"为了减少药物的副作用,在正式投产前,你长期泡在实验室里,对新药不择手段,抢吃抢喝,多吃多占,在自己身上反复实验,我这个厂长真是拿你没有办法。"这种反语赞美的形式,令人感到新奇巧妙,别有情趣。

2. 赞美的语言艺术

一般来说赞美是一种能引起对方好感的交往方式。赞同我们的人与不赞同我们的人相比,我们更喜爱前者,这符合人际交往的酬赏理论。

但令人遗憾的是,不少人把赞美当作取悦他人的简单公式,不分时间、地点、条件对他人一味地加以赞美,实际上,这一做法是很不足取的。因为我们知道,人借助语言进行交往,语言具有影响对方的心理反应,进而影响双方人际关系的效能,任何一种语言材料、语言风格、交往方式对人际关系产生何种影响,常因人、因时、因地而异。赞美这一交往方式也不例外,它的效能也具有相对性和条件性。

美国心理学家阿伦森(Elliot Aronson)曾举例说:假设工程师南希(Nancy),出色地设计了一套图纸。上司说:"南希,干得好!"毋庸置疑,听了这话,南希一定会增加对上司的好感。但如果南希草率地设计了一套图纸(她自己也知道图纸没设计好),这时,上司走过来用同样的声调说出同一句话,这句话还能使她产生好感吗?南希可能得出上司挖苦人、戏弄人、不诚实、不懂得好坏、勾引异性等结论,其中任何一项都会使南希对上司的喜爱有所减少。

因此,赞美的效果要受各种条件制约。能引起好感的赞美要借助以下条件。

(1) 热情真诚的赞美。每个人都珍视真心诚意,它是人际交往中最重要的尺度。能引起好感的赞美首先必须是发自内心、热情洋溢的,否则那就是恭维。赞美和恭维到底有什么区别呢?"很简单,一个是真诚的,另一个是不真诚的;一个出自内心,另一个出自牙缝;一个为天下人所欣赏,另一个为天下人所不齿。"[卡耐基语(Dale Carnegie)]大音乐家勃拉姆斯(Johannes Brahms)是个农民的儿子,生于汉堡的贫民窟,享受不到受教育的机会,更无从系统地学习音乐,所以,对自己未来能否在音乐事业上取得成功缺乏信心。然而,在他第一次敲开舒曼(Robert Schumann)家大门的时候,根本没有想到他一生的命运在这一刻决定了。当他取出他最早创作的一首 C 大调钢琴奏鸣曲草稿,手指无比灵巧地在琴键上滑动,弹完一曲站起来时,舒曼热情地张开双臂拥抱了他,兴奋地喊着:"天才啊!年轻人,天才……"正是这出自内心的由衷赞美,使勃拉姆斯的自卑消失得无影无踪,也赋予了他从事音乐艺术生涯的坚定信心。在那以后,他便如同换了一个人,不断地把心底里的才智和激情流泻到五线谱上,成为音乐史上的一位卓越的艺术家。正是这一句真诚的赞美,缔造了一位音乐大师。

(2) 令人愉悦的赞美。赞美的言语应该是对方喜欢听的言语,能达到使人愉悦的目的,我们称它为愉悦性原则。在交际活动中,遵守愉悦性原则,就是要多说对方喜欢听的话语,不说对方讨厌的言辞。这样,往往能收到较好的表达效果。朱元璋有两个过去一块儿长大的穷朋友。朱元璋后来做了皇帝,这两位朋友仍过着苦日子。一天,一位朋友从乡下赶到南京,拜见了朱元璋。他对朱元璋说:"我主万岁!当年微臣随驾扫荡庐州府,打破罐州城,汤元帅在逃,拿住豆将军,红孩儿当关,多亏菜将军。"朱元璋听到他讲得很动听,十分高兴,也隐约记起他所说的一些事情,立刻封他做了御林军总管。事情一传出,另外一个朋友也去了南京,拜见朱元璋,也说了那件事:"我主万岁!从前,你我都替人家看牛,一天我们在芦苇荡里,把偷来的豆子放在瓦罐里煮着,还没煮熟,大家就抢着吃,把罐子打破了,撒了一地豆子,汤都泼在泥地里。你只顾从地下满把地抓豆子吃,却不小心连红草叶也送进嘴去。叶子哽在喉咙口,苦得你哭笑不得。还是我出的主意,叫你用青菜叶子带下肚子里去了……"朱元璋见他不顾体面,没等他说完,就命令:"推出去斩了!"从上例可见,第一位朋友将放牛娃偷吃豆子的趣事,赞美为叱咤疆场的赫赫战绩,巧妙比喻,高雅别致,说得动听,使人愉悦。第二位朋友明话直说,粗俗低劣,讲得不爱听,有伤皇帝尊严,自然当斩[①]。

(3) 具体明确的赞美。空泛、含混的赞美因没有明确的评价原因,常使人觉得不可接受,并怀疑你的辨别力和鉴赏力,甚至怀疑你的动机、意图,所以具体明确的赞美才能引起人们的好感。对他人总以"你工作得很好""你是一个出色的领导"来赞美,只能引起人家反感。

(4) 符合实际的赞美。在赞美别人时,应尽量符合实际,虽然有时可以略微夸张一些,但是应注意不可太过分。如某个人对某领域或某个方面提出了一些很好的意见,或者有了一点成果。你可以说:"你在这方面可真有研究",甚至可以说:"你是这方面的专家",可如果你说:"你真不愧是个著名的专家"、"你真是这方面的泰斗"等,对方如果是个正派人就会感到不舒服,旁观者就会觉得你是在阿谀奉承,另有企图。

(5) 让听者无意的赞美。赞美者不是有意说给被赞美者听的赞美叫无意的赞美。这种赞美会被人认为是出自内心,不带私人动机的。如《红楼梦》中一次贾宝玉针对史湘云、薛宝钗劝他要为官做宰、仕途经济的话,对史湘云和袭人赞美黛玉道:"林姑娘从来说过这些混账话不曾?要是他也说这些混账话,我早和他生分了。"凑巧这时黛玉正好来到窗外,无意中听见这些话,使她"不觉又惊又喜,又悲又叹",结果宝黛二人推心置腹,感情大增。

(6) 不断增加的赞美。阿伦森研究表明:人们喜欢那些对自己的赞美显得不断增加的人,并且对自始至终都赞美自己的人与最初贬低逐渐发展到赞美的人,人们会尤其喜欢

[①] http://www.cpd.com.cn/gb/newspaper/2010-09/04/content_1401057.html. 2010-09-04

后者。因为相对来说,前者容易使人产生他可能是个对谁都说好的"和事佬"的感觉;但人们对开始持否定态度的后者会留下这样一种印象:说我不好,一定是经过考虑、分析的,可能有他一定的道理。从而认为对方可能更有判断力,进而更喜欢他。

(7) 出人意料的赞美。若赞美的内容出乎对方意料,易引起好感。卡耐基在《人性的优点》中讲过他曾经历的一件事:一天,他去邮局寄挂号信,从事着年复一年的单调工作的邮局办事员显得很不耐烦,服务质量很差。当他给卡耐基的信件称重时,卡耐基对他称赞道:"真希望我也有你这样的头发。"闻听此言,办事员惊讶地看着卡耐基,接着脸上泛出微笑,热情周到地为卡耐基服务。显然这是因为他接受了出乎意料的赞美的缘故。

总之,赞美是人的一种心理需要,是对他人尊重的表现,是一剂理想的黏合剂,它给人以舒适感,使我们拥有更多的朋友。但"赞美引起好感"并不是绝对的、无条件的,它要受赞美动机、事实根据、交往环境诸因素的制约和影响。因此在与公众相处时,必须记住——"一味地赞美不足取"。

5.1.7 说服的语言艺术

1. 说服的基本条件

说服就是改变或者强化态度、信念或行为的过程。说服是以求得对方的理解和行为为目的的谈话活动,是使自己的想法变成他人的行动的过程。说服的过程是思想、观点的交锋,也是沟通的重要方面。说服是以人为对象,进而达到共同的认识。人们常说:"人生,就是从不间断地说服。"尤其是在商务领域,那里聚集着各种性格的人,为了达到共同的目标,大家必须同心协力,因此说服的场面更是俯拾皆是。所以如果说工作就是不间断地说服,也并不过分。只有善于说服的人才能够获得他人的尊重和信赖。要想取得良好的说服效果,必须首先具备如下条件。

(1) 说服者具有较高的信誉。说服进行的基础,是取得对方的信任。而信任,来自于说服者的信誉。信誉包括两大因素:可信度与吸引力。可信度高、吸引力强的人,说服效果明显超过可信度低、吸引力弱的人。可信度由说服者的权威性、可靠性以及动机的纯正性组成,是说服者内在品格的体现。吸引力主要指说服者外在形象的塑造。说服者的年龄、职业、文化程度、专业技能、社会资历、社会背景等构成的权力、地位、声望就是权威性。俗话说:"人微言轻,人贵言重",一般来说,一个人的权威性越大,对别人的影响力也就越大。如果说服者在被说服者心目中形成了某种权威性形象,那么他说服别人转变态度的可能性也就越大。要提高说服者信誉,首先要提高说服者自身各方面的素质,使之具有合理的智能结构,具有高尚的道德修养,具备权威性和可靠性,说服才有分量、有威信,才能赢得听者的尊重和信赖。此外,还需重视外在形象的整饰,一个外貌、气质、穿着、打扮能给人好感的人,才具有吸引力;一个言谈、举止、口音等方面能与对方体现出共性的人,才具有吸引力。一个恰当的印象,会产生"首因效应",帮助说服者成功地说服他人。

(2) 对说服对象有相当的了解。"知己知彼,百战不殆"。在说服他人之前,必须了解说服对象,捕捉对方思想、态度方面流露出的点滴信息,摸清对方思想问题的症结所在,了解对方的心理需求,根据不同情况区别对待,因人而异,有针对性地开启对方的心扉,才能真正实现感情和心灵的共鸣,避免或减少盲目说服造成的错位反应。

首先,要了解对方的性格。苏洵在《谏论》中举了一个有趣的例子:有三个人,一个勇敢,一个胆量中等,一个胆小。将这三个人带到深沟边,对他们说:"跳过去便称得上勇敢,否则就是胆小鬼。"那个勇敢的必定毫不犹豫地一跃而过,另外两个则不会跳,如果你对他们说,跳过去就奖给两千两黄金,这时那个胆量中等的就敢跳了,而那个胆小的人却仍然不能跳。突然来了一头猛虎,咆哮着猛扑过来,这时不待你给他们任何许诺,他们三个人都会先你一步腾身而起,就像跨过平地一样。从这个例子中我们可以看出,不同性格的人,接受他人意见的方式和敏感程度也是不一样的,因此有针对性地采取不同的方法去说服对方,则更容易达到目的。

其次,要了解对方的优点或爱好。有经验的推销员,一进入顾客家中,总会立刻找到客户感兴趣的话题进行交谈。例如,看到地毯,马上会说:"好漂亮的地毯,我也很喜欢这种样式……"通过各种话题创造进入主题的契机。因为从对方的长处或最感兴趣的事物入手,一方面,能让对方比较容易接受你的观点;另一方面,在对方所擅长的领域里更容易说服他。

最后,要了解对方的看法和态度。有一位歌星特别爱摆架子,一次要参加一个大型义演的现场节目,时间是晚上九点。可是到了七点,这歌星忽然打电话给唱片公司的总监,说她今天身体不舒服,喉咙很痛,要临时取消当天的演出,唱片公司的总监没有破口大骂,而用惋惜的口吻说:"唉!真可惜,这次演出最大牌的歌星才有机会亮相,如果你现在取消,公司里还有很多小牌歌星挤破头在等哩!可是如果换了人,电视台一定会不满。有那么多后起之秀想取而代之,你这样做恐怕不妥吧。"歌星听后小声地说:"那好吧!要不你八点来接我,我想那时我身体应该会好一点吧。"这位唱片公司的总监很清楚这位歌星,根本就没什么毛病,只是喜欢摆摆架子,找准了对方拒绝的真实原因,进而有针对性地进行说服。

(3)能够把握住说服的最佳时机。说服还要能够抓住最佳时机。同样一番道理,彼时说可能不如此时说,现在说不如以后说。时机把握得好,对方才会愿意听,才会用心听,才能听得进。否则,说服过早,会被对方认为神经过敏或无中生有;说服过迟,已时过境迁,对方认为你是"事后诸葛亮",你即便有再好的口才,再好的意见,都不可能收到预期的效果。掌握时机,要将说服对象与时、境、理联系起来考虑,配合起来运用。可利用特定场合,造成境、理相衬,进行深入说服;可利用景中道情、情中说理的方式进行委婉说服;还可借助眼前实物,进行暗示说服等。

(4)必须营造良好的说服氛围。说服,总是在一定的语言环境中进行的,环境制约了语言,因此,说服效果的好坏,一定程度上也取决于环境。一个宽松、温和、优雅的环境较之肃穆、压抑、逼人的环境,其说服的效果自然会好得多;在一个自己熟悉的地点环境中施行说服,较之于陌生的环境,自然也会有利得多。营造一个恰当的说服氛围,不仅是必要的,而且是必需的。如某啤酒生产厂得罪了一家餐馆的经理,对方就改换销售另一品牌。在直接和负责人谈判无效的情况下,销售人员天天晚上去这家餐馆里帮忙搬运货物,甚至包括搬运竞争对手生产的啤酒。他总是说:"你是我的老顾客了,我要为你服务,即使你不销售我们公司生产的啤酒。"他的诚意终于打动了经理,最后争取到了独家销售权。可见充分体谅对方的感受,会产生融洽的感情,在此基础上再委婉地提出自己的观点,怎么可能不赢得对方的赞许呢?

2. 说服的语言技巧

(1)换位思考,晓以利害。要站在对方的立场考虑问题,理解并同情对方的思想感情,从对方的角度说明问题,体验你的思想感情,进而使他改变自己的看法,达到理想的说服效果。1977年8月,克罗地亚人劫持了美国环球公司从纽约拉瓜得亚机场到芝加哥奥赫本的一架班机,在劫持者与机组人员僵持不下之时,飞机兜了一个大圈,越过蒙特利尔、纽芬兰、沙浓、伦敦,最终降落在巴黎市郊的戴高乐机场。在这里,法国警察打瘪了飞机轮胎。

飞机停了3天,劫机者同警方僵持不下,法国警方向劫机者发出最后通牒:"喂,伙计们!你们能够做你们想做的任何事情,但美国警察已到了。如果你们放下武器同他们一块儿回美国去,你们将会判处不超过2～4年徒刑,这也可能意味着你们也许在10个月左右释放。"

法国警察停顿片刻,目的是让劫机者将这些话听进去。接着又喊:"但是,如果我们不得不逮捕你们,按我们的法律,你们将被判死刑。那么你们愿意走哪条路呢?"劫机者被迫投降了[①]。

本案例中法国警察在劝说中帮助劫机者冷静地分析了客观形势,明确地向对方指出了两条道路:投降或者顽抗,投降的结果是10个月左右的徒刑,而顽抗的结果只可能是死刑。面对这两条迥异的道路,早已心慌意乱的劫机者识相地选择了弃械投降,从而做出了符合自己利益的正确选择。

(2)稳定情绪,再行说服。在生活中,有些人受到种种因素的刺激,往往容易感情用事,不经过慎重周全的考虑就莽撞地采取行动。鉴于这种情况,我们应该先设法让对方的情绪稳定下来,然后提出比贸然行事更合理、更有利的举措,这样就能使对方冷静地斟酌、衡量,从而为了更大限度地维护自身利益而放弃原来的草率决定。俄国十月革命以后,农民得到了解放,成千上万的农民来到莫斯科,由于他们对沙皇的仇恨很深,因此坚决要求烧掉沙皇住过的房子,有人把这件事向列宁汇报了,列宁指示干部们对农民进行说服教育。第一次劝告,农民不听;第二次、第三次,仍然劝说无效。最后列宁决定亲自和农民谈话。

列宁对农民说:"烧房子可以。在烧房以前,让我讲几句,行不行?"

农民们说:"请列宁同志讲。"

列宁问道:"沙皇的房子是谁用血汗造的?"

农民说:"是我们自己造的。"

列宁又问:"我们自己造的房子,不让沙皇住,让我们农民代表住,好不好?"

农民说:"好!"

[①] 周璇璇.实用社交口才[M].北京:北京大学出版社,2008.

列宁再问:"那要不要烧掉呀?"

农民觉得列宁讲得道理很对,再也不坚持要烧掉沙皇住过的房子了①。

这里,对沙皇的仇恨激发了农民焚烧皇宫的强烈愿望,在数次劝说无效的时候,列宁通过与农民对话使他们的情绪稍稍平定,然后提出让农民代表住沙皇的房子的建议,农民认识到这个方案不仅能发泄愤怒,而且可以给自己带来实际的好处,于是很快表示赞同,"烧房子"的决定也因此而"搁浅"。

(3)位置互换,改变角色。让对方改变位置,变化角色进行说服是一种十分有效的方法。在美国,频繁的车祸使交通部门很感头痛。他们用罚款和其他法律手段来劝肇事者注意安全,但收效甚微。后来,交通部门在专家们的建议下,采纳了一个新的办法。他们让那些违章司机换个"位置"——换上护士服,到医院去照料那些因交通事故住院的受害者。体验他们的痛苦,结果收到奇效,那些违章司机从医院出来判若两人。他们不仅成为遵守驾驶规章的模范,而且成了交通法规的积极宣传者②。

在进行说服谈话中,利用这种方法也能收到奇效。

(4)讲究方式,引起关注。在说服时,要选择能够引起对方关注和兴趣的方式表达意见,要运用富有吸引力的内容支撑你的观点,从而引导说服对象关注设定的话题,让对方充分了解说服的内容。第二次世界大战期间,国际金融家萨克斯想使罗斯福政府批准试制原子弹。第一次他使用了很多罗斯福听不懂的专业术语,全面介绍了原子弹可能产生的影响,但是罗斯福被冗长的谈话弄得很疲倦,他的反应是想推掉这件事;萨克斯第二次面对罗斯福时,改变了说话的方式,他对罗斯福说:"我想向您讲一段历史。早在拿破仑当权的时候,法国正准备对英国发动进攻,一个年轻的美国发明家富尔顿来到了这位法国皇帝面前,他建议建立一支由蒸汽机舰艇组成的舰队,拿破仑可以利用这支舰队无论在什么天气的情况下,都能在英国登陆。军舰没有帆能航行吗?这对于那个伟大的科西嘉人来说,简直是不可思议的。他把富尔顿赶了出去。根据英国历史学家阿克顿爵士的意见,这是由于敌人缺乏见识而英国得到幸免的一个例子。如果当时拿破仑稍稍多动一些脑筋,再慎重考虑一下,那么19世纪的历史进程也许会完全是另一个样子。"罗斯福听完萨克斯的话后,立即同意采取行动③。

由此可见,选择了能引起说服对象关注的内容和方式,就会取得不同的效果。

(5)以情动人,以理服人。在表达某种意见时,用诚挚而令人感动的语气说出来,别人的心就容易被征服。要说服别人,有时激起对方的情感比激起对方的理性思考更为有效。有些孩子做错了事,往往任何斥责都听不入耳,但母亲悲伤的哭泣,反而会使其泯灭的良心复苏。如果在说服他人的时候,仅仅着眼于主题突出、例证充足、声音动听、姿态优美,而说出的话却冷冰冰,那么肯定不能奏效。要想感动别人,就得先感动自己。要将真诚通过自己的情感、声音输入听者的心底。说服还要摆事实、讲道理来使人相信,使人赞同你的观点和主张。唐太宗为了扩大兵源,想把不在征调之列的中年男子都招入军中。

---

① 周璇璇.实用社交口才[M].北京:北京大学出版社,2008.
② 李晓.沟通技巧[M].北京:航空工业出版社,2006.
③ 陈秀泉.实用情境口才——口才与沟通训练[M].北京:科学出版社,2007.

丞相魏徵知道后对他说:"把水淘干了,不是得不到鱼,但明年恐怕就不会有鱼了;把森林烧光了,不是猎不到野兽,但明年恐怕就无兽可猎了。如果中年男子都招入军中,生产怎么办?赋税哪里征?兵员不在多,关键在于是否训练有素,指挥有方,何必求多呢?"太宗无言以对,只好收回了成命①。

魏徵借用两件与主要事件相类似的事例作比,既形象又深刻地阐明了不能把中年男子都调入军中的道理,入情入理的说服让太宗心服口服。

5.1.8 拒绝的语言艺术

拒绝,是对他人意愿、行为的一种直接或间接的否定。实际上拒绝就是不接受,包括不接受对方希望你接受的观点(意见)、礼物和要(请)求等。工作和生活中人们总是互有所求,而且要求方往往是被要求方的亲朋好友,甚至是恩人、领导。俗话说,"上山擒虎易,开口求人难",设身处地,应当尽量地接受别人提出的各种要求。但是,也有许多要求是不能接受的。如果不能拒绝那些不能接受的要求,就一定会给自己(也终将给对方)带来无尽的烦恼。生活反复地证明"当断不断,必受其乱",我们必须学会拒绝。面对对方提出的问题,如果很直接地说:"这种事情恕难照办""我实在没有钱借给你""我们每天都一样地工作,凭什么要我来帮你的忙"……可以想到对方一定会恼羞成怒。因此,我们必须学会根据不同情况运用不同的拒绝艺术。

1. 拒绝的基本要求

(1)认真听。认真倾听对方的请求,并简短地复述对方的要求,以表示确实了解了对方的需求。拒绝的话不要脱口而出,即使当对方说了一半,我们已明白此事非拒绝不可,也必须凝神听完他的话,这样可以让对方了解到我们的拒绝不是草率做出的,是在认真考虑之后才不得已而为之的,尤其要避免在对方刚开口时就断然拒绝,不容分辩地拒绝最易引起对方的反感。

(2)看情势。拒绝同其他交际一样,要审时度势,要看是否有拒绝的必要和可能。从必要角度看,自己的道德准则不能接受的,没有能力接受的,接受后会给自己带来不愿承受或无法承受的损失的,接受后可能给对方带来麻烦或损失的,应当拒绝;如不全十如此,或对对方有利而自己受一些能够承受的损失,则应当接受。从可能的角度看,要考虑自己拒绝的能力,如无理由拒绝,或拒绝后会带来更严重的后果,则只好接受。

(3)下决心。如情势需要拒绝又可能拒绝,就应当下定拒绝的决心,着力克服三大心理障碍:一是抹不开情面,碍于对方的面子,总觉得不好意思拒绝。二是怕对方怪罪,怕因为对方怪罪而影响双方今后的交往,甚至影响自己的利益(如不能得到对方的帮助等)。三是怕旁人议论,怕别人说自己不够朋友,不够意思等。如果必须拒绝,这些考虑都是不必要的和有害的。

(4)态度好。不要在他人刚开口时就断然予以拒绝,不要对他人的请求流露出不快

---

① 李晓.沟通技巧[M].北京:航空工业出版社,2006.

的神色,更不要蔑视和忽略对方,这些都会让对方觉得你的拒绝是对他没有诚意的表现,从而对你的拒绝产生逆反心理。无论是听对方陈述要求和理由,还是拒绝对方并说明缘由,都要始终保持和蔼亲切的态度,让对方了解自己的拒绝实在是在认真考虑后不得已而为之的。

(5) 措辞柔。感谢对方在需要帮助时想到你,并略表歉意。对于他人的请求,表现出无能为力,或迫于情势而不得不拒绝时,一定要记得加上"真对不起""实在抱歉""不好意思""请多包涵""请您原谅"等致歉语,这样一来,便能不同程度地减轻对方因遭拒绝而受的打击,并舒缓对方的挫折感和对立情绪。但是歉意不要过分,这样会造成不诚实的印象,因为如果你真的感到非常抱歉,就应该接受对方的请求。

(6) 直言"不"。对于明显不能办到的事,应该明白直接地说出"不"字。"说得多不如说得少",言简意赅、要言不烦是最有效的方法,模棱两可的说法易使对方抱有幻想,引发误解,当最终无法实现时,对方会觉得受了欺骗,由此引起的不满和对立情绪往往更加强烈。"当断不断",其结果只能是害人又害己。

(7) 理由明。不要只用一个"不"就让对方"打道回府",而应给"不"加上合情合理的注解,让对方明白,自己的拒绝不是毫无来由,更不是找借口搪塞,而是确有无可奈何的原因或难以诉说的苦衷,讲明自己的处境,最好具体地说出理由及原委,那么,在将心比心中,对方自然就能体谅你的言行了。当你说明理由后,对方试图反驳,你千万不可与之争辩,只要重申拒绝就行了。不过,如果你觉得拒绝的理由不充分,也可以直接拒绝不说明理由,或者只用一些"哎呀,这咋办呢?""真伤脑筋"之类的话给予回答,但是千万不可编造理由,因为谎言终究会被揭穿。

(8) 择他途。在拒绝对方这一方面要求的同时,如果能够尽量满足其他方面的合理要求来作为补偿,或是积极地替他出谋划策,建议他选择或寻求更好的途径和办法。这样可减缓对方因我们的拒绝而瞬时产生的不快情绪,缓解对方的被动局面,也可以表明我们的诚意,让对方体会到你的火热心肠、殷切期待,则更易得到他人的谅解、友谊与好感,例如:"要是明天,我大概可以去一趟""真对不起,这件事我实在爱莫能助,不过我可以帮你做另一件事""我只能借给你1000元,但我知道小李有一笔不少的活动奖金,也许你可以去找他"等。

2. 拒绝的语言艺术

在社交场合中,同样表达一个拒绝的意思,有不同的说法。陈秀泉在其主编的《实用情境口才——口才与沟通训练》(科学出版社,2007年)中从语言技巧上说,拒绝有直接拒绝、婉言拒绝、诱导拒绝、幽默拒绝、回避拒绝、模糊拒绝、附加条件拒绝、沉默拒绝等方法。具体如下。

(1) 直接拒绝。直接拒绝就是将拒绝之意当场明讲。采取此法时,重要的是应当避免态度生硬,并需要把拒绝的原因讲明白,有时还可以向对方致歉。例如,"对不起,谢谢,这样做对我不合适""对不起,这次我真的无法帮忙"。

(2) 婉言拒绝。婉言拒绝就是运用委婉的语言,暗示对方无法完成请求。比如,有一位朋友不请自到,而此时你正忙于工作无法接待,可以在见面之初,一面真诚地对其表示欢迎，一面婉言相告："我本来要去参加公司的例会，可您这位稀客驾到，我岂敢怠慢。所以专门告假 5 分钟，特来跟您叙一叙。"这句话的"话外音"就是暗示对方"只能谈 5 分钟时间"。

（3）诱导拒绝。诱导拒绝就是采用诱引的方法，让对方自己感悟到或者直接说出拒绝的理由。例如，1945 年富兰克林·罗斯福第四次连任美国总统。《先锋论坛》报的一位记者采访他，请他谈谈这次连任的感想。罗斯福没有回答，而是很客气地请这位记者吃一块"三明治"（夹馅面包）。记者觉得这是殊荣，便十分高兴地吃了下去。总统微笑着又请他吃第二块"三明治"。他觉得是总统的恩赐，情不可却，又吃了下去，不料总统又请他吃第三块。他简直受宠若惊，虽然肚子里已不再需要了，但还是勉强吃了下去。哪知道罗斯福在他吃完之后又说："请再吃一块吧。"记者一听啼笑皆非，因为他实在吃不下去了。罗斯福微笑着说："现在，你不需要再问我对于这四次连任的感想了吧，因为你自己已经感觉到了。"

（4）幽默拒绝。幽默拒绝就是用幽默的语言表达拒绝的意思。比如，有朋友请我们帮忙，可以说："啊，对不起，今天我还有事，只好当逃兵了。"再看一个例子，在 1990 年的一次外交部新闻发布会上，一位西方记者问发言人李肇星："请问邓小平先生目前健康状况如何？"李肇星答："他健康状况良好。"另一位记者穷追不舍："邓小平先生是在医院里还是在家里拥有良好的健康状况？"李肇星答："我不知是你有这样的嗜好，还是贵国有这种习惯，在身体健康的时候住在医院里，身体不好时反而待在家里。"李肇星以轻松幽默的方式回答这一问题，令对方相形见绌，同时又达到了不伤害对方感情的目的。

（5）回避拒绝。回避拒绝就是答非所问，就是表面上看在回答问题，但实际上说的都是空话，没有任何实质信息，当遇上他人过分的要求或难答的问题时，可使用这种方法。

比如有人问你，在×××问题上，你支持老王还是老李？你回答："谁正确我就支持谁。"对方又问，"那谁是正确的一方？"答："谁坚持真理谁就是正确的一方。"到底支持谁？你并没有正面进行回答。2002 年 11 月，江泽民同志访美时，一名学生问他："中国对熊猫保护采取了哪些步骤？"江泽民回答说："我是搞电机的，我跟你们一样非常喜欢熊猫，但对熊猫很少研究。"台下一阵大笑。这也是一种"说不"的方式。

（6）模糊拒绝。模糊拒绝就是不直接拒绝，而是通过与对方请求相关的话题表明自己的态度。钱钟书先生是我国著名作家，他的作品《围城》享誉海内外。有一位英国女士特别喜欢钱钟书。当这位英国女士来到中国，就给钱钟书先生打电话，说想拜见他。钱钟书先生在电话中说："假如你吃了一个鸡蛋觉得不错，又何必要亲自去看那只下蛋的母鸡呢？"钱钟书用生动的比喻做了模糊的回答，委婉地拒绝了英国女士见面的要求。

（7）附加条件拒绝。附加条件拒绝就是先顺承对方的意思，然后附加一个事实上不可能的或主观无法达到的条件。有一次，意大利音乐家帕格尼尼为了赶到一家大剧院演出，急急忙忙登上一辆马车，他一边催车夫快点，一边向车夫问价。"先生，你要付我 10 法郎。"马车夫知道他是大名鼎鼎的音乐家，便有意讹诈他。"你这是开玩笑吧？"帕格尼尼吃惊地问道。"我想不是。今天人们去听你一根琴弦拉琴，你可是每人收 10 法郎啊！我这个价格不算多。""那好吧，我付你 10 法郎，不过你得用一个轮子把我送到剧院。"音乐家帕格尼尼要求车夫用一个轮子把他送到剧院,这是根本不可能做到的,因此在客观上便起到了拒绝勒索的作用。

(8) 沉默拒绝。沉默拒绝就是在面对难以回答的问题时,暂时中止"发言",一言不发,或者运用摆手、摇头、耸肩、皱眉、转身等身体语言来表示自己拒绝的态度。礼貌拒绝对方的方法还有很多,如让步拒绝法、预言拒绝法、提问拒绝法等,其实不论选择什么拒绝方法,关键要表明态度,同时做到不伤害对方感情,保护自身形象就可以了。

5.2 能力训练

5.2.1 案例思考

1. 周恩来寒暄实录

下面是中美建交在北京秘密谈判期间,周恩来总理接待基辛格一行见面时的寒暄实录。

时间:1971年7月9日30分。

地点:钓鱼台国宾馆六号楼客厅门口。

背景:基辛格秘密访华,接待现场严肃拘谨,气氛冷峻,连握手也是例行公事,这是两国相隔二十多年后第一次高层见面。

周恩来总理还没走到基辛格的面前,基辛格就特意把手伸了出去,动作有点僵硬。周恩来总理立刻会意地微笑了,伸出那只不能伸直而有点弯曲的右手和基辛格握手,寒暄开始了。

周恩来总理友好地说:"这是中美两国高级官员二十年来第一次握手。"

基辛格立刻说:"遗憾的是这还是一次不能马上公开的握手。要不然,全世界都要震惊。"

随后,基辛格介绍随员。

基辛格先介绍第一个大个子:"约翰·霍尔德里奇。"

周恩来总理握着他的手说:"我知道,你会讲北京话,还会讲广东话,广东话连我都讲不好,你是在香港学的吧?"(周恩来总理曾经在广东担任黄埔军校政治部主任,这是他在广东住的最长的一段时间。约翰·霍尔德里奇曾在"二战"中在香港任职。)

- "理查德·斯迈泽。"
- "我读过你在《外交季刊》上发表的关于日本的访问,希望你也写一篇关于中国的哟。"
- "温斯顿·洛德",洛德没等基辛格开口就自报姓名。
- 周恩来总理握着洛德的手说:"小伙子,好年轻,我们该是半个亲戚,我知道你的妻子是个中国人,在写小说吧,我愿意读到她的书,欢迎她回来访问。"
- "雷迪和麦克劳德。"(美国特工人员)
- "你们可要小心哟,我们的茅台酒会醉人的,你们喝醉了是不是要回去受处分呀?"

(资料来源:http://www.eywedu.org/maozedong31/031.htm)

思考题：

（1）周恩来总理接待基辛格一行见面时的寒暄发挥了怎样的作用？

（2）本实例对你有何启示？

2. 个性化自我介绍

郑渊洁

1955年出生于河北石家庄一个下级军官家庭。读过小学四年级，曾经被学校开除。服过5年兵役。在工厂看过5年水泵。最高学历证书为汽车驾驶执照（大货）。无党派。1977年选择用母语写作作为谋生手段。不轻视名利。性格自闭。心胸不开阔。易怒。爱听鼓励话。闻过不喜。宠辱都惊。喜走独木桥。患有强迫症，临床表现为像对待父母和领导那样对待孩子。成功秘诀：只听鼓励话，远离其他话。近期做法：删除博客上一切不喜欢听的话，只保留鼓励话。他顽固地认为鼓励能将白痴变成天才。生活禁忌：吸二手烟时过敏。

叶倾城

叶倾城，女，27岁，大机关的小公务员。生于东北小城丹东，曾工作于中南重镇武汉，长江的水涤过我的发，也濯过我的足。现移居北京，每天按时上下班的我，是一朵依时开放的睡莲，开开谢谢都在池中。幸而心灵有翅，可以自由翱翔，稿纸便是我无边的天空，如果一只恐龙能够变成一只鸟，那么，谁说一片绿叶不可以倾城？

文学对我，不可抗拒也无法拥有，仿佛爱情。

因而，我写。

（资料来源：格言杂志社编．话·口技[M]．南京：风华出版社，2009．）

思考题：

（1）请分析上述两个自我介绍的语言艺术。

（2）请试为自己设计一个个性化的自我介绍。

3. 君子与小人

抗战胜利后的一天，上海一栋公寓里发出阵阵欢笑，原来，画家张大千要返回四川，他的学生为他饯行，梅兰芳等名流也到场作陪。宴会开始时，张大千向梅兰芳敬酒，说："梅先生，你是君子，我是小人，我先敬你一杯！"众宾客都愣住了，梅兰芳也不解其意，笑着询问："此话作何解释？"张大千笑着朗声答到："你是君子——动口；我是小人——动手！"满堂来宾，笑声不止，宴会气氛一下子活跃起来。

（资料来源：http://www.koucai.cc/news_view.asp? id=2412）

思考题：

（1）张大千简单的祝酒词能取得如此好的效果，原因何在？

（2）这是"言之有趣"的典型案例。请再搜集其他"言之有趣"的成功案例，并向同学宣讲。

4. 与一个孩子的谈话

1997年6月6日,《重庆晚报》刊登了李钢写的《与一个孩子的谈话》。这个孩子有问必答,而且对答如流,毫无保留地充分地表达了内心的想法。

这是一个早熟的儿童,口齿伶俐,学习成绩优良。我首先向他祝贺节日,我们的谈话就从节日开始。

（我先问）"今天上哪玩去了？"

"没上哪儿,在家和同学玩计算机游戏,还看了柯受良飞车过黄河。"

"当时有什么感觉？"

"还是很紧张,心都提到嗓子眼儿,不过……我更希望他掉下去。"

（我大吃一惊）"为什么？"

"叔叔,你不觉得那才更刺激吗？许多人急得团团转。追踪、打捞、抢救……当然,他最后成功了,也挺不错。"

"你崇拜柯受良这样的勇士吗？"

（眨眨眼,坚决地）"不,不崇拜,我有自己的理想。"

"你的理想是什么？"

（笑起来,很干脆）"挣大钱。"

"我是问你将来想当什么样的人,比如工程师、科学家、商人……"

"那还用问,哪个挣钱多就当哪个。"

"你为什么想挣大钱呢？"？

"叔叔,你想想,这个世界没有钱怎么行？有很多钱才能享受,我将来要买汽车、买房子,还要周游世界。"

"如果你的老师让你谈理想,你也这么说吗？"

"不,那可不行。跟他随便谈一个他希望听到的就行了。反正将来他也不会跟着我调查。"

"你说你将来要买汽车,有了汽车,你会不会像柯受良一样去冒险？"

（轻蔑地一撇嘴）"我才不会像他那么傻呢,那多危险呀,一不小心,命就没啦。"

"你不是说你要挣大钱吗？像他那样冒险也能挣大钱呀。"

"咦,叔叔,钱挣得再多,也得活着花呀,人死了,钱就是一堆纸,这个道理,你该不会不明白。"

"你这么喜欢钱,如果身上的钱突然有坏人来抢,你会跟他们搏斗吗？"

"不会。我会把钱给他们,然后再去报告警察。"

"你喜欢警察？"

"喜欢。"

"将来愿意当警察吗？"

"不愿意。"

"这么说你只喜欢别人帮助你,却不愿意帮助别人？"

"世界上这么多人,为何非要我当警察不可呢？……叔叔,你怎么比老师还要讨厌啊！"……

思考题：

（1）这个孩子的想法对吗？

（2）这个孩子的表达有什么特点？

5. 真诚的赞美：洛克菲勒的交际秘诀

美国"石油大王"约翰·洛克菲勒在人际交往中善于运用真诚的语言来赞美他人，以此来维系良好的人际关系，这是他的交际秘诀。

一次，洛克菲勒的一个合伙人爱德华·贝德福特，在南美的生意中处置失当，使公司损失了上百万美元。贝德福特垂头丧气地来见洛克菲勒，洛克菲勒本可以指责他的过失，但他并没有这样做，他知道贝德福特已经尽了他最大的努力，不能把他的功劳全部抹杀。

于是，洛克菲勒另外寻找一些话题来称赞贝德福特。约翰·洛克菲勒把贝德福特叫到办公室，真诚地对他说："干得太棒了，您不仅保全了60%的投资金融，而且也为我们敲响了一记警钟。我们一直都在努力，并且取得了几乎所有的成功，还没有尝到失败的滋味。像这样也好，我们可以更好地发现自己的错误和缺点，争取更大的胜利。更何况，我们也并不能总是处在事业的巅峰时期。"

几句赞美的话语，把贝德福特夸得心里暖乎乎的，也深深地打动了他，两人结为至交。后来，在洛克菲勒的创业中，贝德福特做出了很多重大的贡献。

思考题：

（1）洛克菲勒的交际秘诀对你有何启示？

（2）究竟应该如何赞美他人？

（资料来源：http://bbs.koucai.cn/forum.php?authorid＝30&mod＝viewthread&page＝1&tid＝124）

6. 赞美如良药

在南部非洲的巴贝姆巴族中，至今依然保持着许多优秀的生活礼仪和处事方式。譬如当族里的某个人因为行为有失检点而犯了错误的时候，族人便会让犯错误的人站在村落的中央，公开亮相，以示惩戒。每当这个时候，整个部落的人都会不由自主地放下手中的工作，从四面八方赶来。

围上来的人们会自动分出长幼，然后从最年长的人开始发言，依次告诫这个犯错误的人，他曾经为整个部落做过哪些善事、哪些好事。每个族人必须将犯错误的人的优点和善行，用真诚的语言叙述一遍。叙述时既不能夸大事实，也不允许出言不逊。对面前已经有人提及的优点和善行，后面的人不能再重复叙说。总之，每个人在叙说时，都要有新的褒扬。整个"赞美"的仪式，要持续到所有的族人都将正面的评语说完为止。

"赞美"的仪式结束以后，紧接着要举行一场盛大的庆典。庆典在老族长的主持下进行，部族中的男女老少都要参加。人们要载歌载舞，用一种隆重而热烈的仪式，庆贺犯错误的人脱胎换骨，改过自新，重新开始一种新的生活。

（资料来源：http://www.mingren520.cn/article/201111/123940.html）

思考题：

(1) 这是一个别开生面的感人至深的赞美故事，请结合这一故事谈谈赞美的力量。

(2) 请谈谈你对"赞美如良药"这句话的看法。

7. 对话

一位新校长到任后，发现师生对食堂的意见很大，意见的核心是吃冷饭冷菜。这位校长来到食堂，一边跟班作业，一边和伙食科长商量解决办法："×科长，你看我们有没有办法再缩短开饭时间，让学生尽可能地吃到热饭热菜？"

"我想再增加一些饭菜的窗口，或者可以提早一些时间。"

"是个办法。可新增的窗口开在什么地方呢？"

"我看食堂西头至少可以开四五个，南面的窗口显得松，如果堵起来重新开窗，还能再增加几个。"

"这办法好。假如我们采取这个办法，你看要多少时间才能把窗口开好？"

"最快也要一天！"

"那这一天学生吃饭将有问题了。有没有两全其美的办法呢？"

"分两批开也可以。先开西边的窗口，此时用南面的窗口开饭；再修南边的窗口，此时用西边的窗口开饭；待两边的窗口都开好了，就两边同时开饭。"

"这个办法很好。你看总共需要多少时间？"

"大约两天就行！"

"这事就委托你办吧。有什么困难吗？"

"没有。"

两天后，窗口修好了。

（资料来源：http://www.wzms.com/read.asp?wzms=5&newsID=9557）

思考题：

(1) 这位新校长处理问题的谈话妙在何处？

(2) 本实例对你有何启示？

8. 李燕杰的一连串发问

一天晚上，演讲大师李燕杰教授回家，有位青年从他后面跟上来要和他谈心。李燕杰一看这个青年，身穿大红衬衫，肩上挂着西装背带，胸前吊着个耶稣像十字架，心里已对这个青年的思想现状明白了七八分。于是，李燕杰的一连串发问开始了。

李燕杰："你为什么要戴这个十字架啊？"

青年："我觉得戴上它好看，就戴了。"

李燕杰："你挂十字架，会念祈祷词吗？"

青年："不就是阿门吗？"

李燕杰："不对。"（背了一段祈祷词）"你读过圣经吗？你知道圣经里都写些什么？"

青年："没读过，不知道。"

李燕杰：（李燕杰讲了《旧约全书》《新约全书》的主要内容，转而又谈到"美"的含义）

"比如有个小姑娘,身材长相都不错,她有一对水汪汪的大眼睛,笑起来还有两个小酒窝,表面看,还挺美。可是有人告诉你,她就是爱在火车上干这个(做扒手动作),你还认为她美吗?"

青年:"内外不一致,不美。"

李燕杰:"有这么一幅油画,一个修女外表打扮得很肃穆,内心对耶稣很虔诚,胸前挂着十字架,你觉得她美吗?"

青年:"内外相和谐,对基督教徒来说,还是美的。"

李燕杰:"那么,阁下,既不懂圣经,又不信耶稣教,胸前挂个十字架,你是美在哪儿呢?"

青年:"李燕杰老师,我以后保证不戴了。"①

思考题:
(1) 李燕杰的一连串的发问为何能收到理想的效果?
(2) 本实例对你有何启示?

9. 周杰伦妙答记者提问

周杰伦是许多青年朋友非常喜爱的一位华语歌手,拥有众多的"粉丝"。其实,周杰伦不但歌唱得好,他的口才也是数一数二的。

有一次,记者问到周杰伦和某女明星是否有恋爱关系时,周杰伦立即以四句改编诗歌回答道:"绯闻诚可贵,八卦价更高。若为音乐故,两者皆可抛。"周杰伦幽默的话语,顿时引得现场响起一阵阵笑声和掌声。

另外,2008年10月13日,周杰伦的普通话大碟《魔杰座》全亚洲发片记者会在台北举行,记者会上,周杰伦抢先让大家欣赏了他刚刚完成最后剪辑工作的另一个新专辑主打歌曲《时光机》。演唱完后,主持人在台上问他如果说时光能倒转,他最希望回到过去挽回什么?主持人期待周杰伦可以谈到是否可以挽留什么感情,聪明的周杰伦没有掉进圈套,他出其不意地回答道:"我是看未来的人,即使有时光机我也不希望回到过去,我希望前往未来,看看到时候自己的音乐是否存在。"

(资料来源:http://www.dearedu.com/s/12-03/s1635257.shtml)

思考题:
(1) 周杰伦对记者的应答高在何处?
(2) 本实例对你有何启示?

10. 富兰克林的说服

美国的《独立宣言》脍炙人口,广为流传,它与独立战争一样,有着重大的历史意义,永载史册。这篇文章出于起草负责人富兰克林的密友———才华横溢的杰斐逊之手。

杰斐逊对自己的文笔颇为自负,认为自己写出来的东西无可挑剔,妄动一个字就像割

---

① http://www.doc88.com/p-257204440779.html

掉他身上的一块肉一样。富兰克林深知此人的性情,一方面觉得《独立宣言》草稿必须修改,一方面又怕惹起杰斐逊的不愉快。为了说服杰斐逊,富兰克林冥思苦想,终于想到了一个合适的方法,于是他巧妙地向杰斐逊讲述了一个故事:

有一个青年人开了一家帽店,他拟了一块招牌,上写"约翰·汤姆森帽店,制作和现金出售各式礼帽",还在招牌下面画了一顶帽子。他觉得这块招牌很醒目,扬扬得意地等着朋友们的赞赏。

但是他的朋友却不以为然,一个人说"帽店"一词与后面的"出售各种礼帽"语义重复,可以删去。

另一个朋友认为"制作"一词可以省略,因为顾客要帽子式样称心、价格公道、质量上乘,至于是谁制作的,他们并不关心。再说约翰并非久负盛名的制帽匠,人们更不会注意。

有一个朋友认为"现金"两字纯属多余,一般到商店购物都是用现金购物的。

这个青年人觉得朋友们说的话有道理,经过几次修改,招牌只剩下"约翰·汤姆森,出售各式礼帽"的字样和礼帽的图案了。

尽管这样,还有一个朋友不满意,他认为帽子决不会白送,"出售"二字可以删去,还有"各式礼帽"与图案也重复了,可以不要。经过删改,最后牌子上只剩下"约翰·汤姆森"的名字和帽子的图案。

几经修改,招牌变得十分简洁明了,因而也就更加醒目。年轻的帽店店主非常感激朋友们的宝贵意见。

杰斐逊听了这个故事,明白了富兰克林的良苦用心,明白了好稿子是修改出来的,因此广泛听取公众的建议,把《独立宣言》修改得好上加好。

18世纪70年代初,北美的13个殖民地的代表聚集一堂,通过了这个《独立宣言》,一场伟大的独立战争开始了……

在这个案例中,杰斐逊是个才华横溢而又十分自信的人,说服他并不是一件容易的事。但起草《独立宣言》是那么重大的事,必须臻于完美,起到振聋发聩的效果,所以非得说服杰斐逊反复修改草稿不可。试想,如果说服的方式生硬,就根本不能说服了对方,可能会适得其反。而富兰克林采取讲故事的方式,娓娓道来,圆满地说服了对方。从这层意义上说,《独立宣言》是杰斐逊的杰作,更是富兰克林的成果。

(资料来源:http://www.17pr.com/viewnews-104528.html)

思考题:
(1) 富兰克林的说服方法妙在何处?
(2) 本实例对你有何启示?

11. 小芹的拒绝之道

一天,小芹的好友小芳打电话来求助——

小芳:小芹,有个事儿要拜托你。

小芹:什么事啊?

小芳:哎,我男朋友要给日本客户做批东西,但说明书全是日文,正巧你是学日文的,你帮他看看呀。

小芹：小芳，你想让我给你男朋友翻译日文说明书，是吗？

小芳：嗯，小芹，你能帮帮他吗？

小芹很清楚，专业说明书的翻译不是个简单的活儿，更何况这阵子手头工作很多，于是考虑了一会，非常客气地说：并不是我不愿意帮忙，你知道，产品说明书这种东西很专业，我在大学学的不是专业翻译，这些年又没接触过，那点知识早还给老师了，凭现在这水平恐难胜任啊。

小芳：别谦虚了，你在大学的时候可是我们班最优秀的，我对你很有信心。

小芹：可我对自己没信心啊，要是搁平时还好点儿，这段时间公司经常加班，为了做一个策划书，我可是奋战了三天三夜啦，忙得一塌糊涂，现在一看文件就头疼。我想你男朋友的文件一定非常重要吧，为了不耽搁事儿，建议他还是找翻译公司比较合适。

小芳想了想说：嗯，也是，专业翻译的确是件棘手的事，那就让他交给翻译公司做好了。你啊，别太累了，要注意休息，保重身体！

（资料来源：http://www.jyax.com/bencandy.php?fid-158-id-3723-page-1.htm）

思考题：

（1）小芹是怎样一步步拒绝小芳的？

（2）本实例对你有何启示？

5.2.2 实训项目

1. 交谈演练

学生 A 扮演××电视机专营商场的营销科长，学生 B 扮演××电视机厂的推销员。两人素不相识，两个单位也从未有过业务往来。当电视机市场上供大于求时，B 到 A 处了解情况并推销 B 方的产品，而且希望今后建立长期业务往来关系。

要求：运用所学的社交语言艺术技巧，灵活巧妙地与对方交谈，并尽可能地寻求最佳的社交效益。

2. 问与答互动训练

【训练目的】

通过训练能认识到提问技巧在口语交流中的作用，提高言语交流中提问的技巧；通过训练培养良好的倾听习惯和分析语言、词汇的功能，提高语言的理解能力。

【训练要求】

分组进行，不要准备，随意性提问。可以涉及隐私、人身攻击等，但要控制，把握好度。问与答角色可以互换，不严格规定。

【训练实施】

学生两人一组，一个扮演提问者，另一个扮演回答者；训练指导老师要求提问者就你想问对方的问题可以随意提问，然后回答者回答，这样一问一答进行，可以反问；训练指导老师要对提问者所提问题进行分析，一方面了解提问者的目的和期望；另一方面分析回答者对所提问题的理解情况,然后辨析所提问题能不能实现提问者的目的;训练指导老师还要分析提问者对回答者的回答是否满意,符不符合自己的要求,是答非所问还是问题理解偏差。

有条件的可以进行录音,然后对照录音与训练对象一同分析。

【训练考核】

训练双方互评,解决这些问题:你提这个问题的目的是什么?对方的回答有没有达到提问的目的?是问题提得不好还是答非所问?

训练指导老师依据问和答的具体情况给定评价分数。

(资料来源:彭义文.口才训练教程[M].北京:北京师范大学出版社,2011.)

3. 说服、拒绝训练

【任务目标】

(1) 能够了解说服与拒绝在沟通中的重要性。
(2) 能够在沟通中准确把握说服与拒绝素养,提高人际沟通能力。
(3) 能够正确运用说服与拒绝的技巧。
(4) 能够形成良好的说服与拒绝素养,提高人际沟通能力。

【建议学时】

3学时。

【任务实施过程】

(1) 任务导入

观看小品《卖拐》并进行模拟表演,谈谈小品中的主人公是如何进行游说的。

(2) 说服技巧训练

① 热身准备。分析以下两个案例中主人公运用了怎样的说服技巧。

【案例1】

卡耐基是美国著名演说家、教育家。他常租用某家大旅馆的礼堂,定期举办社交培训班。

一次,卡耐基突然接到这家旅馆增加租金的通知。更改日期和地点已经不可能了,他决定亲自出面与旅馆经理交涉,下面是二人对话的内容。

卡耐基:"我接到你们的通知时有点震惊。不过,这不怪你,假如我处在你的地位,或许也会做出同样的决定。作为这家旅馆的经理,你的责任是让你的旅馆尽可能多地盈利。你不这么做,你的经理职位就难以保住,对吗?"

经理:"是的。"

卡耐基:"假如你坚持要增加租金,那么让我们来合计合计,看这样对你有利还是不利。先讲有利的一面,大礼堂不租给我们讲课,而出租给别人办舞会、晚会,那么你获利就可以更多,因为举行这类活动时间不会太长,他们能一次付出很高的租金,比我们的租金当然要高很多,租给我们你显然感到吃亏了。现在我们再分析一下不利的一面,你增加我的租金从长远看,你其实降低了收入,因为你实际上是把我撵跑了,我付不起你要的租金,势必再找别的地方办训练班。还有,这个训练班将要吸引成千的中上层的管理人员到你的旅馆来听课,对你来说,这难道不是起到了不花钱的活广告作用吗?事实上,你花5000元钱在报纸上做广告,也不可能邀请来这么多人到你旅馆来参观,可我的训练课却给你邀请来了,这难道不划算吗?"

经理:"的确如此,不过……"

卡耐基:"请仔细考虑后再回答我好吗?"

结果经理最终同意不加租金。

【案例2】

据说著名作家李准有"三句话叫人掉泪"的本领,电影艺术家谢添有点不太相信。在著名豫剧表演艺术家常香玉的"舞台生活50周年庆祝会"上,谢添与李准不期而遇,谢添抓住机会想证实一下。

"李准,我想当众考考你。你说几句话,能叫常香玉哭一场,我才服你。要不,你签字认输也行。"

李准皱皱眉、摊摊手,对常香玉说:"你看看老谢,今天是你的大喜日子,他偏要让你哭。这不是为难人吗?"

常香玉痛快地说:"你今天能让我掉泪,算你真有本事。"把李准的退路给堵死了。

面对着宴会上喜庆的气氛,李准款款道来:"香玉,咱们能有今天真是不容易啊。你还是我的救命恩人呢。我十岁那年,跟着逃荒的难民群到了西安,眼看人们都要饿死了忽听有人喊:'常香玉放饭了,河南人都去吧。'哗——人们一下子都拥出去了。我捧着粥,泪往心里流。心想:日后见了这个救命恩人,我得给她磕个头。哪里想到,'文化大革命'中,你被押在大卡车上游街。我站在一边,心里又在落泪——我真想喊一声:让我替她吧,她是俺的救命恩人啊。""老李,你别说了。"常香玉捂着脸转过身,满眼泪水滚了下来。整个大厅没一点声息,人们都沉浸在一种伤感的情绪中,就连谢添也轻轻地吸了吸鼻子,他的表情说明他已经忘记了这是和李准打赌——分明是信服了。

② 实地大演练。将全班同学分成若干组,每组10人左右。教师出示情境材料,学生根据教师所提供的情境分组进行说服技巧演练。各组在全班进行表演,其他同学进行点评,教师做出小结,针对学生表演的优缺点给予指导。

(3) 拒绝技巧训练

① 热身准备。每人讲一件印象深刻的关于拒绝的典型事例,成功的或失败的均可,然后互相点评。

② 实地大演练。将全班分成若干组,每组10人左右,教师出示情境模拟材料,学生根据教师所提供的情境分组进行拒绝技巧演练。各组在全班进行表演,其他同学进行点评,教师做出小结,针对学生表演的优缺点给予指导。

【任务完成】

(1) 评出最佳说服者、最佳拒绝者各一名。

(2) 针对某些同学上网成瘾的现象进行说服。

(资料来源:赵京立.演讲与沟通实训[M].北京:高等教育出版社,2010.)

拓展阅读：补救失言的意义与方法

交际活动中的主体无意之间说出了错话、蠢话，得罪或伤害了交际对象这一类语言现象，叫作失言。失言会造成人际关系的恶化，形成危机。一旦发生失言要注意及时、巧妙地补救，以挽回危机，改善人际关系。

1. 补救失言的意义

失言并不可怕，可怕的是失言了自己并不知道，且没有采取补救措施，在语言交际过程中，尽管我们对可能的失言采取了预防对策，在某些特定的场合偶尔失言是难免的。失言之后，我们要及时果断地加以补救以挽回影响，决不能听之任之。从某种意义上说，失言就是失礼，而在社会交际中是不容许失礼的。失言要补救，失礼则更要补救，这是文明交际的需要。失言之后，进行机智而真诚地补救，是所有处于语言交际状态之中的人的社会责任感和高尚道德的真实体现。补救失言对改善和优化语言交际有着重要的意义，能维持和促进语言交际的功效和目的。

第一，补救失言能使双方之间的语言交流照常地进行下去，它可以掩饰失言，疏通言路，使在场的公众感到好像从未发生什么事情似的，不漏一点痕迹，能控制交际现场的形势，不至于出现尴尬局面。

第二，补救失言能使受到伤害的公众得以及时安慰，不至于酿成交际障碍，对双方的密切交往起到有百利而无一害的作用。

第三，失言补救在某种程度上是一种危机管理，处理好了可以展示在紧迫关头善于处置失误、随机应变的能力，令交际对象或现场公众刮目相看，扩大自己或自己组织在社交圈的影响，为更顺利地开展公关交际活动打下新的基础。

2. 补救失言的方法

失言补救方法很多，关键在于我们的机敏和诚心。宽宏大量只能用于律己，不能以之要求对方。我们在遇到他人失言时，要根据对方的职业特点、心理品质、文化素养、失言性质、现场状态、交际动机等采取不同的应对态度。如果自己处于主体地位，对方失言后已有道歉，则可以给予谅解宽容。现在介绍几种失言的补救方法。

（1）现场改口来补救失言

在语言交际过程中，由于当今市场经济越来越发达，人们对事物的理解比较多而杂，有时在现场由于数字模糊或计算不准而开口失言，特别是在一些涉及经济的商务活动中表现得比较明显，比如在谈价格、签协议、许承诺等，稍有不慎就会给自己挖了陷阱。通过现场改口来补救失言，能够让对方理解并说服对方，最终达成一致，实现合作目标。

报 价 失 言

甲乙双方在频繁的商务谈判中，讨价还价往往是中心话题，双方都想尽最大努力，争得最大利益。由于有的人连对自己产品的价格都不熟，导致当面承诺了对方的贬抑性报价。如果自己觉察出来的,可以这样补救,说:"刚才同意的报价,我们是没有计算入关税税额的,要是在你的报价上加入这一笔税额,我们就可以成交了。"如果当时自己没有觉察出失口承诺这一问题,而伙伴已经觉察,就从旁纠正说:"经理,您承诺的报价,还要加上本产品今年头八个月涨价的比率,您记起来了吗?"这样一唱一和,就可以把误诺换为变量,请对方重新考虑。同时,还需要向对方作一些成本上升、需要变动价格的说明,以取得对方的理解。还可以另补充说:"我们产品的价格在同类产品中,一直是偏低的,此次成交,对贵方来说,仍然是一笔赚钱的生意,这就是为什么我们的客户群不断扩大的原因了。"

(2) 用错来改错进行补救

将错就错就是指一个人说了错话,在场的另外一个人则利用错误的性质说出一句相反的错话,求得前后错话的平衡而消除不良影响,可以立即收到现场应急补救的奇妙效果。

歌唱演员的失误

有一位歌唱演员到某市演出,在台上讲话,竟把某市长说成了某县长,引起观众嬉笑、议论。这时主持人上台来面对观众说:"女士们、先生们、朋友们,今天我们有幸来到某省演出……"怎么一个人说"县"一个人又说"省"? 这话把观众给弄迷糊了,主持人解释说:"刚才我们的一位演员把某市说成某县,给降了一级,我现在把某市说成某省,给提了一级,这不就平啦?"他这几句话,立马引得观众哄堂大笑。

(3) 切断当前话题转换进行补救

此法是指我们在说话时,突然感悟到某句话的剩余部分不能说出来,便急速中断下来,然后神不知鬼不觉地偷换成另外的话题,掩饰几乎要发生的失言。在多种交际场合我们都可能出现这种需要急断偷换言辞的情况,只要出现这种情况,我们应该当机立断,急断急换,以免因失言而伤人,因伤人而失和气。

万某的机智

万某在街上骑着自行车慢慢走着,不料被后面急驶而来的一辆自行车撞倒,万某爬了起来,满脸怒气张嘴就想骂:"你——"抬头一看原来撞倒他的是一个熟人,于是,就一个"急刹车",连忙改口说:"你——是小张啊,看你这车技,真叫我佩服得五体投地!"万某的随机应变、改弦更张,把"你瞎了"不知不觉偷换成了"你是小张啊",而且幽默地把"撞倒在地"改成了"五体投地",这样一来,不仅没有失和气伤感情,还维护了双方的友谊。

(4) 就势转接法

在蠢话全部说出,已经引起非议、对抗的情况下,我们可以顺着个别或者部分听众的心理反应趋势把话题转到另外一个,加以掩饰,消灭已经发生的失言后果。像这类失言可进行如下现场补救。

① 运用相关联想,妙言突出。由于场面热烈,精神亢奋,有时也会出现带有喜剧色彩的失言,同样不可一笑了之、听之伤之。人们更忌讳在喜庆场合失言,所以,失言以后要立

即展开联想,寻找补救语言。

② 顺水推舟,进行侧面认错。万一蠢话全部说出来了,招致公众气愤、责难,由同行的伙伴进行侧面认错,也可收到亡羊补牢的效果。

狄更斯的失言和补救

有一次,英国作家狄更斯正在钓鱼,一个陌生人走到他跟前问道:"怎么,你在钓鱼?"狄更斯不假思索地说:"是啊!今天真倒霉,钓了半天,一条也没钓到。可昨天也是在这个地方,就钓到15条鱼哩!"

陌生人说:"是吗?你昨天钓得很多啊!"接着他又说:"那你知道我是谁吗?我是这个地方的管理员。这段江上是禁止钓鱼的!"说着,他拿出票簿,要给狄更斯开票罚款。

狄更斯看到这情景,连忙反问:"那么,你知道我是谁吗?"陌生人被这一反问搞得不着头脑。此时,狄更斯对他说:"我是作家狄更斯,你不能罚我款,因为虚构故事是我的职业。"陌生人没有办法,只好让狄更斯大摇大摆地走了。

(5) 变贬为褒的补救

怎样才能变贬为褒呢?把直言否定的贬变成了模糊肯定进行搪塞,造成错答不为奇的现场心理反应,取得听众的理解和同情。再把被贬者的优点与所产生的错答联系起来,使其顺承得以衔接,从而平服尴尬然后迅速解脱。同时又把模糊肯定和隐含否定结合起来,让人们知道真正值得肯定的还是被贬者的优点,以免造成信息错觉。变贬为褒的方法既可以是被贬者自己进行力挽狂澜,也可以是自己的伙伴进行赞扬、保护,进行双向求圆,内外掩饰等。

老企业家的尴尬

某综艺节目每期都有猜答节目,一次,在放映一段录像的时候,荧屏上出现了一个庞大的外国建筑物镜头,之后节目主持人问一位嘉宾:"外面的长廊同里面的音乐厅有没有关系?"嘉宾立即说:"有关系,起扩音作用。"这时节目主持人十分爽快地否定说:"不对!没关系,只是一种装饰。"这位嘉宾本是一位很有影响的企业家,但此时他那种叱咤风云、充满自信的豪迈气概顿时便化为乌有,随之而来的是难堪、焦急、手足无措。应当肯定,从其语言反映的真实性来看,这位节目主持人的评判无可挑剔,体现了她的直率和实事求是,然而,她的直言因其对象的特殊身份和场景的临时需要而变成了一句置人于尴尬境地的蠢话,这样回答所起到的实际效果是很不好的。当时另外一位节目主持人见状,立即采取了应急补救措施,把那位已经陷入窘境的企业家解脱出来。她说:"现代的建筑构思复杂,有许多问题值得研究,这位企业家的思路广阔……"然后转向企业家,接着说:"这大约就是你成功的原因吧。你勇于回答的精神真是值得佩服,让我们以热烈的掌声表示欢迎!"

(6) 转移注意进行补救

现场交际活动的参与者,在某类场合因被失言刺激而精神状态呈现反常时,可以运用转移注意力的方法,救人于窘境。转移法是由此及彼,换位思维,把当事人的心理趋势引向其他方面,扭转需求偏向,排除人的消极情绪,这种方法在其他失言的补救方法中也有配合使用的价值。

转移话题

两个青年去拜访老师,在谈话中问道:"老师,听说您的夫人是教英语的,我们想请她指教,行吗?"

老师为难地沉默了片刻,说:"那是我以前的爱人,前不久分手了。"

"哦?对不起,老师……"

"没什么,喝点水吧。"

"老师,您的书什么时候出版?快了吧?……"

这样转移话题,特别是提出对方很愿意谈的话题,就会使谈话很快恢复正常,气氛活跃起来。

(7) 运用迂回进行致歉补救

失言就是失礼,失礼以后,应该诚恳地向有关人致歉,这是毫无疑义的,但致歉也要讲究方法。在分头交际活动中也常常发生这样的事情,如果直接赔礼,反而可能引出新的矛盾,不如易时易地或者利用现场条件,抓住谈话的主题、气氛和有利机遇,运用类比暗示的方法,间接向有关被伤者致歉,以消除人际隔阂,改善交际,使公关活动同其他一切交际保持互爱互尊的最佳状态,这就是迂回致歉。迂回致歉有以下优点:一可以避免心理伤害重复;二可以作致歉引申,加强致歉的信度;三可以表现我们的交际能力。

孙女的致歉

一位正在某校读书的女生星期天与奶奶一同游玩,恰好迎面碰到一位穿着入时的老太太,孙女脱口便说出:"人都老了,还穿这么漂亮干什么?"正好这天她的奶奶也穿得比较讲究,老人听后暗暗伤心起来,遂借口身子不适提前回家了。等孙女反应过来后连忙返回,见奶奶又重新穿上了那套常用的旧衣服,而且神情沮丧,于是便说:"奶奶,您怎么又穿上了这套旧衣服,新衣服您总舍不得穿,穿烂了有啥关系?我叫妈给您再缝一套!"稍停片刻,又加上一句:"奶奶,我现在没钱孝敬您,等我日后上班拿了工资,我一定给您多做新衣服,让您天天都穿得漂亮!"孙女根本没提在公园的那件不愉快的事,回避了刚才的失言,奶奶听了这热情洋溢的话也说出了自己的内心,说:"在家里穿新衣服,别人也看不出你们的孝心啊。"

(8) 运用全面观照法进行补救

此法是指对这一个人或这一部分人讲话时,一定要注意自己的语言对另一个人或另一部分人的作用,避免产生语言交际的负效应,这就叫作全面观照法。全面观照法并不等于从不失言,关键问题是失言以后要立刻应急补救,使某一个人或某一部分人同现场其他公众一样保持愉悦、积极的心理状态。

主持人的失言补救

某年中央电视台春节文艺晚会后,安徽一位盲人要求见一见一位小品演员,于是,中央电视台在重播部分得奖节目的时候,便把这位盲人请到了现场,满足了他的愿望。盲人献词以后,现场节目主持人非常激动地说:"亲爱的观众……"主持人为什么停下来了呢?这是因为在瞬间她已悟出了自己的失言,那么,应当怎样说才包括正站在台上的这位盲人和电视机前的许多盲人呢?片刻之后,她忽然加上"亲爱的听众……"场下顿时反应活跃,热烈鼓掌。如果只提"观众"的话,就将引起这位盲人或其他盲人尴尬、让他们难受。加了"听众"以后,所有能看能听、不能看只能听的观众和听众便都包括在内,都于亲爱之声中共度良宵。虽然节目主持人补加上去的"亲爱的听众"是一句平常而又平常的话,但在这个时刻、这个场景中表达出来,就成了一句机智的妙言。

(资料来源:孟婷婷.交际语言技巧[M].北京:中国林业出版社,2009.)

课后练习

1. 寒暄练习

请阅读一下材料,根据你对寒暄的理解,谈谈看法。

(1) 小吴的寒暄

小吴有一次到财务处去转款,人很多,新来的年轻女出纳忙个不停。

小吴一见到这位漂亮的女出纳,就禁不住心生爱慕,心想:这女孩真美,如何跟她搭上话,让她记住我呢。经过观察,小吴发现了她的优点。轮到他填转款单据时,他边写字边寒暄道说:"你的字写得真好看。"女出纳吃惊地抬起头,脸红红地说:"哪有哇,还差得远呢。"小吴说:"真的啊,跟咱们一样的年轻人,多半都是大学生的学历文凭,小学生的写字水平,能写得这么一手好字,确实不多见。"之后他又诚恳地说:"真的很好,你大概练过字帖吧。"女出纳说:"是的。""我的字写得一塌糊涂的,能把你用过的字帖借给我练练吗?"女出纳爽快地答应了,并跟小吴约好让小吴到办公室来取。渐渐地,两个人有了感情,并最终结成良缘。

(2) 寒暄之中露底细

日本松下电器公司创始人松下幸之助先生刚"出道"的时候,就曾被对手以寒暄的形式探测到底细,因而使自己的产品的销售大受损失。

当松下幸之助第一次到东京找批发商谈判时,刚一见面,批发商就友善地对他寒暄说:"我们是第一次打交道吧?以前我好像没见过您。"批发商想用寒暄的托词来探测对手究竟是生意场上的老手还是新手。松下先生缺乏经验,恭敬地回答:"我是第一次来东京,什么都不懂,请多多关照。"正是这番极为平常的寒暄答复却使批发商获得了重要的信息:对方原来只是一个新手。批发商接着问:"你打算以什么价格卖出你的产品?"松下又如实地告知对方:"我的产品每件成本是20元,我准备卖25元。"

批发商了解到松下幸之助在东京人地两生,又暴露出急于要为产品打开销售的愿望,因此趁机杀价:"你首次来东京做生意,刚开张应该卖得更便宜些,每件20元如何?"没有经验的松下先生在这次交易中吃了亏。究其原因,是那位老练的批发商通过表面上的寒暄探测到对方的虚实,在谈判中赢得了主动。而松下先生由于在寒暄之中暴露了自身的底细,从而导致了被动与失利。因此,在双方寒暄之时要避免无意之间自身关键信息的泄露。

(3) 寒暄引来生意

被美国人誉称为"销售权威"的霍依拉先生,一次要去梅依百货公司拉广告,他事先了解到这个公司的总经理会驾驶飞机。于是,他在和这位总经理见面互做介绍后,便随意说一句:"您在哪儿学会的开飞机?"一句话,触发了总经理的谈兴,他滔滔不绝地讲起来,谈判气氛显得轻松愉快,结果不但广告有了着落,霍伊拉还被邀请去乘了总经理的自用飞机,和他交上了朋友。

2. 介绍练习

(1) 以下是著名的哑剧大师、喜剧表演艺术家王景愚的自我介绍,请分析其语言艺术。

我就是王景愚,表演《吃鸡》的那个王景愚。人称我是多愁善感的喜剧家,实在是愧不敢当,只不过是个"走火入魔的哑剧迷"罢了。你看我这40多公斤的瘦小身躯,却经常负荷许多忧虑与烦恼,而这些忧虑与烦恼,又多半是自找的;我不善于向自己所敬爱的人表达敬与爱,却又常常否定自己。否定自己既痛苦又快乐,我就生活在痛苦与欢乐的交织网里,总也冲不出去;在事业上人家说我是敢于拼搏的强者,而在复杂的人际关系面前,我又是一个心无灵犀、半点不通的弱者,因此在生活中,我是交替扮演强者和弱者的角色。

(2) 开学伊始,新生举行以"趣说自己"为主题的班会活动,请你作自我介绍。

(3) 如果你被邀请参加一次联谊活动,并表演节目,你将如何自我介绍?

(4) 假如你是新员工,在单位举行的小型欢迎会上向大家做一次自我介绍。

(5) 试把一位你所熟悉的人(如父母亲、同学、老师)得体地介绍给大家。

(6) 你所在单位想招聘一位公关部经理,你认为你的一位老同学很合适,你怎样向主管领导推荐他?

(7) 假如你负责主持一项工程竣工仪式,到会的有省、市、县各方面的领导,你将如何把他们介绍给与会者?

(8) 某计算机公司培训部经理刘某到某职业技术学校与校长王某洽谈联合办学事宜,假如你是校办公室主任,你怎样为双方介绍?

3. 交谈练习

(1) 假如你是一个企业的新职工,经常与工人们在一起,了解了企业的许多情况。一天,经理在和你聊天时,突然问:"你是新来的,没有什么偏见,经过这一段时间,你觉得我这个人怎么样?""很好,经理。"但经理却固执地说:"你一定要讲真话,我只想听听你的意见,或者从你这里听到别人对我的意见,你不必担心什么。"而这个经理确实也有一些不足和毛病,工人也有所议论。这时,你怎样与经理继续聊下去?

(2) 你去拜访一位名人,进屋之后发现主人家养了一只小猫。请以此为话题,设计一段对话。

(3) 一天,你逛商场时发现一位营销员好像是当年的校友,在学校时没机会交谈,她好像也觉得你面熟,你主动和她打招呼。你们会谈些什么?

(4) 放暑假了,你坐车回家,周围坐着几位年龄、身份、性别不同的陌生人,为消除路途寂寞,你先和他们寒暄几句,使大家都有谈兴。你会怎样寻找话题呢?

(5) 将来,你在事业上取得了一定成就,在老同学聚会上,你怎样谈自己的成功?别人赞扬你,你怎样表现谦虚的风度?

(6) 你的一位同学做错了事,你告诉了老师,这位同学因怀恨而再不搭理你,请和他交谈,恢复你们的友情。

(7) 有位秘书对经理说:"经理,今天有个人找您,是位女士,说有点事要商量。穿着一件漂亮的淡青色风衣,背着一个棕色的精致小包,30多岁,她说她在家等您,说你们事先说好的,可能您忘了。她姓张。"这段话有什么毛病,请指出来。

(8) 模仿好的讲话:在生活中找一位口语表达能力强的人,请他讲几段最精彩的话,录下来,供你进行模仿。你也可以把你喜欢的又适合你的播音员、演员的声音录下来,然后进行模仿。

4. 问答练习

(1) 中国总理朱镕基在2000年的记者招待会上,针对德国记者将腐败的问题与一党执政、多党轮流执政联系起来的说法,回答说:"我看不出这个反腐的问题跟一党执政、多党轮流执政有什么太大的关系,你那里不是多党轮流执政,不也是腐败吗?"请你分析一下这段话的语言力量。

(2) 在一家经营咖啡和牛奶的茶室,刚开始营业员总是问顾客:"先生,喝咖啡吗?"或者是:"先生,喝牛奶吗?"其回答往往是否定的。后来,营业员经过培训换一种问法,"先生,喝咖啡还是喝牛奶?"结果其销售额大增。无独有偶。两家卖粥的小店,产品、装修、服务没什么两样,但A店总是比B店多卖一倍的鸡蛋,原因在哪儿?B店客人进门,服务员会问一句:"要不要鸡蛋?"有一半要一半不要。而A店客人进门,听到的是:"要一个鸡蛋还是两个?"客人有的要一个,有的要两个,不要的很少。这样,A店的鸡蛋就总是卖得多一点。同样一句话,前后一对调或者做点不起眼的变化,就会出现不同的结局,其实质在于说话人掌握了对方思考的方向。请分析这其中的原因。

(3) 美国前总统卡特有一次举行记者招待会。一位记者提出刁难的问题:"如果你女儿与人发生桃色事件,总统先生,你有什么感觉?"这一问题突如其来,使卡特感到惊讶和棘手。如果拒绝回答,将有损他的公众形象,同时也会引起猜测,如果直接否认这种事情的发生,也未免过于自信和武断,同样是不利的。但是卡特总统到底是卡特总统,他镇定下来,略加思索,巧妙地说:"……"你知道卡特总统对这位记者说了什么吗?

(4) 一位传教士在做祷告时烟瘾犯了,问上司:"我祷告时可以吸烟吗?"结果上司狠狠瞪了他一眼。另一个传教士祷告时也犯了烟瘾,问上司,结果上司给予肯定的答复。请分析第二个传教士是怎么问的。

(5) 将全班学生分为三组,一组学生负责提出问题,一组负责回答问题,一组负责进行观察及评判;问题最好涉及一个主题,比如恋爱、学习、理想、网络等。可依照顺序进行轮转。

5. 赞美练习

（1）为什么说一味地赞美不足取？应怎样对公众进行赞美？

（2）设想你到一个新的环境，面对初次见面的同事，请找出同事的三个不同点加以赞美。

（3）分析下列实例中赞美的失误点。

① 小陈去拜见某教授。小陈一见面就说："久闻您老的大名，您老真是才高八斗、学富五车。"教授笑眯眯地反问："你说说看，我有哪八斗才，哪五车学？"小陈闹了个大红脸。

② 小刘在出席一位青年作家作品研讨会时，出于对作家妻子甘当"贤内助"的由衷佩服，不禁赞美说："你俩真像诸葛亮夫妻一样，男的才华横溢，女的相夫教子，天生的一对啊！"丈夫听后倒没什么，夫人却是一脸的尴尬。

③ 一天，小王在散步时碰到了李副局长的妻子和另一个女士带着孩子也在散步。小王连忙夸奖李副局长的小孩是如何聪明，又是逗他玩，又给他买玩具，对另一个孩子却不理睬。过了几天，小王才了解到，和李副局长的妻子一块儿散步的女士竟然是新来的郭局长的妻子。几天后，小王看到郭局长的妻子带着孩子单独散步，忙上前夸奖孩子是如何的可爱，不料，郭局长的妻子冷冷地对小王说："不用你费心夸奖他，他一点儿也不可爱。"说完，拉着小孩就走了，让小王碰了一鼻子灰。

6. 说服练习

（1）与你的同桌（2人一组），自拟情境进行说服训练。

（2）如果你的班级有一名同学考入大学后，完全放松自己，整天上网玩游戏、吃喝玩乐不学习，你作为他的好朋友，如何说服他抓紧时间好好学习呢？

7. 拒绝练习

（1）罗斯福任海军要职的时候一名记者问他关于在加勒比小岛上建立潜艇基地计划的问题。罗斯福本可以正面拒绝，因为这是军事秘密，然而正面拒绝就会使交际过程呆板而无趣，所以罗斯福没有正面拒绝。请你说一说罗斯福是怎么回答记者的。

（2）一位记者问罗斯福第四次连任总统的感受。罗斯福总统不便回答，他会如何拒答呢？

（3）吴经理与王经理是大学的同窗好友，有着十几年的友情，关系非常亲密，经常在一起打球，生意上也有合作。一天，王经理来到吴经理办公室，兴致勃勃地说要好好聊聊，正好吴经理已预约陪同台商汪先生去打保龄球，这使吴经理很为难。请演示吴经理拒绝王经理的情景。

（4）与你的同桌（2人一组），自拟情境进行拒绝训练。

（5）试比较分析以下三份不录用通知书。

① 此次本公司招聘职员，承蒙应征，非常感谢！经慎重审议，结果非常遗憾，决定无法录用，特此通知。

② 此次本公司招聘考试，你成绩不及格。特此通知。

③ 此次本公司招聘职员,您立即前往应征,非常感谢！您的考试成绩相当好,不过本次暂不予录用,觉得很可惜,他日可能还有机会。务请谅解。

（资料来源：金常德.学生社交口才实践教程[M].北京：北京大学出版社,2013;傅春丹.演讲与口才案例教程[M].北京：中国水利电力出版社,2011;屈海英.新编演讲与口才[M].杭州：浙江大学出版社,2011;卢海燕.演讲与口才实训[M].大连：大连理工大学出版社,2009.）

任务6

面试口才

推销自己是一种才华,是一种艺术。有了这种才华,你就能安身立命,使自己处于不败之地。你一旦学会了推销自己,你就可以推销任何值得拥有的东西。

——【美】戴尔·卡耐基

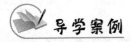 导学案例

面　试

一个青年人在一家小信息公司颇有成就,因此想进入一家位列世界500强的大公司工作。第一次面试时,面试官问他:"你认为自己最显著的成就是什么?为什么?"

他自信地说:"我从小到大的求学是非常艰难的,在工作中也遇到了很多困难,但我一一努力克服了。"出乎意料的是,他落选了。

经过一番反思,他发现了其中的问题:努力学习在今天是很普通的,而且回答里强调的只是一个过程而不是某一具体活动,没有突出独特性。

当他第二次面试时,他说:"我在信息科技公司工作的那段时间是我最骄傲的经历,当时我被聘用为营销部经理助理,帮助开发新型计算机并投放市场。在我上任两星期后,经理突然心脏病发作,管理层决定把这个项目拖延六个月。我认真思考了公司上层的这个决定,认为在飞速发展的市场中,拖延就代表失败。于是,我找到了主管我们这个部门的副总裁谈了自己的看法,并拟订了一个基本完善的计划。我承认,的确有一些新东西需要学习,但这些困难我可以克服。他勉强同意我为代理经理,这之后的六个月,我学到了很多东西并夜以继日地工作,最后我们的产品取得了成功。"

可想而知,最后,他如愿以偿地进入了那家大企业。

(资料来源:[美]内尔·依格·李·豪佛.世界500强选人标准[M].北京:高等教育出版社,2004.)

思考题：
1. 案例中的这位青年人两次面试的表现有何不同？
2. 他第二次为什么能如愿以偿地被那家大企业录用？
3. 在求职面试中如何更好地与面试官沟通？

学前问题

- 面试应做哪些准备？
- 面试口才的原则有哪些？
- 面试中应如何自我介绍？
- 针对面试考官提出的问题，应如何作答？

6.1 知识储备

6.1.1 面试的准备

无论是刚从学校毕业的新人，还是等待谋求新职的人，都必须面临求职面试这一关。每一个求职的人，都希望在面试时留给主考官一个好印象，从而增大录取的可能性。所以，事先了解面试时的一些必要的技巧和礼节，是非常重要的。可以说，这是求职者迈向成功的第一步。

1. 心理准备

中国有句古话："知己知彼，百战不殆。"面试就如同一场试探性的战斗，战斗的双方就是面试单位的主考官和参加面试的你。面试时要先做好如下心理准备。

（1）研究主考官。应聘者"研究主考官"，这里所说的"研究"是要试想一下主考官会从哪些方面来考察、评价面试者。综合起来，有以下几个方面：主考官可能会先评价一个应聘者的衣着、外表、仪态和行为举止；主考官会对应聘者的专业知识、口才、谈话技巧做整体的考核；主考官可能会从面谈中了解应聘者的性格和人际关系，并从谈话过程中了解应聘者的情绪状况以及人格成熟的程度；主考官会在面试时，观察应聘者对工作的热情程度和责任心，了解应聘者的人生理想、抱负和上进心。

（2）研究自己。包括以下几个方面：认识自己，了解自己的长处、兴趣、人生目标、就业倾向等。许多学校都会为毕业生就业求职开设一些辅导课，帮助毕业生分析个人的专业和志向，作为毕业生的你，可以充分利用这个渠道，为求职预先做好准备。听取家人和有社会经验的亲友的意见和建议，修正个人的志愿，也是很有必要的；搜集招聘公司的相关资料，了解该公司目前的经营状况、企业文化、未来的发展等情况，这项工作可以使你更能把握现有情况，增强面试时的信心；事前的演练可以帮你发现问题，放松紧张的情绪；参加面试一定要抱着谨慎的态度,不浪费每一次机会,并把每一次面试当作宝贵的经验积累起来,千万不要有随便或侥幸的心理。人与人的作用是相互的,你若是郑重其事,对方自然会重视你;了解并演练一下必要的面试礼仪。在平时,你可能是一个非常自由、无拘无束的人,对任何繁文缛节都不屑一顾,但在面试之前,你多少要了解一些面试的礼仪,它对你争取那个职位会有很大帮助。在面试之前演练一下你并不熟悉的礼仪,会让你在面试中表现得轻松自如;准备一套适合面试的服装。对于一个大学毕业生来说,毕业工作意味着社会角色的转变,求职是参加工作的第一步,你的穿着一定要符合你新的社会角色。对男士来讲,拥有一套合身、穿着舒服但不必很昂贵的西装是非常有必要的。对女士来讲,暂时把时装收起来,身着职业套装会平添几分成熟和风韵。

2. 撰写简历

简历主要是针对应聘的工作,将相关经验、业绩、能力、性格等简要地列举出来,以达到推荐自己的目的。由于毕业生就业推荐表栏目和篇幅的限制,多数毕业生更希望有一份个性突出、设计精美、能给用人单位留下深刻印象的简历。

(1)简历的设计原则。真实、简明、无错是简历设计的三个原则。真实原则就是指简历从内容上讲必须真实,比如,选了什么课,就写什么课;如果没有选,就不要写。兼职工作更是如此,做了什么,就写什么。不要做了一,却写了三或四。因为在面试时,你的简历就是面试官的靶子,他会就简历上的任何问题提出疑问。如果你学了或做了,你就能答上来,否则你和考官都会很尴尬,你在其眼里的信誉也就没有了,这是很不利的。讲真话,不要言过其实,相信自己的判断力是十分重要的。

如果你没有参加任何兼职工作,你可以不写,因为主考官知道你是刚刚毕业的学生,而学生的本职工作就是学习。或许你就是重点地学了本专业,没有顾上其他;或许你在学习本专业的同时选择了第二专业或辅修专业;或许你虽然没有在校外兼职,但在校内系里或班里做了大量社会工作。总之,你会有自己的选择,也会珍惜自己的选择,并为自己的选择骄傲。这样你就没有必要为无兼职工作的经历而苦恼或凭空捏造。请记住,主考官都是从学生过来的,他们会尊重你的选择。

简历最好简单明了。这是简明原则的又一重要原则。如果简历内容过多,又缺乏层次感,会给人以琐碎的感觉。必要信息如姓名、性别、出生年月、联系电话和地址等一定要写上。相比之下,体重、血型、父母甚至兄弟姐妹做什么工作并不是非常重要的,这些内容纯属辅助信息,可要可不要,至少不应占据重要位置。可以将自己认为重要的信息全部浓缩到第一页上,然后把认为次要的信息,诸如每学期成绩单,获奖证书复印件等信息都当作附件。这样的简历主考官只看一页就清楚了,主次分明,非常有效,主考官如果感兴趣,可以继续看附件里的文件。

无错原则是指简历应该没有错误,尽可能在寄出简历之前,一个字一个字地检查一遍,标点符号也不能落下。否则会被认为是一个粗心的人,在激烈的竞争中就可能被淘汰。

(2)简历的内容。简历并没有固定格式,对于社会经历较少的大学毕业生,一般包括个人基本资料、学历、社会工作及课外活动、兴趣爱好等,其内容大体包括以下几方面。

① 个人基本材料。主要是指姓名、性别、出生年月、家庭住址、政治面貌、身高、视力等,一般写在简历的最前面。

② 学历。用人单位主要通过学历情况了解应聘者的智力及专业能力水平,一般应写在前面。习惯上书写学历的顺序是按时间的先后,但实际上用人单位更重视现在的学历,最好从现在开始往回写,写到中学即可。学习成绩优秀,获得奖学金或其他荣誉称号是学习生活中的闪光点,可一一列出,以加重分量。

③ 生产实习、科研成果和毕业论文及发表的文章。这些材料能够反映你的工作经验,展示你的专业能力和学术水平,将是简历中一个有力的参考内容。

④ 社会工作。近几年来,越来越多的用人单位渴望招聘到具有一定应变能力、能够从事各种不同性质工作的大学毕业生。学生干部和具备一定实际工作能力、管理能力的毕业生颇受青睐。社会工作对于仍在求学的毕业生来说,主要包括社会实践活动和课外活动,是应聘时相当重要的。

⑤ 勤工助学经历。即使勤工助学的经历与应聘职业无直接关系,但是勤工助学能够显示你的意志,并给人留下能吃苦、勤奋、负责、积极的好印象。

⑥ 特长、兴趣爱好与性格。是指你拥有的技能,特别是指中文写作、外语及计算机能力。兴趣爱好与性格特点能够展示你的品德、修养、社交能力及团队精神,它与工作性质关系密切,所以用词要贴切。

⑦ 联系方式。联系地址、电话、邮政编码千万不要忘记写,以免用人单位因联系不到你而失去择业机会。

在按要求完成简历的基础上,也别忘了给自己的简历设计一个精致的封面。

6.1.2 面试口才的原则与技巧

1. 面试口才的原则

(1) 尊重对方。求职面谈时,首先,要尊重对方,不能因为招聘者的学历、职称、年龄或资历不如你优越,你就轻视对方。尊重对方、赏识对方,可以使招聘者增加对你的好感;其次,要善解人意,无论对方提出什么问题,你都应该从积极的角度去理解,而不是一味地产生对立情绪,认为是故意刁难你。如某科学院一名博士生毕业时向北京一所高校发出了求职信,并接到了面试通知书。这位博士生读博士前就已被评为讲师,只是家属工作单位在外地。面谈前,高校的人事干部做了大量的工作,疏通了各种渠道,初步办好了接收工作。可是见面交谈时,这位博士发现坐在自己面前的是一位不足30岁的年轻小伙子,于是他不仅流露出不尊重对方的神情,而且还刨根问底地询问对方,处处显示出优于对方、待价而沽的情绪,引起了对方的反感,结果毁了一桩好事。这位博士抱着"此处不养爷,自有留爷处"的自信转了十几个单位,可是,不是因为名额已满,就是因为不能解决夫妻两地分居的问题而告吹。当他再次找到这所高校时,对方已录用了另外一名硕士毕业生,他只好收拾行李回到老家。其实那位和他面谈的年轻人正是录用他的关键人物。虽然看上去年轻,却已是留美博士生,并且是某个国家重点项目的负责人。人事部门有意安排他来负责招聘,主要是从将来开展博士后研究的角度着想的。事后,这位年轻人说:"这位求职者不仅仅是外语水平不符合要求,关键是妄自尊大,目空一切,好像不是他在求职,反倒是我在求职,这种人即使在国外也很难找到合适的工作。而我们现在录用的这个研究生,家也在外地,不但专业水平和外语水平较高,关键是人很谦虚,很有发展前途。"

(2) 充满自信。求职时既要自知,更要自信。求职过程中的自信表现,就是在自大与自卑之间选择合适的一个度,既不过分张扬,也不过分卑下,是指围绕着求职、面试的主题,进行自我介绍并回答面试考官的问题,也是指在适当的时候,可借题发挥,进一步展示自己本身的能力与才华。如果在自信的基础上,加以训练,就一定能够使求职者在真正的面试舞台上,超水平发挥。

(3) 双向交流。富兰克林在其自传中讲道:"说话和事业的发展有很大的关系,你出言不慎,将不可能获得别人的同情、别人的合作、别人的帮助。"在求职过程中,正确使用语言进行表达,无论是描述自己的情况、成绩或意向,还是回答面试考官的问题,都是非常重要的。同样,通过求职交流,也会使求职者获得招聘公司的相关信息,只会答、不会问的求职者正在慢慢被淘汰,因为无法发问、无法进行双向的交流就意味着一名求职者失去了自我思考的能力,而无法达到面试考官的要求。

2. 面试的语言技巧

(1) 仔细聆听。在面试过程中,要仔细聆听。为了表示你在耐心倾听,要伴随适当的肢体动作(如微微点头)或简单的附和语(如"噢、嗯")。回答问题前必须确认已经听清、听准对方的提问,如果对讲话重点不是十分有把握的话,建议用复述性提问加以确认,比如,"您的意思是不是说……""如果我没猜错的话,您是想问我……"

(2) 谦虚诚恳。在面谈中,应聘者如果能谦虚诚恳,则可立于不败之地,从而成功地叩响就业之门。因此,在求职过程中,求职者的真实与诚恳是成功应聘的首要条件,在真实诚恳的基础上,还要力求使自己的就业意向与应聘行业的职业要求相一致,在面谈中尽量回避对自己不利的话题。如某设计院是国家甲级设计院,任务多,待遇高,不少应聘者竞相涉足,企求获得一职之位。其中,一名毕业于该市三流大学的毕业生前来应聘。他先自报所学的是机械制造专业,然后非常认真地询问对方有什么样的要求。设计院的一位老工程师告诉他主要是绘图工作。这位青年马上说:"这是我最拿手的,我课余就帮人家绘图,三天一份,您可以当场测试。"老工程师露出了笑容。因为绘图虽然容易但也并非易事,这种工作单调、枯燥、乏味,年轻人如果肯干,看来不是个眼高手低者。老工程师又问:"你搞过设计吗?""搞过四个设计,都获得了优秀,还有一个被实习工厂看中了。"他拿出了证书和获奖图纸。

老工程师饶有兴趣地边看边聊:"搞设计要下现场,有时'连轴转',你行吗?"小伙子拍着厚实的胸脯说:"没问题,让干什么就干什么,只是希望有机会再读个本科。"

"没问题!"这回是老工程师拍着胸脯了。

这位非名牌大学的毕业生之所以能顺利进入名牌设计院,关键在于他语言朴实但又不过分谦虚,表现出诚实稳重的品质。他当然知道自己应聘行业的职业要求是要擅长绘图、能吃苦耐劳,于是就对自己在绘图方面的经验、成果,以及身体强壮、不怕辛苦等优势加以强调,至于自己是来自三流院校、甚至专业并不对口的事实就避而不谈了。

(3) 毛遂自荐。在求职过程中,如何在众多的竞争对手中脱颖而出很重要,哪怕只是引起招聘者的注意。当我们在运用求职语言艺术时,"单刀直入、毛遂自荐"也不失为一种方式。我们可以开门见山,对招聘者直截了当地表明自己的选择意向。如果对方针对你的能力或学历提出任何异议的时候,别担心,这恰恰是给了你一个说明和展示的机会。

在某市的大学生供需见面会上,市公安局某研究所的招聘桌前,围满了前来求职的大学生,大部分是男性公民。一位年轻的女学生硬是挤到招聘桌前,向招聘人员表明自己渴望从事刑事检验分析研究的工作。

招聘人员面露难色,因为这个研究所从来没有女工作人员,有的只是清一色的男性公民。可是,面对姑娘恳求的目光,招聘人员决定破例给这位姑娘一个机会。他说:"工作人员需要下案件现场,遇到的尽是血淋淋的场面,姑娘家哪敢去呢?!"

"我就敢去!"这个姑娘快言直陈,毫不含糊。"让我抬死人,我也不怕。"

"你可别说大话,干这行没黑夜没白天,得随叫随到。"

"嘿,我假期打工就是给人家开车,跑起路来没点胆儿行吗?"说着她掏出了驾驶证。人事干部与研究所的干部当场拍板,并与之签订了聘用合同。

这个例子中的女大学生就是借用对方的"发难",适时地用行动和语言展示了自己的优点和长处,反败为胜!

(4) 巧用反问。在面试过程中,有些招聘者会针对你的薄弱环节进行发问,其目的有两点:一是确实发现你有不足之处,想得到你的解释;二是想看看你的应变能力和回答技巧。这时,应聘者一定要沉着冷静,迎难而上,用反问的形式巧妙地回答问题。

例如,已婚的刘女士到一家中外合资企业面试,公司经理对她很满意,只是担心她已婚且孩子还小会影响工作,下面节选了这次成功面谈的片段。

总经理:"刘女士,你的各方面素质都不错,只是……你孩子还小,这一点公司方面还得考虑一下。"(总经理实际上在这里已经准备淘汰她了。)

刘女士:"我认为总经理的意见有一定的道理。如果我是总经理,可能也会这么想。"(总经理听到这里,有点意外,微微点头。)"公司的任务重,工作忙,谁也不愿意职工拖儿带女、东牵西挂地来上班。"(总经理听到这里哈哈大笑。)

"但是,"刘女士话锋一转,"我想,事情还有另外一面,虽然我的想法不一定对,不过,还是想说出来请总经理指正。因为从公司来说,最重要的是要求职工有责任心。但是不当家不知柴米贵,不养儿不知父母恩,在生活中都没有经过责任心训练的人,在工作中能有很强的责任心吗?我想,这就是一个母亲与一个未婚女子的最大区别,她们对生活、工作和责任心的理解是不会相同的。"(总经理听到这里开始沉思了。)

"况且,"刘女士趁热打铁,"我家里还有老人退休照料家务,我绝不会因家庭琐事而影响工作的,这一点总经理还有什么不放心的?"

总经理最终拍板录用了刘女士。

当然,要想达到预期的求职目的,光有迎难而上的勇气是不够的,还要善于"打太极拳"。当对方猛然向你发来一个快球,大有一击点中要害之势,不要回避,顺势接下,如同上述例子中的主人公,先肯定招聘者的判断,承认自己的"软肋",进而将球轻柔而有力地推回对方——不卑不亢地分析现状,表明自己的特长和优势,以消除对方的顾虑,最后用反问的形式促使招聘者做出回答。

(5) 少用"我"字。由于面试的过程是一个对"我"进行考察的过程,因此,无论是在自我介绍还是在面试谈话过程中,求职者的语言和意识往往会以"我"为中心。例如,"我"的学历、"我"的理想、"我"的才华,以及"我"的要求……殊不知,这样做对方会认为你"以自我为中心""自我标榜""自以为是""自我推销"……尽管事实并非如此。例如,袁女士,35岁,应聘某公司的机械检验员,招聘者问她:"这个工作经常要出差,到湖南、湖北、四川等地,条件会比较艰苦,你行吗?"袁女士答道:"我是不是看上去比较娇气了一点?我从前在矿山做机械工的时候,可是常在管道里面爬上爬下的,而且我还在装配车间做过检查工作,我想工作再苦都没问题。别看我是女的,我在装配车间干过一年,在铆焊车间干过半年,我在试验场还做过现场施工。当时我在甘肃,现在想起来我真的不想回去,因为机械管道里的味儿很难闻,100米长的管道,我就在里面爬上爬下……"

要不是被招聘者及时打断,袁女士还不知要说出多少个"我"字来。在这个案例中,袁女士的回答本来就不够简洁,再加上"我"字不离口,有强迫性的自我推销之嫌,使得招聘者顿生反感,面试结果可想而知。

(6) 灵活应变。最后一条原则,就是"没规则",不要有那么多的条条框框,记住,在任何情况下,招聘单位都会垂青那些有较强角色意识和应变能力的人。而这种能力多半是书上没有的,要在实践中不断地锻炼,这就是为何有些招聘单位很看重工作经验的原因。

国外一家旅馆老板测试三名应聘侍者的男子。

问:"假如你无意中推开房门,看见女房客正在淋浴,而她也看见你了,这时你该怎么办?"

甲答:"说声'对不起',然后关门退出。"

乙答:"说声'对不起,小姐',然后关门退出。"

丙答:"说声'对不起,先生',然后关门退出。"

结果,丙被录用了,为什么呢?

因为他的这种故意误会的说法,维护了女房客的尊严,他用非常得体的语言表现出一名侍者应该具备的职业素质。

6.1.3 面试中的自我介绍

求职者自我介绍的根本目的,是让面试考官对自己有个初步的、大概的了解,并且尽可能留下好的印象以便使面试能够深入进行下去,最终赢得面试的成功。求职面试的自我介绍必须讲究技巧,成功的自我介绍往往会给面试考官留下深刻的印象,求职就成功了一半。在人的思想意识中,往往存在这样的误区,认为最了解自己的人一定是自己,把介绍自己当成是一件很容易的事。其实不然,说人易,说己难。在求职面试中,介绍自己是最难的部分,要成功地进行自我介绍,要从以下4个方面着手。

1. 礼貌的问候

在进行自我介绍之前，求职者首先要跟面试主考官打个招呼，道声谢，这是最起码的礼貌。比如，"经理，您好，谢谢您给我这个机会，现在，我向您做个简单的自我介绍……"介绍完毕以后，要注意向面试主考官致谢，并且还要向在场的其他面试人员致谢。

2. 主题要鲜明

求职面试中的自我介绍一般包括这些基本要素：姓名、年龄、籍贯、学历、学业情况、性格、特长、爱好、工作能力和工作经验等。因此，不必面面俱到，而是一定要做到主题鲜明、直截了当、切入正题、不要拖泥带水，对于材料的组织要合理，做到详略得当、重点突出。一般来说应按招聘方的要求来组织介绍材料，围绕中心说话。假如招聘单位对应聘人的工作能力和工作经验很重视，那么，求职者就得从自己的工作能力及经验出发做详细的叙述，而且整个介绍都要以这个重点为中心。

下面是某家工艺品总公司招聘业务员的一则对话。

面试考官：我公司主要是经营有地方特色或民族特色的工艺品，如北京的景泰蓝、景德镇的陶瓷和湖州的抽纱等。这次招聘的对象主要是能开拓海内外业务的湖州抽纱的业务员。现在，请你介绍一下自己的情况。

求职者：我叫李伟，今年24岁，是湖州市人。今年毕业于湖州市商业学校，读市场营销专业。我一直生活在湖州，小时候就经常帮妈妈和奶奶做抽纱活，对于传统的抽纱工艺可以说是比较了解的。在商校学习的两年中，我掌握了营销方面的专业知识，这是我将来搞好业务的资本。我的口才较好，曾参加省属中专学校的求职口才竞赛，得了二等奖，并且还具备一定的英语口语能力。我这个人的特点是头脑灵活、反应快，平时喜欢看报纸，对国内外的经济发展动态很感兴趣，喜欢从事具有挑战性的工作。

应聘的求职者一般应从最高学历讲起，只要面试考官不问，完全没有必要谈及小学、中学甚至是大学。谈所学的专业、课程，不必要说明成绩。谈求职的经历，不要漫无边际，东拉西扯，最好在1~3分钟之内，完成自我介绍，简洁、明快、干脆、有力。

3. 让事实说话

在面试时，有的人为了能给面试考官留下深刻的印象，往往喜欢对自己进行过多的夸奖，动辄就"我的业务水平是很高的""我的成绩是全年级最好的"，其实，这样反倒会给面试考官留下不好的印象。现在的用人单位往往更注重应聘者的真本事。"事实胜于雄辩"，虽然面试的时间很有限，不可能完全展示求职者的才能，但是，求职者可以通过实际的事例来证明你的能力，把你的才华展示给面试考官。

某大学中文系学生小刘，毕业后到报社应聘记者，面对着上百个新闻专业出身的应聘者，可以说小刘并没有什么优势。但小刘对此早有准备，她对面试考官介绍自己时是这样说的："我叫刘晓明，山西人，毕业于××大学中文系。虽然我不是新闻专业的，但我对记者这个行业却十分感兴趣。在大学期间我是学校校报的记者。4年间，进行了许多次较为重大的校内外采访,积累了一定的采访经验,再加上我的中文功底,我相信我可以胜任贵报的工作。这是我在大学期间发表过的报道稿,请各位编辑领导批评指正。"

面试考官们看过小刘的报道材料后,觉得眼光独到、语言深刻,都很满意。结果小刘击败了众多的竞争者,不久就收到了录用通知。

4. 给自己留条退路

面试中的自我介绍既要坦诚,又要有所保留;既要介绍自己的能力,也不要把自己搞成事事皆能,使自己进退维谷。在自我介绍中,求职者要尽可能客观地显示自己的实力,但同时应尽可能地避免使用保证式或绝对式的语言,如"我非常熟悉这项业务""我保证让部门改变面貌!"这些话往往没有具体内容,反倒会引起面试考官的反感,如果遇到较为平和、内敛的面试考官,也许不会为难你。但是如果遇到个性较强的面试考官进行追问时,求职者会因无法回答而张口结舌、尴尬万分。

小赵去面试一家国际旅行社的导游。他自我介绍说:"我这个人喜欢旅游,熟悉各处的名胜古迹,全国的风景名胜几乎都去过。"面试考官很感兴趣,就问:"那你去过云南大理吗?"因为面试考官就是大理人,对自己的家乡再熟悉不过了。可惜小赵根本就没去过大理,心想若说没去过这么有名的地方,刚才的话,不就成了吹牛了吗?于是硬着头皮说:"去过。"面试考官又问:"你住的哪家宾馆?"小赵再也回答不上来,只好说:"那时我是住在一个朋友家的。"面试考官又问:"你的这位朋友家在大理的什么地方啊?"小赵这下没词儿了,东拉西扯答非所问,结果自然是可想而知的。

以下是成功的自我介绍范例,供参考。

各位老师:

早上好!

我叫×××,是×××大学新闻专业的应届毕业生,今天来应聘记者。

我十分喜爱记者这个职业。在我眼中,记者肩负着神圣的使命,它是联系普通百姓和各级政府的桥梁纽带;是宣传真理、引导舆论、激励群众的喉舌;是把五光十色的世界展现在世人面前的信使。所以,我怀着强烈的社会责任感希望当一名记者,参与社会舆论工作。

我认为自己胜任记者一职的理由有以下四点:

第一,我有较强的口语表达能力,曾在大学和中学的校级演讲比赛中两次荣获一等奖。

第二,我有很强的写作能力,在读书期间就曾三次在省级作文比赛中获奖;上大学后经常给一些报刊投稿,已有两篇稿件被省级报纸采用。

第三,我有做记者的实际工作经验,曾在我校学生会主办的《菁菁校园》报当了两年的记者。

第四,我性格外向,交际能力强,在与人交往中能够运用公共关系技巧,并持有中级公关员职业资格证书。

谢谢各位老师!

(资料来源:周俊.如何做好面试中的自我介绍.现代交际,2014(1).)

6.1.4　面试中的问与答

在求职面试的过程中,如何与面试考官进行良性双向沟通,是求职者能否求职成功的重要保证。因此,在面试过程中,要注意以答为基础、以问为辅助的沟通技巧。尽管不同的公司面试的程序和模式有所不同,面试考官的风格各异,但是有些问题是面试考官们比较喜欢问的。应聘者一定要对这些问题有所准备,知己知彼才能百战不殆。那么面试考官究竟喜欢问哪些问题,又有哪些回答问题的技巧呢?我们可以从以下实际的案例分析中得到。

一般来说,招聘方提出的问题可分为两类:一类是规定性提问,也就是招聘方事先准备好的,对每一位招聘者都要发问的问题;另一类是自由性提问,亦即招聘方随意穿插的问题,这些问题往往是千变万化,涵盖宽泛,招聘方可以从应聘者不经意的对答中发现其闪光点或缺点。无论是哪类问题,应聘者在回答时都应当掌握以下基本技巧:①不要遗漏表现自己才能的重要资料;②保持高度敏锐和技巧灵活的思维状态;③回答既要表现出自己的个性气质,又要表现出对招聘方的尊重与服从;④认真倾听对方的提问,并注意对方的反应,以便及时调整自己不恰当的回答;⑤避免提到"倒霉""晦气""不幸""疾病"之类可能招致对方忌讳的字眼。以下是各类常见面试问题的回答技巧[①]。

1. 机动类问题的回答技巧

(1) 出题原因。这通常是面试官最先问到的问题。求职动机类问题能够考察面试者的求职动机与拟任职位的匹配性,内容会涉及面试者的价值取向和生活态度等多个方面,意在从面试者的回答来评估新工作是否合适。

(2) 常见问法。"你为什么选择我们公司?"或"你为何想离开原工作单位,到我们公司来呢?"

(3) 答题思路。建议从行业、企业和岗位3个角度来回答。对于社会新人,由于之前没有工作经验,所以建议可以坦诚地说出自己的动机,不过还是要思考一下用语。求职者必须充分地了解这个部门、这家企业是干什么的,提供的职位应达到的工作目标是什么,这样才能有针对性地回答求职动机和志愿,即把个人的人生追求与用人单位及职务联系起来。多谈积极性的求职动机,比如"我喜欢有挑战性的工作","可以更好地锻炼自己,实现人生进取的目标","我本人不喜欢轻闲的工作,越是带创意的事业我越爱干","我十分看好贵公司所在的行业,我认为贵公司十分重视人才,而且这项工作很适合我,相信自己一定能做好。"之类。少谈、不谈消极性的求职动机,比如"我来求职是因为在家里待着没意思。","失业了,没个事干,让人家瞧不起。"等。

2. 个人爱好、特长类问题的回答技巧

(1) 出题原因。业余爱好和特长在一定程度上能反映面试者的性格、观念、心态,这

---

① 王晶.口才训练实用教程[M].北京:清华大学出版社,2014.

是招聘单位问该问题的主要原因。

(2) 常见问法。"你有什么业余爱好?"或"你有什么特长吗?"

(3) 答题思路。不要说自己没有业余爱好或特长,不要说自己有庸俗的、令人感觉不好的爱好和特长,也不要说自己仅限于读书、听音乐、上网等爱好,否则可能令面试官怀疑面试者性格孤僻;最好能有一些户外的业余爱好,如爬山、游泳等来"点缀"你的形象。要尽量突出自己的长处,但也要注意适可而止,不要给对方以浮夸、吹嘘的印象。答问的重心仍要放在对申报的新职位有利的特点、长处上,否则考官不会对你感兴趣,最好以事实为证。

3. 实践经验性问题的回答技巧

(1) 出题原因。如果招聘单位对应届毕业生提出这个问题,说明招聘单位并不真正在乎"经验",关键看面试者怎样回答。

(2) 常见问法。"你是应届毕业生,缺乏经验,如何能胜任这项工作?"或"请谈谈你的工作经验。"

(3) 答题思路。对这类问题的回答要体现出面试者的诚恳、机智、果敢。要注意关于工作经验的问题是不能编造的,必须如实汇报,否则会给对方以不诚实的印象。语气既要肯定又要谦虚。应尽量渲染以前的经验如何对这份工作有利。如:"作为应届毕业生,在工作经验方面的确会有所欠缺,因此在读书期间我一直利用各种机会在这个行业里做兼职。我也发现,实际工作远比书本知识丰富、复杂。但我有较强的责任心、适应能力和学习能力,而且比较勤奋,所以在兼职中均能圆满完成各项工作,从中获取的经验也令我受益匪浅。请贵公司放心,学校所学及兼职的工作经验使我一定能胜任这个职位。"

4. 知识性问题的回答技巧

(1) 出题原因。知识性问题能考察面试者对所要从事的工作必须具备的一般性和专业性知识的了解和掌握程度。

(2) 常见问法。知识性问题包括常识性的知识和专业性的知识。常识性的知识是指从事该工作的人都应具有的一些常识。例如,文秘人员应了解一些必要的秘书实务,人事工作者应了解必要的劳动人事制度和法规。专业知识指专业领域的相关知识,例如对网络维护人员的面试来说,就可能会提出下列专业问题:什么是计算机病毒?如何更好地预防计算机病毒入侵?

(3) 答题思路。对于此类问题的回答并没有什么窍门,只有靠面试者自己平时的积累和扎实的基础。

5. 智力性问题的回答技巧

(1) 出题原因。智力性问题能够考察面试者的反应能力、逻辑分析能力、判断能力等。

(2) 常见问法。选择一些智力题,考察面试者的综合分析能力。在微软的面试中,有这样一道面试题:假如你在飞机上遇到一位高尔夫球的生产商,向你询问中国每年消耗的高尔夫球的数量,你怎样回答?

(3) 答题思路。这类问题一般不是要面试者发表专业性的观点,也不是对观点本身正确与否做评价,而主要是看面试者是否能够言之有理。怎样回答,对于在现实生活中见都没见过高尔夫球的人来说无疑是一头雾水。其实对于这种不可能回答的问题,只要找到它的解决办法就可以了。因为连面试官自己也不知道问题的答案。面试者可以这样回答:"首先,统计中国高尔夫球场的数目。然后,统计平均每天有多少位客人。再次,统计每位客人平均每天消耗的高尔夫球的数量。最后,我们把3个数相乘,再乘以一年的营业天数,就可以知道中国每年消耗的高尔夫球的数量。"

6. 情境性问题的回答技巧

(1) 出题原因。此类试题能够考察应试者的应变、计划、协调能力和情绪稳定性,是目前面试中广泛使用的一种提问方式。

(2) 常见问题。设计一种假设性的情境,考察面试者将会怎么做,此类试题的基本假设是,一个人说他会做什么,与他在类似的情境中会做什么是有联系的。如:"当你的客户很明显在刁难你的时候,你如何应付?"

(3) 答题思路。对于此类试题,面试者首先要理解自己的角色,把自己放到情境中去,然后提出比较全面的行为对策。如:"首先要以公司的利益为重,尽可能让客户明白,公司的宗旨是全心全意地服务于客户。很多时候我相信客户对于我的刁难也是出于对我公司办事能力的一种考验,我一定会竭尽全力使客户相信公司","相信我,不过,如果客户提出一些很过分甚至违背人性的要求,我不会妥协,我相信公司也一定不会让员工在外受到人格上的侮辱。"

7. 压力性问题的回答技巧

(1) 出题原因。这种问题通常是故意给面试者施加一定压力,看看其在压力下的反应,以此考察面试者的应变能力和忍耐性。

(2) 常见问题。有时候考官可能提出真真假假的"题外题"。如:某电视台招聘记者,小郑前去应聘。面试中,考官指出:"你说你爱好写作,可是我看了你填的报考表,在'自我评价'栏中居然出现了3处语法错误,现在既没有多余的表格,也不准涂改,你该怎么办?"

(3) 答题思路。对于此类问题,面试者不要简单地就题答题,要多一个心眼,想得全面一些,让答案更完整圆满,首尾相顾,不致顾此失彼,留下缝隙,授人以柄。比如对于上面提出的问题,小郑听罢吃了一惊,心想填表时自己是字斟句酌的,怎么会有3处错误呢?但时间不允许他多想,他当机立断,回答说:"为了弥补失误,我可以在表后附一张更正说明,上面写上'某某地方出现了3处语法错误实属填表人粗心,特此更正,并向各位致歉。'不过……"他停顿了一下说:"在发这份更正说明之前,我想知道是哪些错误,因为不能无的放矢,错误地发出一份更正说明,我不愿再犯这种错误。"他的机智应对令考官们笑了,其实他的报表并没有错误,这不过是考官设的一个圈套,用以考察他的自信心和反应能力。从表达角度看,他的得分主要在于后半部分的补充说明。这一段内容的表达十分完满,滴水不漏,印证了他机敏全面、认真仔细、一丝不苟的品格,赢得了好评。

8. 薪酬类问题的回答技巧

(1) 出题原因。薪酬问题是敏感问题。考官在初步有意向选择某位面试者时才会提出薪资问题,同时提问的另一个目的,是观察面试者对工资的态度。如果对工资持无所谓的态度,那就试着给你一份低工资,看你能否接受。有的小公司往往在薪酬问题上讨价还价,能少给就不多给,目的是减少行政开支和减低经营成本。

(2) 常见问题。"你希望挣多少钱?"或"如果你被聘用,你有哪些要求?例如,工资、待遇?"

(3) 答题思路。至关紧要的是事先了解这份工作大约应该得到多少薪酬,这个行业的一般薪酬是多少,心里有一个"参照点"。建议面试者利用网络查询薪资定位的相关资料,结合个人的价值观、经验、能力等条件,得出最基本的薪资底线,建议无工作经验者采取保守的态度,以客观资料为主要考虑重点,如果说得低了,会失去一个本来可以得到较高薪酬的机会,还会让用人单位以为你没有什么真本事;如果说得过高,人家会认为你这个人是"狮子大张口","价码"太高,我们"买不起",或者认为你不是来工作的,只为挣大钱,进而把你淘汰掉。如果真的不知道要多少薪酬,也不能说:"您看着给就是了",这不是要求对方给赏钱。面试者可以技巧性地回答:"我要回去打听一下,薪酬问题好商量",或者"我不好一下子说定,贵公司真有意聘我,我再跟各位讲"。在回答工资问题时,别忘了对方的奖金是多少,有没有住房津贴,有没有医疗保险、交通补贴,一年有多少特别假期,有没有年终分红等。这就是一个人的"整体价""总收入"。因为有的单位的确是工资不高但福利特别好,所以要看"整体价"。

6.2 能力训练

6.2.1 案例思考

1. 求职者与面试官的一段对话

面试官:你带简历了吗?
求职者(男生):之前我在网上投过了,不用再带了吧?
面试官:你能做什么呢?
求职者:我喜欢的我都能做好,我不喜欢的我就不会去做。
面试官:你以前做过什么工作吗?
求职者:什么都没做过,我是个应届毕业生,我是来找工作的。
面试官:那你凭什么觉得你能把工作做好呢?
求职者:我觉得只要有信心就能把工作做好。
面试官:你的信心来自哪里?
求职者:来自我的能力,来自我的信念。

面试官：你的人生目标是什么？

求职者：做第二个马云。

面试官：你为什么觉得你能像马云那样成功呢？

求职者：因为他长得那么别致都可以成功，我觉得我更有能力超过他。

面试官：这跟他的长相无关吧？

求职者：开个玩笑啦！我觉得每个人做事都是靠信心完成的！马云能有这样的志向，我也有志向达到我的人生目标。

面试官：你对工资待遇有什么要求？

求职者：试用期你们可以随便给，如果正式录用我要求每月4000元以上。

面试官：我们公司的薪酬达不到这个要求，你为什么要求这么高呢？

求职者：因为到时候你们会看到我的能力，你们会觉得物超所值。

面试官：你对工作还有什么要求？

求职者：我要求自由的上班时间，每天只要我完成了公司布置的任务就可以下班了；我还要求用QQ与外界联系，方便我调用各方资源；我还希望不要让我与外面的客户面对面打交道，因为我不喜欢。

面试官：你之前去其他公司应聘也是这样吗？

求职者：是的，我这个人就是这样的。

思考题：

（1）看完这个案例，你的第一感觉怎么样？

（2）案例中这位男生应答的语言有什么特点？体现了这位男生什么样的性格？

（3）如果你是面试官，你对这位男生有何评价？你会给他工作的机会吗？为什么？

（资料来源：屈海英.新编演讲与口才[M].杭州：浙江大学出版社，2011.）

2. 成功的面试

江丽萍待人彬彬有礼，很讲究面试礼仪，如愿以偿，成功地当上了某销售部经理秘书，请看江丽萍参加面试的全过程：

上午10时20分，江丽萍迈着轻盈的步子准时走进了销售部经理张吉的办公室。此时的江小姐身着银灰色西装套裙，内衬红白碎花衬衣，显得格外端庄、典雅、职业化。这一天，江小姐是前来面试的。在此之前她已经递交了个人简历和推荐信，并填写了求职申请书，她拟求的职位是销售部经理秘书。

张先生（点头微笑并示意江小姐坐下）："江丽萍小姐，你好！"

江小姐（微笑回应）："您好！张先生。"（然后缓缓地坐下，并把手提包轻轻放在椅子边。）

张（以下简称张）："江小姐，我们这儿不难找吧！"

江（以下简称江）："没问题。您知道我对这儿很熟。"

张："不错，（翻着江小姐的《求职申请书》）我们这有你的《求职申请书》。看来，你的各方面条件都不错，尤其是外语。你在审计局能用上你的英语和……（看江的《求职申请书》)日语吗？"

江："用得很少,这也就是我为什么要来这应聘的原因之一。我希望能更多地用上我的外语。"

张："噢,好！你有速记和打字的结业证书,而且你的速度很不错。"

江："张先生,您知道那都是我一年前的成绩。事实上我现在的速度又快多了。"

张："嗯。江小姐你为什么想来这儿工作呢？"

江："主要想用上我的外语专长。当然我从秘书做起的另一个原因,是想逐步地积累一些做贸易的经验,以便将来能独当一面地从事贸易工作。"

张："噢！(这时电话铃声响起,张对江)对不起。(接着对话筒)对不起,这会儿很忙,我一会给你打过去。(放下话筒,对江)实在抱歉,嗯,你对计算机很感兴趣。上面说……(张查看江的《求职申请书》)。"

江："是的。事实上,我哥哥在一家大的外贸公司里从事无纸贸易。我对此很有兴趣,在家哥哥也经常帮助我。"

张："那很有趣！好！江小姐你有什么问题要问我吗？"

江："主要是工资问题。广告上说'待遇优厚'……张先生,您能给我具体讲一下吗？"

张："噢,是这样。我们职员的待遇在外企中属中等偏上。例如,一个新入公司的秘书每月工资1600元人民币。因此我也想从1600元给你起薪,你看怎么样？"

江："张先生,我希望您们对像我这样具有专业背景、实际经验及外语水平的人能给予恰当的评估及合适的月薪。顺便说一下,我在审计局的月工资包括奖金近1800元。"

张："一周之后你会得到我们的消息。到时候我们再具体谈谈。"

江："好的,谢谢您,张先生。"

张："再见,江小姐。"

江："再见,张先生。"

一周后,换了一身装束的江小姐又神态自若地走进了张经理的办公室。这一次,他们具体地谈了工作、待遇及其他。

大约10天后,江丽萍兴致勃勃地开始了她的秘书生涯,月薪1800元人民币。

(资料来源：贾启艾.人际沟通[M].南京：东南大学出版社,2006.)

思考题：

(1) 江丽萍面试成功的秘诀何在？

(2) 本实例对你有何启发？

3. 成功从第十八次失败开始

"先介绍一下自己吧！"又是老一套,每家公司的招聘人员都好像例行公事一样。我强打精神从大学讲起,直到说完最后一份工作,然后"挤"出一个微笑看着面试官,心想：该问问题了吧？

这已是我到第十八家公司参加面试。北京工作机会多,但竞争激烈,一个好职位往往有几十人来竞聘。在吃了一次次"闭门羹"后,我仍旧每天不倦地挤公车、找工作,当我被第十八家公司拒之门外时,我心灰意冷了。心想,要不是原公司经营不力进行裁员,打死我也会留在原公司。想着同事之间的友好和睦,回忆工作中的点点滴滴,我的心有一丝惆怅。离职近一个月,我仍没找到工作,开始怀疑自己的能力。夜里,我辗转难眠,心想,自己是重点大学毕业,有两年的销售经验,英语流利,外形不算差,究竟是哪个环节出了问题?冥思苦想之后我终于得出答案:自己觉得找工作易如反掌,其实面临着众多应聘者的竞争,因此必须调整自傲的心态。

我于是从以下几个方面入手。首先把简历改头换面。原有的简历平铺直叙,体现不出优势。我于是将自己的工作经验按时间顺序一一列出,让人一目了然。联系方式写在最显眼的位置,然后在简历右上角贴上了自己得意的"玉照"。接下来我又穿梭于大大小小的招聘会,投递出大约30份简历。我还在网上投简历,看到合适的职位,就投上一份。投之前,我会认真给公司写封短信,谈谈对公司的看法、建议以及发展设想,以期给对方留下深刻印象。"凡事预则立,不预则废。"由于积极准备,我赢得了许多面试机会。汲取以往求职失败的经验,我深知面试时千万不能迟到,衣着要得体,到公司就算等上两个小时,也要面带微笑(没准这是公司变相地考察应聘者的忍耐力)。见到招聘人员尤其是年龄比自己大的,一定要讲礼貌。在谈工资之前,要认真了解市场行情,慎开"金口"。每从一家公司走出来,我感觉都是打了一场硬仗。

几轮面试过后,同时有3家公司向我抛出"橄榄枝",特别是一家大型电信运营公司的副总裁助理这个职位,我非常心仪。面试那天,我穿上职业套装,略施粉黛,提前半小时来到公司敬候。当被前任助理领到副总裁办公室时,我顿时心跳加速,可能是太想得到这份工作吧。当让我读一篇英文时,手竟有些发抖,不过由于基本功扎实,还是顺利过关。接着对方问我对这个职位的看法,我当时没有深思熟虑,顺嘴说想多了解业务的事,谋求将来做到更高的职位。没想到就是因为这句话让我失去了这份工作,对方以"阅历浅薄、有野心"将我淘汰。"吃一堑,长一智",在以后的面试过程中,我都小心翼翼地从公司的角度来考虑问题、回答问题。一个月后,我终于被一家马来西亚的计算机服务公司录用了。

说句实话,当被第十八家公司拒绝时,我真有想放弃的念头。现在我才真正明白"坚持就是胜利"这句老话,做任何事情也许再坚持几分钟,成功女神就会眷顾你。

(资料来源:元明.成功从第十八次失败开始[J].金色年华,2005(21).)

思考题:

(1) 对面试来说"坚持就是胜利"这句话有何意义?

(2) 本实例对你有何启发?

4. 巧答难题

临近毕业,一家地市级日报招聘采编人员。在入围面试的10个人中,无论是从学历还是从所学专业来看,我都处于下风,唯一的一点优势就是我有从业经验——在学校主办过校报。

接到面试通知后,我把收集到的该日报社的厚厚一摞报纸重新翻了一遍,琢磨它办报的风格、特色、定位及其主要的专栏等,做到心中有数。我记下了一串常在报纸上出现的编辑、记者的名字。

参加面试时，评委竟然有8个。第一个问题是常规性的自我介绍。第二个问题是"你经常看我们的报纸吗？你对我们的报纸有多少了解"。我于是把自己对这个报社的认识，包括其办报的风格、特色、定位等全部都说了出来。最后我说："我还了解咱们报社许多编辑、记者的行文风格。例如某某老师写得简洁明了，某某老师文风清新自然。虽然我与他们并不相识，但文如其人，我经常读他们的文章，也算是与他们相识了。"我当时注意到，许多评委露出了会心的微笑。后来我才了解到，我提到的许多老师就是当时现场的评委。

第三个问题是"谈谈你应聘的优势与不足"。我说："我的优势是有两年办板报经验，并且深爱着报业这一行。我的缺点是拿起一张报纸，总是情不自禁地给人家挑错，甚至有时上厕所，也忍不住捡起地上的烂报纸看。"听到这里，评委们不约而同地笑了。

面试结束的时候，我把自己主办的校报挑出了几份分给各位评委，请他们翻一翻，提出宝贵意见，并说："权当给我们学校做个广告。"评委们又笑了。

最终，我幸运地被录用了。

（资料来源：http://www.jobcn.com/hr/detail.xhtml? id=18781）

思考题：
(1) 实例中的"我"回答面试问题的语言艺术如何？请予以分析。
(2) 本实例还对你有何启发？

5. 老总的故事

一家公司老总要招聘一名副手，这一天老总亲自来面试。但奇怪的是，老总并不是对应聘者逐个地进行面试，而是把所有人都集中到大会议室，讲起了故事："唐朝有个大将军，名叫张飞。有一天，张飞带领军队追击敌人。那天是一年中最热的一天，士兵们带的水早就喝干了，沿途中没有可饮用水，士兵们又累又渴，连前进的力气都没有了。张飞焦急万分，后来灵机一动，指着前面对士兵说，转过这个山口前面就是一片梅林，梅林已经成熟了，大家加把劲，很快就可以吃到可口的梅子了。士兵们在条件反射作用下，顿时口舌生津，又有力气前进了。"

讲完之后，老总望着大家仿佛有所期待，应聘者则莫名其妙。终于有个人鼓足勇气站起来说："老总，您今天的故事讲得很好，但我们是来参加面试的，不是来听讲故事的，请问老总，面试什么时候开始？"老总没有回答。

过了几分钟，他不易察觉地笑了一下，转身要离开。这时一个人站起来："老总，请等一等！我想指出您的错误。您刚才所讲的故事中，至少犯了两个错误。第一，那个将军不是张飞，是曹操；第二，故事发生的时代也不是唐朝，而是三国。尽管我不明白您讲这个故事跟今天的面试有何关系，但我还是指出来，希望您别介意。"老总听完，脸上露出了微笑。

在这个故事中，老总就是通过讲一个家喻户晓的故事，并故意犯了两个错误，把他的真实意图隐蔽起来，即他想寻求一个善于发现他的错误并有勇气大胆指出来的副手。

（资料来源：http://article.liepin.com/2012121/142660.shtml）

思考题：
(1) 请结合本实例谈谈面试中如何准确判断对方的意图？
(2) 本实例对你有何启示？

6. 我只当一张红桃 A

阿智大学毕业时，在宣传广告栏的一张海报上看到一则招聘销售主管的广告，率性不羁的他马上决定去一试锋芒。

他首先制作了一份个人简历，简历中他称自己已大学本科毕业，品学兼优，且在大学阶段已有一段丰富的工作经历。做好简历后，他用计算机将自己满意的一张照片进行加工，将照片的背景变为扑克牌中的红桃 A，这样，英俊的他就置身于一片"红桃"之中。他又在照片底部写上："我将是您手中的一张好牌。"这一切都做好了，他使用扫描仪把这份简历和照片扫到他的个人主页中，传送到那家公司的电子邮箱内，同时他又将介绍信和照片通过邮局寄到公司。

一天之后，阿智来到公司人事部。参加面试的似乎只有他一个人，他很奇怪。考官问了他一些问题，他很轻松地对答如流。最后，考官叫他写点东西，他想到刚才在办公楼外见到的一些现象：员工们的自行车、摩托车乱放；门卫迎接客人时懒洋洋的，一句招呼也不打；走廊过道上灰尘很多……他下笔有神，很快就写出一篇"管理公关之我见"。

很快，他就被考官请到了总经理办公室。总经理很随意地和他聊起天来。他说："知道为什么今天就你一个人来面试吗？"他摇摇头。"我们最先收到你的个人资料，你可能是唯一通过 E-mail 发送个人简历的应聘者！"他恍然大悟。"你的照片背景为什么不是王牌，却是一张红桃 A 呢？"总经理问。阿智镇定地站着，胸有成竹地说："你们的招聘广告上不是写着'招纳贤士，共创大业'吗？我不想做王，只希望为老总您横刀立马，冲锋陷阵，共创大业！"

三天后，阿智收到了熠熠闪光的聘书，成为销售主管。

(资料来源：http://doc.mbalib.com/view/5bd76d19ce0e285d49e67d598eedb90d.html)

思考题：
(1) "我只当一张红桃 A"体现了阿智什么样的求职理念？
(2) 为什么该理念得到了招聘单位的欣赏和录用？

6.2.2 实训项目

1. 职业岗位信息分析

通过各种渠道搜集、分析、整理、汇总职业岗位信息，并针对自己的实际情况进行分析、比照，这是面试前必须做的一项准备工作。它要求要填写下面两张表格（表 6-1 和表 6-2）。

表 6-1　职业岗位信息汇总

岗位名称	专业知识要求	专业技能要求	性格素养要求	特别说明

说明：可根据具体需要增加表格的行数。

表 6-2　情况比照

目标岗位名称	职位能力要求	自身能力比照	职位素养要求	自身素养比照
（首选）		已具备：		已具备：
		尚需努力：		尚需努力
（次选）		已具备：		已具备：
		尚需努力：		尚需努力：

说明：可根据具体需要增加表格的行数。

（资料来源：张珺.实用口才[M].南京：南京大学出版社，2013.）

2. 面试中问题的应对训练

（1）常规问题的应对

【训练目标】

① 掌握应对常规问题的技巧，并能够从容应对。

② 在面试过程中举止自然得体。

【建议学时】

1学时。

【实施过程】

① 任务导入

请分析如下面试者的回答，哪些地方表达得体？哪些地方措辞欠妥？

问：你最不能容忍的缺点是什么？

答：明天的饭今天吃，现在的事今天做。

问：你来美国是什么身份？现在干什么工作？

答：我是自费留学的，现为美国某跨国公司的经理助理，主要干的是帮助公司降低成本、提高竞争能力的工作。因为公司只有我一人在做这份工作，因此压力大，责任重——不过，我喜欢富有挑战性的工作——只是为了照顾妻子的缘故我才来贵公司的。

问：如果聘用，你想得到怎样的待遇和好处？

答：除了应得的报酬以外，公司能否给我更大的发展空间呢？比如提高自身的修养，挖掘潜在的能力，还有提升的机会等。

问：在没有天平的情况下，你怎样称出一架飞机的质量？

答：曹冲在没有天平的情况下还能称出大象哩，不过那办法没有效率；所以，还是让我们先造一架能称这飞机的天平吧——如果您出奖金的话，我愿竭诚奉献自己的绵薄之力。

② 常规问题应对的训练

请学生浏览招聘信息，根据所学专业选择意向单位，根据意向单位招聘要求，对应聘职位做应聘的方案设计，此项训练需提前一周布置。

【训练方法】

组建一个招聘组，5～6人一组，确定应聘单位的名称、应聘职位、要求等，每位同学轮流做应聘者，准备相应的材料及常规问题的答词。

每位同学都要设计方案，包括准备个人简历、得体的仪容仪表、准备面试时的自我介绍等。常规问题通常有：你的求职动机和意向是什么？你的学习成绩如何？喜欢什么科目？你有工作经验吗？你有什么特点和专长吗？你的家庭背景怎么样？你对本行业的当前形势有什么看法？你想得到多少薪酬？

师生对各组进行点评，评出几个最佳表演者。

【任务完成】

课下将训练内容整理成书面形式，上交组长，各组推荐一份最佳作业，上交任课老师，任课老师将其放在网上，供学生观摩学习。

（2）突发问题的应对

【任务目标】

① 掌握应对突发问题的技巧，并能够从容应对。

② 在面试过程中举止自然得体。

【任务实施过程】

① 任务导入

有些人因为害怕在面试中出丑，往往出现"面谈恐惧症"，请回答以下问题进行自查，看看自己是否是患此病症的人。

- 明明更费力也更费钱，但你还是情愿发短信而不是打电话吗？
- 发电子邮件和打电话相比，你更愿意写邮件吗？
- 迷路后你情愿查地图也不愿意问别人吗？
- 有了疑问你更愿意上网查，而不是问肯定知道答案的同事或同学吗？
- 你更愿意网上购物而不是商场选购吗？
- 像面试这样比较重要的交谈前，你会不会频繁上厕所？
- 和陌生人讲话会使你浑身不自在吗？
- 你经常因为不说话而遭人误解吗？

（你的回答若有6个以上是肯定的，那你可能是患上"面谈恐惧症"。）

② 放松训练

面试之前，有些人因为情绪紧张而错失良机，一套放松操，也许会释放你的压力。

请全体同学起立，把胳膊伸向前方，手腕放松，用力抖动手腕，直到有些累的感觉为止,可反复多次;双手手指交叉,反掌向天举过头顶,尽量伸展,挺腰,然后向前、后、左、右倾斜,直到肩、背肌肉完全放松;头部轻轻按顺时针方向做相同次数的转动,在放松头部肌肉的同时放松心情;回到座位,坐正,两肩尽量向后拉,然后深深地、缓缓地呼吸,反复多次,呼吸越慢越好。

③ 小组讨论

【案例1】 有一家招聘公司招聘管理人员,面试题目是:用发给你的一支气压计,测出这幢30层大楼的高度。应聘者一个个绞尽脑汁想出种种办法:有的楼上楼下量气压,利用物理知识烦琐地进行计算;有的爬上屋顶,将气压计系上长长的绳子,忙乱地测量着;有的在资料堆中忙乱地翻着,希望找到一个更好的方法和公式。但有一位应聘者却拿着气压计来到大楼管理处,对一位老者说:"这支气压计送给您,请您告诉我这座大楼的高度。"这位聪明人入选了,因为他正是一个难得的管理人才。

【案例2】 张先生去应聘,一切进行得很顺利,甚至商谈到了什么时候开始正式工作。这时面试的考官站起来倒杯水轻松地问:"你喜欢玩游戏吗?"求职者误以为换了一个轻松的话题,随口答道:"通常工作疲倦后玩游戏放松。"招聘人员的脸色马上阴沉下来说:"工作时间玩游戏,这样的工作人员我们不能要。"

讨论题目:求职过程中,可能会碰到各种各样的突发性提问,什么样的心理素质才能以不变应万变?

④ 实地大演练

活动:现场招聘。组织程序及要求:组建招聘团若干,三组为一团(5~6人为一组)。第一组为招聘单位人员,任务是发布招聘信息并且准备面试提问。第二组为应聘人员,任务是回答面试问题。第三组为评审团,任务是对现场招聘情况从面试提问、应答及相关礼仪角度进行点评。

【任务完成】

教师对训练情况进行总结,让学生对求职和面试有一个完整的认识。

(资料来源:赵京立.演讲与沟通实训[M].北京:高等教育出版社,2010.)

3. 面试技巧分析训练

观看美国电影 The Pursuit of Happyness(《当幸福来敲门》),然后对影片主人公成功求职的面试技巧进行分析。

The Pursuit of Happyness 这部电影是一部震撼人心、经真实故事改编而成的励志片。值得注意的有如下两点。

一是片名中的 happyness 一词的拼写。happy 是"幸福的"的意思,而 happiness 才是"幸福的"名词形式。在影片最开始,敏感的主人公克里斯送他的儿子去幼儿园,便发现了墙壁上 happiness 的拼写错误,他就说了"It's a I in happiness, not Y (why) in happiness"。电影片名应该采用哪个?happiness 还是 happyness?在这部电影里,我们不能单纯从英文的语法上去分析这两个词。happiness 与 happyness 这是一个隐喻,他体现了电影主人公克里斯的座右铭。影片中他一直强调拼搏,他坚信即便追逐幸福的过程不幸运,也是他追求幸福的一部分。甚至当其他人都觉得克里斯已经成功了,他还坚持认为,这也不是他追逐的全部。因为在他的人生字典里,幸福是由执着的梦想、不断寻找的机遇和不懈坚持的拼搏组成的,它们缺一不可。"It's a I in happiness, not Y(why) in happiness"这句对白,看似纠正错误,而实际上所要表达的意思是:别问为什么幸福不在身边,幸福其实一直在身边,就在奋斗的过程里。所以,片中的幸福拼成 happyness 是意味深长的。

二是电影的中文译名为《当幸福来敲门》是否译为《追逐幸福》更好?这部电影取材于美国著名黑人投资专家克里斯·加德纳(Chris Gardner)的真实人生经历。克里斯·加德纳曾经只是一个推销员,他将人生最大的赌注下到一种昂贵到很难为任何医院所接受的手提式骨质密度扫描仪上。他每天的生活就是提着这个 40 磅重的机器去各大医院推销,希望能得到梦想中的幸福。但生活却总是波澜起伏,他在经历了妻子不辞而别,自己被驱逐、被收审,一个人孤独地带着小孩住厕所、住收容所,甚至卖血之后,终于得到了他仿佛已期待了一生的那个答案,即他被公司录用了。从此,他并不是一个普通的股票经纪人,而是一个坚持梦想、坚守信念、无论面对什么打击都能从容面对的英雄。

这样一段催人泪下的经历,这样一个励志的故事,如果将 The Pursuit of Happyness 这部电影译为《当幸福来敲门》,是否给没有深入了解电影的人一个错觉,只要在家里等待就可以了,幸福自然会来敲门的?请仔细赏析这部催人奋进的电影,你知道主人公克里斯在这部 117 分钟的影片中,他一共奔跑了多少次,又奔跑了多久吗?当你全身心地投入影片,与克里斯一起分享生活及工作带给你的各种体会时,你就会注意到主人公克里斯在 117 分钟的影片中,一共奔跑了 14 次,时间长达 9 分钟。他在这部影片中,一直在与命运赛跑,一直在追逐幸福!

以下是克里斯的面试过程回顾。

(1)去分公司申请

克里斯要去求职的公司是证券界的大亨——迪安·维特公司。迪安·维特公司成立于 1924 年,在当时还只是一家股票经纪人公司。到了 1997 年,迪安·维特一举成功收购了大家熟悉的成立于 1935 年的摩根士丹利公司,从而声名大振。不难想象,要想获得像迪安·维特这样著名的大公司的面试机会是非常困难的。事实上,克里斯获得迪安·维特公司的面试机会也是一波三折。克里斯是一个背景并不出色的人,他没有证券业要求的相关工作经验,没有名牌大学的学历,也没有丰富的人脉资源,更没有扎实的后台支撑,像他这样的人,如果按常规的方式投递简历,也许一辈子都等不到一个面试的机会,因此,克里斯采取了主动出击的方式。

克里斯提着自己要推销的机器,来到了迪安·维特公司,他发现公司门口挂着"经纪人实习培训,现在接受申请"的牌子,他很想进去打听一下是什么情况。

意识到自己提着一个不相关的机器,可能会造成不必要的麻烦,克里斯准备找一个人帮他照看一下机器,他发现了在公司门口卖唱的嬉皮女孩:"能帮个忙吗,小姐?""帮我看下这个行吗?就 5 分钟。""这不是什么重要的东西,我在里面的办公室有个会,带这个进去看上去很不正式。""我先给你 1 元钱,一会我出来再多给你点。好吗?这玩意不值钱。"

从这个小小的片段我们可以看出,克里斯对自己形象的重视。虽然那个机器对他很重要,那个机器的价值意味着他一个月的房租,但他也知道,在去一个新公司前,不能附带过多的不相关信息。虽然他也担心他所托付的这个嬉皮女会带走他的设备,但多年来的职场经验还是让他觉得应该冒一次险。

克里斯来到公司人力资源部,如愿以偿见到了负责简历发放的咨询人员:"您好,我是克里斯,我想申请实习生身份。""这样啊,我看看能不能帮你找份实习申请。"咨询人员递给克里斯一张表格,对他解释:"我们这里是分公司,总部的托斯特尔先生是全面负责人事工作的。我的意思是,我只负责在这里收集资料,你看,已经有一大堆人申请了……所以……"克里斯发现窗外那个嬉皮女孩提着他的设备准备离开,他急忙起身:"非常感谢,我得走了,我……我……我会把这个交过来的,谢谢!"克里斯冲出办公室全力去追赶那个嬉皮女孩,虽用尽全力还是没能追上。

所幸的是,他从那个咨询者那里知道了,如果想在迪安·维特公司做一名股票经纪人,他该找谁。

(2) 去公司总部推销自己

想到就要做到,他带着填好的表格直接来到了迪安·维特公司的总部。

克里斯为自己精心地打扮了一番。他在公司门口等着托斯特尔先生。他自言自语:"我在等迪安·维特公司人事部主管托斯特尔先生,他的名字听起来很可爱就好像他会给我份工作,外加一个拥抱。而我所要做的,就是让他知道,我精通数字,而且懂得待人之道。"

"早上好,托斯特尔先生。"克里斯在公司门口堵住托斯特尔先生。

"早上好。"

"托斯特尔先生,我是克里斯·加德纳。"托斯特尔先生行色匆匆。

"我想在您进办公室之前亲手把这个交给您,并和您认识一下。非常希望有机会能和您坐下聊聊我申请表上看起来比较薄弱的几点。"托斯特尔并没有停下自己的脚步。"好的,我们要先看下你的申请表,克里斯,如果需要面试的话会通知你的。""感谢您,先生,祝您愉快。""你也是。"托斯特尔走进办公室。

一个月后,克里斯刻意来到股票公司门口,希望能再次遇到托斯特尔先生。他的耐心和守候再次没有让他失望。

克里斯看见托斯特尔先生从办公楼里匆匆走出,正准备拦的士。克里斯立即迎了上去:"您好,托斯特尔先生。我是克里斯。""你好,请问有什么事?""我一个月前交了份实习申请表,一直想找机会和您坐下来简单谈谈……""听着,克里斯,我正要赶去诺亚谷,下次再说吧,克里斯,你保重。"

眼看着即将失去这个和托斯特尔先生当面交流的机会,克里斯急中生智,"托斯特尔先生,我正好也要去诺亚谷,我搭个车怎么样?""好吧,上车吧。"

上车后,克里斯马上摆出了一副销售的架势,准备利用这个机会好好说说:"谢谢您,托斯特尔先生。我在海军服役时为一个医生工作,他很喜欢高尔夫,每天都要花很多时间在那上面。我还得替他处理医疗事务,当他不在的时候。我习惯于做出抉择,而且……"

"托斯特尔先生,听我说,这很重要。"克里斯滔滔不绝,急于展现自己的优势。而托斯特尔先生却好像对手上的魔方更感兴趣。他一直在摆弄着魔方,希望能拼出全部图案。"对不起,对不起,这东西不可能拼出来的。"托斯特尔先生冲克里斯扬了扬手中的魔方。

"我可以。""你不行,没人可以的。不可能的。""我确定我能行的。"克里斯坚持道。"让我看看,给我。哦,你真是拼得一团糟啊。"克里斯接过托斯特尔手中的魔方,开始玩起来。

克里斯一边摆弄着魔方,一边说:"这个东西看起来这些是围绕一个轴心转动,中间的这部分保持不动,所以说如果中间那片是黄色这面就应该是黄色的。如果中间那片是红色,那么这面就应该是红色的。"他一边说着,一边飞快地旋转魔方,魔方在他手中好似也越来越多面变得一致起来。"司机,请开慢点吧。""开慢点,我们可以就这么一直开下去,我就不信你能拼出来。"托斯特尔先生笑道。"我可以的。""你不行,没人可以的。"

"看到没?我就只能到这一步了。"克里斯好像也和托斯特尔先生一样,碰到了瓶颈。但他依旧很有耐心、飞快地旋转着魔方。魔方在他手中越来越整齐,越来越多面的颜色一致了。"那面快拼出来了。哦,你拼出来了。哦,那面也快拼出来了。"托斯特尔先生兴奋地叫道。他有点不相信眼前发生的这些。他很吃惊地注视着克里斯,而克里斯依旧专注地摆弄着魔方,向着最后的成功冲刺。"我能全拼出来的。""真厉害啊,快好了。"

当出租车抵达目的地时,克里斯手中的魔方也终于将所有的颜色都拼齐了。"我到了,你拼得不错。"托斯特尔先生接过克里斯递过来的魔方,赞赏地看着克里斯,若有所思。"再见,克里斯。""再见。"

(3) 参加正式面试并获得成功

因为不能如期交纳房租,克里斯不得不干起了替房东粉刷房子的工作。干得正欢的他,被警察带走并因迟交汽车罚款而拘留在警察局。第二天,当他终于从警察局出来的时候,离迪安·维特公司约定的面试只有45分钟了。是选择回去换衣服还是不换衣服去面试场地?克里斯再次做出了智慧的选择,他一路疾跑,冲到了迪安·维特公司。

来到迪安·维特公司,克里斯的内心是不安的。一贯西装领带、注重形象的他在这个渴望已久的面试的大日子里,却穿着粉刷房子的衣服。在走过公司办公室区域的时候,在到处都是穿着整齐的人的办公室环境中,他感到了不自在。而周围的人们也对他投来了异样的目光。在20个面试者当中,克里斯的形象显得那么突兀。

等候时的克里斯一直在思考,一直在掩饰内心的不安。终于轮到他了,他硬着头皮走进面试办公室。

克里斯走进面试办公室,他不顾托斯特尔一脸诧异的表情,主动走上前打招呼:"我叫克里斯·加德纳,早晨好!"边说边依次主动地向面试官伸出手,并向每一个人都介绍一次:"我叫克里斯·加德纳,很高兴见到您。"

"我叫克里斯·加德纳,见到您是我的荣幸。"此时,他已经走到了四位面试官的对面,显然,他已经感受到了四位面试官对他服装的迷惑。

克里斯隔着桌子开始叙述:"我在门口等面试的时候,坐了半个小时,就是想应该讲出一个什么故事,来解释来面试我居然穿成这个样子。我想这样的故事应该能够体现一个人的素质,我推测你们一定会尊重这样的素质(此时,他主动坐在了应聘者应该坐的那个位子上),比如,执著、刻苦或者团队合作这样类似的优秀品质,遗憾的是,我想不到任何这样的故事,事实就是事实,我因为没有交汽车罚款单而被拘留一夜……"

"停车罚款单?"面试官之一重复着他的话,并笑出声,表示有一点滑稽。克里斯接着说:"今天早晨,我从波克警察局一路跑来的……"此时,主面试官发话:"在被拘留前,你正在干什么呢?"

克里斯:我在为房间刷漆。

主面试官:那么,它们现在干了吗?

克里斯:应该是吧。

主面试官:杰森说你非常有决心和毅力。

杰森插话:他拎着一个重40磅的什么新鲜发明在我们办公楼前徘徊了一个多月呢。

主面试官:他还说你很聪明。

克里斯:我同意他的判断。

主面试官:你真的想学学这个行业?

克里斯:没错,先生,我想学学这个行业!

主面试官:你已经开始自学了吗?

克里斯:绝对的,已经开始了。

此时,主面试官转向杰森问道:"杰森,你见过克里斯几次?"

杰森:"不记得了,不过肯定不止一次呀。"

主面试官:他穿成过这个样子吗?

杰森:没有过,一直都是西服、领带,整整齐齐的。

主面试官转回对克里斯,一边翻阅眼前的简历,一边问道:"在班级里是第一名?中学也是,高中也是?"

克里斯:是的,先生。

主面试官:"班上有多少个学生?"克里斯:"12个。"接着补充了一句,"那是一个小城。"

主面试官将手里的纸张放下,失望地嘟囔道:"原来是这样。"

克里斯抢先一句:"不过,在海军雷达兵我也是第一,那个班有20个人呢。"

主面试官手里拿着铅笔在眼前的纸上随意涂鸦,心不在焉,也没有正眼看克里斯。

克里斯:我能说一点我的想法吗?我是这样一种人,如果你问的问题我不知道答案,我会诚实地说不知道,但我发誓的是,我肯定知道如何找到答案,并且,最终我确定肯定会找到答案。这样的人您满意吗?

此时,主面试官抬起头,皱着眉,提高音调问:"克里斯,如果有一个应聘者连正经的衬衣都没有穿,而我却录取了他,你会怎么解释呀?"

克里斯稍微沉思,迅速回答:"那他肯定是穿了绝对优雅的裤子!"

他的这个回答引发了主面试官以及另外三个面试官的笑声,是一种自发的、仿佛听到了机智的笑话一样的笑声。

(资料来源:王旭.看电影学礼仪[M].广州:南方日报出版社,2012.)

4. "怎样才是一个合格的应聘者"自测

怎样在应聘中战胜对手？根据许多人的实际经验设计的这套自测题，将会帮助你更好地把握求职应聘的一些小"窍门"。

(1) 面对考官你将穿（   ）衣服。
  A. 牛仔装   B. 职业装   C. 西装加领带

(2) 你的第一句话是（   ）。
  A. 等主考官问你再说
  B. "我叫×××，我是来应聘××职位的。"
  C. "您好！我是来应聘××职位的，我可以自荐吗？"

(3) 你为什么离开你先前的雇主？（   ）
  A. 不能发挥自己的专长
  B. 工资太低，不能养活自己及家人
  C. 原先老板人格太差
  D. 工作环境恶劣

(4) 你有信心胜任这个职位吗？（   ）
  A. 应该有   B. 有信心   C. 绝对有

(5) 应聘时，你的手放在（   ）。
  A. 放在桌上   B. 边说边做手势   C. 放在桌下

(6) 应聘时，你的眼睛（   ）。
  A. 盯着对方的脸   B. 注意对方的表情   C. 盯着对方头顶

(7) 你希望什么时候上班？（   ）
  A. 马上   B. 一周以后   C. 一个月以后

(8) 如果有上、中、下三等工薪，你申请（   ）。
  A. 上等   B. 中等   C. 下等

(9) 回答问题时，你准备用（   ）。
  A. 普通话   B. 当地话   C. 家乡话

(10) 如果主考官和你都坐在沙发上谈，你准备怎么坐？（   ）
  A. 跷起二郎腿同他谈
  B. 他怎么个坐相我就怎么个坐相
  C. 坐如钟
  D. 放松地坐着谈

记分如下：
(1) A +1   B −1   C +2
(2) A −1   B 0   C +1
(3) A +1   B 0   C −1   D −2
(4) A 0   B +1   C −1
(5) A +1   B −1   C 0

(6) A 0　　　B +1　　　C −1
(7) A +1　　　B 0　　　C −1
(8) A −1　　　B +1　　　C 0
(9) A +1　　　B 0　　　C −1
(10) A −2　　　B −1　　　C 0　　　D +1

如果你得分在6分以上，那么你极有可能成为竞争中的佼佼者；3～5分，说明你还得训练应聘素质；3分以下，说明你不适应应聘。

（资料来源：屈海英.新编演讲与口才[M].杭州：浙江大学出版社，2011.）

拓展阅读：面试官的13条忠告

（1）不要迟到。人才情报网资深专家特别提醒：提前确认面试地点，并最好提前15分钟到达。万一不慎迟到，应第一时间致电，并诚恳解释原因。这种行为将考验你的职业素质与应变能力。

（2）对应聘的企业一无所知，证明你对这份工作并不感兴趣。选聘企业不仅要了解它的行业背景、主要产品等基本情况，更重要的是要了解这个企业的企业文化，了解其核心价值观。要思考是否能认同这个企业的文化，是否能融入这个企业，给考官一个接受你的理由。

（3）回答问题时，不要刻意迎合或一味取悦面试考官。回答问题是否真实，是否坦率，是否符合实际与常识。你的答案是否有你自己的根据，有自己对答案合理的逻辑分析、解释和判断，而非人云亦云，迎合雇主和考官。人才情报网专家提醒：你的答案要朴素、平和、客观、友善，而不是刻意地走极端和过分地标新立异。

（4）不要盲目自大，也不要因为缺乏经验而自卑。不要为自己缺乏工作经验而自卑，事实上，关键在于你是否有分析问题和解决问题的能力和经验。

（5）与其说"给我时间，我会好好学习"，不如讲讲可被证明的自己具备的学习能力。

（6）不要夸夸其谈，针对问题，简单明了，先做出结论，然后再讲一个故事来说明。针对个人的特长和以往成功的实例，准备简短的描述。在合适的时候表达和证明自己已具备的能力和以往的成就。

（7）尽量展示自己与众不同的地方。被面试者要能回答面试者提出的关键问题："我为什么要雇你而不是其他的候选人？"

（8）自我介绍要实事求是，要正确地评价自我，坦诚表达自己的职业生涯发展的目标。人才情报网专家认为，考官更愿意听到和看到的是你对此有什么样的疑问和担心，面对这个目标自己将做出怎样具体的设想与打算。

（9）面对"你有什么弱点"这个问题时，你的回答能够验证实事求是的态度。坦率地承认不足比硬撑着不服软好，因为没有人完美无缺。硬撑着，只能说明你不虚心，重要的是认识自己的不足，而后努力地改善和提高。

（10）要面带微笑，正视考官。人才情报网提醒：参加面试第一印象很重要，要给人自信、亲和、谦逊的形体语言。

（11）面试应该准备个人的基本资料，有条不紊，整齐地摆放在面前。翻阅时不要凌乱，要表现自己良好的工作习惯。

（12）面试过程中，当阿姨为你倒水时，不要视若无睹。

（13）重要的最后两分钟。人才情报网总结，面试结束时你的表现可能会改变考官的最后决定。可能面试过程你已很疲惫，情绪很坏，但礼貌地说声"再见"，整理好自己的物品，会让考官记住你的名字。

（资料来源：http://article.zhaopin.com）

课后练习

1. 搜集、整理你所学的专业近两年来的用人信息、就业情况以及不同地区对这个专业的重视程度。

2. 以小组为单位，轮流作自我介绍，互相点评，借鉴彼此的成功之处。

3. 设想你对做一位宾馆公关部经理向往已久，现在有了这样的一个机会，但你的竞争对手如林，在面试时你如何推销自己？

4. 请分析下面几句面试应答语的错误。

（1）"我原来那个单位的人际环境太差了，小人太多，没法与他们相处。"

（2）"现在已有多家公司表示要我，所以请你们务必于这个月底之前答复我。"

（3）"我毕业于名牌大学，学的又是热门专业，我是一个杰出的人才，我想实现我远大的理想和宏伟的抱负。"

（4）"我很想知道我如果到你们公司，每个月能挣多少钱？"

5. 日本的一些大公司在招聘人才进行面试时，专门就说话能力规定了若干不予录用的条文。其中有：

应聘者声若蚊子者，不予录用；

说话没有抑扬顿挫者，不予录用；

交谈时，不得要领者，不予录用；

交谈时，不能干脆利落回答问题者，不予录用；

说话无生气者，不予录用；

说话颠三倒四、不知所云者，不予录用。

对于日本大公司招聘人才的以上规定你有何看法？

6. 面试官问："关于工资，你的期望值是多少？"应试者反问："你们打算出多少？"如果是你，会这样反问面试官吗？为什么？

7. 根据面试者的提问，分析哪一种应答更能获得赞许。

（1）没有工作经验，你认为自己适合我们的要求吗？

应聘者1：可是你们就是来招聘应届大学生的啊。

应聘者2：听说有一只幼虎因为没有狩猎经验，而被拒绝在狩猎圈之外，你认为它还有成长的可能吗？

(2) 为什么你读哲学,却来申请做审计?

应聘者1:你们已经说明"不限专业",所以我想来试试。

应聘者2:据说外行的灵感往往超过内行,因为他们没有思维定式,没有条条框框。

应聘者3:我之所以跨专业谋职,是为了给自己提供这样一种动力,终生学习才不会被社会淘汰。

(3) 你穿的西装好像质地不怎么样啊!

应聘者1:穿着并不影响我的表现,何况我还没工作,买不起更好的。

应聘者2:昨天我怀揣买西装的钱路过书店,发现两套对我来说至关重要的书,可能会为今天的面试提供帮助,我于是花掉了凑来买西装的钱。

(4) 假如明天你就要死了,你希望自己的墓碑上刻上一句什么话?

(考官实际是想问,这一生你希望自己能达到怎样的成就。)

应聘者1:找了份好工作,找了个好老公等"老婆孩子热炕头"式的"人生理想",或者请安息吧、我是个好人之类不着边际的空话。

应聘者2:我这一生在很多不同行业工作过,这让我很满足。

(5) 你不认为你做这项工作太年轻了吗?

应聘者1:我虽然年轻,但我有干劲,敢于接受挑战,相信我一定能做得很好。

应聘者2:事实上下个月我就满23周岁了,尽管我没有相关的工作经历,但我有整整两年领导学校学生会工作的经验。您可以想象,负责管理全校3000多名学生并非易事,没有一定的管理才能和领导艺术,是无法胜任的。所以,我认为,年龄固然能说明一定的问题,但个人素质和能力更为重要。因为这是一个部门经理所不可缺少的。

(资料来源:http://www.yjbys.com/bbs/367461.html)

8. 针对以下情境回答问题

情境描述1:SUNNY下午5点多在报摊上买了份招聘类报纸,查阅到了一个心仪职位。为在第一时间与招聘方联系,就立刻拨通了对方电话:"喂,请问是××公司吗?我看了报纸,想来应聘……"还没等她说完,对方就表示人力资源部负责人正在开会,且下班时间快到,没空细聊,但还是记下了她的手机号码,表示第二天会联系她。

问题:

上述案例可以看出,SUNNY没有在合适的时间找到合适的人,主动致电变为了被动等候,是一次很失败的电话应聘。请你帮助她分析一下正确的电话应聘应注意哪些礼仪要点?

情境描述2:廖远正逛街,突然接到某公司的电话面试。此时周围有商场背景音乐和人群的嘈杂声,对面试不利。于是廖远非常礼貌地告诉对方:"不好意思,我正在外面,环境比较吵闹,是否能过10分钟给您打回去?"对方应允,并留下电话。

问题:

很多企业在收到简历后,为节约时间,首先通过电话面试做初步筛选。电话面试会准备几个目的性问题,用以核实求职者的背景,考察求职者的语言表达能力等,请你分析对于上述的电话面试环节,为获取胜率,我们应预先做好哪些准备工作?

情境描述3:李明自认第一轮面试回答顺利,应该能有复试结果。然而3天后仍未接到电话。焦急的他按捺不住致电对方:"喂,您好,我是李明,我想请问一下你们第二轮复试是否已经开始?""对不起,我们的复试已经开始,若你没有接到通知说明没有进入第二轮面试。"公司方简单地回绝了李明。

问题:

若没有接到再次参加面试的通知,表示此次应聘失败,即使打电话询问也无可挽回。但是,李明自认为第一次面试给对方留下了非常深刻的印象,且双方交流愉快,想了解应聘失败的真正理由,你能帮助李明想一想应该怎么办吗?

(资料来源: http://jingyan.baidu.com/article/4853e1e5cd08201909f72603.html)

9. 以下是记者孙雅君采访联想集团人力资源部常务副总经理蒋北麒时涉及的几个问题,请认真阅读,再谈谈你的看法是什么?

(1) 一个一开口就问薪金多少的人联想会不会反感?

这是人的最基本的需求,我们持理解态度,但不希望一个应聘者更多纠缠这方面。我们是以岗定薪(主要针对社会招聘,大学生招聘更多带有人才储备的意义,开始不会很明确),走的是职位工资制,所以他问我们薪金多少,我们也能比较明确地回答他。比如告诉他这个岗位月薪是4000元钱,如果他说他在原单位拿6000元,干的是经理,到这里还要重新开始云云,我就会坦率地告诉他,只要他有能力,在联想很快就可以发展上去,但不可能一进来就拿经理的工资。如果他太计较这个方面,可能会影响对他的整体判断。

(2) 是否介意一个人曾频繁跳槽?

我们往往不特别关注他跳过多少次,而更看重他跳槽的原因,以及从什么企业跳到什么企业。一个人跳槽有他自己的原因,也有企业的原因,不排除面试时有点儿背的,老是遇不到好的人际环境。我们基本上是从原因角度来分析,而不是从次数考虑,当然也会考虑到次数。其实每次面试之前都有初选,来大致了解他到底是怎么个跳法,如果过程中一直没什么发展,可能初选就会被淘汰掉。而在这之中只要能看出一些成长和变化,哪怕是跌宕起伏,可能我们更感兴趣。尤其是跳得多的人,只要他能进入面试,我们就会关注他的每一次起跳。

(3) 联想招聘大学生时,是否很看重他的在校成绩?

招聘应届大学毕业生时,我们会留意他的成绩单,但更关注的可能是选修课。虽然选修课只是其中短短几栏,但仔细研究,能反映更多问题。因为一个人最初的专业选择可能是很多因素作用的结果,比如社会、家庭的影响,未必是他真正的兴趣所在。而选修课恰恰最能反映出他的学习兴趣和学习能力。比如他是否愿意学习,学习的主动性怎么样,学习能力怎么样,选修课成绩是一个很重要的参数。

(4) 对即将走向社会的大学生你有何忠告?

我听到过一个故事,讲的是一个佛学造诣很深的人,听说某个寺庙里有位德高望重的老禅师,他去拜访。进门的时候,跟大师的徒弟说话态度比较傲慢。老禅师为他倒水时,明明杯子已经满了还不停地倒,他就问:大师,为什么杯子已经满了,还要往里倒?大师就自语,总是满的,那我为何还要倒?禅师的本意是,杯子是满了,所以我倒不进去了。这说明什么呢? 大学生也许有比较好的背景,但在来到企业之后先把杯子里的水倒掉,本着吸纳的态度来学习、做事,才能真正有所长进。

(资料来源: http://www.people.com.cn/GB/shenghuo/200/3658/3659/20001230/365325.html)

10. 请阅读《十二生肖的幽默求职自我介绍》,在开心一笑的同时体会其自我介绍的妙处。

鼠:本地户口,以前在钢厂工地打过工,转移过一部分钢材的所有权。擅长上夜班,会开三轮,求社区服务、家政等职。

牛:身体好,能吃苦,能加班,劳动奖章获得者,求国企职位,集团、私企免谈。

虎:外形条件好,曾在《水浒》中出演主角,目前是多家品牌的代言人,交际广,求国际大公司形象代言、公关等职。

兔:运动健将,曾获县级商业比赛短跑亚军,对手是乌龟。在传销公司做过业务,因不肯拉亲属下水被上线抛弃。求一切需要跑腿的职位。

龙:高干子弟,数十年国企领导经验,求相关岗位,CEO以下免谈。

蛇:名牌女子高校高才生,MBA,具有艺术家气质,擅长平面设计,做过医药销售,办过形体训练班,拍过瘦身广告。职位:您看着办吧。

马:有大货B照,更有丰富的小车驾驶经验,熟知国企高层内幕,求企业高级顾问一职。

羊:勤奋,有基层管理经验,兼具团队精神,擅长野外爬山、攀岩、漂流、洞穴探险,求旅行社相关职业。

猴:性格外向,敢于创新,做过学生会干部。在校期间,曾代表广大学子向校领导反映学习负担太重,上午4节下午3节课实在受不了,经协商,校领导同意改为上午3节下午4节课。求公务员一职。

鸡:"百事可笑"杯歌唱比赛女子组全国冠军。追求时尚,重视家庭,有一定活动能力,表哥为某报形象代言人。求广告销售职位。

狗:典型的一专多能,曾获大专院校辩论赛优胜奖。做过保安队长、私企工头。反应快,善察言观色,爱岗敬业。求经理助理一职。

猪:长相反派,性情温和,体重超标,也就是"我很丑可是我很温柔"。失业前为乡镇企业CEO,不挑岗,有口饭吃就行。

(资料来源:http://news.xinhuanet.com/forum/2008-07/16/content_8548301.htm)

任务 7

行业口才

发生在成功人物身上的奇迹,至少有一半是由口才创造的。

——【美】汤姆士

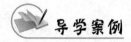导学案例

戴尔·卡耐基与他的《语言的突破》

美国著名的成人教育家、人际关系专家戴尔·卡耐基所著的第一本书,是一本关于演讲的《语言的突破》。

卡耐基早在大学时代便将演讲作为出人头地的捷径而潜心钻研过。后来,他于1922年开始为纽约基督教青年会夜校开班时,他首先开的就是"公开演讲"课。由于卡耐基开设演讲课所积累的丰富知识,由于他评判过十五万篇学院的公开演讲,他建立了一套实用的演讲模式。为了便于各行各业的人学习演讲,1926年他根据自己的心得体会和学院学习经验,写了一本题为《公开演讲:企业人士的使用课程》的关于演讲的教科书。后来,这本教材又经过几年的实验和修订,于1931年以《语言的突破》为名正式出版发行了。它出版后,在人类出版史上创造了一个奇迹;10年之内就发行了2000多万册,远远超过同期《圣经》的发行量,而且被译成了几十种文字,成为世界上最受推崇的"语言教科书"。它详细地介绍了克服恐惧、建立自信的方法,阐述了演讲口才方面的方法和技巧等内容,促使人们努力向前,并自我挑战,激发了人们追求人生理想、实现自我价值的坚定信念。无论从事何种工作的人,如果能按照这本书介绍的基本方法去做,都能获得意想不到的收益。

在20世纪,卡耐基演讲口才艺术曾风靡世界,掀起了一股经久不衰的卡耐基口才热,在全世界50多个国家的近2000个培训机构已经使千百万人获益。参加训练的人来自各行各业,其中有著名作家、政治家、商界大亨、学者、大学生、职员,甚至还有几位国家元首,可见其影响之巨。

(资料来源:[美]卡耐基.语言的突破[M].张珺,译.武汉:武汉大学出版社,2012.)

思考题:
1. 各行各业都离不开口才吗?请举例说明。
2. 请阅读戴尔·卡耐基的《语言的突破》一书,并谈谈读后的感受。

学前问题

- 导游工作中应怎样运用语言艺术?
- 推销工作中应怎样运用语言艺术?
- 主持人应怎样运用语言艺术?
- 护理人员应怎样运用语言艺术?
- 秘书应怎样运用语言艺术?

7.1 知识储备

7.1.1 导游口才

导游口才是指导游员与旅游者交流思想感情、指导游览、进行讲解和传播文化时使用的一种具有丰富表达力的、生动形象的口头用语。旅游从业人员要取得良好的工作成效,必须注重导游口才的修炼。

1. 致欢迎词

在导游员的导游服务工作开始前,首先必须向游客致欢迎词。一般来说,无论是领队、全陪、地陪还是定点讲解员,在工作开始前与游客都是陌生人。在从陌生人到伴游朋友的过程中,导游员必须想方设法让游客从认知和情感上理解自己和接受自己,才能顺利地开展导游工作。游客在认知上对导游员的认同可以通过导游员的生活、引导等方面的工作实现,而在情感上的认同则需要导游员全方位地展示自己。在导游语言方面,这种情感认同首先是通过导游员的热情洋溢、亲切友好的欢迎词来实现的。因此,欢迎词是导游员在客人面前成功亮相的重要一环。

(1)欢迎词的特点。欢迎词是指导游员在迎接游客到来时的致辞。欢迎词虽然不是导游讲解的重点,但由于这是导游员第一次直接面对游客说话,是第一次的语言服务,因而往往会给游客留下很深的第一印象(First Impression),甚至会左右游客对导游讲解服务的最终评价。欢迎词不同于一般的导游词,要具有自己的特点。

① 内容简洁,时间不长。在导游员的工作程序中,一般是在游客已经在旅游车上入座、即将出发前往下榻地或旅游景点时向游客致欢迎词。此时游客可能会出现两种状态:其一是游客刚刚抵达旅游地,精神上比较亢奋,希望马上了解旅游地的情况;其二是游客经过长途旅行,身体比较疲惫,希望能够在车行途中稍事休息。无论是哪一种情况,游客

虽然对导游员存在一定的新鲜感,但都不会将导游员作为主要的欣赏对象。因此,导游员致欢迎词时间不能太长,以免让游客生厌。鉴于上述原因,欢迎词往往内容比较简洁,话不多说,点到为止,只要能够让游客体会到自己的欢迎之情就可以了。一般来说,欢迎词的时间要控制在5分钟左右。

② 热情亲切,拉近距离。在致欢迎词前,导游员的身份尚未得到游客的认同时,双方还是一种陌生人之间的关系。为便于以后工作的开展,导游员必须尽快与游客互相熟络起来,让游客将导游员视为自己的一个伴游朋友。在欢迎词中,要达到这样的效果,导游员必须热情亲切,以"好客的主人"的形象对游客的光临表示欢迎,要以自然的语言、和缓的语调、随意的口吻来消除游客的突兀感觉,迅速拉近导游员与游客之间的情感距离。

③ 结合环境,针对性强。很多欢迎词中,经常会结合游客的特征或者旅游地的具体情况来展开,巧妙突出导游员、游客双方所处的具体环境或各自背景,使欢迎词具有很强的针对性。这样的欢迎词更易于让游客接受,而且使旅游者间接地获取了旅游地的有关信息,缓解了其可能存在的不满心理。

(2) 欢迎词的类型。从语言艺术的角度,欢迎词可以分为三种主要类型:风趣式、闲谈式和感慨式。无论是哪种类型的欢迎词,都需体现出以上所提及的3个主要特点,才能产生很好的表达效果[①]。

① 风趣式欢迎词——"各位上午好!我叫×××,是××旅行社的导游员,十分荣幸能为各位服务!各位都是大医生吧?医生是人间最美好的职业,我一出生就对医生有特别的情感——因为我是难产儿,多亏了医生我才得以'死里逃生'(游客笑)。长大以后,虽然没有考上医学院,但医院我每年都要去好几次。我这人特别容易感冒,医生当不了,当病人却十分合格,真没有办法(游客笑)……我们这次在岳阳的旅游行程非常充实,如果有时间,我还想请大家参观一个特别节目,就是看看我为什么容易患感冒(游客大笑)。谢谢!"

② 闲谈式欢迎词——"各位早上好!昨天晚上大家坐了七八个小时的夜车,一定很累吧?的确,我国交通事业目前还不十分发达,与贵国(日本)相比有很大差距。如果乘坐贵国的新干线列车,也许只要三四个小时就能够抵达本地了。但众所周知,我国地域辽阔,面积是贵国的26倍,实现这一愿望需要一定的时间。同时,也需要技术上的大力支持。在此我真诚地希望各位能够为中日友好,也为大家今后在我国旅游的方便做出贡献。说到贡献,其实大家已经付诸行动了。诸位这次来我国旅游不正是对我国旅游业的支持与贡献吗?对此,我代表××市120万人民和××旅行社全体员工,对各位的到来表示衷心的感谢!我叫×××,中国有句古话:'有朋自远方来,不亦乐乎。'此次能为大家导游,我感到由衷的高兴……"(游客鼓掌)

③ 感慨式欢迎词——"各位朋友们,晚上好!我是××旅行社的导游员×××,非常高兴能够作为各位此次旅游的导游员。中国有句成语'好事多磨',各位昼思夜想地盼了50年,临到家门口却还要等好几个钟头才能够通过海关。中国人在中国的土地上却不能自由行动,真是很奇怪的现象!历史的原因我们不用过多地回首,只希望将来能够尽快实

---

① 赵湘军.导游语言技巧与实践[M].长沙:湖南师范大学出版社,2011.

现两岸'三通',改变这种局面。宋代诗人陈师道说：'去远即相忘,归近不可忍。'前半句我不同意,大家离别大陆50年,难道忘得了自己的故乡吗？忘得了家乡的亲人吗？台湾有一首民歌,叫《我的家乡在大陆上》,各位唱了50年,今天终于唱回家了。在自己家里,想唱就唱,想笑就笑吧！我谨以家乡亲人的名义,祝贺大家终于回一家一了……"（游客集体哼唱《我的家乡在大陆上》）

以上这三篇欢迎词,都是属于欢迎词中的上乘之选。它们内容并非十分复杂,但都是紧紧围绕着一个鲜明的主题,以通俗易懂的语言,亲切自然地表达了对游客的欢迎之情,让游客获得了情感上的满足。

(3) 欢迎词的基本要素。欢迎词的作用主要是让游客了解导游员,体会到导游的欢迎之情。能够达到这一效果的方式和内容有很多,但在各种条件限制之下,导游员只能选择其中最恰当的内容来表达。这些内容就是欢迎词的基本要素。欢迎词的基本要素主要包括五个部分：欢迎光临、自我介绍、介绍工作伙伴、表达服务意愿和祝福[①]。

① 欢迎光临。导游员是接受旅行社的委派来接待旅游者的,因此导游员必须以旅行社代表的身份来欢迎游客。在欢迎词的开头部分,导游员必须问候游客,并对游客的光临表示欢迎。在欢迎游客时要注意对游客的称呼。一般来说,"各位朋友（团友）"这样的称呼是内地游客们比较乐于接受的,而来自欧美和东南亚地区的游客们比较喜欢导游称呼他们为"女士们、先生们",对于来自东亚地区的游客则可以用"先生、小姐们"的称呼。在欢迎词中,导游员必须说明聘用自己的旅行社名称,代表旅行社表示热烈欢迎之意。

② 自我介绍。自我介绍是欢迎词的重点内容之一,也是导游员可以在欢迎词中发挥主观能动性的一个部分。导游员要根据自己的姓名含义、性格特征和游客背景,合理地设计自我介绍内容。自我介绍通常要向游客说明自己的姓名、身份和单位。一篇优秀的欢迎词即使做不到让游客津津乐道,至少能够使客人记住如何称呼导游员,因此在自我介绍中还必须告诉游客如何称呼自己,如"我的名字叫×××,大家可以叫我小×""我姓×,各位就叫我×导吧"等。为了便于游客记忆,很多导游员都会在自己的姓名上大做文章。湖北荆州的一位导游员将自己的姓名巧妙地融合成了一道菜名"香葱蛋花汤"（汤香花）,使游客们过耳不忘;江苏南京的一位导游员给自己取了个英文名字Spring,游客们在回国后写来的感谢信中仍然念念不忘她给游客们带来的"如沐春风的感觉";湖南长沙一位导游员在接待古汉语学者团时引用东汉许慎《说文解字》的解释来介绍自己的姓名,让游客们频频称道。这些都是成功的自我介绍的例子,但要注意,不可介绍自己过多过长,否则会喧宾夺主,扭曲了欢迎词的本义,游客产生的记忆效果也不佳。

③ 介绍工作伙伴。介绍了自己后,欢迎词中必须紧接着介绍自己的工作伙伴。通常需要向游客介绍的工作伙伴有全陪（或地陪）、司机和旅行社领导。在不同情况下,欢迎词中对这些工作伙伴的介绍有固定的次序。

海外来华团首站地的全陪介绍次序：组团旅行社领导—请领导致辞—首站地地陪—请地陪致欢迎词。

海外来华团首站地的地陪介绍次序：全陪—司机—地接旅行社领导—请领导致辞。

---

① 赵湘军.导游语言技巧与实践[M].长沙：湖南师范大学出版社,2011.

非首站地的地陪介绍次序：司机—地接旅行社领导—请领导致辞。

④ 表达服务意愿。导游员在欢迎词中要向游客表明自己的工作态度，也就是表达服务意愿。这也是欢迎词的一个重要内容，能够让游客感受到导游员的热情。欢迎词的这一部分主要包括三个内容：非常乐意为游客导游、保证努力工作和希望游客合作。在这一部分中，导游员不妨先给游客打打"预防针"。许多旅游地由于基础设施较为落后，其中难免会出现一些不足之处。导游员在欢迎词中先给游客提个醒，可以避免游客产生太大的失望情绪。例如，导游员在云南迪庆香格里拉欢迎词中提到"……这一路跋涉，相信大家从这交通的艰难中应该可以了解到我们迪庆发展的不易了。我们这里还没有五星级的香格里拉大酒店招待你们，但我们有五星级的自然景观，我们司陪人员也会努力向各位提供五星级的导游服务，相信这美妙的人间仙境会让各位陶醉其中的！"这里对香格里拉接待设施的介绍就属于打"预防针"的内容，可以让游客先有个心理准备。

⑤ 祝福。在欢迎词的最后，导游员应该预祝游客们此次旅游顺利、愉快。

以上这五个方面就是欢迎词的基本要素，但并不是所有的欢迎词内容仅限于此。欢迎词的内容应该根据游客国籍、团体、时间、地点、成员身份的不同而有所区别，切忌千篇一律。导游员可以在以上五个基本要素的基础之上做进一步的发挥。如果能够在欢迎词中加上一些中国好客的谚语和格言，比如，"有朋自远方来，不亦乐乎""有缘千里来相会""百年修得同船渡"等，将会为欢迎词增色不少。总而言之，欢迎词既要使客人感受到导游员真挚的情感，又要符合自己的身份，起到迅速融洽客导之间关系的作用。

2. 致欢送词

当游客结束在本国（地）的旅游活动，即将返程时，导游员的工作也接近了尾声。从导游语言的角度来说，这时要提供的一项重要导游语言服务就是向游客致欢送词。欢送词是导游员最后一次直接面向游客说话，它会影响到导游语言服务在游客心中留下的整体效果，也会影响到游客的重游兴趣。因而与欢迎词和讲解词一样，欢送词也是导游工作中不可忽视的一个组成部分。

（1）欢送词的特点。欢送词是导游员送别游客时的致辞。不同类型的导游员致欢送词的时间与地点不尽相同。定点导游员（讲解员）通常在游客参观完纪念馆或博物馆后，在大门口向游客致欢送词；全陪和地陪通常在游客结束了本国（地）的旅游后，送游客前往机场（车站、码头）时向游客致欢送词；领队通常在陪同游客返回本国后，即将散团时再向游客致欢送词。欢送词具有如下特点。

① 真挚自然，动之以情。无论旅游过程长短，旅游者与导游员之间或多或少都会进行一些交流，因而也或深或浅地建立了感情基础。俗话说："人心都是肉长的"，除非本次旅游过程中和所接受的旅游服务非常糟糕，否则游客总会对即将结束的旅游活动有一些留恋之情。在导游员的欢送词中不能忽视游客这种心理，要注意在欢送词中带有一定的感情色彩来迎合游客的情绪，以浓重的感情氛围打动游客。

欢送词中所具备的感情应该是真挚的、自然的，切不可"为赋新词强说愁"。过于矫揉造作的欢送词非但不会让游客感动，反而会对游客产生负面影响，效果并不如意甚至适得其反。为做到这一点，导游员要调整自己的心态，不要过多地考虑游客在旅游过程中带来的麻烦,而要多想想游客对自己的理解与关心,这样才能激发出自己诚恳的惜别之情。

强调欢送词应该赋予感情色彩并不意味着导游员就要致一篇过于悲情的欢送词。毕竟旅游活动是让人身心愉快的活动,不应该让客人带着满面愁容离开。尤其对于地陪来说,游客离开本地后还要继续开展旅游活动,如果游客情绪低落地展开下一站的旅游活动,会给以后的旅游服务和游客的旅游享受产生消极的情绪。因而欢送词中在表示不舍的同时也要表达对再次相会的殷殷期待之情。

② 简洁干练,认真对待。与欢迎词一样,欢送词并不是导游语言工作的主体,因而无须过于烦琐复杂,要以简洁干练为语言特征。导游员在送别时如果啰里啰唆,会给游客留下婆婆妈妈、拖泥带水的感觉,可能会损害游客已形成的良好印象。在致欢送词时,导游员要充分估计致辞的时间长短,不要到了机场(车站、码头)后还在喋喋不休。这时游客的注意力已经分散,或观察机场(车站、码头),或整理行装,或检查证件票据,没有心思来细听导游员的欢送词了。同时也要注意,欢送词不能太过于随便,否则会让游客以为导游员巴不得自己马上走。画蛇添足当然不好,但虎头蛇尾同样是在欢送词中要尽量避免的。

③ 饶有趣味,耐人回味。欢送词并不是简单地向游客说再见,它也包含了对旅游活动的回顾和思考。如果导游员的整个导游服务都非常成功,那么在最后时刻更要做到尽善尽美,既要干净利落,又要饶有趣味,给游客一种美的享受。在整个旅游过程中,游客是凭自己亲身体验来评价导游员的工作好坏的。为此,导游员在欢送词中就有必要对全部旅游活动和导游服务做一次归纳和总结。在欢送词的内容选择上,导游员应当适当回顾旅游过程,弥补前期工作不足。经过一段时间的接触之后,游客对旅游地的风景、社会、文化等方面也会形成自己的评价。这些评价有可能恰如其分,也有可能有一定的偏差。为防止游客产生误解,导游员在欢送词中要进一步帮助游客加深对本国(地)的理解和认识。以一些能够让游客更好地了解本国(地)的知识或者民谚来总结旅游过程无疑是非常好的方法,这样也可以让游客在离开以后还能够有一些值得回味的东西。

(2) 欢送词的基本要素。在欢送游客时,导游员首先要做到三个"不可",即寒暄不可少、热情不可减、总结不可忘。除此之外,根据上文中所提到的欢送词的主要目的,在欢送词中还必须包含一些内容,这就是欢送词的基本要素。

① 回顾总结,加深印象。由于旅游活动时间相对比较短暂,旅游活动项目排列得比较密集,虽然游客在刚游览完一个旅游景点时会津津乐道,但是过了一段时间可能就会逐渐淡忘。因此在欢送词中,就有必要加深游客已经有所淡忘的印象。但回顾整个旅游活动并不是简单地将所有旅游活动的内容罗列出来,而是围绕一定的中心思想,穿插结合旅游过程中的各种情况进行总结。很多导游员在回顾旅游活动时经常会提及一些游客本人在旅游时的表现和遇到的一些突发事件,这样游客的印象会更深,也能更好地达到欢送词的目的。还有的导游员在此时会将旅游过程中拍摄的一些照片展示给游客或者将录像带通过车载电视播放出来,这样效果会更好。如果有的游客对旅游目的国(地)仍然存在一些疑问或者还想多了解一些,导游员也可以在欢送词中对此再进行一些介绍。

② 表达谢意,加深情谊。致欢送词是导游员向游客传播友谊和表达惜别之情的绝佳时机。导游员在欢送词中可以引用一些格言民谚来渲染气氛,唤起游客的情感共鸣。要感谢游客的合作,在欢送词中,无论实际过程如何,导游员都要感谢游客对于自己和旅行

社等部门工作的配合与支持。如果在这其中确实出现了令游客不快的服务失误,那么还应该在欢送词中就这些失误之处向游客致歉。要征求游客的意见,目前在我国,征求游客意见主要是采用发放书面调查表的形式(如《海外游客意见反馈表》),导游员也可以直接同游客进行语言交流。

③ 期待重逢,美好祝福。在欢送词中,导游员还要表达期待与游客重逢的心情。只要导游员在旅游过程中与游客相处十分融洽,这一项内容是很容易让游客产生同感的。同时,这也是旅游目的国(地)吸引游客重游的一项重要的因素。出于礼貌,在欢送词的最后通常也会向游客致以美好的祝愿。

(3) 欢送词的主要类型。在实践工作中,欢送词具有以下一些主要类型[1]。

① 一般类型欢送词。导游员使用得最多的是一般类型欢送词,也就是以前文所述的三个基本要素为全部内容的欢送词。这种欢送词规范、得体,对经过长时间疲惫工作的导游员来说也比较容易掌握。例如,"尊敬的朋友们,我们就要分手了!这些天来,我们一起愉快地游览了……正是由于各位的积极配合和大力支持,我们此次旅途才能在欢声笑语中结束。在此,请允许我代表××旅行社、司机和我本人,向各位表示我们最诚挚的感谢!在这难忘的时刻,我衷心祝愿你们一路平安,同时我也希望你们与我经常通信,愿我们的友谊像兄弟,愿我们的感情像亲人!'海内存知己,天涯若比邻。'相信我们一定能再次相聚的。再见了,我亲爱的朋友们!"这种类型的欢送词并没有什么太大的不足,只是多少会让游客感到有些平淡,缺少吸引人的地方。当然,在时间仓促的情况下,这种欢送词是完全合格的。导游员都必须对此熟练掌握。

② 自责类型欢送词。诚恳谦虚是中华民族的一种美德,也是导游员的一种美德。在用心为游客服务的最后一刻,向游客表示自己诚恳的态度,是导游员高层次、高素质的体现,也是导游员具有良好职业道德的反映。因此,许多优秀的导游员往往采用带有一定自责色彩的欢送词。例如,"就要和在座的各位说再见了!此刻,我的心情既激动又难过!这次陪同大家一起前往……在这次旅游过程中,我有许多应该做好而没有做好的工作。那我现在能向大家说些什么呢?只有一句话,那就是——谢谢各位对我们工作的配合!是你们的支持使我增强了信心,是你们的帮助使我增加了力量,是你们的理解使我战胜了困难,请允许我再一次向你们表示感谢!我要努力工作,或许来年我们有缘再次相会,我将提供更好的服务!愿我们的友谊天长地久!最后,祝愿大家一路顺风,万事如意!"这种自责类型的欢送词比较符合国内游客和东方国家游客的思维习惯,很受他们的欢迎。不过由于西方文化中比较看重自我价值的肯定,因此这种类型的欢送词不适合西方国家的游客。

③ 歌唱类型欢送词。有一些导游员会在致欢送词时加入一段歌曲或者戏曲的演唱,将游客的情绪调动起来,形成了导游工作中的最后一个亮点。例如,"朋友们,只有在离别的时候,才深深地感到我们相处的时间太短。……在此期间,大家亲如兄弟、胜过亲人!得到大家的关照,我们才能顺利完成工作任务。说实话,我真有点舍不得离开你们,我会想念大家的!接下来我就以大家非常熟悉的歌手邓丽君小姐的一曲《路边的野花不要采》

---

[1] 赵湘军.导游语言技巧与实践[M].长沙:湖南师范大学出版社,2011.

来向大家告别吧——'送朋友送到飞机场,有句话儿要交代:虽然旅游已结束,但我们的友谊永存在!记住我的情,记住我的爱,记住我们有缘还会来相会,我呀衷心期待着这一天,千万不要把我来忘怀。'欢迎大家再来玩!再见!"这篇欢送词中虽然对歌曲的改编有些细微地方不太合拍,但游客听来耳目一新,其内容表达也十分真挚,不失为欢送词中的一篇佳作。

3. 导游讲解的语言艺术

导游讲解是导游口才的集中体现。在旅游界都有这样的看法:"没有导游的旅行是不完美的旅行,甚至是没有灵魂的旅行。"导游之所以重要,关键在于其导游、讲解,而导游讲解的灵魂和核心所在,便是导游技能和语言艺术。都说"祖国江山美不美,全凭导游一张嘴",它充分说明了导游讲解艺术在旅游中的重要性。

(1) 声音优美,把握节奏。导游员讲解要控制好声音、语速,选择好讲解的地点。在导游过程中,导游员要熟悉业务,知识面广。讲解内容健康、规范,热情介绍、答复游客的提问或咨询,耐心细致;对游客的提问,尽量做到有问必答、有问能答;对回答不了的问题,致以歉意,表示下次再来时给予满意回答;与游客进行沟通时,说话态度要诚恳谦逊,表达得体,例如,"请您随我参观""请您抓紧时间,闭馆时间到了""欢迎您下次再来"等。同时,导游讲解时声量过高会造成噪声,音量过大令人讨厌,说出外行话更让人瞧不起;音量过小,游客又听不清楚,"讲话的艺术在于适中"。导游在讲解时音量不可过高或过低,要以游客听清为准。因此,导游讲解的时间、位置选择都要注意。一般来说,导游要站在游客围成的扇面的中心,这样有利于声音的传播,使客人都能听到导游的讲解,导游也能听清客人的议论和问题。导游讲解如果讲得过快,游客听不清楚,精神高度紧张,容易引起疲劳;如果讲得过慢,又会耽误时间,影响游客观赏景物,让人感到不舒服。一般来说,需要特别强调的事情、容易招致疑惑误解的事情、重要的地名人名数字等应放慢语速;众所周知的事情、不大重要的事情、故事进入高潮时要加快语速。当然,导游语言要讲究变化。"所应遵循的原则,就是随时注意变化"。要根据讲解内容,做到宜徐则徐、宜疾则疾,徐疾有致、快慢相宜。

(2) 语言表达,准确流畅。准确流畅是导游语言艺术的核心。导游是民间外交大使,是祖国山水的代言人,导游的一言一行都应符合实事求是的精神,讲解应注意准确性。首先应注意语法、语音、语调的正确。导游语言表达主要在口头,一般要求在使用某种语言时避免出现明显的语法错误,符合规范,达到基本正确。语言是语音和语义的结合体,是通过声音来表意的,试想导游如果把 warriors[wɔːriez]兵马俑发成 worries[wariz]烦恼,那会使游客产生一种什么样的感觉呢?起伏多变的声调和语调可以表达不同的意思和情感,使用得当会收到很好的效果。一般情况下,导游应使用柔性语言,即声音强弱适度,不高不低。为了打动游客的心弦,随着环境的不同,语调既要正确,又要富于变化,为了强调集合的时间,提醒游客注意,可以将关键词语加大音量,放慢速度,"我们于十一点在公园大门集合。"准确的另一层含义是要言之有物,用词准确。做到就事论事,言之有理,不能把死的说成活的,把丑的说成美的,把假的说成真的,达到哗众取宠的目的。比如,有的导游在没有根据的前提下信口开河,用一串最高级形容词来描述事物"世界上""全国最""天下无双",结果使游客期望值过高,与实际形成反差。

  根据语言学的研究,导游语言是一种线性语言,讲解一定要流畅。一旦中断,就会影响意思表达,游客无法领会你想要表达的意思和感情,会产生诸如你准备不充分等其他不好的想法,伴随而来的是对导游的怀疑、不信任心理。因此,导游语言表达得是否准确流畅,对导游人员来说至关重要。同一导游词,不同导游去讲解,收到的效果会有所差别,甚至有天壤之别。我们在讲解之前,一定要把有关景点材料准备得滚瓜烂熟,并反复加以操练。同时,还要避免使用不良的习惯语,也就是我们平常所说的口头禅,诸如"这个……这个……这个……""嗯……嗯……嗯……"之类,严重影响讲解内容的连贯性。只有这样,才能达到"黄河之水天上来,奔流到海不复回"的境界,取得庐山瀑布"飞流直下三千尺"的效果。

  (3) 通俗易懂,大众口味。讲解语言做到大众化,浅显易懂,适合一般人的水平和需要是不容忽视的一个问题。在导游讲解中,特别要注意将书面化的导游词转化成口头语表达出来,而不是"背书"。要做到通俗,主要应注意以下几个方面。

  ① 口语化、短句化。导游词是用来听而不是用来看的,所以不应当书面化和过多使用长句,应当使用口语和短句。请看下面一个句子:"目前我国保存最完整、建筑规模最大的颐和园中的德和园大戏楼是比故宫的畅音阁、承德避暑山庄的清音阁两座清宫戏楼还要高大的古戏楼。"这个句子长近60字,作为书面语似无不可,但用作口头讲解,听起来就十分费劲,如果改用下面几个短句表达,效果就好多了:"颐和园中的德和园大戏楼是清宫三大戏楼之一。它比故宫的畅音阁、承德避暑山庄的清音阁这两座戏楼还要高大。它是目前我国保存最完整、建筑规模最大的古戏楼。"

  ② 避免使用生僻、晦涩的词语。导游词虽然要讲究一定的文采,但是必须以通俗易懂为前提,故应避免使用生僻、晦涩的词语和太专业的术语。

  ③ 充分考虑文化差异。导游人员在为外宾导游服务时,应考虑将中国的历史年代、度量衡等方面的词语进行换算或类比使其更容易听懂。讲解中涉及中国名人、名言、诗词、成语等时,要给予必要的解释。

  (4) 生动自然,回味无穷。导游员在讲解内容准确的前提下,应以生动、有趣且具感染力的语言活跃气氛,增添游客的游兴,以趣逗人。如果讲解时过度使用书面语言,照本宣科、死板老套则不可取,"黄色幽默"和低级趣味的笑话更应杜绝。例如,在介绍千佛山公园概况时有位导游是这样讲的:"千佛山山脉来自岱麓,它翠峰连绵,树木葱郁,松柏满谷,楼台高耸,殿宇错落,为济南天然屏障。"这段讲解由于玩弄美丽辞藻,过多使用书面语言而让人感到不自然,不能给游客以生动易懂、赏心悦目的感觉,无法实现导游讲解的目的。正确的办法是将其修改为通俗、生动的口头语言。我们可以尝试着将上面一段文字修改如下:"千佛山属于泰山的余脉,海拔258米。你看它东西横列,翠峰连绵,盘亘于济南市区的南面,被人形象地称为泉城的南部屏风。清朝著名文学家刘鹗在他的小说《老残游记》中,就有一段描述千佛山的话,他说从大明湖向南望千佛山,'仿佛宋人赵千里的一幅大画,做了一架数十里长的屏风',形容得非常贴切。"导游这样的讲解让游客如身临其境、回味无穷。

  要做到讲解生动,导游仅具备丰富的景观知识和语言词汇是远远不够的,还必须善用精彩描写,使语言生动形象,耐人寻味,如《迪庆香格里拉导游词》:在雪山环绕之间,分布着许多大大小小的草甸和坝子,这是迪庆各族人民生息繁衍的地方。这里土地肥沃,水草丰美,牛羊骏马成群,特别是香格里拉县的大小中甸,真有"天苍苍,野茫茫,风吹草低见牛羊"的风光。五月的中甸草原,碧绿的草地和山坡上的杜鹃花、格桑花和数不尽的各种小花争相怒放,姹紫嫣红,争奇斗艳,宛如一块块色彩斑斓的大地毯,骏马奔驰,牛羊滚滚,雄鹰翱翔,牧人在白云蓝天下唱起牧歌,挥动长鞭,这就是人间仙境的生活,一幅活生生的美丽图画。这段讲解把人带入了诗画般的意境,获得了一种远离尘世的超脱之感。

(5)条理清楚、灵活多变。这是导游语言艺术的基本要求。条理清楚,是导游与游客沟通的根本。特别是对于内容丰富、复杂的景点,讲解必须有条理。先讲什么、后讲什么、中间穿插什么,都要事先组织好,否则会让人不知所云。导游要克服一些不良的口语习惯。有的导游用语暧昧、含混不清,有的解说反复啰唆、拖泥带水,这些不良习惯都会影响导游的表达能力,是应当想方设法克服的。导游言语运用要妥当,有分寸,以做到真正体现对游客的尊重为前提。导游讲解的灵活多变是指在景点基本内容的基础上,用多种不同表达方式因人、因地、因时制宜力求讲解生动、风趣、幽默。导游员在讲解时必须充分考虑游客的文化背景、认知水平、兴趣爱好及职业特点等异同,并据此有针对性地决定内容的取舍和表达方式的选择,以加强游客的接受和理解。如在讲解中穿插一些"边角料"——历史典故、神话传说、逸事野史,就是灵活多变语言艺术手法的集中反映。如当某导游员带领游客来到故宫九龙壁前时,游客们自然会被这面瑰丽的工艺品上那龙腾云的图案吸引。导游员对游客说:"大家的鉴赏力都值得钦佩,但视力不一定都好。请你们仔细找个破绽:这里龙身上的某一块瓦不是玻璃,而是木头仿制的。乾隆年间,一次皇帝巡视园内看到墙壁上脱落一块瓦,命工匠补上。而炼制这种瓦需要数天时间,工匠急不择料,用木头雕制成一块瓦样,漆上逼真的色彩镶嵌上去以假乱真,骗过了皇帝的眼睛。今天谁能最先找到,谁的眼力一定第一!"游客听说,兴趣高涨。当他们找到这块传奇的木瓦时,雀跃之余,相信这个传说真实可信。

(6)幽默风趣,轻松愉快。导游员在讲解的过程中,适当运用幽默,会令游客感到趣味盎然,轻松愉快。值得注意的是幽默要适度,内容要健康,安排要有间隔。如果总是幽默而不注意知识性、科学性,也就收不到良好的效果,如果弄成了贫嘴笑料,搬出来哗众取宠,就必然适得其反。在运用幽默方法的时候要注意超出人们正常思维范围,这样会使人觉得既在意料外,又在情理中,做到语言艺术上的"柳暗花明又一村",让游客在乐趣中得到精神享受。例如,苏州西园的五百罗汉堂里,导游指着那尊"疯僧"塑像逗趣说:"朋友们,这个疯和尚有个雅号叫'九不全',就是说,有九样毛病:歪嘴、驼背、斗鸡眼、烧脚、鸡胸、瘌痢头、斜肩脚、招风耳朵,外加一个歪鼻头。大家别看他相貌不完美,但残而不丑,从正面、左面、右面看,你会找到喜、怒、哀、乐等多种感觉。另外,那边还有五百罗汉,大家不妨去找找看,也许能发现酷似自己的'光辉形象'。"又例如,导游员为了让游客注意集合时间,避免游客走散,没有简单地反复提醒,而是"幽他一默",她说:"故宫南北长一公里,面积为京都皇宫的七倍,参观的人很多,诸位都是来自五湖四海,千万不可走散,淹没在人流里,到了晚上被关在这里。据说西太后有夜游紫禁城之说,一旦撞上了西太后,语言不通大家都着急。所以请在某时某分于某地集合。拜托了!"这样的表述以新颖的刺激使时间和地点的概念得到强化,又显得导游员说话风趣,游客也轻松愉快,不感到压力,自然收到了较为理想的效果。

在导游实践中可以运用如下修辞手法,达到幽默的讲解效果。

① 比喻。比喻就是用相似的事物来打比方。导游用旅游者熟悉的事物,来介绍比喻参观的事物,能够很快使旅游者对陌生的事物产生理解和亲切感。如《中国茶叶博物馆导游词》对绿茶的介绍:"一般说来,绿茶芽叶越嫩越佳,一芽为莲蕊,如含蕊未放;二芽为骑枪,如矛端又增一缨;三芽称雀舌,如鸟儿初启嘴巴。冲泡后,呈青翠欲滴的绿色。"通过贴切的比喻,绿茶芽叶优美的姿态具体可感,给人以视觉的美感。

② 排比。排比是将几个内容相关、结构相同或相似、语气连贯的词语或句子组合在一起,以增加语势的一种辞格。导游讲解中运用得当,可产生朗朗上口、一气呵成的效果,增添感人力量。如上海南浦大桥的一段导游词:"大桥的建成已成为上海又一重要的标志,她仿佛一把钥匙,打开上海与世界的大门。她仿佛一面镜子,反映着中国最先进生产力水平的大都市的现代文明。她仿佛一部史册,叙述着中国的未来。她仿佛一部资质证书,充分证明中国完全可以参与和完成世界上的任何工程项目。她仿佛一曲优美的交响乐,奏出时代的最强音。"

③ 拟人。拟人是导游语言艺术中常用的把物当成人的一种手法,本体与拟体的交融,有助于渲染气氛,将感情与形象融为一体,使讲解变得更为生动和幽默。雁荡三绝中的灵峰,月色下,那些变幻多姿的石头,人们通过拟人化的想象赋予了它生命,"牛眠灵峰静,情侣月下恋,牧童偷偷看,婆婆羞转脸。"这是一幅多么神奇浪漫的爱情造像啊!

④ 夸张。夸张就是"言过其实",是指在客观真实的基础上,对事物进行夸大或缩小的描述。在导游语言艺术中,夸张可以强调事物的特征,表达情感,引起共鸣。如上海国旅的刘明在讲解青岛时,说:"你们即将离开青岛,青岛留给你们一样难忘的东西,它不在你们的拎包里和口袋中,而在你们身上。它就是你们被青岛的阳光晒黑了的皮肤,你们留下了友情,而把青岛的夏天带走了!"导游故意强调"被阳光晒黑了的皮肤",并把这一事物特征夸张为"把夏天带走了",生动而幽默。

⑤ 类比。类比是指导游人员用旅游者熟悉的事物与眼前景物比较,以达到触类旁通的目的。这能使来自不同社会、历史、文化背景下的游客较好地领悟景观内容。关于王府井,导游对日本人讲可把它与东京银座比,对美国人讲可把它与纽约第五大街比,对法国人讲可把它与巴黎的香榭丽舍大街比;称苏州为"东方威尼斯",称上海为"中国的悉尼"。向外国人介绍康熙,说康熙与法国的路易十四、俄国的彼得大帝同时代。恰当的类比,不仅使旅游者易于理解,而且还能使其产生一种虽在异国他乡却又犹如置身故里的感受,满足其自豪感。

⑥ 移时。讲解时故意把现代的事物用于古代,把古代的事物加以现代化,有意造成事物的时空错位,以期获得幽默风趣的修辞效果。如王连义主编的《幽默导游词》(中国旅游出版社,2003年)中有这样一个例子:"各位团友,现在,让我们到三顾祠看一看。你道刘备何等人?人家是皇室之后,有贵族血统,大小也是个县级干部,虽然没有现在当官的那么威风,但出入最少有车马坐,有随从跟,更厉害的是有个侄子还在中央工作。而你诸葛亮呢?能和人家比吗?布衣出身,平头百姓一个,结庐居住,荷锄躬耕,满脑袋高粱花

子,说到天边大不了你读过几天书,是个有知识的青年农民,要是如今,县长大人坐在红旗牌轿车里隔着车窗玻璃和你拉拉手,敢把你激动得几个晚上睡不着觉,信不?再说,公元207年,刘备当年45岁,你诸葛亮才27岁,刘备比你净大18岁,论资历也比你老得多嘛!人家刘皇叔天寒地冻的,顶风冒雪,大老远地从新野带着两个兄弟赶过来,你前两次硬是躲着不见人家,到第三次,连关羽这个大好人都看不过眼了,说兄长连着两次亲往拜见,礼节太过分了,可能诸葛亮这个人,就是有虚名而无实学,所以才躲着不敢见我们。那张飞要不是看大哥面子,才不会低三下四地求着你呢!早找个卡拉OK喝酒唱歌泡妞去了,这第三次虽然见着了,偏偏诸葛亮又拿架子,不识抬举,大白天的在草堂上高睡不起,怎不叫张飞大怒……"其中的刘备"大小也是个县级干部",张飞"早找个卡拉OK喝酒唱歌泡妞去了",正是作者直接以现代的事物来叙述古人的移时方法,利用这种修辞手段有意造成事物的时空落差,给人以新颖有趣的感觉,从而产生幽默诙谐的修辞效果。

⑦ 仿拟。导游语言中运用"仿拟"的修辞策略,是指导游词的创作者或导游根据旅游交际的需要,在表达时模仿前人的名句名言甚至全篇的结构形式,使得原作与仿作在内容上形成强烈的反差,从而获得一种幽默诙谐、妙趣横生的交际效果。一般说来,导游语言中"仿拟"修辞格从形式上也可以分为"仿词""仿句"等类。

所谓"仿词",是指在特定语境下有意模仿特定既存的语词而临时造出一个新词的现象。王连义主编的《幽默导游词》(中国旅游出版社,2003年)中有一例:"传说清军机大臣李鸿章出访法国,大热天法国佬给他一支冰棒解渴,李鸿章见冰棒直冒气,以为很烫,吹了半天才小心吃了一口,结果冷得他直捣牙,法国佬哈哈大笑。李鸿章出了洋相,寻机报复。不久该法国佬来到中国,李鸿章请他吃一种独特的食物——蒙自过桥米线。先上来一碗汤,看上去平平静静,热气全无,法国佬以为是一种冷饮,端起碗来就猛喝一口,立即被烫得七窍出烟,李鸿章则哈哈大笑。终于雪了'吃耻'。"汉语中有"国耻"的说法,而没有"吃耻"这个词语。在特定的语言环境中作者有意模仿现有的词语"国耻",临时造出一个新词"吃耻"与现存词对应,把李鸿章的精心设局与"复仇"后的快感淋漓尽致地勾勒出来,这样在表达上显得新颖生动,幽默的效果油然而生。

所谓"仿句",就是指在特定语境下有意模仿特定既存的名句结构形式而临时造出一个新句子的修辞现象。王连义主编的《幽默导游词》(中国旅游出版社,2003年)中有一例:"大家都知道荔枝的最大的特点就是不耐存放,白居易说它是'一日而色变,二日而香变,三日而味变,四五日外色香味尽去矣',所以才有杨贵妃'一骑红尘妃子笑'的故事。而现在有了现代化交通工具,就变成'一架飞机大家笑'了。各位是不是也曾在家乡笑过一回了?不过运出去的再怎么新鲜还是不如来到咱东莞的荔枝树下,亲手从荔枝树上摘下那最大最红的一颗,啪的一声掐开皮,一口咬下去那么鲜香噢!那才是真的笑得开怀啊!"导游员由东莞盛产荔枝,由荔枝不耐存放的特点联想到杨贵妃"一骑红尘妃子笑"的故事,再联系到今日交通发达,而仿其句创造出"一架飞机大家笑"的语句来,当游客把"一架飞机大家笑"与"一骑红尘妃子笑"联系起来,就不禁会哑然失笑,其幽默诙谐的效果也就凸现出来了。

⑧ 造境。造境是导游在讲解时勾勒和渲染艺术境界,让游客畅游于现实与历史、画里和画外的方法。如导游员在苏州城外导游时说:"苏州城内园林美,城外青山更有趣。

那一座座山头活脱脱像一头头猛兽,灵岩山像伏地的大象;天平山像金钱豹;金山像卧龙;虎丘山犹如蹲伏在地的猛虎;狮子山的模样活似回头望着虎丘的狮子,那是苏州一景,名叫狮子回望看虎丘。"这里运用生动形象的比喻把苏州城外的青山讲得活灵活现,产生了一种美感,引发了一种情趣,以强烈的艺术魅力吸引游客去体验他所营造的优美意境。境界的推出,要靠体味。好的导游不会边走边讲、喋喋不休,把游客的耳朵灌得满满。而是审时度势,留有空白,此所谓:于无声处听惊雷。九寨沟到黄龙,汽车在海拔三四千公尺的群山峻岭中穿行。导游来一个惊叹号:"瞧那雪山!"留给游客一个惊叹号,在常人眼里,雪山无非是遥远的天际那淡淡的一抹。而此刻的雪山却千姿百态,令人拍案叫绝。有的是用青松和白雪织成一屏素雅的锦织,有的是土色的近岭与银白的远山参差错落。有时远山被落日的余晖嵌上边框,璀璨而瑰丽。有时雪山退隐群峰之后,只见远方低洼处光闪闪一片,该不是阿里巴巴的金库吧?

⑨ 变换。变换是指把难懂的或需要特别强调的数字加以形象化的描述和将外国(族)游客难以理解的词或句子意译成或变换成他们所熟悉易懂的词或句子的方法。比如,为了使游客形象地感知当时封建帝王为修故宫搜刮民脂民膏所耗费的财力,导游员讲解道:"明万历三十七年(1609年)重修二大殿,仅采木一项,就花费白银九百三十余万两,约合当时八百多万'半年糠菜半年粮'的贫苦农民一年的口粮。"又如,"故宫规模宏大,假如安排一个刚出生的孩子在每个宫室里各住一夜,当他(她)把所有宫室都住一遍后,他(她)就成了一位二十七岁的青年。"这里变换的修辞手法既形象又生动,使人感到故宫规模之宏大。

(7) 精心安排,制造悬念。俗话说:"让人惊不如让人喜,让人喜不如让人思。"游客一旦置身于景物之中,就会有一种追究景观特征、故事结局、文物来历和风俗习惯的迫切心理,有经验的导游会借机制造悬念,巧妙安排讲解内容,提出话题,引出审美注意点,这种"吊胃口""卖关子"的手法,能吸引游客注意,活跃气氛,使游客从"旁观型"转化为"参与型"。一位导游在介绍虎丘塔的建造年代时说:"虎丘塔究竟有多少年呢,几百年还是几千年?说法一直不一致。这事直到20世纪50年代初才弄清楚。"他停了下来,"大家再想,是怎样搞清楚的呢?有一次,建筑工人在加固塔基的时候,他们在塔内的一个窟窿里,发现了一个石头箱子。"他随即又停下,然后说:"工人们把它搬出来打开一看,里面还有一个木头小箱子,大概有这么大……"导游员比画着,"再把小木箱打开,里面有包东西,是用刺绣的丝织品包着的,打开一看,是一包佛经,取出这包东西,只见箱底写着年代。呵呵,你们猜是什么年代?"游客纷纷猜测,过了一会儿,导游员说:"这年代是中国北宋建隆二年,也就是公元961年。由此可见,虎丘塔距今已有一千多年的历史,而苏州的丝绸刺绣工艺至少也有上千年的历史。"

好的导游总是通过悬疑,循循善诱,使游客有所疑,有所思,进而达到审美情趣的满足。南京导游可作范例。导游一开始,在介绍南京古、大、重、绿四大特点时便发第一问:所谓六朝古都是哪六朝?在介绍孙中山经历后发第二问:孙中山生于广东,逝世于北京,毕生为革命事业奔波,何以选南京为长眠之地?在引导大家观览规模恢宏、气势磅礴的陵墓建筑时,提出第三问:这样的建筑是谁承建的?提出吕彦直的名字,并介绍他全身心投入工程,以致积劳成疾,身患肝癌,为这不朽的工程,贡献了自己36岁的年轻生命。过陵门,出碑亭,面对气势威严层层拔高的汉白玉石阶,导游发出第四问:要抵达最高处灵堂,共有多少级台阶?让游客边走边数。返回时再问:为什么不多不少只有392级?原来当时中国人口正是三亿九千二百万。行至顶端平台,见一对奉天大典时上海市赠送的铜鼎。导游引导大家观察大鼎下部的两个孔洞,随即发问:这是为什么?随即解释说:"这是1937年日军占领南京时,发炮射击所致。它提醒国民勿忘国耻。"跟随导游,拾级而上。全梯共分10段,每段有一平台。抵达顶台,导游忽然发问:"我们自下而上时,但见眼前石阶步步升高,接连不断;此刻由上而下看,却只见平台不见石阶,这是为什么?"进入以黑、黄、白三种孝色为基调的祭堂、墓室,导游引大家瞻仰波兰雕刻家所雕的孙中山坐像和捷克人高琪所雕的卧像,并提出第七问:为什么祭堂里孙中山坐像着长袍马褂,而墓室中孙中山卧像却穿中山装呢?引导大家体会当时新旧两派分歧的政治背景。瞻仰总理陵墓,导游最后发问:此刻,大家一定心存疑惑。这陵墓下面是否真有孙中山的遗体呢?边游边问,边答边想,一路观赏,一路沉思,于形游之中达到神游。

4. 导游沟通协调的语言艺术

导游工作的性质与任务,不仅仅是景点介绍、讲解,还包括许多其他的工作,涵盖了旅游六大要素中吃、住、行、游、购、娱的方方面面。而游客的兴趣、爱好、要求又各不相同,素质也参差不齐,要使每个游客满意确实相当不易。但对于导游人员来说,仍需要努力做好以下沟通协调工作。

(1)善于回答疑难问题。游客会向导游提出各种问题,如何应对确实不是一件容易的事。

① 原则问题是非分明。游客提出的某些问题涉及一定的原则立场,一定要给予明确的回答。这些问题有些涉及民族尊严,有些涉及中国的国际形象,如香港的"一国两制""台湾问题"等,要是非分明、毫不隐讳,并力求用正确的回答澄清对方的误解和模糊认识。例如,西方游客在游览河北承德时,有人问:"承德以前是蒙古人住的地方,因为它在长城以外,对吗?"导游员答:"是的,现在有些村落还是蒙古名字。"又问:"那么,是不是可以说,现在汉人侵略了蒙古人的地盘呢?"导游答:"不应该这么说,应该叫民族融合。中国的北方也有汉人,同样南方也有蒙古人。就像法国的阿拉伯人一样,是由于历史的原因形成的,并不是侵略。现在的中国不是哪一个民族的国家,而是一个统一的多民族国家。"客人听了都连连点头。

② 诱导否定。游客的性格各异,要求五花八门,有些合理要求作为导游人员应当尽量予以满足,而有些要求却不尽合理,按照礼貌服务的要求,导游不要轻易对客人说"不"。对方提出问题以后,不要马上回答,而是先讲一点理由,提出一些条件或反问一个问题,诱使对方自我否定,自我放弃原来提出的问题。

③ 曲语回避。有些游客提出的问题很刁钻,使导游在回答问题时肯定和否定都有漏洞,左右为难,还不如以静制动,或以曲折含蓄的语言予以回避。有一位美国游客问一位导游员:"你认为是毛泽东好,还是邓小平好?"导游巧妙地避开其话锋,反问道:"您能先告诉我是华盛顿好还是林肯好吗?"客人哑然。

④ 微笑不语。遭人拒绝是最令人尴尬难堪的事,为了避免遭遇这种难堪,一般人通

常选择不轻易求人。所以不论是何种情况,导游人员都不应直截了当地拒绝游客的要求。但有时游客提出的一些要求,我们又不得不拒绝,此时,微笑不语可谓是最佳选择。满怀歉意地微笑不语,本身就向游客表达了一种"我真的想帮你,但是我无能为力"的信号。微笑不语有时含有不置可否的意味。

⑤ 先是后非。在必须就某个问题向游客表示拒绝时,可采取先肯定对方的动机,或表明自己与对方主观一致的愿望,然后再以无可奈何的客观理由为借口予以回绝。例如,在故宫博物院,一批外国游客看到中国皇宫建筑的雄伟壮观,纷纷要求摄影拍照,而故宫的有些景点是不允许拍照的,此时导游员诚恳地对客人说:"从感情上讲,我真想帮助大家,但这里有规定不许拍照,所以我无能为力。"这种先"是"后"非"的拒绝法,可以缓解对方的紧张情绪,使对方感到你并没有从情感上拒绝他的愿望,而是出于无奈,这样在心理上他们容易接受。

⑥ 婉言谢绝。婉言谢绝,是指以诚恳的态度、委婉的方式,来回避他人所提出的要求或问题的一种交往技巧。即运用模糊语言暗示游客,或从侧面提示客人,其要求虽然可以理解,但由于某些客观原因不便答复。为此只能表示遗憾和歉意,感谢大家的理解和支持。拒绝游客的方法还有不少,如顺水推舟法。即拒绝对方时,以对方言语中的某一点作为拒绝的理由,顺其逻辑得出拒绝的结果。顺水推舟式的拒绝,显得极为涵养,既能达到断然拒绝的目的,又不至于伤害对方的面子。

(2) 善于激发游客兴趣。游客游兴如何是导游工作成败的关键。游客的游兴可以激发导游的灵感,使导游在整个游程中和游客心灵相融,一路欢声笑语;相反,如果游客兴味索然,表情冷漠,尽管导游竭尽所能,也会毫无成效。激发游客游兴的礼仪包括两个方面:一是利用景观本身的吸引力;二是导游借助语言功能加以调动和引导的礼仪。

导游的景点介绍,一定要注意讲解的针对性、科学性和语言表达主动性的完美结合,应根据不同的景点(人文景观如故宫、颐和园;自然景观如桂林山水)进行详略不同介绍的礼仪;有的具体详尽,有的活泼流畅,有的构思严谨,有的通俗易懂。总之,景点介绍的风格特点和内容取舍,始终应以游客的兴趣为前提。

另外,在游览过程中,要善于变换游客感兴趣的话题,可根据不同游客的心理特点来加以选择。如满足求知欲的话题、刺激好奇心理的话题、决定行动的话题、满足优越感的话题、娱乐性话题等。

(3) 善于调节游客情绪。情绪是人对于客观事物是否符合本身需要而产生的一种态度和体验。旅游活动中,由于有相当多的不确定因素和不可控制因素,随时都会导致计划的改变。例如,有时由于客观原因游览景点要减少,游客感兴趣的景点停留时间要缩短;预订好的中餐因为某些不可控制的因素,临时改吃西餐;订好的机票因大风、大雾停飞,只得临时改乘火车,类似事件在接团和陪团时会经常发生。这些都会直接或间接影响到游客的情绪。例如,一个旅游团因订不到火车卧铺票而改乘轮船,游客十分不满,在情绪上与导游形成了强烈的对立。导游面带微笑,一方面向游客道歉,请大家谅解,由于旅游旺季火车的紧张状况导致了计划的临时改变;另一方面耐心开导游客,乘轮船虽然速度慢一些,但提前一天上船,并未影响整个的游程,并且在船上能够欣赏两岸的风光,相当于增加了一个旅游项目。导游成功地运用不同的分析方法,以诚恳、冷静的态度,幽默、风趣的语言,很快化解了游客的不满情绪。调节游客情绪要注意以下几点。

① 避免以自我为话题中心。调解游客情绪时,最忌讳一方自以为是、夸夸其谈、炫耀自己,完全忽视他人。如果听者始终找不到机会参与谈话,心理上就会产生抵触情绪。为了促进双方情绪的沟通,在谈话中应尽量使对方多开口,借以了解对方,挖掘双方的共同点,找出双方共同的话题,不能一个人垄断话题,也不要放弃调节情绪的机会。

② 谈论游客感兴趣的内容。在交谈中,应随时注意游客的反应,观察游客的表情、体姿、判断其对谈话的关注程度,并经常征询游客的意见,给予对方谈话的机会。如果一旦发现游客对话题不感兴趣,应立即停住并转移话题,调整谈话的内容和方式。交谈中不要涉及个人隐私、敏感问题,否则谈话会陷入难堪的局面。

③ 谈话内容应以友好为原则。在调节游客的情绪中,双方可能会因对问题的不同看法而发生争论。有时争论是有益的,但争论也容易导致友谊破裂、关系中断。因此,应防止或避免无意义的争论,尤其是不冷静的争论。一旦争执起来,如果对方无礼,不要以牙还牙、出言不逊、恶语伤人,也不要旁敲侧击、冷嘲热讽;应宽容克制,尽可能地好言相劝,再寻找新的话题。

7.1.2 推销口才

由于推销的根本目的在于说服推销对象接受推销客体,所以推销语言必须满足推销对象的需求,从而更准确有效地传递推销信息,唤起其注意,激发其兴趣,促成交易的实现,达到推销的目的。推销的语言艺术包括如下几个方面。

1. 引起注意

无数的事实证明:在面对面的推销中,能否吸引客户的注意力,第一句话是十分重要的,它的重要性并不亚于宣传广告。客户在听我们第一句话的时候比听第二句话乃至以下的话要认真得多,当听完我们第一句话时,很多客户,不论是有心还是无意,都会马上决定是尽快地把我们打发走,还是准备继续谈下去,如果第一句话不能有效地引起顾客的兴趣,那么随后即使谈下去,成果也不会太乐观。

(1) 急人所需。抓住对方的急需提出问题是引起注意的常用方法。美国一位食品搅拌器推销员,当一住户的男主人为其开门后,第一句话就发问道:"家里有高级搅拌器吗?"男主人被这突如其来的发问给难住了,他转过脸来与夫人商量,太太有点窘迫又有点好奇地说:"搅拌器我家里倒有一个,但不是最高级的。"推销员马上说:"我这里有一个高级的。"说着,从提袋中拿出搅拌器,一边讲解,一边演示。

假如第一句不是这样说,而是换一种方式,一开口就说:"我想来问一下,你们是否愿意购买一个新型的食品搅拌器?"或者"你需要一个高级食品搅拌器吗?"会有什么结果呢?第一种问法,要对方回答的是"有"还是"没有"。当然差不多是明知故问,但这个问题提得好,有两个好处:一是没有使客户立刻觉得你是向他们推销东西的。我们已经说过,人们讨厌别人卖给他们什么,而喜欢自己去买什么;二是我们只说我们有一台高级搅拌器,并没有问客户买不买,因此客户会产生兴趣,看看高级别的与我们家里的有什么不同,演示说明就成为顺理成章的事情了。至于最后的购买,不是乞求的结果,也不是高压的结果,而是客户的一种满意的选择。

(2) 设身处地。如果一开口,便说出一句替客户设身处地着想的话,同样也能赢得对方的注意。因为人们对与自己有关的事特别注意,而对那些与自己无关或关系不大的事,往往不太关心。有一个推销家庭用品的推销员,总能够成功地运用第一句来吸引顾客的注意。"我能向您介绍一下怎样才能减轻家务劳动吗?"这句话一下子抓住了对方的心理,就是为烦琐家务劳动搞得十分伤脑筋,而且又无计可施,这时听说有方法可减轻家务劳动,当然会引起注意了。请想想,如果这位推销员朋友一开口就问人家:"我能向你们推销一部洗衣机吗?"或者"我能给你们介绍一下我厂的新产品吸尘器吗?"效果就不会有第一种的说法好,因为后面的说法没有把产品对客户的效用一下子明确地提出来,而且没有设身处地地为对方着想,强调的是"我",而不是"你"。

(3) 正话反说。有的时候推销人员为了引起对方的注意,故意正话反说,这也是一种出其不意的妙法,一个高压锅厂的推销员找到一个批发部经理进行访问推销,他一开始就说了这么一句:"你愿意卖1000只高压锅吗?"推销员在推销的时候,往往不说"买"而说"卖"这句话一说,经理感到这个人很有意思,便高兴地请他谈下去,推销员抓住机会向经理详细地介绍他们工厂正在准备通过宣传广告大量推销高压锅的计划,并说明这样做的目的是为了给零售商提高销售量,这个经理便愉快地向他订下一批货。说话这件事真奇怪,同样一个意思,不同的说法,效果竟相差甚远,真是值得我们研究一辈子。

(4) 形象演示。关于产品的戏剧性形象演示,效果明显,可以极好地引起公众注意。一个纺织品推销员脸朝着太阳的方向,双手举起一块真丝产品,这时,从挂在墙上的玻璃镜中,可以看到这块真丝产品,他对顾客说:"你从来没有见过这样有光泽的图案,这样清晰的丝织品吧?"一个推销录音机的推销员,走进一个潜在客户的办公室,客户正在打电话,他马上将录音机打开,把对方的说话录了下来,等他打完电话后,马上放录音,同时对客户说:"你可能还没有听过自己的雄浑悦耳的男低音吧?"这两个故事中的推销员,都善于因地制宜地利用自己所推销的商品,制造戏剧性的情节,实践表明,人们对于戏剧性的情节会产生很强的注意力和好奇心。假如不是这样,而是直截了当地问对方"你要录音机吗?""你要丝织品吗?"效果就肯定差得远。

(5) 顺水推舟。"在上个月的展销会上,我看到你们生产的橱窗很漂亮,那是你们的产品吗?"这句话马上引起了对方的注意,并使对方十分高兴,然后推销员紧接着对这位客户说:"我想,如果在你们生产的橱窗上再配上我厂的这种新产品,那就是锦上添花了。"顺手递上了自己所要推销的产品,这个推销员顺着他人产品之水,推动自己产品之舟,可谓巧妙,这种借向客户提出新的构想来推销自己的产品的方法,也是一种吸引对方注意的有效途径。

(6) 从众效应法。从众,这是一种有趣的社会心理现象,它指的是人们往往不自觉地以周围人的行为动作来作为自己的行动指导,特别是当自己难以选择的时候,更会以他人的行动作为自己行动的借鉴,例如,如果你的亲朋好友,邻居同事购买"飞鸽牌"自行车,当你打算买车的时候,就很可能也买"飞鸽牌"。这个原理用于推销,就要求推销员在说明产品时,同时举出已购买本产品的公司或知名人士或顾客的熟人。

这种国产车很受欢迎,深圳、广州、珠海几家旅游公司都各订了10部。

李先生,你是否注意到红光印刷厂王经理采用了我们的印刷机后,营业状况大为改善?

这种综合电疗器特别受知识分子的欢迎,工学院的老师一买就是几十只,你们师范学院的教师也买了不少,比如,你们都认识的中文系王天教授、数学系刘明教授,都使用这种电疗器,效果不错。喏,这是他们写来的信。

当然,推销时所碰到的场面何止千种,正所谓运用之妙,存乎一心。以上的几种方法,仅供借鉴,到底要怎样说,才能最有效地吸引对方的注意,引起对方的兴趣,还要我们在实践中不断创造。

2. 介绍商品

介绍商品是推销过程的一个重要环节,推销就是通过商品的介绍,达到满足顾客真正需求和销售商品的双重目的,介绍应注意以下四点。

(1)因情制宜。因情制宜,就是指介绍商品时应根据商品的特点和推销对象的具体情况加以介绍,做到有的放矢,比如,对高档商品要强调其质优物美的一面;对廉价商品则要偏重其价廉的特点;对试销商品要突出其"新颖独特"的一面,着力介绍其新功能、新结构,体现新的审美观和价值观;对畅销商品,因其功能、质量已广为人知,因此对商品本身不须详细介绍,而应着重说明其畅销的行情和原因,使顾客不但感到畅销合情合理,而且产生一种"如不从速购买,可能失去机会"的心理,而对滞销商品,则应强调其价格低廉、经济实惠的特点,同时适当地对照说明其滞销的某些原因和可取的优点。比如,对老年人介绍说:"这种羽绒服是名牌产品,保暖性强,结实耐穿,式样大方,就是款式不够新颖,没有皮衣那么时髦,所以年轻人不太欣赏。"这正切合了老年人追求经济实用,重内在质量的心理。

从推销对象来看,不同的顾客有不同的心理和需求,介绍商品时更应抓住不同顾客的心理特点,因人施语,获得顾客的认同,如年轻人喜欢新颖奇特,而老年人则注重价格;女士往往偏重款式,男士则更讲究品牌,向女士推销服装,应强调款式的新颖,风格的独特,而对男士,则应着重介绍品牌的知名、质料的考究。又如,对老成持重的顾客,介绍时应力求周全,讲话可以慢一点,要留有余地;对自我意识很强的顾客,不妨先听其言,然后因势利导;对性情急躁的顾客,介绍商品时应保持平静,设身处地为之权衡利弊,促其当机立断;而对优柔寡断的顾客,则应察言观色,晓之以利,促发其购买冲动。

(2)充满热情。推销人员在推销中要充满信心和热情,推销人员的热情往往会感染顾客,使顾客产生信任感,构成情感上的共鸣,进而引发顾客的购买欲。如有位妈妈给孩子买马蹄衫上用的扣子,营业员见到她的小孩,说:"这是你的小孩吧,真漂亮。"这位妈妈高兴地说:"你不知道,淘气着哪!"营业员说:"小子玩玩是好,女儿玩玩是巧,将来一定有出息!"又问:"你想看点啥?""我想买五颗扣子。"营业员说:"市面上卖的马蹄衫胸前钉的是五颗扣子,衫上还应钉两颗。小孩好动,常掉扣子,加上一颗备用。您买十颗吧。"这位顾客很高兴:"您比我想得还周到,听您的买十颗。"推销人员以热情待人,可以使本来不想买的买了,本来想少买的多买,而原来打算买的则买得更高兴。总的来说,情能动人亦能感人,从而产生好的效果。

(3) 实事求是。实事求是即指介绍商品应尊重事实,恰如其分,切忌虚假吹嘘,蒙骗顾客,应当看到,任何商品都有其长处和短处,顾客所关注的是商品的长处在多大程度上大于短处,在于商品的长处和价值要与其价格相称。所以,对商品成功的介绍并不在于过分渲染和夸大商品的优点,这样做只能引起顾客怀疑和反感,而应当实事求是地介绍,使顾客全面了解商品情况。消除疑虑和犹豫心理,增强对商品和企业的信任度,买得放心并且称心,推销人员应当铭记的是:商品介绍中最重要的不在于推销者说了些什么,而在于顾客相信什么,不在于告诉顾客商品如何完美无缺,而在于顾客了解此种商品有什么适应其需求的好处,所以实事求是地介绍商品是颇有说服力的。

(4) 突出重点。通常一种商品或服务,本身具有众多的优点和特征,如果我们不看对象,一股脑儿将这些特点和特征加以罗列,一一介绍,不但会白白浪费许多时间,顾客也会由于我们的"狂轰滥炸"而弄得头昏眼花,不得要领。在介绍时,我们应根据商品或服务的特点,转换成对顾客的益处,依客户之不同而进行重点不同的说明,这便是我们所说的合理介绍最重要的一条。

以电冰箱为例,同样的一个电冰箱,也随时间、地点、人物的不同而具有不同的效用,我们介绍的时候,只要抓住这一条,就会事半功倍。

美国的一位推销员曾经向住在北极圈内冰天雪地中的因纽特人推销电冰箱,他是这样来介绍他所推销的产品的:"这个电冰箱最大效用是'保温',不致使我们食物的结构被冻坏而丧失它的营养价值"(注:电冰箱里的常温是零下5摄氏度,而因纽特人居住地的气温终年都零下三四十摄氏度),对因纽特人而言,这位聪明的推销员以温度的差距对食物的营养价值的影响作为说明的重点,是非常恰当的。试想,如果对因纽特人说明由于冰箱里的温度低,可使食物保鲜,对方听了可能认为你到这里来是为了开玩笑的,因为这里根本不存在食物腐败的问题。

商品虽然成千上万,不胜枚举,但是说明的重点不外乎以下10个方面:①适合性——是否适合对方的需要;②通融性——是否也可用于其他的目的;③耐久性——是否能长期使用;④安全性——是否具有某种潜在的危险;⑤舒适性——是否能给人们带来愉快的感觉;⑥简便性——是否很快可以掌握它的使用方法,不需要反复钻研说明书;⑦流行性——是否是新产品,而不是过时货;⑧身价性——是否能使顾客提高身价,自夸于人;⑨美观性——外观是否美观;⑩便宜性——价格是否合理,是否可以为对方所接受。这10个方面因人而异、因物而异、因时而异,要求我们在做说明的时候,能对症下药。

3. 诱导购买

美国推销大师贺伊拉说:"如果您想勾起对方吃牛排的欲望,将牛排放在他的面前,固然有效,但最令人无法抗拒的是,煎牛排的'吱吱'声,他会想到牛排正躺在黑色铁板上,吱吱作响,浑身冒油,香味四溢,不由得咽下口水。""吱吱"的响声使人们产生了联想,刺激了欲望。我们在推销说明中,就是凭借我们的语言,针对顾客的欲望,利用商品的某种效用,为顾客描述商品,使之产生联想,甚至产生"梦幻般的感觉",以达到刺激欲望的目的。

（1）描绘购买后的美景

为了使顾客产生购买的欲望，只让顾客看商品或进行演示还是不够的，我们必须同时加以适当的劝诱，使顾客在心理上呈现一幅美景。我们首先要将有魅力的形象在我们的脑海中描绘出来，并将形象转换成丰富动人的言辞，然后用我们的口才当"放像机"在对方脑海屏幕上映现，借以打动对方的心。

一位推销室内空调机的能手，他总滔滔不绝地向顾客介绍空调机的优点如何如何，因为他明白，人并非完全因为东西好才想得到它，而是由于先有想要的需求，才感到东西好，如果不想要的话，东西再好，他也不会买，因此他在说明他的产品时并不说"这般闷热的天气，如果没有冷气，实在令人难受"之类的刻板的教条。而是把有希望要买的顾客，当成刚从炎热的阳光下回到一间没有空调机屋子里的人："您在炎热的阳光下挥汗如雨地劳动后回到家里，您一打开房门，迎接您的是一间更加闷热的蒸笼，您刚刚抹掉脸上的汗水，可是马上额头上又渗出了新的汗珠，您打开窗子。但一点风也没有，您打开风扇，却是热风扑面，使您本来疲劳的身体更加烦闷，可是，您想过没有，假如您一进家门，迎面吹来的是阵阵凉风，那是一种多么惬意的享受啊！"

凡是成功的推销员都明白，在进行商品说明的时候，不能仅以商品的各种物理性能为限，因为这样做，还难以使顾客动心。要使顾客产生购买的念头，还必须在此基础上勾画出一幅梦幻般的图景，顿时就会使商品增加了魅力。

使用这种描述说明方式有几点必须注意。

① 不要描述没有事实根据的虚幻形象。我们的描述，目的是使我们的商品或服务锦上添花。要做到这点，首先必须有"锦"，而不是破布，如果我们所描述的是没有事实根据的虚幻形象，日后必招来顾客的怨恨。我国某城市的报纸上曾为该市新建的一座森林公园大做广告，称如何如何壮丽，开张的那天，不少人慕名而来，结果大呼上当，森林公园中根本见不到几棵树木，反倒见到不少的建筑工地，顾客纷纷写信去报纸投诉，使该公园名誉扫地。

② 以具体的措辞描绘。如果我们只说"太爷鸡"（这是广州市一家著名的个体户的绝活）。人们的脑海中仅会浮现一只鸡的形象，至于什么颜色，什么香味，软硬如何，人们就不得而知，很难产生美味的形象，光说"价廉物美"不行，还应具体描述一下，价廉到什么程度，物美又美到何种地步。

③ 以传达感觉的措辞来描述。如果我们只说"痛"便不大能令人了解到底有多痛，是怎样的痛法，如果说是"隐隐作痛""针刺般的痛"或"火烧火燎一样的痛"，人们就能更深刻地理解，因为后者的描述中用了传达感觉的措辞。

④ 活用比较和对照的方法来描述。将"空调机比电风扇好用得多了"与"电饭锅比烧煤烧柴省事得多了，且没有污染"这样进行比较，人们的印象就会特别深刻。

⑤ 活用实例来描述。一位卖相机的小姐对欲购相机的另一位小姐说："如果您出差、旅游，背上这一部相机，不但使您更加富于现代青年的特色，而且会给您带来永久的回忆，请您想一想，如果因为没有相机而失去这些宝贵的一刹那，岂不是终生的憾事？"

如果我们把合理的说明与描述性的说话技巧结合起来，将起到画龙点睛的作用，使我们的说明更加能激发起顾客的购买欲望。

(2) 提供有价值的情报

向顾客提供有价值的情报,也是刺激顾客购买欲望的一种说话方法,这也是很多不喜欢谈吐的推销员能得以成功的秘诀。什么是有价值的情报呢?顾客的利益及消费的时尚、顾客的需要及利益都是有价值的情报,这里重点讲述应该如何抓住人们消费价值取向的变化,去引导顾客适应新形势,从而激发他们购买的欲望。由于技术的革新,市面上相继出现了经过新奇包装的商品。消费者的收入水准或教育水平都在提高,生活方式随之改变,买方的欲求也高度化、大型化、多样化、个性化起来,购买态度、东西的买法、顾客的选择,都一直在疾速地改变,顾客对价值观的看法,也和以前完全不同,所以,只认为质量过硬或工厂设备精良,就自视商品佳,而自陷于千篇一律到处可见的推销法,是注定要失败的。

所谓推销,已演变成不单是推销东西了。不是推销商品,而是推销情报。例如,小汽车,销售重点也已从便宜的经济性等因素,移向了外观、乘坐的感觉等方面。纺织品,从耐久性方面,转移到色泽、花纹、设计、流行性等方面。住宅也同样,卖的不是孤立的建筑物,而是环绕建筑物的环境或有气氛的生活。即使是领带,卖的也不是单纯领带,而是一组的西装、衬衫、手帕等组合成整体的有个性的自我表现。这些销售特点,比起商品本身的价值和附加价值,更容易使顾客产生购买动机。现代的推销人员已不光是卖货、运货而已,而是提供决定商品买进有用情报的情报员。要当好这个消费顾问,在关键时刻得会说话,不但推销员本人要明了消费趋势的变化,而且要善于把这些变化传达给那些不知情的顾客。

4. 消除疑虑

推销的过程中,顾客会产生各种疑虑,如何消除这些疑虑是推销成功的关键。

(1) 正面击退法。有时顾客由于对公司的产品质量、信誉存在着疑虑,并因此拒绝相关的产品或服务,有的顾客甚至还说出一些刺耳的话来。面对这种情况,为了顺利地推销产品或服务,为了维护企业或产品的形象,有必要正面击退顾客的批评,从而消除他内心的疑虑。这里所说的是正面击退顾客错误的指责或不合理的挑剔,并非意味着对顾客本人来个迎头痛击,请查看以下的实例。

有一对正准备结婚的恋人,来到××电器集团公司的展销部购买电冰箱。这小两口围着××牌电冰箱转了好久,男的正准备掏钱付款的时候,女方突然改变了主意。

"我看,我们还是去买日本东芝冰箱吧!"

"怎么你又变卦了,原来不是说好的吗?"

"我看这种国产的冰箱质量不保险,不如日本的好。不过多花千把块钱就是了。"

这时候,站在一旁接待他们的售货员,眼看到手的生意没了,悔恨自己方才那么耐心地给他们解说,都白搭了。心里一急、一气,便脱口而出:

"得了,得了,你早说不买,就别问这问那,日本的好,你们又有钱,去日本买好了,干吗上这儿来?"

这两口子给这么正面一击,转身就想走。这时候,门市部主任微笑着走了过来。

"两位请留步,我有几句话要对两位说。"两口子不由自主地又转过身来,气鼓鼓的样子。

"真对不起,方才我们的售货员说话没有礼貌,冲撞了二位,这都怪我这个主任,平时教育不严,我向二位赔礼道歉。"

这两口子听他这么说,才平息了怒火。

"至于买不买我们的冰箱都没问题,只是有一件事要讨教一下二位。"

听到"讨教"二字,小两口认真起来了。

"方才这位小姐说,我们的冰箱质量有问题,是否可以具体说明一下,也便于我们改进工作。"

小姐冷不防给主任这么一问,一时不知如何作答,迟疑了一会儿,才吞吞吐吐地说:"我也是听人说,东芝的冰箱好。"她指着冰箱背后的散热管,继续说:"这些弯弯曲曲的管子都露在外面,也不好看。"

主任听她这么说,心中明白了几分。

"小姐,这完全是误会。当然,东芝电器历史长、牌子老,有许多优点。但是,我们国产的冰箱近些年来也有很大进步,你们方才看到的这种冰箱,正走向国际市场。"

小两口将信将疑,主任接着说:"我们的冰箱,经过周密的计算,将散热管暴露在空气中,散热的速度可提高一倍,由于热量散得快,所以冰箱内部制冷的速度快,达到提高效率、节约电能的目的。实验结果表明,与同等容积的密封式相比,我们耗电量仅是它们的1/3。如果一天省半度电,小姐,请你算一下,一年省多少电费?"

主任换了口气继续正面进攻:"至于说到美观,这是不必要的顾虑。因为散热管在冰箱背后,紧靠墙壁或在墙角之间,对于正面观看,毫无影响,请二位放心。"

这位小姐竟无话可说。这时主任发动连攻:"我看这样好了,你们若信得过我的话,下午我派车给你们送去。喏,这是单据,请到那边取发票和保修单。"

(资料来源:吴绿星.推销与口才[M].福州:福建科学技术出版社,1991.)

就这样,主任巧妙地挽回了败局,促成了生意。主任正面击退的不是顾客,而是顾客由于疑虑产生的责难。但我们注意到,主任正面反击时,没有用"这是胡说""谣言""诬蔑"字眼而是用了一句"这完全是误会"来反驳对方的错误意见。因此,当我们使用这种方法与顾客讨论时,一定要注意语气的柔和、用词的恰当,千万不能使用刺激性强的贬义词。否则,易激怒顾客,形成难以扭转的局面。

(2)间接讨论法。日本一个木屋推销员与顾客之间进行了这样的一场讨论。

"我们喜欢×××公司的产品。"

"您能详细地指点一下吗?"

"他们的广告似乎很有气魄……"

"先生,我们是应该以广告的大小来做出判断呢,还是应该以房屋的质量来判断?"

"你们房屋里的各种木质家具,不是很容易产生扭曲变形的现象吗?"

"您说得完全正确,如果比起钢铁制品、水泥构造来说,木质家具的确容易发生扭曲变形的现象。但是,请您注意,我们制作房屋及家具的木板,不是普通的木板,而是经过完全干燥处理过的,扭曲、变形的系数降低到最小的程度,也就是说,降低到人们肉眼无法发现,而只有精密仪器才能够测定得出的地步。所以,在这点上您完全可以放心。"

(资料来源:吴绿星.推销与口才[M].福州:福建科学技术出版社,1991.)

这就是一则使用间接法与顾客进行讨论,从而达到消除顾客内心疑虑的例子。

间接法,又称为"是的……不过……"法。这个方法的最终目的虽也是在于反驳对方的拒绝,消除对方的疑虑,但比起正面反击法来要婉转得多,拐了一个弯来说明我们的观点,间接地驳斥了对方的观点,我们大可一试。

从上面的例子我们可以得到三点重要的启发。

其一,当对方明确告诉我们说"不喜欢你们的商品,而喜欢别的厂家的商品"的时候,应该冷静地加以分析,诚恳地加以讨教。因为,事出有因,只有先弄清顾客心中的缘由,才能对症下药,并使之心服口服。

其二,当对方提出某家产品和我们相比较而扬他贬我的时候,我们不可盲目抨击对方所提出的厂家或产品,而应在笼统地与顾客同调的同时,在"但是"或"不过"后面做文章,正面阐明或介绍我方产品的优越之处,即使是前边已经进行过说明,在这里仍不妨耐心而巧妙地再来一遍。

其三,采用间接法时,说话的程序大致是这样的。

嗯!这很有道理,依您的看法是不是这样……我这个想法可能有错误,先生,我是这样想的……(同调)

曾经有人这么说……不过不知道可不可以这样说……(讲出自己的观点)

喔!这倒很有趣,先生,您能给我讲讲您这样认识的原因吗?(询问)

我也是这么想过的……但是……(间接法)

间接法如运用自如,效果颇佳。

(3)问答讨论法。问答讨论法又称苏格拉底讨论法。苏格拉底是两千多年前的古希腊著名哲学家。可以毫不夸张地说,苏格拉底是在和形形色色的人们讨论各种各样的问题中度过了他的一生。他所创立的问答讨论法,至今还是被世人所公认为"最聪明的反驳"法。

苏格拉底讨论法的原则是:当与观点不同的对手讨论或辩论问题时,开始时不要讨论有分歧的问题,而是强调彼此相一致的共同点,当所有观点都取得完全一致后,对方原来的主张便不攻自破,自然而然地转向我们的观点。苏格拉底讨论法的具体做法是,我们向对方提一连串的问题,而且对于这些问题,对方都只能点头称是。在对方回答了一连串的"是"之后,就只有忍痛割爱,放弃自己原有的主张转而无条件地拥护我们的主张了。

美国一位电机推销员哈里森,讲了这么一件他亲身经历的有趣的事:"哈里森,你又来推销你那些破烂了!你不要做梦了,我们再也不会买你那些玩意儿了!"总工程师昨天到车间去检查,用手摸了一下前不久哈里森推销给他们的电机,感到很烫手,便断定哈里森推销的电机质量太差。因而拒绝哈里森今日的拜访,推销更是没有希望。哈里森冷静考虑了一下,认为如果硬碰硬与对方辩论电机的质量,肯定于事无益,于是转而采用"苏格拉底讨论法"来攻克对方的堡垒。于是发生了以下的讨论对话。

"好吧,斯宾斯先生!就是已经买了的也得退货,你说是吗?"

"是的。"

"当然,任何电机工作时都会有一定程度的发热,只是发热不应超过全国电工协会所规定的标准,你说是吗?"

"是的。"

"按国家技术标准,电机的温度可比室内温度高出72°F,是这样的吧!"

"是的!但是你们的电机温升比这高出许多,喏,昨天差点把我的手都烫伤了!"

"请稍等一下。请问你们车间里的温度是多少?"

"大约75°F。"

"好极了!车间是75°F,加上应有的72°F的升温,共计是140°F左右。请问,如果你把手放进140°F的水里会不会被烫伤呢?"

"那——是完全可能的。"

"那么,请你以后千万不要去用手摸电机了。不过,我们的产品质量,你们完全可以放心,绝对没有问题。"结果,哈里森又做成了一笔买卖。

(资料来源:吴绿星.推销与口才[M].福州:福建科学技术出版社,1991.)

哈里森的成功,除了因为他的电机质量的确不错以外,他还利用了人们心理上的微妙的变化。当一个人在说话时,如果一开始就说出一连串的"是"字来,就会使整个身心趋向肯定的一面。这时全身呈放松状态,容易造成一种和谐的谈话气氛,也容易放弃自己原来的偏见,转而同意对方的意见。

使用"苏格拉底讨论法"来说服对方,有几点要特别引起我们注意。

第一,一定要创造出对方说"是"的气氛,要千方百计避免对方说"不"的气氛。因此,提的问题应精心考虑,不可信口开河。例如,台湾一推销员与顾客之间发生了这么一场对话。

"今天还是和昨天一样热,是吗?"

"是的!"

"最近通货膨胀,治安混乱,是吗?"

"是的!"

"现在这么不景气,真叫人不知如何是好!"

这类问题虽然很正常,不论推销人员如何说,对方都会回答"是的",好像已经创造出肯定的气氛,可是注意他说话的内容,却制造出一种根本无心购买的否定悲观的气氛。也就是说,顾客在听到他的询问后,会变得心情沉闷,当然什么东西也不想购买了。

第二,要使对方回答"是",提问的方式是非常重要的。什么样的发问方式比较容易得到肯定的回答呢?最好的方式应是,暗示你所要想得到的答案。

所以在推销商品时,不应问顾客喜不喜欢,想不想买。因为你问他"你想不想买""喜不喜欢"时,他可能回答"不"。因此,应该问:"你一定很喜欢,是吧!"

第三,当你发问对方还没回答之前,自己要先点头,你一边问一边点头,可诱使对方做出肯定回答。

5. 积极应变

推销人员面对的推销对象是复杂的，他们的心理、性格、教养、行为方式是不相同的。推销中，推销人员与推销对象产生矛盾也是经常的、难免的，这时，推销人员处理、化解矛盾的语言艺术非常重要。总的来讲，推销人员既要给推销对象以充分的尊重，没理时当然要让人，就是有理也要让人，但同时又要维护自己的形象及自己所代表的组织的声誉。处理矛盾、应对危机的语言艺术取决于推销对象的实际情况和具体语境，没有一成不变的方式。推销人员只有仔细观察，灵活机巧，才能走出困境。

一位非洲客人到某友谊商场退货，站在针织品柜台前大声说："你们不讲友谊。"原来，他买了 6 条三角裤，回去试了觉得腰部较紧，要求退货。售货员一再向他解释内衣是卫生品，试穿后一律不能退货。这位非洲客人则认为：不退货是一种借口，是搞种族歧视。正当双方争执不下时，商场公关人员来到了。她耐心听取了双方的陈述，立即以客人为目标"转"起脑筋来。她拿起皮尺量了量裤头的尺寸，又征得客人的同意，替他量了量腰围，然后婉转地说："看，您所选的内裤尺寸正合您的需要呀，您为什么觉得紧呢？是不是套在内裤外面试穿的？"这位非洲客人立即点了点头。公关人员用两手拉了拉裤头的松紧带，进一步解释说："螺纹纱针织品的特点是洗了后不但不缩水变小，而且时间长了还会变松。您如果买更大一点的，很快就没法穿了。"几句热情中肯的劝告把客人说动了，客人感受到了对自己的充分的尊重，也意识到自己的行为的确失当，便连声道歉说："谢谢，我不退换了。"所以说，高超的语言艺术对处理矛盾、化解危机具有重要的作用。

7.1.3 主持口才

主持人就是指那些用语言作为主要工具，在台上统领、推动、引导活动进程的人。他们在社会生活中扮演着传递信息、引发议论、交流情感、组织娱乐、渲染气氛的重要角色。

主持人一般有节目主持人和现场主持人两类。

两类主持的特点如表 7-1 所示。

表 7-1 主持的特点

特点 类别	节目主持特点	现场主持特点
性质	节目大多事先录播，一旦出现问题可以事后剪接更改，甚至重录	是一次性的活动，"成也今朝，败也今朝"。事先可能做了许多准备性的工作，但现场的突发情况是难以预计的
对象	面对的是全国甚至全世界的观众，语言具有广泛性和普遍性	有其特定的场合和观众，对象的范围也是事先预知的，主持人就可以选用相应的语言技巧，包括称呼、谈话方式和语言风格等
过程	广播电视节目业有一定的固定程序，但是可以为了迎合观众而出新、出奇，加以改变和调整	常规性的庆祝、哀悼或纪念活动都有一定的固定程序，这是约定俗成的，其形式是大家默认的，过度改变，反而不能让人接受

1. 主持的语言规则

说到底,主持人就是依托有声语言这个媒介来实现其主持功能的,可以说主持人语言能力的强弱直接影响和决定着主持活动质量的高低和成败。因此,对于主持人来说,以下语言规则是必须把握的。

(1) 流畅。语言是线性的,有声语言是一个音节接着一个音节有序地表达语义的,语流就是指这一行进过程。有声语言与书面语言表达的不同之处,就在于内部语言和外部语言的转换时间长短上。由于面对听众,因此这种转换有一定的时限性,它需要表达者的思维与表达能够同步,口语表达应像行云流水一样酣畅无阻并且完整、规范,给听众以舒畅的感觉。"流畅"并非靠背稿,真正意义上的"流畅"应靠敏锐的思维、机智的应变和伶俐的口齿来实现与听众交流的畅通无阻。

(2) 悦耳。主持语言不仅要规范流畅,普通话标准,而且要声音圆润,悦耳动听,富有美感,能给听众以心理上的愉悦感。由于主持口语稍纵即逝,一说出来就是"最终"形式,没有反复推敲的机会,所以主持人必须"出口成章",并要苦练发音技巧,口语表达要做到快而不乱、连而不黏、低而不虚、沉而不浊。主持人应能将人人"听惯的话"说得像音乐一样动听,像诗歌一样美妙,像散文一样流畅,令听众赏心悦"耳"并给其以高品位的艺术指导。

(3) 平易近人。主持人面对的是不计其数的观众和听众,且在有限的时间里要传播尽可能多的信息。这就要求主持人使用生活用语,努力体现平易性,使自己的语言大众化、平民化。诚如老舍先生所言:"假如我们的语言不通俗、不平易,它就不可能成为具有民族风格并为人们喜爱的作品。"实践证明,主持人以平和、平等的心态,使用平易性的语言,更能快捷地把思想传达给受众,容易为受众所理解和接受。例如,广西电视台主持人张英杰在主持"新闻在线"时,用语就非常的自然、亲切和大众化。一次他在报道某地"楼顶变成垃圾场"的新闻后,是这样评论的:"……看来要搞好城乡清洁工程,必须提高全民的文明素质。你想想,楼顶满是垃圾,风一吹灰尘、废塑料袋到处飞,下雨淤泥到处流,能卫生吗?我们希望那些把垃圾倒在楼顶的人不能图自己省事,要知道大家好才是真的好。"

(4) 鲜明。色彩鲜明的语气、语调,独到的表达方式,加上强烈的节奏感,可以充分调动现场气氛,同时也能在观众脑海中留下深刻的印象。抽象的语言显得空泛,模糊不清的语言令人"丈二和尚摸不着头脑"。而鲜明的主持语言才会打动人、吸引人,并取得心灵沟通和审美体验的效果。

(5) 准确。这要求主持人语言表达确切无误,符合客观实际,大到思想内容、表达形式,小到语法、逻辑、修辞、字音。一方面,要做到对事物有准确的认识,通过准确到位的语言来表达自己的思想,语意表达准确,避免误解的发生。另一方面,因为听众主要是从语音中接收主持人发出的信息的,信息传递是否有误,这与主持人能否读准每个词的音节关系相当密切,主持人一定要做到发音准确无误。

(6) 逻辑。主持语言需要敏捷地表达思维,但又不可出差错,要做到这点,主持人必须语言逻辑清晰,使主持语言有主次感,给听众明显的主要和次要的感觉;有次序感,给听众分明的先与后的次序感觉;有递进感,给听众清晰的推进和发展的感觉;有转折感,给听众明白的逆势而行的感觉;有总分感,给听众清楚的分述和综合的感觉;有因果感,给听众明晰的起始和结果有必然的内在联系的感觉等,使听众感受到主持人语言的严谨周密。

(7) 简练。这要求主持人做到简约凝练,惜墨如金。说话讲求效率,要去除累赘与堆砌的辞藻,用最少的语言来表达最丰富的意思,句子修饰过多,反而显得拖泥带水、不干净利落。要注意推敲用词,不粉饰、不做作、不卖弄。

(8) 精彩。主持人语言要充满活力,出语迅捷、出口成趣、美妙生动,能感染和打动受众。在富于变化的节目语境中,往往需要主持人敏锐快捷地相时而动,"应该具备'短、平、快'的特色"(刘吉语)。

(9) 幽默。这在轻松、非正式的主持活动中用得较多,它是思想、才学和灵感的结晶。幽默的语言,可以有效地融洽气氛,使活动达到轻松有趣、感悟哲理的效果。如一位体形很胖的美国女主持人曾夸张地说:"我不敢穿上白色的游泳衣去海边游泳,否则,飞过上空的美国空军一定会大为紧张,以为他们发现了古巴。"这则谈话是主持人拿自己的肥胖逗乐,发挥想象力进行了夸大渲染,使人听了这种生动而主观的夸张后,能从其充满调侃的自信中感受到她乐观的生活态度,夸张产生了幽默效果。

2. 节目主持的语言艺术

(1) 说普通话,语言尽量口语化。作为一个主持人有着推广普通话的义务。目前,一些节目主持人本来有一口流利、纯正的普通话,可主持节目时却硬要模仿港台味道打乱语法表达方式,让人听了浑身起鸡皮疙瘩。节目主持人的语言要符合现代汉语规范化、标准化的要求,用词要准确,避免用方言土语。另外,现在的观众越来越习惯用一种轻松的方式来欣赏节目,所以主持人应该注意与观众的这种口头交流,串词当然应该精彩,但要尽量口语化,褪掉"书卷气",使主持像是在谈话,而不是在背书或者朗诵。

(2) 语言通俗易懂。主持人的语言需要加工提炼,力求准确、清楚,使各类受众一听就懂,易于接受。如台湾华视新闻主持人李砚秋是台湾地区"最佳主持人"的历届得主。1991年华东发水灾的时候,她到大陆采访,在一次新闻报道的结尾,她站在齐腰深的水里说:"自从大禹治水以来,历经几千年,中国人还在同洪水搏斗,但是老天爷在发怒的时候就要找这块土地泄愤,土地无知,洪水无情,但苍生何辜,面对这片疮痍,真让中国人对中国人感到慨叹。"[①]

(3) 调动观众参与。节目主持人要责无旁贷地用语言在节目表演者和观众之间架起一座桥梁,产生互动效应,使现场气氛更加浓郁。余姚广播电台主持人李小萍在主持第六届中国塑料博览会"中东八国论坛"招待晚会中的一段串词就充分地说明了这点。主持人手拿河姆渡出土的骨哨的复制品来到观众席。

观众朋友,你们知道这是什么吗?(观众马上参与,"是骨头""是哨子")

这个呀是距今有七千多年历史的河姆渡遗址挖掘出来的——骨哨——的复制品(故意拖长音,引起兴趣),它是河姆渡先民用来诱捕猎物或娱乐时所用。

---

① 高雅杰.实用口才训练教程[M].北京:清华大学出版社,北京交通大学出版社,2008.

知道它用什么制作而成的吗?(让观众传看,递上话筒让他们七嘴八舌地猜)

骨哨一般是用动物的肢骨制作的,而这只是用公鸡大腿骨做成的。刚才大家看到的这只小哨子,上面只有三个小孔,能吹吗?(前排观众踊跃试吹)

向大家透露一个秘密,我们演奏员曾用它为江泽民主席进行演奏。(观众显得更有欲望,更加荣幸)

哈,马上请出哨子的主人,国家一级演奏员倪乐辉为我们带来《河姆渡随想》。

在上面这段串词中,主持人巧妙运用演出道具,在与观众提问交流中介绍骨哨的来历、河姆渡文化以及这只哨子为江泽民主席演出的"光荣历史",最后引出演奏者,为观众与节目架起了一座沟通的桥梁。其间观众始终参与,热烈互动,现场气氛非常活跃。

(4)拥有个性化的主持风格。有个性,才有特色,才有风格,因为不同的主持人,年龄不同,性别不同,主持节目的内容也不同。这就要求主持人要说"自己"的话,主持人的语言表达要与其身份相符,每一位主持人都应有体现自己个性的语言。例如,中央电视台的著名节目主持人的主持风格就各不相同,语言风格也各具特色,赵忠祥舒缓有序;倪萍亲切得体;刘纯燕活泼清纯;敬一丹稳重严谨;水均益大气儒雅;崔永元寓庄于谐;白岩松严肃尖锐……实际上,每个主持人都有自己的优势和局限性,都有自己的个性,而且主持的节目也都有其自身的特点和类型。

3. 典礼仪式主持的语言艺术

典礼仪式是指在人际交往中,特别是在一些比较重大、比较庄严、比较隆重、比较热烈的正式场合,为了激发出席者的某种情感,或者为了引起其重视,而郑重其事地参照合乎规范与管理的程序,按部就班地举行某种活动的具体形式。在现实生活里,我们接触的仪式很多,诸如签字仪式、剪彩仪式、交接仪式、庆典仪式、开幕式、闭幕式等。

从根本上讲,典礼仪式是现代社会发展的产物。因为礼仪与仪式作为人们生活中的行为模式、行为规范,是属于社会的上层建筑,由社会经济基础决定的,并随着经济基础的变化而变化,随着社会实践的发展而不断地丰富发展。而社会生产力水平决定了一个社会的经济基础,所以礼仪及仪式的产生和发展最终是由社会生产力水平所制约和决定的,随着现代社会生产力水平的提高而提高,人们物质文化水平的提高,社会所固有的仪式也在不断地发展和臻于完善。

当今社会,对组织而言仪式有着重要的作用,它有利于提高组织的知名度和美誉度,塑造组织形象;有利于鼓舞员工的士气,激发员工对本组织的热爱,培育组织员工的价值观念,增强组织的凝聚力;有利于传递组织的信息,使组织赢得更多的成功机会和合作伙伴;有利于沟通情感,传达意愿,增进友情。成功的典礼仪式对组织而言意义重大,而典礼仪式的成功,主持人的主持尤为关键。

(1)庄重的语言风格。典礼仪式的主持人的语言风格一般都是比较正式庄重的,从宣布会议开始介绍来宾,会议的性质、意义,直到宣布休会,对于会议步骤的进行、宗旨的阐述、希望的表达等,要把握得恰到好处。

(2)规范的语言表达。庆典仪式主持人应做到用语规范、礼貌、庄重,符合大型场合的用语特点。首先要语音标准,吐字清晰,不发生读音错误或者读音不准的现象。其次要词语规范,不生造词语,不错用成语、不滥用方言词汇、外来词汇或港台词汇,不使用粗俗词汇或滥用简称等,还要注意语法规范。

(3) 非语言配合表达。在具体主持中,主持人应同时做到语速较慢,声音洪亮,全神贯注,表情庄重严肃,这样才能吸引广大听众,共同营造安静、庄重的会场氛围。如果仪式中安排了升国旗、奏国歌的程序,一定要依礼行事;起立、脱帽、立正,面向国旗或主席台行注目礼,还应注意坐姿和站姿,切不可在起立或坐下时,把椅子搞得乱响,一边脱帽一边梳头,或是在此期间走动和与人交头接耳,这些都被认为是损害形象的严重事件。

作为主持人还要注意在主持前做好充分的准备,了解仪式的性质、清楚仪式的程序,明确串词的内容等。这些问题都要在脑中做一个很好的梳理,不可漏掉一个环节,否则整个活动会因为主持人的疏忽而留下遗憾。

4. 婚礼主持的语言艺术

结婚典礼是人们生活中最常见、最引人关注、最能激发人们兴致的一种庆典形式。结婚典礼成功与否,婚礼主持人起着至关重要的作用。一个好的婚礼主持人对整个婚礼现场效果,起着组织、控制的作用,整个婚礼过程是主持人语言表达、临场发挥、随机应变、机智幽默、拾遗补阙等综合能力的反映。

(1) 突出个性。现在越来越多的新人开始注重个性的展示,希望真正办成一个属于自己的婚礼。这就要求婚礼主持人根据新人的特色和个性,有针对性地设计个性鲜明、风格各异的婚礼主持词,使婚礼在形式及内容上,突出每对新人的特色和个性,使新人在举行婚礼的同时,不仅体会到婚礼的喜庆和隆重,而且通过婚礼体味人生的意义,领悟爱情、婚姻、家庭的诸多感受。这就要求婚礼主持人放开视野,去挖掘、去思索,拓展自己的创作空间。

为了突出个性可以借名发挥。一个人的名字具有丰富的内涵和引申意义。在婚礼主持中借名释义,不仅会令人赏心悦目,给人带来欢悦,而且也会表现出主持人独到的语言魅力。例如,某一个婚礼,新郎叫王勇,是一位大学教师;新娘名叫周敏,是一名护士。主持人巧妙地借他们的名字做了一番发挥:"王勇,就是勇敢;周敏,就是聪明伶俐。我们不论在工作上还是在生活中都不能缺少这两方面的能力:一要有勇气,不怕任何艰难险阻;二要聪明伶俐。新郎新娘的名字告诉我们,他们正是这两方面的完美结合,因此,我敢肯定,在未来的日子里,他们不但是一对幸福美满的夫妻,而且也会在'教书育人'的过程中取得非凡的成就。"主持人的这段"姓名分析"寓意深刻,令人耳目一新。

为了突出个性还可以借职业发挥。如有一对新郎新娘都任职于通信公司。他们的婚礼主持词中就设计了一连串以手机品牌为"托儿"的甜言蜜语:"新郎一定会一生'首信'爱的承诺,两人也会彼此'爱立信',一同踏上幸福的'康佳'大道……"这样的主持词切合新人的身份,融爱情与事业于一体,令人耳目一新。

(2) 巧借天时。特定的时间地点,是婚礼的一个重要构成因素,这一特定的时间和地点必定具有某种特殊意义。婚礼主持人可以将此作为语言切入点,激发参加婚礼的各位宾朋的兴致,营造一种热烈、喜庆的氛围。如借时间切入:"今天是一个特殊的日子,今年是农历马年,新年伊始,我们的新郎、新娘就一马当先,给未婚的朋友们做出了表率,它昭示,这对新人在今后的岁月里,一定会发扬龙马精神,快马加鞭达到理想彼岸。我们一起祝福他们马到成功!"借地点切入:"各位嘉宾,今天我们在福星酒楼为林先生和刘小姐举行新婚大典,福星酒楼是一块风水宝地,这预示着我们的新郎、新娘在今后的岁月里,一定会福星高照,幸福吉祥!"

(3) 善于"救场"。婚礼上有时容易出现意外状况,现场秩序混乱,使新人难堪,此时婚礼主持人一定要审时度势,找准语言的切入点,借景应变,灵活处理。比如,天气不好、新郎给新娘戴戒指时掉在了地上、酒杯打碎了等,这时主持人要有应变能力。一个好的主持人在任何场景下都会把婚礼主持得有滋有味,将任何一种不良状况转换成婚礼好的陪衬。比如,"今天是×年×月×日,天空因为今天的喜庆而向大地播洒着绵绵细雨,浇灌着这干渴的土地,而大地也因为雨水的滋润和年轻人一样充满了无限生机和活力。今天是一个多么美好的日子、吉祥的日子、喜庆的日子,因为在我们这个星球上又有一对新人缔结了美好的姻缘,那就是……"当戒指掉在了地上时,主持人说:"这枚戒指实在是太沉重了,因为它包含着太多的情太多的爱,像山一样的沉重,像海一样的深沉,怪不得新娘有点承受不住了。好,新郎鼓起勇气,给你的新娘再戴一次。"新郎的一次失手,竟将婚礼的神圣感推向一个小小的高潮,这样的主持人理所应当地赢得了现场的掌声。新郎新娘刚喝完交杯酒时酒杯"咔嚓"一声碎了,现场气氛一下子紧张起来了,主持人灵机一动说道:"破旧立新,移风易俗,新郎新娘给我们带了一个好头!"此语一出,摆脱了尴尬,恢复了喜庆的气氛。

5. 会议主持的语言艺术

(1) 做个精彩的开场白。精彩的开场白往往能像磁铁一样紧紧地吸引住听众,增强与会者对会议的兴趣。就像人们看一部电影一样,如果开始就兴味盎然,引人入胜,那么人们自然急于了解接下来的情节。所以,有经验的主持人都非常注重会议的开场白,一定是经过反复推敲、认真琢磨的,力求给与会者一个好的印象。开场白陈述的内容包括会议的背景、主题、目的、意义、议程等,会议主持人要根据这些内容和要求设计开场白。

首先要欢迎并介绍与会者。应该用洪亮的声音对每个到来的人表示热烈的欢迎,并且介绍与会者,然后说明会议的目的和议程。说明会议的目的要注意使用团队口吻,而非领导或者上级的口吻,要拉近与大家的距离,让人们尽快进入会议的状态中去。还要说明一下会议的规则,如"请所有的人把手机关掉,不准吸烟,不要随便走动,每人发言时间不能超过 5 分钟"等。

总之,会议开场白要遵循"能稳定公众情绪、恰当介绍会议内容、形式新颖"的原则,因地制宜,精心构思,尽量避免陈旧死板、千篇一律。

(2) 让与会人员广泛参与。作为会议主持人,除了要注意会前沟通,使大家明白开会的用意外,还要注意在主持中尽量少说话,把说话的机会让给大家。主持人少说话,与会人士才能多说话。对多说废话的人要有办法加以控制和制止;对有宝贵意见而未发言的人要请他发言,以提升会议的品质;听到相同或不同的意见不能喜形于色,更不可以立即加以批判,以免影响大家的发言。主持人不要亲自提出议案,免得大家碍于情面,做出不合理的决定。主持人也不要以裁决者自居,任何人的意见都不必急于由自己来解答,应该隐藏自己的意见,让其他的人有机会表达相同或不同的看法,以便集思广益。

遇到无人发言或某一部分人毫无反应的现象,会议主持人要分别对待,针对不习惯或害怕在人数众多的会议上发言的与会者,要鼓励他们发言,可以进行主动提问,并告诉他们说错也没关系;针对阅历较深,处事比较严谨的与会者,主持人要善于点拨,多给他们一些尊重。在对某个问题进行讨论时,与会者往往各持己见,据理力争。但在观点已趋向集中、明确时,主持人就应及时终止论辩。如果争议双方都已偏离议题,主持人就应伺机加以阻止,或说时间有限,暂不深入讨论或先谈到这里而加以间接地制止。

(3) 善于控制发言时间。当有人发言超出规定时间,越谈越离谱可能影响别人的有效发言时,主持人可以直接告诉他"我们的时间有限"或者"我们还有其他的事有待解决"。有时为了避免尴尬也可以采取委婉的方式,如当长谈者略作停顿时,可以向另一个人提起话题,"老王,我觉得这个问题与你有关,你怎样看?"这样,不但保全了对方的面子,而且把发言权交给了另一个人,推动了会议进程。

(4) 做好会议总结。会议达成决议之后,主持人还要在散会前做出总结,这才算是圆满地主持了一个会议。主持人要提纲挈领地将会议中提及的重点加以强调,提醒与会者不要忘记这些重点,并且要明确下一步的行动内容、时间、负责人、时限和检查方法等。最后还要感谢与会者对会议的贡献。

7.1.4 护理口才

卡耐基曾经说过:"一个人事业上的成功,只有15%是由于他的专业技术,另外85%靠人际关系、处世技能。"而处理人际关系的核心能力就是沟通能力,正如有的专家所说:"沟通的素质决定了你生命的素质。"由此可见,沟通在人们的工作和生活中有着非常重要的作用。作为以人文关怀为核心内容的医疗服务,其服务品质的衡量标准就是患者及家属的满意度,而满意度的高低则是由患者及家属在和他们的期望值进行对比后得出的。如何去了解和把握患者或家属的期望值,如何尽可能地使医疗服务的实际效果达到患者和家属的期望值,除了医院的硬件环境、医务人员的技术、便捷的流程、合理的费用和高效的管理等因素外,医患之间的沟通在一定程度上起着决定性的作用。

医患沟通最主要的目的在于实现治疗的目的、传递疾病防治知识与有关的健康信息以及交流情感等,因此,有效应用语言文字、音调、语调、身体语言等沟通元素,建立信任、明确沟通目标、把握对方的回应、学会倾听和融入对方的情感等成为医患沟通应把握的主要原则,因为沟通的真正意义在于对方所给你的回应,只有重视患者及家属的回应才能真正建立起信任,实现医疗目的。

护患之间始终存在着信息不对称,要学会站在患者的角度考虑问题,在沟通中护理人员要让患者感觉到你是在用心服务,而不仅仅是为了完成工作任务。如何与患者进行沟通是每个护理人员必须面对的重要问题。

1. 护患沟通的原则

(1) 目的性原则。护士和病人之间的语言沟通是一种有意识的语言沟通活动。护士无论是向病人及其家属陈述一件事情、说明一个道理、提出一个问题或一个要求,一般都是为了实现一定的护患沟通的目的。沟通者在思想上对此次谈话的目的要明确。说话前,尤其是准备进行一些较为重要或较为困难的谈话前,要先考虑一下"我为什么要说""我想要表达的意思是什么""人家为什么要我说""我要怎样说"等问题;要预想达到的谈话效果以及采用什么样的内容、方法、技巧才可能达到预期效果。以此为思想指导去组织话语,调控表达方式,这就是目的性原则。

在临床护理工作中,护士常常需要有针对性地与病人交谈。或询问病情,或心理治疗,或护理操作等,这些活动都有明确的目的性。如有病人不愿服某种药物,护士就要规劝病人服下。如果生硬地说"你不服药就算了,不服你的病就好不了"这种粗俗的不负责任的话,就可能会加重病人的思想负担,产生"病好不了"的悲观心理,以致发展到自暴自弃,拒绝服药治疗。假若护士这样说:"这种药物疗效很好,已经治愈了许多类似的病人,只是有点副作用,您服药后如果不舒服可随时叫我。"病人听了护士的亲切开导,消除了疑虑,就会愉快地接受治疗,自觉服药。

(2) 适应性原则。语言交际是个动态的信息交流过程,在语言沟通中,尤其是在比较复杂的交际过程中,各种客观因素也在不断发生变化。这就要求说话者言由意移,适应情况的变化,做到随机应变,不断调节语言内容与形式,控制整个交际过程的进展。

(3) 针对性原则。护患沟通中,要认真了解沟通对象的思想境界、性格特点,有针对性地选择表达内容与形式。

① 分析对方精神境界、思想素养、性格特点,沟通时必须"一把钥匙开一把锁",从态度、方式、语气等方面因人施谈。如护士应以恭敬沉稳的态度、稳重质朴的语言与老练诚恳的人交谈;以诚挚感人的态度、谦虚恳切的语言与敏感内向的人交谈;以忠诚率直的态度、热情耿直的语言与性情豪爽的人交谈;以谦虚好学的态度、文雅含蓄的语言与博学多思的人交谈。

② 客观分析沟通对象的知识水平、生活经历、职业特点等方面,语言交际要量力而为。沟通对象的谈话兴趣、对话语所含意义、言语组合形式的接受理解能力,与他们的文化素养、知识结构、经历、职业有密切的关系,而这些直接影响着交谈的效果。所以善于交际的语言沟通者,应在交谈中注意这些因素。如要注重沟通对象的职业特征。交谈前就应事先了解对方的职业和专长,并且对对方职业专长方面所涉及的有关内容、知识要有一定的准备,正式交谈时才能触动"一点",带动其他,达到交谈目的。如果谈话者以对方工作与职业作为谈话的切入点,并以虚心赞赏的态度对待他,那么就很容易让对方产生亲切感,使交谈达到较好的效果。例如,演讲者李燕杰曾经到一家大医院演讲,上台一看,台下相当多的人在翻看医学书或其他读物。他既没有慌乱也没有不满,而是高声朗诵一首诗:"每当我记起那病中的时光,白衣战士就引起我深情的遐想。他们那人格的诗,心灵的美,还有那圣洁的光,给我以顽强生活的信心,增添着我前进的力量……"因为演讲听众都是医护人员,他们所关心的是医护技术,开会不免要带一些业务书籍之类。但李燕杰根据听众的职业情况调整演讲开场白,先给这些医生、护士朗诵了赞美诗,一下子打动了听众的心,使他的演讲得以顺利进行,达到了语言沟通的目的。

③ 考虑对方的年龄、性别、心理特征,选择对方乐听之言。沟通对象的心理活动特点

与其性别、年龄等也有很大关系,言语交际中要注意避讳语、禁忌语的运用。要做到看准对象、有的放矢,还要做到在交谈形式上,根据不同的人做具体分析,围绕中心内容,尽量照顾年龄差异,分别对待。如对少年儿童多用平易、幽默、诱导的语言;对中青年应多用逻辑、哲理的语言;对老年人宜多用含蓄、委婉的语言。在交谈态度上,对老年人和长者应尊敬、庄重和谦逊;对年龄相仿者要平等对待、随意、热情;对年少者要关切、体贴。

(4) 换位性原则。动态把握沟通对象特定的心理情况,从对方的角度思考问题,换位思考,变换说话方法,便于对方接受。

① 考虑对方的特征处境,从对方的角度着想。他人在不同的处境中,会有不同的心境。心境如何,常常会影响人的思维和语言表达的进行。同一个人对同一句话,在心情不同的境遇下,心理感受和理解程度往往会大相径庭。悲伤期间有时会闻语伤心,从而黯然神伤,不发一言;高兴中有时会闻之雀跃,满心欢喜,从而侃侃而谈。同样一种思想和主张,如果能用顺应对方心境的内容和方式去交谈,对方的某种心理需求得到满足,产生了"心理相容"的效果,就会心悦诚服地接受;反之,则容易被对方拒绝。所以要想很好地完成言语交谈任务,沟通者必须考虑对方此刻的处境和可能对话题产生的心理感受与承受力,设身处地,将心比心,选择适合的词语和谈话角度,以便取得好的效果。

② 考虑对方特定心情,设身处地地将心比心。如护士与身患重病的病人交谈时,不必过多谈论病情。因为此时有关的医疗知识,不需要护士再多言。如果病人本来就背着重病的精神包袱,护士再谈及过多,势必使其包袱加重。护士应该多谈谈病人关心、感兴趣的事,以转移他的注意力,减轻其精神负担。

(5) 真诚性原则。在追求沟通艺术,强调交往技巧的同时,不要忘了真诚的重要。真正的沟通,需要真诚,心与心的交流,需要真诚。真诚是指真实诚恳和真心诚意。真诚的感情基础是"爱心",是"与人为善"。没有爱心和与人为善之意,便不会有真诚。不能简单地把真诚与"心直口快""实话实说"等同起来。有些人不管对方感觉如何,很随意地表现出自己的冲动,自以为"怎么想,就怎么说"才是真诚的,甚至无意中把自己的想法和感情强加于人。尽管他说的是"真话",但也并不等于真诚,因为这样做可能使对方感到不快,甚至受到伤害。真正的真诚,必须从爱心出发,替对方着想,尽最大努力避免伤害对方。护士有时必须向病人隐瞒真实病情,但她的心是真诚的,她对病人充满爱心,一切是为了病人着想。当病人从护士的言语神情中感受到真诚时,心情便会放松,信任便会得到发展和巩固,沟通也就会更顺利地开展。反之,当病人对护士的真诚产生怀疑时,心情便会紧张,戒心由此产生,沟通将会遇到困难。

护士在工作中和沟通中表达真诚时应注意:讲话应亲切、自然、不矫揉造作;要设身处地为病人着想;语言与表情举止等非语言表达应保持一致;力求言语文雅、语音温柔、态度谦和,表现出对病人的关怀、同情和体贴。

2. 护患交谈的主要阶段

护患沟通通常采用的方式是交谈。护患交谈一般要经历如下几个阶段。

(1) 开始阶段。护患交谈在开始时应注意提供支持性氛围,即营造信任和理解的氛围以减轻患者的焦虑和紧张,有利于患者思想情感的自然表达。例如,有礼貌地称呼对方,向患者说明本次交谈的目的和大约所需时间。告诉患者在交谈过程中可以随时提问和澄清需要加深理解的问题,保持合适的距离、姿势、仪态及视线接触等。

交谈可以从一般性内容开始,如"今天您感觉怎么样?""您今天气色不错!""您这样坐着(或躺着)感觉舒服吗?"等。当患者感到自然放松时便可转入正题。如果是与患者第一次交谈(如收集资料进行护理评估等)还应做自我介绍。总之,交谈开始阶段应努力给患者以良好的首次印象,这对于交谈的成功是十分重要的。

一个人绝不会有第二次机会使别人对他(她)产生好的第一印象。病人对护士的第一印象将深深地影响会谈的结果。如果护士在会谈之初即建立一个温馨的气氛及表示接受的态度,会使病人开放自己并坦率地说出自己的想法,会谈便会顺利地进行。真诚的照顾、关心以及温暖可以使会谈比较容易开始。首先,护士应礼貌地称呼病人,并把自己介绍给病人,此外,还应向病人解释:①这次会谈的目的。②这次会谈大致需要的时间。③会谈中收集的资料将用于制订护理计划。④在会谈过程中,如何使病人获得最大的帮助,并应特别强调在谈话过程中病人可以提出问题及澄清疑惑。

有些一般性的问话,如"这束花真漂亮,是别人刚送来的吧?"可以帮助开始会谈。等到病人看上去已经放松并且有接受态度时,护士就可以开始会谈了。

(2)展开阶段。此时的交谈主要涉及疾病、健康、环境、护理等实质性内容。随着会谈的进行,护士的任务是把谈话引到既定的重点上。护士在会谈中应始终把握三个重点:问题、病人的反应以及非语言的沟通表达。护理人员要更多地运用各种沟通技巧,例如,提出问题、询问情况、进行解释、要求澄清等,以互通信息,或者解决患者的问题,达到治疗的目的。关于交谈技巧,下面有专题介绍。这里要强调的是,在这一阶段,护士一方面要按原定目标引导谈话围绕主题进行,同时要尽可能创造和维持融洽的气氛,使患者无顾忌地谈出真实思想和情感。交谈中对新发现的问题进行调整或改变原定主题的情况,也是常有的和必要的。请看下面的例子。

患者王某是一位年轻的女舞蹈演员,因腿部骨折而住院治疗,这两天她老说自己"再也当不了演员了""梦想也破灭了",情绪低落、睡眠不好、食欲不振,有时表现得十分烦躁,对康复不利。该患者的责任护士小贺研究了她的病历,并与主治医生一起探讨了她治愈后的效果,一致认为这次骨折不会影响患者在舞蹈方面的发展。为了消除患者的焦虑,小贺计划好与患者进行一次治疗性交谈。交谈中随着双方关系的进一步发展,坦诚而自如的气氛消除了患者的顾虑,患者谈了让她更焦虑的(或真正的)原因是感情问题。于是小贺立即调整了交谈的目标,使交谈主题转移到如何处理感情问题上来。可见,交谈是一个变化的甚至是非常复杂的过程。上例中护士小贺通过交谈,发现患者的新问题之后,既要帮助患者调整好因表白痛苦问题后所产生的情感变化,又要调整好自己的情绪以适应交谈内容的转变,同时还要通过非指导性交谈,与患者一起商讨出一个妥善的、使患者可以接受的解决问题的方案。这不仅要求护士具有高明的沟通技巧、良好的应变能力和多方面的经验,而且要求护士具有高尚的职业道德修养。

(3)结束阶段。本阶段的主要任务是为终止交谈做一些必要的交代。例如,用看手表的方式提醒对方交谈已接近尾声,应抓紧讨论剩下的问题,对交谈内容、效果做简明的评价小结,必要时约定下次交谈的目标、内容、时间和地点等。

正式的专业性交谈(特别是治疗性交谈)要有记录。一般是在交谈结束后补做记录。如果需要在交谈中边谈边记,则应向患者做必要的解释,以免引起患者不必要的紧张和顾虑。记录要注意保护患者隐私。

护士在结束谈话时应注意以下几个问题:①告诉病人会谈快要结束了。②询问病人还有什么需要补充,这样可以弥补护士没有想到的内容。③在会谈即将结束的时候不要再介绍任何新的内容。如果对方提出新的问题,则可另约时间。按预定计划结束会谈是很重要的,因为如果护士还要做其他的事而拖延时间的话,就可能会表现出注意力不集中、疏忽、甚至烦躁不安,这些表现会影响护士与病人今后的交谈。④有时候可以告诉病人,由于他的合作,护士已经获得很多有关他的健康方面的资料,这些资料对制订他的护理计划非常有益。⑤最好在会谈结束前将谈话的内容做一个总结。在总结过程中,通过观察病人的感觉可以验证一下总结是否恰当。⑥会谈结束时可以为下一次会谈做准备,例如,护士可对病人说:"还有两天你就要动手术。"

3. 护患沟通的语言技巧

(1)注意语言礼貌。语言礼貌是护患沟通的基本前提。这主要应该注意如下几个方面。

① 运用得体的称呼语。称呼语是护患交往的起点。称呼得体,会给病人以良好的第一印象,为以后的交往打下互相尊重、互相信任的基础。护士称呼病人的原则是:要根据病人的身份、职业、年龄等具体情况因人而异,力求准确;避免直呼其名,尤其是初次见面直呼姓名很不礼貌;不可用床号取代称谓;与病人谈及其配偶或家属时,适当地敬称如"您夫人""您母亲",以示尊重。

② 巧避讳语。对不便直说的话题或内容用委婉方式表达,如耳聋或腿跛,可代之以"重听""腿脚不方便";患者死亡,用病故、逝世,以示对死者的尊重。

③ 善用职业性口语。职业性口语包括:(a)礼貌性语言。在护患交往中要时时处处注意尊重病人的人格,不伤害病人的自尊心,回答病人询问时语言要同情、关切、热诚、有礼,避免冷漠粗俗。(b)保护性语言。防止因语言不当引起不良的心理刺激,对不良后果不直接向病人透露,对病人的隐私要注意语言的保密性。(c)治疗性语言。如用开导性语言解除病人的顾虑;某些诊断、检查的异常结果,以及对不治之症者的治疗,均应用保护性语言。

④ 注意口语的科学性和通俗化。科学性表现在不说空话、假话,不模棱两可,不装腔作势,能言准意达,自然坦诚地与病人沟通。同时注意不生搬医学术语,要通俗易懂。

(2)学会倾听。护士在沟通中首先要学会倾听。当护士全神贯注地倾听对方的诉说时,实际上向对方传递了这样的信息:我很关注你所讲的内容,请你畅所欲言吧!对方便会毫无顾忌地说下去,同时还会获得解决问题的希望和信心。相反,如果一位患者滔滔不绝地向护士诉说了自己对于即将进行的手术很担忧,害怕手术不成功,害怕疼痛,害怕后遗症等,而当患者停止诉说时,这位护士却又问:"你对这次手术有什么顾虑吗?"患者马上便会意识到,她刚才诉说时,护士根本就没有听。此时,患者会立即失去继续沟通的兴趣和信心,觉得自己再怎么说也是无用的。

倾听不同于一般的"听"或"听见"。当人在清醒时，外界各种各样的声音都会传入人的耳朵，如窗外的蝉鸣声、鸟语声、汽车声，做家务时音箱传来悦耳的音乐声，上班时同事的问好声，等等。这些声音虽然都听到了，但都不属于入神的倾听。

倾听是指护士全神贯注地接收和感受对方在沟通时所发出的全部信息（包括语言的和非语言的），并做出全面的理解。也就是说，倾听除了听取对方讲话的声音并理解其内容之外，还须注意其表情体态等非语言行为所传递的信息。因此，倾听是护理人员对于对方作为整体的人所发出的各种信息进行整体性的接收、感受和理解的过程。

（3）核实患者信息。核实是指护士在倾听过程中，为确认自己的理解是否准确时所采用的技巧。在沟通中，核实是一种反馈机制，它本身便能体现一种复杂精神。通过核实，患者可以知道医护人员正在认真地倾听自己的讲述，并理解其内容。核实应保持客观态度，不应加入任何主观意见和感情。具体方法包括重复和澄清。

① 重复。重复是将对方说过的话再说一遍，待对方确认后再继续倾听和沟通。重复可以直接表示承认对方的叙述，可以加强对方诉说的自信心，使对方有一种自己的诉说正在生效的感觉，从而受到鼓励继续诉说。

重复可以直接用对方的原话。例如，患者："昨天半夜我觉得很难受，难受得睡不着觉，胸很闷。"护士："你感到胸很闷？"患者："是的，简直喘不过气来。"（继续诉说）上例中护士的重复，表达了她对患者倾诉的关切和重视，患者可以由此获得继续倾诉的兴趣和信心。重复有时可以改换一些词句，但意思不变。例如，患者："我的癫痫病反复发作，我难以想象我的病会对我丈夫和儿子产生多大的影响。我真希望我从来没有得过这种病，但现在它却老是发作，我不知道我丈夫和儿子会怎么想，他们一定很痛苦（因难过而说不下去）……"护士："你的丈夫和儿子因为你的病而非常痛苦吗？"患者说："是的，我实在为他们担心，我不想让他们烦恼。"（继续倾诉）在这个例子中，护士利用患者因难过而说不下去的时机，巧妙地重复了患者的意思。虽然没有完全运用患者的原话，但意思未变。这种词语的变化可以使重复显得更为移情化，较少机械性。而且，护士是在患者难过得说不下去时运用重复技巧的，这可以缓解患者情绪，使沟通继续下去。

在使用重复时不应加入自己的主观猜测，否则效果会适得其反。例如，"对不起，我来晚了一会儿！"护士："你因为来晚了而感到十分抱歉了？"在这里，"十分抱歉"是护士的主观猜测，把这种猜测强加给患者，会使对方感到不舒服，对方会觉得这位护士的反应太过分了，甚至有些轻率、不认真。

② 澄清。澄清的目的是对于对方陈述中一些模糊的、不完善的或不明确的语言提出疑问，以取得更具体、更明确的信息。澄清常常采用的说法如："请再说一遍""我还不太明白，请您再说清楚一点……""根据我的理解，您的意思是不是……"澄清有助于找出问题的原因，有助于加强信息的准确性，不仅可以使护士更好地理解患者，还可以使患者更好地理解他自己。请看下面的例子。

患者："我与婆婆关系不好，我丈夫也无能为力。你看，我住院到现在婆婆都没来看过我一次。"

郝护士（点头）。

患者："还有我那12岁的儿子，实在太调皮、太贪玩。奶奶非常宠爱他，我们常为这事发生争执。我丈夫工作忙,也没多少时间过问儿子的事,唉……"

郝护士:"您儿子在念小学吧?"

患者:"是啊,小学五年级了,明年要上初中,但功课不是很好,我现在住在医院里,谁来管他的功课?真怕他成绩下降。还有单位的工作也让我很不放心,不知道代替我的人能不能把事情做好,我真烦,没办法安心养病!"

郝护士:"这些真够让您操心的了。但您能不能考虑一下最让您担心的是哪件事?"

患者(略做思考):"哦,还是儿子的功课最让我担心吧!"

当患者同时陈述了好几个困惑的问题时,通过澄清也可以帮助护士和患者弄清最重要的关键问题是什么,此时,医护人员便可以在患者参与下,集中精力先解决关键的问题。

(4) 善于向患者提问。提问在护患专业性沟通中具有十分重要的作用。它不仅是收集信息和核实信息的手段,而且可以引导沟通围绕主题展开。所以有人说,提问是沟通的基本"工具"。善于提问是一个有能力的护士的基本功。提问的有效性,将决定收集资料的有效性。

① 封闭式提问。例如,"你今天觉得胃部不适比昨天好些还是差些,或者是和昨天一样,没什么变化?"(回答是三者选一);"您看了您的这些检验报告,是不是感到很担心?"(回答是"是"或"不是");"您的家庭中有患冠心病的人吗?"(回答"有"或"没有");"今天您能下床活动一下吗?"(回答"能"或"不能");"您有时间进行这些锻炼吗?"(回答"有"或"没有");"您的胸痛是在哪个部位?"(回答为"某某部位"或者用手指点该部位);"您的家庭成员中谁得过冠心病?"(回答是"父亲"或"母亲",或其他亲人);"您昨夜大约睡了几小时?"(回答是具体的小时数);"您平时经常进行哪些项目的身体锻炼?"(回答说出体育锻炼的具体项目);"您在大学里学的是什么专业?"(回答所学专业)等。

② 开放式提问。例如,"您看起来不太愉快,您有什么想法吗?请告诉我,我可以尽力帮助您。""过几天您就要动手术了,您对这次手术有什么想法?""您刚才已经知道医生给您的明确诊断了,有什么想法和感觉请尽量告诉我,我会帮助您的。""由于您的积极锻炼,您的下肢功能已经有了明显恢复,您有什么看法?请谈谈吧!也许对继续锻炼有利。""金先生,您对于这两天的饮食感觉怎么样?有什么意见和想法请告诉我,以便我们改进。"

患者回答开放性问题并不是一件轻而易举的事,因此,医护人员对于自己所要提出的每一个开放性问题都应慎重考虑和选择。同时,态度要特别诚恳,必要时应说明提问的目的、原因,努力取得患者的理解。当患者确信自己的回答一定会对健康有帮助时,便会乐意而认真地回答。如果医护人员不做任何说明地突然提出一个范围很广的开放性问题,患者会感到莫名其妙,不知从何说起,或者因为怕麻烦而不愿回答。

封闭式提问和开放式提问在沟通中有时是交替使用的,但要注意每次提问一般应限于一个问题,待得到回答后再提第二个问题。如果一次提出好几个问题要患者回答,便会使患者感到困惑,不知该先回答哪个问题才好,甚至感到紧张、有压力,不利于沟通的展开。

(5) 掌握阐释的方法。阐释是医护人员以患者的陈述为依据,提出一些新的看法和阐释,以帮助患者更好地面对或处理自己问题的一种沟通技巧。这些新的阐释(提议和解释)对患者来说,都是可以选择的,既可以接受,也可以拒绝。阐释应使患者感到确实对自己有益,阐释较多地运用于治疗性沟通之中。下面是一位护士为解决患者焦虑时运用阐释进行治疗性沟通的实例。

患者:"我在退休以前工作一直很忙的,除了许多事务性工作之外,每天都要接待和会见许多人,甚至连晚上和休假日都要抽出时间接待来访者,我觉得自己是个不可缺少的人,可现在呢?我每天待在家里,看看报,听听广播,或者看看电视,自己弄点吃的,再没有别的事可做了,现在又生病住在医院里,唉……"

常护士:"哦,我能理解。您辛苦一辈子,把所有的时间和精力都用在工作上了,您很乐意帮助别人,生活过得很充实,现在您退休了,觉得没有什么更有意义的事可做了,您很不习惯这样赋闲的生活,是吗?"

患者:"你说得没错!我确实很不习惯这种无所事事的生活。我以前虽然常常抱怨工作太忙什么的,但现在我却很留恋过去那种忙碌的日子。"

以上例子中,护士的阐释都是顺着患者的思绪而来的,并没有任何主观的胡乱猜测,但又确实加入了护士自己的理解和新的观点。护士从患者对于过去忙碌生活的津津乐道中,看出患者热心事业、乐于助人的特点,因而提出了患者过去"生活过得很充实"的释义;又从患者对于退休后无事可干的埋怨语气中理解了患者的空虚、孤独等感受,从而提出了患者"不习惯这种赋闲生活"的新观点。这些释义和新观点都很自然地被患者所接受,患者会觉得护士说出了他自己想说而没说出来的心里话,便增加了信任感,发展了良好的沟通关系,这无疑是有利于患者健康问题的解决。

在运用阐释技巧时,要注意给患者提供接受和拒绝的机会,即让患者做出反应。阐释的基本步骤和方法是:①尽全力寻求对方谈话的基本信息,包括语言的和非语言的。②努力理解患者所说的信息内容(包括言外之意)和情感。③将自己的理解用简明的语言阐释给对方听,要尽量使自己的语言水平与对方的语言保持接近,避免使用对方难以理解的词语。④在阐释观点和看法时,用委婉的口气向对方表明你的观点和想法并询问是否正确,对方可以选择接受或拒绝。例如,可用下列语言征求对方的反应:"我这样说正确吗?""我的看法是……不知对不对?""您的意思是……对吗?"⑤整个阐释要使对方感受到关切、诚恳和尊重,目的在于帮助患者明确自己的问题以利解决。

(6)运用体态语言。体态语言与语言构成交往的两大途径。体态语言常能表达语言所无法表达的意思,且能充分体现护理工作者的风度、气度,有助于提高沟通效果,增进和谐的护患关系。非语言交流的技巧如下。

① 手势。以手势配合口语,以提高表现力和感应力,是护理工作中常用的。如病人高热时,在询问病情的同时,用手触摸患者前额更能体现关注、亲切的情感。当患者在病室喧哗时,护士做食指压唇的手势凝视对方,要比以口语批评喧闹者更为奏效。

② 面部表情。据研究发现,交往中一个信息的表达等于7%的语言、38%的声音、55%的面部表情三者之和。可见,面部表情在非语言交往中的重要作用。常用的、最有用的面部表情首先是微笑。护士常常面带欣然、坦诚的微笑,对病人极富感染力。病人焦虑时,护士面带微笑与其沟通,本身就是"安慰剂"。病人恐惧不安时,护士镇定、从容不迫的

笑脸,能给病人以镇静和安全感。其次是眼神,恰当地运用眼神,能调节护患双方的心理距离。如在巡视病房时,尽管不可能每个床位都走到,但以眼神环视每个病人,能使之感到自己没被冷落;当病人向你诉说时,不应左顾右盼,而应凝神聆听,患者才能意识到自己被重视、被尊重。

③ 体态、位置。工作中体态、位置是否恰当,反映护士的职业修养和护理效应。当病人痛苦呻吟时,护士应主动靠近病人站立,且微微欠身与其对话,适当抚摸其躯体或为其擦去泪水,给病人以体恤、宽慰的感受。站立时应双腿挺直,双臂在躯体两侧自然下垂,收腹挺胸,不倚墙而立。坐姿应上身自然挺直,两腿一前一后,屈膝,平行或交叉,显示出高雅、文静。行走时步履轻盈,步幅均匀,抬头挺胸,自然摆臂,步态轻、稳、快,能体现出庄重、有效率。总之,优美、朴实、大方的仪态是自然美的体现,也是护理价值的体现。

在护患沟通中,如果病人采取的是坐位,那么护士要采取站位;患者如果采取的是卧位,护士则要采取坐位,用基本平行的视线,这样更适合彼此的交流。

7.1.5 秘书口才

戴尔·卡耐基说过:"你的一生有一大半的影响,产生于说话的艺术,运用得当,可以改变你一生的命运。"可见,口才对人生的重要性,良好的口才可以帮助秘书进行沟通、协调与交流,有利于日常工作的高效完成,是从事秘书工作的人员必须具备的。

1. 秘书口才的意义及重要性

(1) 作为秘书,良好的口语表达能力是重要的职业技能。从我国秘书工作发展的历史来看,秘书人员的工作包括录音记事、占卜问卦、进谏劝言、运筹策划。今天,我们应该继承讲究口语这一优良传统,加强训练,善于言辞,巧于说话,增进相互的合作与团结,成功地推动工作。

(2) 提高办公室效率的有效途径。现代化的办公室工作对秘书人员提出了全面掌握和运用语言艺术的要求。秘书不仅要能说会道,更要能写,这是实现办公室工作改革、提高机关工作效率、减少"文山会海"的重要手段。一个具有创新精神的秘书,必能从各个方面发现问题,解决问题,从而提高办公效率。

(3) 现代化社会交往的必然趋势。当代社会尤其重视速度和效率,生活、工作的节奏明显加快,彼此的交流与联系也要节约时间,讲究表达的效果和质量。现代科学技术的发展不仅为秘书的语言表达提供了物质条件,也对秘书的语言表达提出了更加客观严格的标准,因此,可以说重视秘书言语表达的研究与探讨,是现代化社会交往的必然趋势。

2. 秘书语言交际的特性

(1) 严密性。语言的严密性要求说话者在组织语言的过程中一般选择最为恰当的词汇,采用最为有效的语法组织形式,将自己要表达的内容准确无误地通过语言反映出来,一般说来,思维越严密,其表达就越准确和简练,起到的传达与沟通效果就越佳。对于秘书来讲,要经常替领导写稿子,或者在特殊情况下,替领导行使相应职权,需要在公开场合发言,这就要求秘书应该具备严密的思维逻辑,考虑事情应该周全,既要把握事物主要矛盾的主要方面,也不能忽略次要矛盾的次要方面,在考虑周全的基础上懂得取舍,知道哪些方面是本次稿件需要写的,或者是需要说明的,并运用恰当的语言表达出来。如一个秘书在父亲节要做《我的父亲》发言的时候,开头他这样说:"当我们看到父亲那沧桑的身影,当我们想到父亲为我们的默默付出,我们应该深思,我们为自己的父亲做了什么,付出了什么?"这个开头就充分展现了秘书思维的严密性,特别是"沧桑"与"默默"这两个词语的运用,"沧桑"突出了父亲经历过的磨难和日益苍老,而"默默"突出了父亲对子女的付出是无怨无悔的,是不求报答的,父亲的爱是无私的,这种沉默的付出充分体现了父爱的伟大。在这个发言的开头,这两个词语是不能用其他词语替换的,一旦替换就无法体现作者所要表达的意思。这就要求秘书要经常训练自己思维的严密性,在做事情之前要考虑周全,要想自己要解决什么样的问题,应该采用什么词语,使用什么样的口气说出来才能达到最佳效果,只有在工作中反复地训练,才能使得自己的语言思维越来越严密,才能让听众听得心里舒服,愿意按照你的要求去做事,才能使得沟通与协调更加顺利,才能使得自己的工作更好地完成。

(2) 清晰性。这是语言表达的最基本的要求,即要求说话者要口齿清晰、发音准确、字正腔圆。在工作与交流中,尽量使用普通话,少采用方言与俚语,要尽量避免地方口音对讲普通话的口音影响,少采用中英混合的语言,说普通话的时候,就是标准的普通话,讲英语的时候就是纯正的英语,这样才能尽量减少沟通的障碍。对秘书来讲,表达清晰是做秘书的最基本条件,如果表达不够清晰,就无法进行有效沟通与协调,日常事务也就很难有效地完成。这就要求秘书要经常练习自己的发音,能够说一口流利的普通话,减少地方方言发音对工作交流的影响。

(3) 准确性。即说话者在表达过程中要心口一致,要能够准确地传达上级领导的意图,要能够准确地表达自己的所思所想,避免词不达意的情况出现。对秘书来讲,表达的准确性要求秘书思维敏捷,能够随机应变,能够准确传情达意。这就要求秘书锤炼语言,要能够准确地对语言进行选择,在传达时,能够挑选最为恰当的语言去表达,从而避免给听者带来误解。

(4) 简洁性。即语言表达简洁明了,不能拖泥带水,不能走弯路,绕圈子,不能说者滔滔不绝,听者如坠入云里雾里,不知道对方在表达什么,或者听了很长时间,才听明白对方所要说的话,这既浪费了时间,也导致工作效率的低下。对秘书来讲,简洁性要求秘书根据要达到的目的和主要内容进行表达,不能偏离要达到的目的和主要内容。这就要求秘书在日常表达时要训练说话的简洁性,一句话能够说明的问题不要用两句话说,一个词能够表达清楚的,就不要啰里啰唆地说很多,只有这样才能让自己的语言表达越来越简洁。

(5) 平实性。秘书"说"的工作无处不在。秘书汇报工作、传达指令、介绍情况、交流信息、发表意见、提出建议等,都需要较强的口语表达能力。而秘书口语表达还要求具有平实的口才风格。所谓口才风格是指人们口头交际所呈现的鲜明独特的风貌、格调。秘书口才风格要求说话准确平易、质朴无华,体现出平实性的特点。陆一帆主编的《语言美》一书中,引用了一位年轻大学老师经历的一件事,提供了平实的口才风格的一个范例:有一次,我去某市政府参加座谈会,因为塞车,迟到了十五分钟,以至于在市府门口不知何去何从。这时,一位年近半百的大姐迎上前来。

"请问,您是××老师吗?"

"是的。"

"我是市府接待室的。请跟我来,会议室在这边儿。"她很自然地伸出右手,手心向上,手指朝着会议室方向。

"路上车子挤吧?您辛苦了。"

"噢,不好意思,我迟到了。"

"请不必介意,您那么忙,能来参加座谈会,我们已经是很感激了。"到了会议室门口,她关切地问:"里面冷气很猛,您要不要休息一下,收收汗再进去呢?"

真是"慧于心而秀于言",年轻的大学老师深深地感叹着。这位大姐沉稳端庄、平实优雅的口才风格显然产生了一种无形的魅力,以至事后年轻老师回味这位大姐的谈吐,仍有甘甜、亲切的感觉。

可见平实的语言风格对秘书是多么重要啊!

(6)富有文采。对于一般的工作而言,秘书人员能够使自己的语言表达满足上面三个方面的要求就可以了,可是在碰到一些特殊的场合,如晚会的主持,或者和文学修养较高的领导沟通时,就显得有点力不从心了。因此,秘书人员的表达还需要有文采,这种文采的使用一定要恰到好处,既让人家觉得你富有才能,又不觉得你是在卖弄辞藻,夸夸其谈。特定场合对秘书语言表达的文采有一定的要求,即要求秘书应该具备一定的文学修养,要多看一些文学书籍,这样既能够提高自己的语言表达能力,又能提高自身的人文修养。

3. 秘书语言交际的误区

(1)油腔滑调,卖弄噱头。秘书人员在交往活动中,本来一两句话可说清楚的事,却颠三倒四,或故弄玄虚,或绕来绕去,始终不得要领,让人感觉腻烦;因此,语言应流利、简洁,开门见山。

(2)虚假应酬,敷衍塞责。在接待来访者时,切忌一边谈论事情,一边埋头干自己手中的工作,表现出不耐烦或心不在焉。或对来访者提出的问题似答非答、模棱两可,让人感觉你缺乏诚意,使人产生失望感。因此,应当笑脸相迎、恳切交谈。

(3)冷脸相对,言而无信。即秘书人员对人尤其陌生人缺乏热情,不会微笑;常常板着冷脸,不理不睬,甚至出言不逊,恶言相讥,使人望而生畏,敬而远之。对别人的许诺不守信用,会使人认为你在欺骗愚弄人。因此,应当热情真诚,言而守信。

(4)固执己见,强词夺理。人之相交,难免会有意见分歧。有的人凡事都喜欢占上风,不容人,不让人,过多计较一些琐屑小事,动辄指责和怪罪别人,有时明知自己有责任或失理,可为了顾及或保全自己的面子,就是不认账,强词夺理,既破坏了自己愉快的心境,又损害了同事、朋友或来客的感情。

4. 秘书语言交际的方法

(1)接待客人。秘书往往是来客第一个会见的人,接待态度和效果会影响来客对这个机关、单位的看法,甚至影响工作的进展。因此,秘书人员接待因公来客时,应做到"来有迎声、问有答声、送有笑声"。客人来了,应放下手中的工作,并敬上茶水,专心听取对方讲话。交谈时应注视对方,不要左顾右盼,不要随便打断别人讲话,更不要自作聪明地接对方的话。交谈时,语言要简明扼要,语气要亲切。除了必要的礼貌用语和实质性内容外,应避免漫无边际的闲聊,这样可节省双方的时间。当对方反反复复、喋喋不休时,秘书应机敏地运用语言技巧及时结束谈话。如果因某种原因而使交谈不能轻松地进行,秘书人员应及时抓住其弦外之音。不仅听对方说了什么,还分析他怎么说。从对方的语调、面部表情、动作语言等方面去了解对方。然后在语言技巧上下功夫,尽量营造出轻松愉快的氛围,找出共同的话题,以提高和他人沟通时的效率。

（2）接拨电话。接拨电话,是秘书的日常事务。秘书应养成电话铃声一响就接电话、并主动自报家门的习惯,改变先查问对方的旧习;接拨电话说话要不紧不慢,吐音清晰,简明扼要。与领导通话切不可矫揉造作;与部门之间通话语气要亲切谦逊。要注意用本来的嗓音,使人在感官上觉得自然、真实,从而使语言富于表现力和吸引力。

（3）人际交往。秘书工作离不开直接与人打交道。因此,秘书必须与来往对象建立亲密的关系。这种关系是通过语言交流的手段来疏通的。语言作为交流思想、传播信息的工具,可以帮你成功,也可能使你失败。在人际交往空前频繁的今天,人人希望得到尊重,得到承认,这就要求秘书对任何人都应一视同仁,以礼相待,不嫌弃对方的职务高低或是否熟悉。交谈时,应考虑对方的身份和地位,尽量去适应对方,使他人体会到语言沟通的愉悦。为此,秘书在语言交际时应注意下列几种差别,因对象而异,相机处理。

① 职位和身份的差别。和位尊者交谈,要注意礼仪、语气恭谦;同一般人说话要温和、亲切。

② 性别的差异。男性与女性交谈时,要注意女性的特有心理,要有分寸。

③ 利害关系的差别。要明了双方利害关系的程度,不要太坚持有利于自己而严重损害对方的事。

④ 相知程度的差异。对初次见面者,要注意礼节,形成良好的第一印象;对极熟悉的人也不要有过分亲热的举动。

⑤ 性格的区别。对于性格内向者,不可贸然询问其私生活;对于外向者,要考虑有关事宜的保密程度。

随着社会的发展,秘书职业活动的交际方式、技巧和规律等问题已越来越引起人们的普遍重视。随着秘书交际应用研究的日益深入,必将会使秘书人员在职业活动中,把人际关系处理得更加完善、和谐。

7.2 能力训练

7.2.1 案例思考

1. 幽默的导游欢迎词

各位尊敬的游客朋友们（停顿）——吃了吗?

啊？没吃啊，没吃就让刘导我带您吃去吧！我就知道您几位刚下火车(飞机)，一路上奔波劳碌的，肯定没吃，其实早给您安排好了，我们这就去我们沈阳最有名的特色餐馆——老边饺子让您先大快朵颐，让您先从味觉上感受一下我们沈阳人的热情！

光顾着说吃了，还没自我介绍一下呢，我呢，叫刘峰，沈阳××旅行社的导游员，正宗的东北爷们儿(亮相)，也许有的人觉得我们东北男人比较粗犷，不太适合做导游这种细致的工作。其实不然。经过联合国教科文组织36名专家147天的科学论证，得出结论——俺们东北这圪垯出导游！

您看您别着急鼓掌啊，您得让我给您说出个一二三来不是吗？为什么说我们东北汉子最适合当导游呢？原因如下：一、我们东北人实在、热情、没有坏心眼，这个是全国公认的。所以说我们东北导游的服务肯定是一流的，因为我们热心肠啊！二、导游是个重体力活，起早贪黑不说，每天这东跑西颠的，没个好身体可不行，不说别的，您几位游客光玩还累呢，何况是我们导游了，对吧！所以说这就是我们东北人适合做导游的第二个原因，我们牙好，嘿，胃口就好，身体倍儿棒，吃嘛嘛香，您瞅准了——东北男导游！(众人笑)

您可能会说，小刘你这说得都对，你们东北男导游是有这些优点，不过别的地方的导游就不热情了吗？他们身体也不错啊。而且南方的一些漂亮的导游妹妹不用说话就光看着，就能让人那么舒服——你行吗？要说这个我真不行，不过我们东北导游还有她们比不了的一点好处呢！什么啊——我们东北导游个个都是兼职保镖！您看您又不信了，哦，说我长得这么瘦弱，还当保镖呐。这您就有所不知了！有句话叫人不可貌相，海水不可斗量！不瞒您说，我还真是个练家子！

这外练筋骨皮，内练一口气，您就没发现，我这印堂放光，双目如电！真不是和各位吹，什么刀枪剑戟、斧钺钩叉、鞭铜锤抓、镋棍槊棒、拐子流星；带钩儿的、带尖儿的、带刃儿的、带刺儿的、带峨眉针儿的、带锁链儿的，十八般兵刃我是样样——稀松！您看您别乐啊。我这是谦虚，我说我十八般兵刃我样样精通——那是不知道天高地厚，这人外有人，天外有天，自大一点叫个臭字，人嘛，得谦虚，练得好的让别人说，你自己说那就没意思了。您看我这么多兵刃我全会，我和谁说了。是不是？您看您又乐了，您是不信是怎么着？您不信您和我这比画比画！我不是说您，我是说您怀里抱着的那个小朋友。敢与我大战三百回合否？

把式把式，全凭架式！没有架式，不算把式！光说不练，那叫假把式；光练不说，那叫傻把式！连说带练，才叫真把式！连盒带药，连工带料，你吃了我的大力丸。甭管你是让刀砍着、斧剁着、车轧着、马趟着、牛顶着、狗咬着、鹰抓着、鸭子踢着……行了，您也甭吃我这大力丸了，我们的饭店到了，您跟我下车去吃饭吧！

(资料来源：http://hi.baidu.com/only1327/blog/item/1e77ae0afaf57b1e94ca6b64.html)

思考题：

(1) 本导游词有什么特点？
(2) 在全班实际演练一下这篇导游欢迎词。

2. 25分钟，25万美元

美国的"超级推销大王"法兰克·贝德佳，在三十多年的保险推销生涯中，赢得了"保险行销教父"的称号。有一次,贝德佳仅用了短短的25分钟,就谈成了一笔25万美元的保险。这笔交易在美国保险业界有口皆碑,堪称贝德佳的经典之作。

一天,贝德佳从朋友处获悉,纽约一位名叫布斯的制造业巨商为了拓展业务,向银行申请了25万美元的贷款。但银行开出一个条件,要求他必须同时投保同等数额的保险。

贝德佳迅速与布斯先生取得了联系,并电话约定次日上午10点45分在布斯先生办公室见面。然后他又打了个电话给纽约最负盛名的健康咨询中心,替布斯先生预定好了次日上午11点30分的健康检查时间。

第二天,贝德佳准时到达布斯的办公室。

"您好,布斯先生。""您好,贝德佳先生,请坐。"布斯打过招呼后,摆出一副等他说话的样子。

但贝德佳没有说话,采取等客户先开口的策略。

"恐怕你会浪费时间。"布斯先生指着桌上的一沓其他保险公司企划书和申请书说,"你看,我已经打算在纽约三大保险公司中选一家。你可以留下你的企划书,也许两三个星期后,我才决定。不过,坦白地说,我认为这是在浪费时间……"

"如果您是我的兄弟,我实在等不及想告诉您一些话。"贝德佳表情诚恳地说。

"哦———,是什么话?"布斯很惊讶地问道。

贝德佳继续道:"我对保险这一行颇为熟悉,所以,如果您是我的兄弟,我建议您将这些企划书都丢到纸篓中去。"

布斯先生听后,更觉得大为诧异:"此话怎讲?"

"我可否先问您几个问题?"贝德佳接着说。

"请说。"贝德佳的故弄玄虚,果然勾起了布斯的兴趣。"据我所知,贵公司正打算贷款25万美元拓展业务,但贷方希望您投保同额的保险,是吗?"

"没错。"布斯答道。

"换句话说,只要您健在,债权人便对您的公司信心十足,但万一您发生意外,他们就无法信任您的公司可以继续维持下去。是这样吗?"贝德佳继续问道。

"嗯,可以这么说。"布斯答道。

"所以,您要立刻投保,把债权人所担心的风险转移给保险公司承担。这是眼前刻不容缓的事情。因为,如果您的生命未附上保险,而人又有旦夕祸福,我想债权人很可能会因此而减少贷款金额,或者干脆拒绝贷款,您说呢?"贝德佳又问道。

"很有可能。"布斯答道。

"因此您要尽快取得保证自己健康的契约,这个契约对您而言就相当于25万美元的资金。"贝德佳说。

"你有何建议?"布斯看上去有些坐不住了,但他仍在控制着自己。

"现在我为了您,正要安排一项别人做不到的事。我已替您约好今天11点30分去看卡拉伊医生。他可是纽约声誉极高的医疗检验师,他的检验报告获得全国保险公司的信任。如果您想只做一次健康检查,就能签订25万美元的保险契约,他是唯一的人选。"

"其他的保险经纪人难道不能替我安排这件事吗?"布斯怀疑贝德佳是否"别具用心"。

"当然,谁都能办到。但他们没办法安排好您今早立刻去做检查。这些经纪人肯定是先跟一向合作的医疗检验师联络,这些人可能只是一般的检验师。因为事关25万美元的风险,保险公司必定会要求您到其他有完善设备的诊所做更精确的检验。如此一来,25万美元贷款便要拖延数日,您愿意浪费这些时间吗?"

"我一向身体硬朗。"布斯仍下不了最后的决心。

"可是,我们难保自己不会在某天早晨醒来时,忽然喉咙痛或者患了感冒。即使您在保险公司所能接受的程度内恢复了,也难保他们不会说:'布斯先生,您已留下头痛的记录,在未确定您的病因是暂时性或长期性之前,我们想请您暂停投保3~4个月。'这样,您又可能失去这笔贷款。"

"是有可能。"布斯开始动摇了。

贝德佳故意看了看表,说:"11点10分了,如果我们立刻出发,可以按时到达诊所。如果检查结果正常,您就可以在48小时内签订保险契约。布斯先生,您今天早上看起来精神非常好。"

"是呀,我感觉很好。"

"既然如此,您为何不现在就去做检查呢?"

布斯陷入沉思,但没过几秒钟,他便取下衣架上的帽子,说:"好,我们走吧。"

(资料来源:佚名.25分钟,25万美元.传奇文学选刊人物金刊[J],2007(5).)

思考题:

(1) 法兰克·贝德佳的营销沟通的秘诀是什么?

(2) 本案例对你还有哪些启示?

3. 主持词一组

(1) 2009年元旦团拜文艺演出主持词

第一篇章主持词:

六声新年的钟声响起:
又一次听到新年的钟声响起!
又一次带着感慨在这里相聚!
又一次把过去一年的工作梳理!
又一次用歌声把我们前进的号角吹起!
听,催人的大鼓已经响彻天地!
听,这鼓声就是我们奋斗的足迹!

(开场舞蹈)

A:尊敬的各位领导、各位来宾!
B:广大的职工家属朋友们!
合:大家下午好!
A:当新年的钟声即将敲开春天的大门,
B:当春天的烂漫即将代替冬日的雪韵,
A:我们又一次相聚,把喜庆和欢乐一起放飞。

B：回顾过去的一年,感动、变化、感恩和奋进始终刻录在我们心里!

A：是呀,从抗震救灾到大楼剪彩,从医院管理年验收到医疗集团挂牌组建,从内部管理的升级到基层单位的快速变化,许多事情都值得我们重新盘点,重新回忆。

B：这中间有艰辛、有执着、有奉献、有感动,可无论什么样的艰辛和困难,我们都和着医疗集团前进的步伐、和着改革开放30年的强音坚强地走过。

A：今天,让我们一起唱起歌,共庆好年华,祝福新中华。

——独唱《相聚中华》

A：相亲,本来是一件好事,相亲过程中的羞涩、紧张让人一辈子都不能忘记。可下面的相亲就不一样了,让我们一起来看小品《能豆的心事》。

小品《能豆的心事》

B：我们经常说,一个时代一首歌曲,歌曲的内容和风格,代表着一个时代的主旋律!

A：2008年,我们一起经历了很多,奥运圣火在中华大地上的传递、改革开放30年取得巨大成就、抗震救灾取得的阶段性胜利,都在彰显着一个民族的伟大和崛起。

B：下面就让我们一起聆听一组歌曲联唱,从富有时代气息的歌声中感受我们民族的变化和富强。

——新歌联唱

前年的时候,我们总医院来了一对老人,一来是来咱们医院采风;二来是替儿子相对象,他们具有乡土气息的语言和滑稽的表演给大家留下了深刻的印象。

今天呀,这两位老人又来我们医院了,这次他们是来干什么?又会发生什么故事?咱们一起来看看!

A：请欣赏喜剧小品《就不告诉你》,不过,我提醒大家,在看这个小品的时候,一定要记住回味他们说的一句最经典的话。

——《就不告诉你》

怎么样,这个节目精彩吧!

就不告诉你!

那咱们下面的节目是什么呀?

就不告诉你!

A：我看你也学会了!好了,咱们言归正传,继续欣赏节目,请欣赏由咱们中层干部带来的《快乐韵律操》。

——《快乐韵律操》

A：改革开放30年,给咱们中华大地带来了翻天覆地的变化,我们的平煤和医疗集团也在改革开放的大潮中绽放出更加绚丽的光彩。

B：30年是一首歌,每一个音符都代表着一个变化和变迁,下面就请欣赏老歌联唱,让我们再一次在这些歌声中感受时代的脉搏。

——歌曲联唱:《老歌联唱》

第二篇章主持词:

2008年,灾难考验着中国,史无前例的南方雪灾、震撼人心的汶川地震,让我们铭记在心。

当岁月的脚步越走越远的时候,我们始终不能忘记那场国民为之心痛的"5·12"汶川地震。不能忘记我们的白衣天使听党指挥,心系灾区,用大爱实践承诺的感人情怀,让我们一起来回味大灾面前医疗集团人不畏艰险,敢于奉献的真挚情怀。

——情景表演剧《宣誓》

这就是我们大爱的医疗集团,这就是大爱的白衣天使,在祖国和人民最需要的时候,敢于挺身而出、勇站排头。

这就是我们的医疗集团人,这就是我们心中的英雄!当灾难来临的时候,用责任和大爱为灾区人民带去了希望,把医疗集团的精神留在巴蜀大地!

这种精神必将融入医疗集团发展的史册中,激励一代代的医务工作者为一种无私的大爱去拼搏、去奉献!

这种壮举也必将会成为我们的一种财富,以对社会、对人民强烈的爱,换回社会的尊重和认可,推动医疗集团的发展。

在过去的2008年,令我们感动的不只是这些,让我们把目光投向我们身边的人和事,一起去感受更多的感动!有请场下主持军娜、小戴!

(场下主持)尊敬的各位领导、各位来宾,今天,我们请到了几位我们身边的职工,让他们说说他们心中的感动……

采访完毕后,歌曲《口碑》直接响起!

——独唱《口碑》

A:感谢×××的演唱!正如歌中唱的那样:"金杯、银杯,不如老百姓的口碑!"

B:的确,咱们医疗集团组建以来,资源得到了共享,各项建设都蓬勃发展,不仅矿区的职工家属交口称赞,咱们的职工也是乐在心中、喜在脸上,这不,他们踩着欢快的音乐来了!

——音乐快板:《风雨征程云和月》

舞蹈:《天路》

第三篇章主持词:

A:这是一个和谐的大家园,每一个音符都是那样的动听!

B:这是一个幸福的大家园,每一支旋律都是那样的从容!

A:这里有拼搏的汗水、有探索的身影,有面对困难不停步的胆略,有上下同创业的激情!

B:这里有老人的欢乐,有孩子的笑声,有幸福家庭的美满,有上下同乐的欢歌笑声!

院领导节目

每年的团拜会上,都有一群特殊的身影,他们头发花白但精神饱满,他们年过花甲但身体轻盈。

每年他们都会带着一份独特的祝福和对医疗集团的爱,为我们送来欢乐和笑声,成了咱们这个和谐大家园中一道美丽风景线。

A:这道风景线,由无数的笑脸组成,那是我们的发展带来的幸福,是我们共建和谐

换来的阵阵笑声!下面,让我们一起欣赏叔叔阿姨们为我们带来的舞蹈《羌寨欢歌》:

——《羌寨欢歌》

流光溢彩展示的是发展和繁荣;
矫健步伐走出的是自信和从容;
老少同乐道出的是幸福和祥和;
朝气和蓬勃预示着未来和希望。

B:请欣赏时装表演

——尾声舞蹈:《共享和谐》(直接上)

结束语:

美妙的歌声抒发着我们美好的愿望;
优雅的舞姿挥洒着我们向上的激情;
欢歌笑语终将落下成功的帷幕;
真情掌声殷切期盼来年的重逢。
今天,我们从这里出发,开始我们新的征程!
明年,我们在这里相聚,也一定能听到收获的笑声!

(资料来源:http://www.govyi.com/wenzhang/2009/200901/288424.html)

思考题:

① 这篇节目主持词有何特点?
② 该主持词成功之处表现在哪里?
③ 体会节目主持词的语言特点。

(2) 2009仿古工艺品及技术展览会颁奖典礼主持词

时间:2009年11月14日上午10点00分
地点:上海国际展览中心
中国文物学会常务理事兼副秘书长 傅公钺

主持人:尊敬的各位领导、各位来宾、新闻工作者、参评企业和在场的观众朋友们:

主持人:大家好!

主持人:欢迎各位今天前来参加2009中国仿古工艺品及技术展览会的颁奖典礼。

主持人:中华文明博大精深,源远流长,在世界范围内具有深远的影响,中国传统经典是民族智慧与经验的结晶,在五千年的历史中,这些文物所蕴含的优秀文化不只启迪世世代代的炎黄子孙,而且远播至东亚及世界各国。在此背景下,具有中国特色的工艺品、文物复仿制品在全球爱好收藏者的眼中依然炽热。同时,随着我国收藏事业发展的需要,高端精品仿古工艺品特别是文物复仿制品越来越普及,这体现了中华民族的传承和发展。由中国文物学会、上海世博(集团)有限公司、夏征农民族文化教育发展基金会主办,上海好博塔苏斯展览有限公司承办的2009中国仿古工艺品及技术展览会(原2009中国文物复仿制品及技术展览会)举办的这次展会大奖评选活动,目的是表彰对中华文明的传承,激励对中华文化的发展和传播。

主持人：本次大奖评选活动设立了由评比组和审评组组成的评奖委员会，整个评比活动历时3个多月，分为初评和复评阶段。初评由组委会和参观观众组成，复评由中国文物学会邀请有关文物专家组成，共有8个展品获金奖、6个展品获优秀仿制奖、9个展品获大会表彰奖、8个参展单位获大会组委会杰出贡献奖。

主持人：下面有请中国文物学会秘书长王炳新先生宣读《2009中国仿古工艺品及技术展览会评选结果的通报》。

主持人：让我们用热烈的掌声祝贺以上作品获奖！

主持人：下边有请文化部市场司司长陈兴保先生上台为获得金奖的企业颁奖，同时有请获得2009中国仿古工艺品及技术展览会金奖的企业代表上台领奖。

主持人：下边有请中国文物学会秘书长王炳新先生上台为获得优秀仿制奖的企业颁奖，同时有请获得2009中国仿古工艺品及技术展览会优秀仿制奖的企业代表上台领奖。

主持人：下边有请夏征农民族文化教育发展基金会副理事长陈彪先生上台为获得大会表彰奖的企业颁奖，同时有请获得2009中国仿古工艺品及技术展览会优秀仿制奖的企业代表上台领奖。

主持人：下边有请中国文物学会秘书长王炳新先生上台为获得杰出贡献奖的企业颁奖，同时有请获得2009中国仿古工艺品及技术展览会杰出贡献奖的企业代表上台领奖。

主持人：让我们再次用热烈的掌声祝贺获奖的以上企业和其参评作品！感谢大家前来出席2009中国仿古工艺品及技术展览会颁奖典礼，同时期待2010年6月在上海国际展览中心世博年再相会。

主持人：本次颁奖典礼到此结束，谢谢各位。

主持人：接下来是夏征农民族文化教育发展基金会为展会期间向其捐赠文物的单位和个人代表颁发证书。下面有请夏征农民族文化教育发展基金会副理事长陈彪先生上台颁奖；同时，我们用热烈的掌声欢迎中国文物网等捐赠者上台领取捐赠证书。

（资料来源：http://www.gg.art.com/viewNews/index.php? newsid=17197,2009.11.19）

思考题：
① 从本例中可以看出会议主持有什么特点？
② 谈谈会议主持有什么要求。
③ 中西结合式婚礼仪式主持词

主持人发言

尊敬的各位来宾，你们好，欢迎您参加×××先生×××小姐的婚礼庆典。我是本场婚礼的主持人×××。首先，请允许我代表二位新人及双方的父母向各位来宾的到来表示热烈的欢迎和衷心的感谢！

朋友们，是玫瑰花的芬芳使我们相约在这里，是爱情的甜蜜让我们相约在这里。今天是一个为爱而举行的节日，也是一个为情而留住的时间。今天是2012年12月30日，一对相识了10年的有缘人，用他们的真爱收获了甜蜜的果实，组建了温馨的家庭。从今天起，在我们这座城市，华灯初上时，又多了一户人家的窗口亮起灯，透过窗子，我们还会看见在厨房里忙碌的身影。朋友们，温暖的画面即将上演，期待已久的时刻即将来临。首先,让我们带上深深的祝福,送上美好的祝愿,用热烈的掌声有请新郎幸福登场!

这一刻你梦了多少回,这一天你等了多少年,如今梦想就要实现,勇敢地走过去,去迎接你今生的挚爱吧!

此刻,站在新娘身边的正是她生命中陪她走过成长历程的男人,而向她对面走来的是得陪她走完今后人生的男人,在我们的交接仪式中,新娘的父亲送女儿走向婚姻的殿堂,我相信父亲此刻肯定百感交集,父亲有什么要嘱咐的话给未来的女婿尽管说。也请新郎单膝跪地,大声说出你爱的承诺。

接下来请二位新人手挽手踏着这条神圣的玫瑰花路,走向你们人生最辉煌的时刻。请在座的来宾们用你们最热烈的掌声祝贺二位新人走向婚礼的殿堂,走向幸福之路!

站在舞台中间很幸福,也很荣幸啊。因为有这么多的宾客前来祝福。首先请×××代表所有的来宾向二位新人表示祝贺,念证婚词。

证婚人致辞

证婚人:请二位新人相对而立,四目相对,回答我爱的誓言。

新郎×××,你是否愿意娶你面前的这个女子,无论贫穷或富有,无论顺境或逆境,无论她此时年轻或岁月使她苍老,你都始终与她相亲相爱,相依相伴,一生一世,不离不弃。

新郎:我愿意。

证婚人:新娘×××,你是否愿意嫁给你面前的这位男士,无论贫穷或富有,无论顺境或逆境,无论他此时年轻或岁月使他苍老,你都始终与他相亲相爱,相依相伴,一生一世,不离不弃。

新娘:我愿意。

主持人发言

此刻,在这里,新郎现在你可以张开你坚实的臂膀,拥抱并亲吻你美丽的新娘了。拥抱你的幸福生活!朋友们,让我们再次响起长时间的掌声,感谢爱神将他们永远地结合在一起,并为他们的结合而祝福。

对于你们彼此的誓言,有天地为证,有在场的各位来宾作证,更应该有爱的信物为证,有请爱的使者,将新人的戒指送上舞台,请新郎先将戒指戴在你美丽的新娘的左手无名指上,接下来请新娘为新郎戴上戒指。

戴上信物的手紧紧地握在一起,请新人将手高高举起,面向所有来宾,展示一下你们永不褪色的爱情。朋友们,让我们祝福他们执子之手,与子偕老!

朋友们,让我们再次用掌声祝福二位新人在漫漫的人生旅途手挽手、肩并肩,共担生活中的寒潮、风雪,共享人生的阳光与彩虹。二位新人婚礼仪式上半场礼成,请新人沿着红毯走下去换装,准备下半场的仪式。请朋友们耐心等待。

(资料来源:王晶.口才训练实用教程[M].北京:清华大学出版社,2014.)

思考题:

① 从本例可以看出婚礼主持具有怎样的语言特点?

② 本婚礼主持词的成功之处表现在哪些方面?

(3) 会议主持稿范例

某大学经济贸易学院学生会会议主持稿

尊敬的各位领导、各位来宾、亲爱的同学们：

大家下午好！欢迎大家参加经济贸易学院学生会年度总结大会。

我是主持人××。

转眼间，两年已经过去，第十三届学生会的委员们在任职期间认真工作，开展各种活动，为同学们服务，为校园增添了许多亮丽的色彩。在此，我代表学生会全体干事向主席团一年多的辛勤工作以及尽心尽力培养我们的老师表示由衷的感谢，并且预祝这次大会圆满成功！

首先，介绍今天到场的嘉宾，他们分别是……

现在，我宣布经济贸易学院学生会年度总结大会正式开幕！

在这个垂柳依依的夏天，在这个栀子花开的季节。我们又迎来了一个离别的日子，经济贸易学院学生会第十三届的常委们，你们即将迈向你们人生的下一步，迎接人生更绚烂的季节。

一年的努力，一年的汗水，我们又迎来了学生会新的春天。下面让我们通过 VCR 和电子相册共同回顾一下，这一年来我们一起走过的日子。

下面有请经济贸易学院学生会主席团常委讲话。

谢谢，×××主席的讲话。

下面进行大会的第二项议程：请大家掌声欢迎×××（校领导）讲话。

……（讲话内容）

谢谢！

这里是终点，也是起点。未来的路是美好的，也是崎岖的，但无论如何，我们都不会放弃。接下来的路，我们将坚定地走下去，带着你们的期望、理想和眷恋让我们的学生会，在将来的日子里，越来越好，越来越强。现在，我宣布，本次大会到此结束！谢谢！

（资料来源：王晶.口才训练实用教程[M].北京：清华大学出版社，2014.）

思考题：

① 请分析上述会议主持词的成功之处。

② 模仿上述主持词，为你参加的某会议设计主持词。

4. 护患沟通案例一组

【案例 1】

邱某，18 岁，男性，高中三年级学生。在一场足球比赛中不幸摔伤了腿，造成小腿骨折。他知道学校学习非常紧张，同学们都在加紧复习准备迎接高中会考和升学考试，自己却躺在床上不能去听课。他怕自己跟不上学习进度，担心成绩下降。现在他正眼泪汪汪地躺着，看上去非常焦虑不安。

护士：小邱，早上好！唔，你怎么了？

小邱：(转过来，揉眼)唉！
护士：你心里很难过吗？
小邱：我该怎么办呢？我的同学都在紧张地复习功课，可我……我所有的学习计划都泡汤了，我想我这次升学考试没什么希望了。

(资料来源：http://www.yh707.cn/html/alpx/081231DH324KE01D/)

思考题：
① 小邱的表面想法是什么？
② 小邱的情感流露是怎样的？
③ 小邱的潜在愿望是什么？
④ 请设计一个与小邱交谈的策略。

【案例2】
以下护患沟通案例(资源来源：http://www.szjkw.net)给你什么启示？

① 入院。

一位高龄患者因脑出血昏迷收治入院。三位家属神色慌张地将其抬到护士站。当班护士很不高兴地说："抬到病房去呀，难道你让他来当护士？"家属虽然不高兴，但还是将患者抬到了病房。随后护士对患者家属说："这里不许抽烟，家属不能睡病房里的空床……"此时，一位家属突然喊道："你是不是想把我们都折磨死？！"

② 催款。对于我们经常碰到的欠费催款，可能会有以下两种情形：

护士甲：阿婆啊，我都告诉你好几次了，你欠款2000多元了，今天无论如何要让你的家人把钱交了，否则我们就停止用药了。

护士乙：阿婆啊，今天是不是感觉好多了？不要心急呀，再配合我们治一个疗程，您就可以出院了。噢，对了，住院处通知我们说您需要再补交住院费，麻烦您通知家人过来交一下。等家人来了，我可以带他去交的。

③ 了解病情。某护士向病人询问病情：

问：你现在腹部痛还是不痛？回答：不痛。
问：昨天吃饭好还是不好？回答：比较好。
问：你昨晚睡眠好不好？回答：不是很好。

④ 为患者祝福生日。

康复科护士小芳在给患者王伯扎静脉点滴时，听到给王伯陪床的女儿对他说："爸，后天是你的生日，可我正好要出差，是和单位的同事同行，我就不能陪您过生日了，等我回来后补上，现在就祝福您生日快乐！"王伯说："我这么老了，还过什么生日，又不是小孩子。"到了王伯生日那天中午11点半，康复科的全体护士来到了王伯的床前，小芳手捧着鲜花，小丽提着蛋糕，她们齐声说道："祝王伯生日快乐！"王伯看到这情景，一时不知说什么好。

5. 秘书沟通案例一组

【案例 1】 一字不当，险失合作良机。

一外地客商到某地某公司商谈投资合作事宜，公司上下非常重视，早早做好了各种安排。公司经理拿出专门的时间，在会客室恭候，并准备了烟茶水果，还派自己的秘书提前在公司门口等候。客商进公司大门后，迎候在门厅的公司经理秘书马上上去和客商握手，可能是知道事情的重要性，反倒有些紧张，竟然对客商说："我们经理在那边（指会客室），他叫你过去。"

客商一听，当即非常生气：他叫我去？我又不是他的下属，凭什么叫我？你们现在就是这样对待合作者的？那以后还了得？合作应当是平等的。于是这位客商回答说："贵公司如有合作诚意，叫你们经理到我住的宾馆去谈吧。"说完拂袖而去。

【案例 2】 一言不当，令其他部门不悦。

"喂，财会室吗？我是总经理办公室。今年全年的工资统计表你们做出来了吗？"这是某公司总经理办公室的秘书在给公司的财会室打电话。财会室回答说："统计出来了。"这位秘书又说："我正在给领导写年终总结，急等着要这个表，你给送来吧。"财会室的人听了这话，有些不高兴了，说："我们也正忙着，你自己来抄好了。""叭"，电话挂断了。

【案例 3】 一语不慎，加深领导嫌隙。

某公司两位领导 A 和 B 本来关系就有些紧张，因为工作上的不同意见，也因为涉及自己领导前途的一些斗争。但是这种矛盾还是很隐蔽的，表面上两个领导的关系也还过得去。但是不久，正巧上级来了一个工作检查组，在陪同问题上，A 领导认为两个领导中有一人陪同就行了，不必两人都去。于是让秘书去传达一下自己的看法，不料秘书在向领导 B 转达领导 A 的意思时，却把话说成："A 领导说啦，你去他就不去了。"B 听了，心里思忖：我去他就不去，这是什么意思？虽然勉强去了，但是心里越发不是个滋味。后来在一次会议上，这种长久积累下来的不快终于爆发了，弄得会议不欢而散，两个领导的矛盾一下子成了公司人尽皆知的秘密。事情越闹越大，最后还是上级领导出面才得到解决。

（资料来源：http://www.lwlm.com/mishujichu/201210/669367.htm）

思考题：
① 如果那位秘书不说"叫"，而说"请"，情况又会如何呢？
② 如果那位秘书换一种口气，请求对方给予支持协助，情况又会如何呢？
③ 秘书应注意哪些说话技巧？

7.2.2 实训项目

1. 模拟导游讲解活动训练

实训目标：通过定点导游讲解的训练，使学生在接老年团和学生团后，能灵活地有针对性地进行礼仪服务。

讲解景点：大连星海广场(可以结合当地著名景点)。

情境模拟：

一是模拟一个老年旅游团队，让学生练习讲解针对老年团的星海广场的导游词。注意提醒学生在训练时，第一，语速、语调要适合老年人的特点；第二，在内容的选取上，要以历史沿革为主要线索，能够引起老年人的回忆、共鸣。

二是模拟一个学生团队，让学生结合自身的特点，讲解星海广场的导游词。注意提醒学生，讲解时要有时尚、超前和各种刺激性的游乐项目，以引起学生的广泛兴趣。

实训学时：2学时。

实训地点：多媒体教室。

实训方法：播放星海广场的影像资料，让学生对照影像进行训练讲解。

内容与时间：包括星海广场景点内容、特色、周边的交通环境。每位学生3~5分钟。

然后，用数码摄像机(或数码照相机)记录整个过程，然后大屏幕回放，学生自我评价，授课教师总结点评学生存在的个性和共性问题。最后评选"最佳讲解员"。

训练手记：通过训练，我的收获是……

2. 净化水器销售模拟训练

目的：通过同学间相互售卖净化水器的游戏，从中体会销售的技巧。

实训学时：2学时。

实训地点：教室。

实训准备：净化水器等。

实训方法：

(1) 学生分别扮演不同情况的客户，可以分为如下情况：①客户家装修精美，房屋面积大，家里很干净，还有一个保姆；②客户家装修普通，房屋又小，地面又不干净，几个子女与其住在一起；③客户房屋装饰以古代文化装饰的，有浓郁的传统特色。

(2) 邀请3组同学上台演练，请其余的同学仔细观察细节，表演结束后请参与者谈谈角色感受。最后教师总结。

3. 优秀营销员素质测评

你具备成为优秀营销员的基本条件吗？请完成以下测试题。

(1) 当你叩开一家客户的大门时，客户告诉你他不需要这种产品，这时你会(　　)。

    A. 无奈地告辞　　　　　　　　　　B. 问清楚他为什么不需要

    C. 赖着不走　　　　　　　　　　　D. 弄清原因，下次再来

(2) 通常你是如何看待你所推销的产品的？(　　)

    A. 一种普通的产品　　　　　　　　B. 比其他同类产品有更多优点

    C. 没有人会对这种产品感兴趣　　　D. 一种还不错的产品

(3) 你的一位客户突然向你大发脾气，遇到这种情况你会(　　)。

    A. 不去理会他　　　　　　　　　　B. 弄清原因，然后恰当解决

　　　　C. 尽快平息他的愤怒　　　　　　　　D. 同他大吵一架
(4) 你通常如何处理在去拜访客户路上的时间?（　　）
　　　　A. 欣赏路边的风景　　　　　　　　　B. 唱首歌放松自己
　　　　C. 思考如何才能说服客户　　　　　　D. 脑子很乱,什么也不想
(5) 当你设定一个工作计划时,你希望这个计划能够（　　）。
　　　　A. 有趣,并要和其他人一块儿实施　　B. 取得预期成果就行
　　　　C. 计划性强　　　　　　　　　　　　D. 能产生有价值的新成果
(6) 在参加较为盛大的宴会时,你一般是（　　）。
　　　　A. 只与熟悉的人说话　　　　　　　　B. 找个僻静的地方独自坐着
　　　　C. 与许多人甚至陌生人交流　　　　　D. 和大多数人打招呼
(7) 你对自己的哪种品格比较满意?（　　）
　　　　A. 埋头苦干　　　B. 热情张扬　　　C. 机智沉稳　　　D. 幽默风趣
(8) 在会议室,你对一些问题迷惑不解时,你会（　　）。
　　　　A. 站起来提出　　　　　　　　　　　B. 等一会儿看有没有人提出
　　　　C. 会后私下提出　　　　　　　　　　D. 默不作声
(9) 你在拜访客户时通常如何装扮自己?（　　）
　　　　A. 穿运动装　　　　　　　　　　　　B. 穿西装打领带
　　　　C. 用大手镯装扮自己　　　　　　　　D. 视时令及需求而定
(10) 你对自己的人际交往能力的评价是（　　）。
　　　　A. 非常强　　　B. 比较强　　　C. 一般　　　D. 很差

评分标准表如下表所示。

评分标准

题号	选项				题号	选项			
	A	B	C	D		A	B	C	D
1	1	3	2	4	6	2	1	4	3
2	2	4	1	3	7	1	2	4	3
3	2	4	3	1	8	4	3	2	1
4	2	3	4	1	9	2	3	1	4
5	1	3	2	4	10	4	3	2	1

点评:

　　本套题共计40分,如果你的得分在33分以上,你完全具备了优秀营销员的基本条件,能够从容地应付营销中的各种问题;得分27～32分,你的基本素质同样很出色,能够解决多种突发性问题,再多多磨炼,就可以成为一名优秀的营销员了;得分21～26分,你的测试结果差强人意,平时要多注意提高自身的素质;得分在20分以下,你距优秀营销员的要求还有一定差距,建议多磨炼一段时间。

　　（资料来源:屈海英.新编演讲与口才[M].杭州:浙江大学出版社,2011.）

4. 主持设计训练

（1）文艺节目主持设计训练

训练目标：你所在的系拟举行迎新文艺晚会，请为之设计主持框架。

训练方法：定演出主题、演出情境（时间、地点、场合、受众），定节目单（演出者用真名）、定主持方式，设计出场语、连缀语和结束语。

训练要求：

① 每15人一组，分组拿出主持设计方案；

② 学生互评，教师及时点评；

③ 选出一组较好的方案，大家共同完善，并付诸实施。

（2）主题班会主持设计训练

训练目标：你所在的班级拟举行一次主题班会，请为之设计主持框架。

训练方法：设定班会的主题、目的、情境，再为其设计开场白和结束语。

训练要求：

① 每15人一组，分组拿出主持设计方案；

② 学生互评，教师及时点评；

③ 选出一组较好的方案，大家共同完善，并付诸实施。

（3）阅读材料讨论

请上"中国播音主持网"（http://www.byzc.com/）浏览各类主持文稿，分析各主持词的特点及成功之处。体会各类主持词的语言特点。

5. 制定护患沟通方案

（1）病案资料。病人，女性，42岁，大学文化，公务员，有一个儿子正在读高中，家庭经济状况好。

（2）诊疗概况。病人因头痛伴恶心来院就诊，MRI显示：胶质瘤。入院后给予控制脑水肿、降低颅内压治疗。在一次静脉输液时，病人询问护士治疗药物的种类，并反映头痛得很厉害，护士没有及时回答药物的种类，简单地说了一句："头疼，吵死了，你不能忍一忍?!"第一次穿刺失败，护士未做任何解释，就准备第二次穿刺，这时病人大骂护士，与护士发生矛盾，引起病人头痛加剧，家属来探视时，病人对家属大发脾气，家属了解情况后非常生气，要求护士当面道歉，并要求领导对该护士予以处罚。

（3）病人心理和表现。由于恶性肿瘤是世界范围内危害人类健康的常见病、多发病，而且死亡率高，再加上患上脑部肿瘤，所以病人的心理创伤很大。病人承受着疾病与心理的双重折磨，以往的美好理想成为泡影，促使病人克制力下降，易烦躁，易愤怒，有时会因小事迁怒家属和护理人员。

（4）操作方法。全班分成若干小组，每组8人左右，指定一名组长；小组成员根据"病案资料"讨论有针对性的护患沟通方案；各组在全班宣讲自己的方案，最后教师讲评。

6. 秘书职场沟通模拟训练

实训目标：使学生了解沟通的过程并掌握其基本技能；提高语言表达能力和沟通能

力;通过活动,增强学生的团队协作意识以及其他综合能力。

实训学时:2学时。

实训地点:教室或实训室。

实训准备:

① 分组,每组4~6人,设1人为组长。

② 以小组为单位,自主选择一种职场沟通形式。

③ 根据要求各组分配人员角色,讨论设计秘书职场故事情节,并进行认真准备。

实训方法:

① 按小组顺序进行模拟演练。演练之前,每组派1人说明本组模拟的秘书职场沟通形式及所要表达的主题。

② 在模拟过程中,各组成员要认真严肃,尽力扮演好自己的角色,言谈举止要符合角色要求。

③ 每组演练后,指导教师与学生共同点评。

拓展阅读:声音的训练

动听而富有磁性的声音是个人美好形象的重要组成部分,它是科学训练的结果。

1. 声音的产生

有人把人的发声器官比作一架管风琴。肺是风箱,由它提供发声的原动力。气流从肺中自下而上,通过气管上到喉头,声音就由喉部产生。当人们呼气时,保护气管开端的肌肉(声带)紧密地挨在一起,以使空气通过声带时能够产生振动。这种振动产生了微弱的声音,然后该声音再穿过咽部(喉咙)、口,以及在某些情况下上升到鼻腔时被抬高或产生共振。在这里,口和鼻腔就成了管风琴的两个管,它们不但可以起到扩大音量的作用,还可以任意变换音色,这样,共振后的声音被舌头、嘴唇、腭和牙齿这些发音器官改造,从而形成了语言体系中的声音。

我们认识发声器官,了解声音如何产生,目的是要在有声语言的训练中遵循其活动规律,正确发挥其功能和作用,从而有效地利用它来发出富有表现力和感染力的声音,增强语言表达的效果。

2. 影响声音质量的因素

现实生活中,除去语言的内容,人们能够通过一个人的声音来判断出对方的许多信息,如对方的性格、涵养、情绪等;有时甚至单凭一个人的声音就去主观地判断这个人的外貌、形象等特征,尽管判断的结果有时与事实不相符合,但这说明声音具有迷惑性。因此声音质量的高低直接影响听众对语言内容和表达者的接受程度。那么,影响声音质量的因素有哪些呢?

(1)音域。音域即每个人声音从低音到高音的范围。大多数人运用音高的范围超过8度,也就是音阶上的8个全音。音域的宽窄直接影响到声音的质量。人们在平时交谈时,音域大多在一个八度左右,而常用的也只有四五个音的宽度,但是如果要同时与众多听众进行交流,如演讲或是表达强烈的思想感情时,这样的音域就显得过窄。因为这时表达者不得不用到音域的极限,自己会感到吃力,声音会变得不自然,而带给听者的则是极不舒服的感觉。如果一个人的音域过窄而造成表达上的障碍,则需要专门为此进行训练,以拓宽自己的音域。事实上对于大多数人来说,不在于是否拥有令人满意的音域,而在于是否最好地利用了他们的音域。

(2) 音量。也就是发出声音的强弱、大小。当人们正常呼气时,横膈肌放松,空气被排出气管。当人们讲话时,就会通过收缩腹肌来增加排出空气对振动声带的压力。从而提高了声音的音量。感受这些肌肉动作的方法是:将双手放在腰部两侧,将手指伸展放在腹部。然后以平常的声音发"啊",再以尽可能大的声音发"啊",这时我们会感觉到提高音量时腹部收缩力量的增强。微弱的声音缺乏力度,使有声语言没有表现力,难于表达强烈的思想感情;而响亮、浑厚、有穿透力的声音,则能做到高低起伏,轻重有别,可以增强声音的表现力与感染力。因此,如果我们的音量不够大,则可以通过呼气时提高腹部区域压力的方法加以锻炼。

(3) 音长。也就是声音的长短,它同语速、停顿密切相关,可以影响语言节奏的形成,对声音的质量同样有着不可忽视的作用。语速,也就是讲话的速度。大多数人正常交流时语速为每分钟130~150个字,而播音员的语速一般在180~230个字。可见,对于不同的人,不同的语言环境,语速的差异是比较大的。我们不需要去统一执行哪一个标准语速,因为一个人语速是否恰当,关键取决于听众是否能理解他在说什么。通常情况下,当一个人发音非常清楚,并且富有变化、抑扬顿挫时,即使语速很快也能被人接受。

(4) 音质。嗓音的音调、音色或声音。它往往是一个人声音的个性。正如笛子有笛子的声音,而京胡有京胡的声音。音质决定于共鸣腔的状态和质量的变化。音质直接影响声音是否优美悦耳,影响声音的表现力。最好的音质就是一种清楚悦耳的音调。音质上的障碍包括鼻音、呼气声、嘶哑的声音和刺耳的声音。

上述这四个特征,我们一方面要进行良好的训练;另一方面要学会合理地控制这些特征,这样就可以使声音富于变化、轻重有别,从而更加有效地表达语言的思想内容。

3. 发声训练

我们已经知道,声音的产生并不是单靠哪一个器官完成的,而是呼吸器官、消化器官相互协同完成了发声。发音效果的好坏,与呼吸、声带、共鸣器官等有直接的关系。因此,要想提高声音的质量,使自己发出的声音更加富有表现力和感染力,就要从以下几个方面多加练习。

(1) 控制气息。气乃声之源。一个人气量的大小以及能否正确用气,对语音的准确、清晰度和表现力都有直接影响。唐代文学家韩愈曾说过:"气,水也;言,浮物也。水大而物之浮者大小皆浮。气之与言犹是也,气盛则言之短长与声之高下者皆宜。"因此我们必须学会控制好气息,这样才能很好地驾驭声音。在语言交流中要想使声音运用自如、音色圆润、优美动听,就要学会控制气息,掌握呼吸和换气的技巧。

呼吸的紧张点不应放在整个胸部,而应放在丹田,以丹田、胸膛、后胸作为支点,即着力点。使力量有支点,声音才有力度。

第一,吸气。吸气时双肩放松,胸稍内含,腰腿挺直,像闻鲜花一样将气息吸入。要领是:气下沉,两肋开,横膈降,小腹收。这样随着吸气,肌肉群的收缩容积立体扩张,有明显的腰部发胀、向后撑开的感觉,注意不要提肩,也不要让胸部塌下去。当气吸到七八成时,利用小腹的收缩力量控制气息,使之外流。

第二,呼气。呼气时,要保持吸气时的状态,两肋不要马上下塌。小腹始终要收住,不可放开,使胸、腹部在努力控制下,将肺部储存的气息慢慢放出,均匀地向外吐。呼气要用嘴,做到匀、缓、稳。在呼气过程中,语音随之一个接一个地发出,从而使有声语言富有节奏。

第三,换气。在语言表达过程中,人们不可能一口气将所要说的内容说完,常需要根据不同内容和表情达意的需要做时间不等的顿歇。许多顿歇之处就是需要换气或补气之处,以保证语气从容、音色优美,防止出现气竭现象。换气有大气口和小气口两种换气方法。大气口是在类似于朗读、演讲这样的表达时,在允许停顿的地方,先吐出一点气,马上深吸一口气,为下面要说的话准备足够的气息。这种少呼多吸的大气口呼吸一般比较从容,也比较容易掌握。小气口是指在表达一段较长的句子时,气息用得差不多了,但句子未完而及时补进的气息。补气时,可以在气息能够停顿的地方急吸一点气,或在吐完前一个字时不露痕迹地带入一点气,以弥补底气的不足。而无声、音断气连,这些都是难度较大的换气方法。

(2) 训练共鸣。气流从肺上升到喉头冲击声带发出的声音本来是很微弱的。但经过喉腔、咽腔、口腔、鼻腔的共鸣,声音就扩大了,这不需要经过训练,人人都可以做到。但是,要想使声音洪亮、圆润、悦耳,就需要进行特殊的训练了。

第一,鼻腔共鸣。鼻腔共鸣是由"鼻窦"实现的。鼻窦中的额窦、蝶窦、上腭窦、筛窦等,它们各有小小的孔窦与鼻腔相连,发音时这些小孔窦起共鸣作用使声音响亮、传得更远。运用鼻腔时,软腭放松,打开口腔与鼻腔的通道使声音沿着硬腭向上走,使鼻腔的小窦穴处充满气,头部要有振动感。这样,发出的声音才会震荡、有弹力。但要注意,鼻腔色彩不能过量,过了量就会形成"鼻音"。

第二,口腔共鸣。口腔抬起,呈微笑状,使整个口腔保持一定张力,口腔壁、咽腔壁的肌肉处于积极状态。这样,声带发出的声音随气流的推动流畅向前,在口腔的前上部引起振动,形成共鸣效果。共鸣时要把气息弹上去,弹到共鸣点。声音必须集中,同时还要带上感情,兴奋起来。这样才会达到一个好的共鸣效果。

第三,胸腔共鸣。胸腔是指声门以下的共鸣腔体,属于下部共鸣腔体,它可以使声音结实浑厚、音量大。运动胸腔共鸣时,声带振动,声音反着气流的方向通过骨骼和肌肉组织壁传到肺腔,这时胸部明显感到振动,从而产生共鸣。有了这个底座共鸣的支持,声音会真实而不飘。

在进行共鸣训练时,扩大共鸣腔要适度,不能无限制,要以不失本音音色为前提。同时,应该学会控制共鸣腔肌肉的紧张度,保持均衡的紧张状态。另外共鸣腔各部位包括肌肉要协同动作,这样声音的质量才能真正提高。

(3) 吐字归音。吐字归音是汉语(汉字)的发声法则,即"出字"和"收字"的技巧。我们把一个字分为字头、字腹和字尾三部分,"吐字"是对字头的要求,"归音"是对字腹尤其是对字尾的发音要求。

第一,吐字。吐字也叫咬字。一是注意口型,口型该打开时不能半开,该圆唇的时候不能展唇,尽量使声音立起来;二是注意字头,字头是字音的开始阶段,要求叼住弹出。要做到吐字清晰,发音有力量,摆准部位,蓄足气流,干净利落,富有弹性。只有这样吐字才能使声音圆润、清楚。

第二,归音。字尾是字音的收尾部分,指韵母的韵尾。归音是指字腹到字尾这个收音过程。收音时,唇舌的动作一定要到位,字腹要拉开立起,即在字腹弹出后口腔随字腹的到来扯起适当开度,共鸣主要在这里体现。收音时要收得干净利落,不拖泥带水,但也不能草草收住。如"天安门"三个字收音时舌位要平放,舌尖抵住上齿龈,归到前鼻韵母"n"音上。只有这样归音才到位,才能使声音饱满,富有韵味[①]。

课后练习

1. 一位推销员向公司经理汇报:"对顾客反对的每一点异议,我都进行了反驳,并且将实施与数据都告诉了他。我还义正词严地对他说,他的那些反对意见都是毫无根据的。我们大概谈了一个多小时,最后顾客被我驳得哑口无言,但他最后还是没有买我的产品就走了。"请根据这份材料说说这位推销员错在哪里?应该怎样说才对?

2. 假设你是苹果手机销售员,请对该品牌的某款手机做5分钟的模拟现场促销,要求介绍手机的基本情况、特色,并辅以肢体语言。

3. 一位对推销品性能非常熟悉的推销员向推销经理汇报时说:"对顾客的每一点异议,我都进行了反驳,并且把事实和数据都告诉了他,我还对他说,这些反对意见是毫无根据的。我们大概谈了三小时,可以说所有的问题都涉及了。直到最后阶段,顾客还是认为他是正确的。我们几乎花了整整一小时讨论防震问题,而这又偏偏是个次要问题。然后我就告辞了,再拖延下去也是白白浪费时间。"推销经理听完了他的申述,生气地说:"你早就该告辞了,在业务洽谈进行到15分钟时,你就该离开那儿了。"推销员对经理的话感到迷惑不解:"我不能认输啊!"你认为他们两个人的话谁的对?为什么对?

4. 美国的一名女性推销员总是从容不迫、平心静气地向顾客提出3个问题:"如果我送给你一套有关个人效率的书籍,您打开书会发现十分有趣,您会读一读吗?""如果您读了之后非常喜欢这些书、您会买下吗?""如果您没有发现其中的乐趣,您可以把书重新塞进这个包里给我寄回,行吗?"后来这三个问题被该公司全体推销人员所采用,成为标准的接近顾客的方法。请说明这种接近顾客的方法的语言技巧好在哪里?

5. 推销员小王去张先生家推销。张先生一看见他推销的产品,便对他说:"哦,是这种产品啊,上次也有一位先生来推销过了,我没有买。"面对这种情况,你准备用什么办法来打动顾客?

6. 推销时,遇到以下棘手的情况你分别采取什么办法来争取顾客?
(1) 顾客:"我们一直用××公司的产品,别的我们不放心,也不想要。"

---

① 刘桂华,王新.现代演讲与口才[M].西安:西安电子科技大学出版社,2009.

(2)顾客:"对不起,你们的产品我们领教过了,效果不好,算了吧!"

(3)顾客:"对不起,我们是××公司的长期客户,从不向别的公司订货!"

7. 推销口才案例分析

【案例1】

推销员:早上好,张厂长,很高兴见到您。

张厂长:你好,有什么事吗?

推销员:张厂长,我今天来拜访您的主要目的是给您带来了我们最新研制的高智能BB2005型号的设备,我知道您一定很希望您的企业生产成本降低,收益提升。

张厂长:是啊,但你们公司的产品能管用吗?

推销员:那当然,这项设备引进的是德国BAC技术,它的制造效率是普通设备的两倍,而且比一般设备的单位能耗要降低20%。另外,这款产品的操作平台非常人性化,操控性能很稳定,安全性能非常好。还有就是安装了自检系统,这样,就不需要经常耗费大量人工来检查,节省大量的人力成本。您觉得怎么样?

张厂长:不错,那这款产品已经应用在哪些行业了呢?

推销员:主要是挖掘机制造、油田开发等领域。

张厂长:一套系统大概需要多少钱?

推销员:仅需要20万元。

张厂长:是吗?我知道了。这样吧,你把资料放下,我先了解一下,回头给你电话。

推销员:张厂长,我们的设备荣获了国家设备制造金熊猫奖,每天销售量达到5000万元呢。

张厂长:我知道了,我们领导班子需要研究一下才能给你电话,就这样吧。再见。

推销员:……

【案例2】

推销员:早上好,张厂长,很高兴见到您。

张厂长:你好,有什么事吗?

推销员:张厂长,我是益胜公司的刘洋,我今天特意来拜访您的主要原因,是我看到了《中国机械工业杂志》上有一篇关于您公司所在行业的报道。

张厂长:是吗?说的是什么?

推销员:这篇文章谈到您所在的挖掘机行业将会有巨大的市场增长,预计全年增长幅度为30%,总市场规模将达到350亿元,这对您这样的领头羊企业可是一个好消息吧?

张厂长:是啊,前几年市场一直不太好,这两年由于西部大开发,国家加强基础设施建设,加大固定资产投资,前景应该还不错。

推销员:张厂长,在这样的市场增长下,公司内部研发生产的压力应该不小吧?

张厂长:是啊,我们研发部、生产部都快忙死了。

推销员:是吗?那真是不容易啊!我注意到贵厂打出了招聘生产人员的广告,是不是就是为了解决生产紧张的问题呢?

张厂长:是啊。不招人忙不过来啊。

推销员：确实是这样，那相对于行业平均水平的制造效率 5 台/人而言，您厂目前的人均制造效率是高一些还是低一些？

张厂长：差不多，大概也就 5～6 台/人。

推销员：那目前使用的制造设备的生产潜力有没有提升的空间呢？

张厂长：比较难，而且耗油率还高呢。

推销员：那您使用的是什么品牌的设备呢？国产的还是进口的？

张厂长：我们用的是国产的……

推销员：我想向您推荐我们公司生产的……

思考题：

(1) 案例 1 中推销员的推销语言有什么特点？体现了这名推销员什么样的性格？

(2) 如果你是准顾客，对这位推销员有何评价？你会和他合作吗？为什么？

(3) 案例 2 中这名推销员的推销语言有什么特点？给人留下什么样的第一印象？

(4) 案例 2 中这名推销员运用了哪些推销技巧？

(5) 如果你是准顾客，对案例 2 中这名推销员有何评价？你会和他合作吗？为什么？

(6) 看完这两个案例，你有什么收获和体会？

(资料来源：屈海英.新编演讲与口才[M].杭州：浙江大学出版社，2011.)

8. 请你以家乡的某一自然风景或名胜古迹为介绍对象，运用有关导游讲解技巧，编写一则 1000 字左右的导游词。

9. 一个旅行团在某名胜古迹参观的途中，一位游客随手将一个空易拉罐扔出窗外，请设计一段话对游客进行善意批评。

10. 在网上搜集泰山的资料，向即将上泰山的游客做一番游前讲解，以激发游客的游览热情。

11. 观看或点评高水平主持的演出、谈话、综艺类电视节目或录像。

12. 某市民健身中心举行剪彩典礼时，主持人在宣布了嘉宾剪彩的时候，发现嘉宾的胸花脱落了。你如果是这位主持人，你怎样处理？

13. 轮流主持学校、系、班级的各项活动和会议，锻炼自己的主持能力。

14. 作为护士，当你在病房巡视时，发现某病人亲属在房间对护理工作不满而大吵大闹，出言不逊，你应该如何处理？

15. 下面提供一些可供选择的交谈方法，试做比较、分析和评价。

选择 A："小邱，你很年轻，你的伤很快会好起来的，你没有理由这样灰心丧气。人的一生会有各种各样的挫折，这次摔伤对你来说也是一个考验，你应该坚强些。"

选择 B："小邱，你怎么眼泪汪汪的？这么大小伙子了，你的小腿骨折又不是什么大不了的重伤。功课嘛，等你伤好了，抓紧点补上去不就好了嘛！用不着伤心流泪的……"

选择 C："唔，你在这么关键的时候受伤住院，真是不幸！我理解你的心情和感受……（略做停顿沉默，使双方可以调整一下情绪）不过，你并不是没有希望的。你的老师和同学送你来住院时，对你都很关心，你的老师也问到了你的功课，我想他们绝不会丢下你不管的。你看，你的同学不是把你的书和笔记都给你送来了吗？你的腿虽然伤了，但你的脑子是健全的，仍旧可以复习功课的。有什么不懂的地方，等你同学和老师来的时候可以问他们,他们一定会帮你的……"

16. 案例分析

【案例1】

消除上司误解

凯丽是某销售公司的文员。春节前经理交给她一大堆名片和一些精心挑选的明信片,要她按照名片逐一打印寄出。凯丽曾提醒经理将已经发生改变或业务上已没有往来的客户挑出来,但经理不耐烦地说:"你别管,把所有名片都寄出去就是了!"

两天后,当凯丽把打印好的明信片交给经理过目时,经理却大声指责她将一些已经不在中国的客户错误地打印在"最精美"的明信片上。凯丽觉得很委屈,想说出来又担心被经理安个"顶撞上司"的罪名开除,便忍了下来。回去后她大哭一场,可心里还是觉得别扭,以致影响了工作。后来凯丽利用休息时间去拜访经理,坦诚地说出内心的想法。结果出乎意料,高高在上的经理竟然向她承认了错误。从此,他们二人在工作上配合相当默契,为公司创造了显著的业绩。

(资料来源:http//www.du8.com)

思考题:

请问凯丽是如何对待和消除上司的误解的?

【案例2】

汇　　报

佩佩年轻干练、活泼开朗,入行不几年,职位"噌噌"地往上升,很快成为单位的主力干将。几天前,新老板走马上任,下车伊始,就把佩佩叫了过去:"佩佩,你经验丰富,能力又强,这里有个新项目,你就多费心盯一盯吧!"

受到新老板的重用,佩佩欢欣鼓舞。恰好这天要去上海某周边城市谈判,佩佩一合计,一行好几个人,坐公交车不方便,人也受累,会影响谈判效果;打车吧,一辆坐不下,两辆费用又太高;还是包一辆车好,经济又实惠。

主意定了,佩佩却没有直接去办理。几年的职场生涯让她懂得,遇事向老板汇报一声是绝对必要的。于是,佩佩来到老板跟前。

"老板,您看,我们今天要出去,"佩佩把几种方案的利弊分析了一番,接着说,"所以呢,我决定包一辆车去!"汇报完毕,佩佩发现老板的脸不知道什么时候黑了下来。他生硬地说:"是吗?可是我认为这个方案不太好,你们还是买票坐长途车去吧!"佩佩愣住了,她万万没想到,一个如此合情合理的建议竟然被打了"回票"。

"没道理呀,傻瓜都能看出来我的方案是最佳的?"佩佩大惑不解。

(资料来源:http://edu.sina.com.cn/l/2004-07-14/75839.html)

思考题:

请问佩佩哪里做得不对?她应该怎样向老板"汇报"呢?

参考文献

1. 李元绶.人际沟通教程[M].武汉:华中科技大学出版社,2014.
2. 李元绶.演讲与口才[M].武汉:华中科技大学出版社,2014.
3. 王晶.口才训练实用教程[M].北京:清华大学出版社,2014.
4. 金常德.大学生社交口才实践教程[M].北京:北京大学出版社,2013.
5. 胡伟,胡军,张琳杰.沟通交流与口才[M].北京:清华大学出版社,2013.
6. 姜燕.即兴口语表达[M].济南:山东人民出版社,2013.
7. 赵立涛.微演讲[M].北京:人民邮电出版社,2013.
8. 张珺.实用口才[M].南京:南京大学出版社,2013.
9. 刘伯奎.大学生情商口才[M].北京:电子工业出版社,2013.
10. 张静.什么样的材料做开头,才能达到磁石般的效果[J].演讲与口才,2013(11).
11. 徐徐清风.巧妙用插叙,演讲效果佳[J].演讲与口才,2013(16).
12. 韩旭.归纳不同材料,深化一个主题[J].演讲与口才,2013(22).
13. 红霞.逆转"惯常思维"的材料更有吸引力[J].演讲与口才,2012(21).
14. 采桑人.演讲要想感召听众,应该选这样的材料[J].演讲与口才,2012(9).
15. 日东升.用典型材料,凸显演讲主题[J].演讲与口才,2012(6).
16. 采桑人.如何巧妙引出演讲主题[J].演讲与口才,2012(14).
17. 徐徐清风.如何让你的演讲主题得到有效升华[J].演讲与口才,2012(8).
18. 徐徐清风.演讲的主体如何渐进深化[J].演讲与口才,2012(5).
19. 巾帼英雄.材料"落差"大,主题更有力[J].演讲与口才,2012(20).
20. 陈卫州.总裁实战演说——演讲行销使用手册[M].北京:北京工业大学出版社,2012.
21. 姚小玲,张凤,陈萌.演讲与口才[J].北京:电子工业出版社,2012.
22. 王旭.看电影学礼仪[J].广州:南方日报出版社,2012.
23. 尹杰.浅论秘书的语言艺术[J].佳木斯教育学院学报,2012(3).
24. 刘凤芹.演讲,不妨多用短句[J].演讲与口才,2011(1).
25. 巾帼英雄.用震撼人心的材料刺激听众的神经[J].演讲与口才,2011(3).
26. 巾帼英雄.善用典型材料,演讲更"给力"[J].演讲与口才,2011(4).
27. 傅春丹.演讲与口才案例教程[M].北京:中国水利电力出版社,2011.
28. 彭义文.口才训练教程[M].北京:北京师范大学出版社,2011.
29. 屈海英.新编演讲与口才[M].杭州:浙江大学出版社,2011.
30. 刘伯奎.口才交际能力训练[M].北京:中国人民大学出版社,2011.
31. 赵丽光.浅析秘书从业人员口才要求[J].吉林省经济管理干部学院学报,2011(8).
32. 陈丛耕.口语交际与人际沟通[M].重庆:重庆大学出版社,2010.
33. 赵京立.演讲与沟通实训[M].北京:高等教育出版社,2010.
34. 朱彩虹.大学生实用口才训练教程[M].北京:清华大学出版社,2010.
35. 卢海燕.演讲与口才实训[M].大连:大连理工大学出版社,2009.
36. 章振周,李小和.实用语文[M].北京:机械工业出版社,2009.

37. 张喜春,刘康声,盛暑寒.人际交流艺术[M].北京：清华大学出版社,北京交通大学出版社,2009.
38. 杨凯.浅谈婚礼主持的语言技巧[J].高等函授学报(哲学社会科学版),2009(06).
39. www.1k1k.net.
40. 梁玉萍,丰存斌.沟通与协调的技巧和艺术[M].北京：中国人事出版社,2009(4).
41. 邰启扬.怎么活才不累[M].北京：社会科学文献出版社,2008.
42. 黄琳.有效沟通：王牌沟通大师的制胜秘诀[M].北京：中国华侨出版社,2008.
43. 吴燕,贺湘辉.商务礼仪与口才实训[M].广州：广东经济出版社,2008.
44. 张岩松.现代交际礼仪[M].北京：清华大学出版社,北京交通大学出版社,2008.
45. 周璇璇.实用社交口才[M].北京：北京大学出版社,2008.
46. 包镭.演讲与口才技能实训教程[M].北京：北京大学出版社,2007.
47. 刘维娅.口才与演讲教程[M].武汉：华中师范大学出版社,2007.
48. 彭红.交际口才与礼仪[M].上海：华东师范大学出版社,2007.
49. 徐淑秀.护士礼仪与交际[M].北京：人民军医出版社,2007.
50. 徐卫卫.大学生交际口语[M].杭州：浙江大学出版社,2007.
51. 阙庆华.浅谈几种修辞技法在导游语言中的运用[J].科技文汇,2007(10).
52. 付冰峰.试谈幽默导游语言的修辞策略[J].湘南学院学报,2007(8).
53. 罗绚丽.论导游的语言艺术[J].法制与社会,2007(6).
54. 李静.如何写好婚礼主持词[J].阅读与写作,2007(1).
55. 金正昆.王牌礼仪王牌口才[M].西安：陕西师范大学出版社,2006.
56. 黄雄杰.口才训练教程[M].广州：广东高等教育出版社,2006.
57. 李元授等.口才训练[M].武汉：华中科技大学出版社,2006.
58. 李晓.沟通技巧[M].北京：航空工业出版社,2006.
59. 刘伯奎.口才与演讲——技能训练[M].北京：中国人民大学出版社,2006.
60. 潘桂云.口才艺术[M].北京：旅游教育出版社,2006.
61. 周彬琳.实用口才艺术[M].大连：东北财经大学出版社,2006.
62. 林一心.导游语言与语境[J].厦门广播电视大学学报,2006(6).
63. 李小萍.电视综艺节目的主持技巧[J].视听纵横,2006(3).
64. 李晓洋.人际沟通[M].长沙：湖南科学技术出版社,2005.
65. 杨忠慧.实用口才[M].合肥：合肥工业大学出版社,2005.
66. 张韬,施春华,尹凤芝.沟通与演讲[M].北京：清华大学出版社,2005.
67. 傅昭,熊友平.论导游语言艺术美[J].青岛职业技术学院学报,2005(4).
68. 谭德姿.导游语言修辞八法[J].修辞学习,2005(3).
69. 侯清恒.青年演讲技能训练[J].北京：中国纺织出版社,2004.
70. 应天常.口才训练术[M].上海：上海文艺出版社,2004.
71. [英]谢伊·麦康农.演讲的艺术[M].贾宗谊,卢爱君,译.北京：新华出版社,2004.
72. 李翠娟.语言的寒暄功能[J].郑州工业高等专科学校学报,2004(3).
73. 柳青,蓝天.有效沟通技巧[M].北京：中国社会科学出版社,2003.
74. 潘肖珏.公关语言艺术[M].上海：同济大学出版社,2003.
75. 邵守义.演讲学教程[M].北京：高等教育出版社,2003.
76. 王连义.幽默导游词[M].北京：中国旅游出版社,2003.
77. [美]鲁道夫·F.维德伯.说话的艺术[M].蔡晓煦,译.北京：中信出版社,2003.
78. [德]彼得·R.帕罗斯.口才训练手册[M].张晋莲,译.北京：中央编译出版社,2002.

79. 戴尔·卡耐基.语言的突破[M].王泽,译.哈尔滨:哈尔滨出版社,2002.
80. 欧阳友权,朱秀丽.实用口才训练[M].长沙:中南大学出版社,2002.
81. 刘伯奎.教师口语——表达与训练[M].上海:华东师大出版社,2002.
82. 佚名.怎样说话与演讲[M].北京:团结出版社,2001.
83. 战晓书.开口说话:演讲制胜[M].长春:北方妇女儿童出版社,2001.
84. 刘伯奎,王燕,段汴霞.教师口语训练教程[M].北京:中国人民大学出版社,2000.
85. 邱伟光.公共关系礼仪文化[M].北京:高等教育出版社,2000.
86. 李元授,白丁.口才训练[M].武汉:华中理工大学出版社,1999.
87. 潘永万,蔡祖周.实用演讲教程[M].天津:天津社会科学出版社,1999.
88. 钟友循.外国演讲词珍品赏析[M].长沙:湖南人民出版社,1999.
89. 程在伦.讲演与口才[M].北京:高等教育出版社,1997.
90. 李元授,邹昆山.演讲学[M].武汉:华中理工大学出版社,1997.
91. 高捍东.有效演讲口才技能[M].长沙:中南工业大学出版社,1995.
92. 徐宁.浅说秘书人员的语言交际[J].重庆师专学报,1995(3).
93. 刘宗粤.演讲心理分析[M].重庆:重庆大学出版社,1987.